权威 · 前沿 · 原创

皮书系列为

“十二五”“十三五”“十四五”时期国家重点出版物出版专项规划项目

智库成果出版与传播平台

中国社会科学院生态文明研究智库成果
中国社会科学院国家未来城市实验室成果
中国社会科学院创新工程学术出版资助项目

中国城市发展报告 No.15

ANNUAL REPORT ON URBAN DEVELOPMENT OF CHINA No.15

大国治城之城市群高质量发展：迈向人与自然和谐共生的现代化

顾　问／杨开忠　张永生
主　编／单菁菁　武占云　张卓群
副主编／董亚宁　王　菡

社会科学文献出版社
SOCIAL SCIENCES ACADEMIC PRESS (CHINA)

图书在版编目(CIP)数据

中国城市发展报告. No. 15，大国治城之城市群高质量发展：迈向人与自然和谐共生的现代化 / 单菁菁，武占云，张卓群主编；董亚宁，王菡副主编. --北京：社会科学文献出版社，2022. 10
（城市蓝皮书）
ISBN 978-7-5228-0913-7

Ⅰ. ①中… Ⅱ. ①单… ②武… ③张… ④董… ⑤王… Ⅲ. ①城市经济-经济发展-研究报告-中国 Ⅳ. ①F299. 21

中国版本图书馆 CIP 数据核字（2022）第 189149 号

城市蓝皮书
中国城市发展报告 No. 15
——大国治城之城市群高质量发展：迈向人与自然和谐共生的现代化

主　　编 / 单菁菁　武占云　张卓群
副 主 编 / 董亚宁　王　菡

出 版 人 / 王利民
责任编辑 / 陈　颖　薛铭洁　张雯鑫
责任印制 / 王京美

出　　版 / 社会科学文献出版社 · 皮书出版分社（010）59367127
地址：北京市北三环中路甲 29 号院华龙大厦　邮编：100029
网址：www. ssap. com. cn
发　　行 / 社会科学文献出版社（010）59367028
印　　装 / 天津千鹤文化传播有限公司

规　　格 / 开 本：787mm × 1092mm　1/16
印 张：28. 75　字 数：416 千字
版　　次 / 2022 年 10 月第 1 版　2022 年 10 月第 1 次印刷
书　　号 / ISBN 978-7-5228-0913-7
定　　价 / 168. 00 元

读者服务电话：4008918866

城市蓝皮书编委会

主要编撰者简介

单菁菁 中国社会科学院生态文明研究所研究员、博士生导师，中国城市经济学会常务副秘书长。主要从事城市与区域可持续发展、国土空间开发与治理、城市与区域经济、城市与区域管理等研究。先后主持国家社科基金课题、中国社科院重大课题、国际合作课题、国家部委课题等研究项目60余项，出版专著3部，主编著作13部，参与14部学术著作和《城市学概论》《环境经济学》等研究生重点教材的撰写工作，先后在国内外学术期刊和《人民日报》《光明日报》《经济日报》等发表论文或理论文章100余篇，向党中央、国务院提交的政策建议多次得到党和国家领导人的批示，获得各类科研成果奖15项。

武占云 中国社会科学院生态文明研究所国土空间与生态安全研究室副主任，主要从事城市与区域经济、国土空间开发与治理研究。在国内外核心期刊发表中英文学术论文40余篇，撰写研究报告20余篇。先后主持或参与完成科研项目10余项，包括国家社科基金项目4项、国家自然基金项目3项、教育部人文社科项目1项、博士后基金项目1项、中国社科院中英研究项目1项、中国社科院青年中心基金项目1项。

张卓群 中国社会科学院生态文明研究所助理研究员、博士，主要从事城市与环境经济学、数量经济与大数据科学研究。主持国家社会科学基金等国家级、省部级项目2项，作为骨干参与国家自然科学基金、国家社会科学基金等纵向、横向课题20余项，在《数量经济技术经济研究》、*International Journal of Emerging Markets* 等SSCI、CSSCI、AMI核心检索期刊上发表论文10余篇。

摘　要

当前，我国已进入全面建设社会主义现代化国家、向第二个百年奋斗目标进军的新发展阶段。国家"十四五"规划和2035年远景目标纲要提出，要"以推动高质量发展为主题"，为全面建设社会主义现代化国家开好局、起好步。习近平总书记在党的二十大报告上也强调"高质量发展是全面建设社会主义现代化国家的首要任务"。构建人与自然和谐共生的现代化是新发展阶段我国全面建设社会主义现代化国家的重要目标，推动城市群高质量发展是构建人与自然和谐共生之现代化的重要路径。在我国全面建设社会主义现代化国家的新征程中，深入探讨生态文明视角下的城市群高质量发展之路，对于推动构建人与自然和谐共生的现代化具有重要的理论与实践意义。

进入21世纪以来，特别是"十一五"规划纲要提出推进以城市群为主体形态的城镇化以后，我国进入了城市群时代。党的十七大报告提出，以大城市为依托，形成辐射作用大的城市群，培育新的经济增长极。党的十八大报告指出，科学规划城市群规模和布局，增强中小城市和小城镇产业发展、公共服务、吸纳就业、人口集聚功能。党的十九大报告要求以城市群为主体构建大中小城市和小城镇协调发展的城镇格局。实际上，经过多年的快速发展，我国已经形成了较为合理的城市群空间格局，但也面临着城镇建设用地扩张、生态环境失衡、城镇体系结构失序等系列问题。

《中国城市发展报告No.15》（以下简称《报告》）以"大国治城之城市群高质量发展"为主题，以推动构建人与自然和谐共生的现代化为方

向，聚焦生态文明视角下的城市群高质量发展，共设计了总报告、空间优化篇、经济转型篇、生态保护篇、现代治理篇、社会文化篇、国际经验篇、大事记8个篇章，分专题深入分析了我国城市群发展沿革、治理现状、问题挑战、制度建设、实践工作等，并结合国外典型经验和有效做法，研究提出了我国城市群高质量发展的总体思路、优化路径及对策建议。

《报告》认为，我国城市群高质量发展成效显著，总体发展水平提升明显，在经济发展、科技创新、协调一体、绿色生态、开放发展、共享发展方面取得巨大成就：经济建设方面，城市群经济增速明显，经济增长活力不断提升；科技创新方面，城市群科技研发投入与日俱增，高新技术企业快速集聚，科技成果转化能力不断增强；一体化建设方面，城市群交通网络体系日趋完善，1~2小时通勤圈逐渐形成，交通往来愈加便利，城市群内产业形成梯度转移，数字经济助推一体化进程；生态建设方面，城市群资源利用水平和环境治理水平有了质的飞跃，绿色生产生活擦亮城市群发展底色；对外开放方面，要素型开放和制度型开放双轮驱动，推动城市群对外开放水平上升一个新台阶；共享发展方面，城市群人民生活水平不断提升，基本公共服务全面覆盖，脱贫攻坚工作取得巨大成效。

《报告》指出，城市群建设依然存在一些问题，主要表现为城市群经济差异分化、创新产出效率不高、产业同质化现象明显、城乡发展差距凸显、生态承载压力巨大、开放环境有待优化、基本公共服务均等化有待提高。纵观国内外城市群高质量发展经验，主要体现为城市群要有明确的功能定位，城市群内大中小城市之间要有合理分工，要注重城市群内行政区划和公共治理方式完善，提高城市群内公共服务均等化和基础设施通达程度，强化城市群空间治理水平，促进城市群可持续能力的提升。

立足中国国情、借鉴国际经验，《报告》在分析研判城市群高质量发展未来趋势的基础上，研究提出新发展阶段促进中国城市群高质量发展的优化路径，即坚持新发展理念，以科技创新培育新动能，构建更具竞争力的现代产业体系；以优势互补塑造新格局，推动城乡区域协调发展；以空间一体激发新活力，显著提升城市群的资源要素配置能力；以绿色低碳开辟新路径，促进人与自然和谐共生；以高水平开放拓展新空间，进一步打造深度参与国际竞合的新优势；以共建共享营造高品质，推动城市群高质量发展、加快迈向人与自然和谐共生的现代化。

关键词： 城市群 新发展理念 生态文明 高质量发展 人与自然和谐共生的现代化

目 录

Ⅰ 总报告

Ⅱ　空间优化篇

Ⅲ　经济转型篇

Ⅳ　生态保护篇

Ⅴ 现代治理篇

Ⅵ 社会文化篇

Ⅶ 国际经验篇

Ⅷ　附录

皮书数据库阅读**使用指南**

总报告

General Reports

B.1 新发展阶段的城市群高质量发展

——迈向人与自然和谐共生的现代化

总报告课题组*

摘　要： 构建人与自然和谐共生的现代化是新发展阶段我国全面建设社会主义现代化国家的重要目标，推动城市群高质量发展是构建人与自然和谐共生的现代化的重要路径。为此，本报告基于生态文明视角，面向新发展阶段推动构建人与自然和谐共生的现代化的时代要求，首先，从系统观念出发，研究提出符合中国国情的城市群高质量发展理论分析框架；其次，深入分析并揭示了中国城市群高质量发展取得的成效与面临的主要问题；最后，在总结借鉴国内外城市群高质量发展经验、分析研判城市群高质量发展趋势

* 单菁菁，中国社会科学院生态文明研究所研究员，博士生导师，主要研究方向为城市与区域可持续发展、国土空间开发与治理、城市与区域经济等；董亚宁，中国社会科学院生态文明研究所助理研究员，博士，主要研究方向为生态经济学、空间经济学；宋德骞，河南大学黄河文明与可持续发展研究中心，主要研究方向为空间经济学、产业发展与区域差异；王菡，中国社会科学院生态文明研究所博士后，博士，主要研究方向为区域经济、数字经济。

的基础上，研究提出新发展阶段促进中国城市群高质量发展的优化路径，即以科技创新培育新动能，以优势互补塑造新格局，以空间一体激发新活力，以绿色低碳开辟新路径，以高水平开放拓展新空间，以共建共享营造高品质，推动城市群高质量发展，加快迈向人与自然和谐共生的现代化。

关键词： 新发展阶段　城市群　高质量发展　生态文明　人与自然和谐共生的现代化

一　引言

城市群是我国经济社会发展和生态文明建设的重要空间载体。进入 21 世纪以来，特别是“十一五”规划纲要提出推进以城市群为主体形态的城镇化以后，我国城镇化发展进入加速阶段，城市之间、城市与区域之间的空间相互作用不断强化，经济社会活动中的城市群体化现象越来越显著，我国进入了城市群时代。党的十七大报告指出，以特大城市为依托，形成辐射作用大的城市群，培育新的经济增长极。党的十八大报告要求，科学规划城市群规模和布局，增强中小城市和小城镇产业发展、公共服务、吸纳就业、人口集聚功能。党的十九大报告强调“以城市群为主体构建大中小城市和小城镇协调发展的城镇格局”。国家“十四五”规划和 2035 年远景目标纲要进一步明确“以促进城市群发展为抓手，全面形成‘两横三纵’城镇化战略格局”。实际上，经过多年的快速发展，我国大中小城市都有了长足发展，形成了较为合理的城市群空间格局，有力地推动了区域经济的协调发展。

然而伴随着经济发展、工业化和城镇化进程带来的大规模国土空间开发，我国城市群发展也面临着城镇建设用地扩张、生态环境失衡、城镇体系结构失序等一系列问题。当前，我国已进入全面建设社会主义现代化国家、向第二个百年奋斗目标进军的新发展阶段。《中华人民共和国国民经济和社会发展第十四个五年规划和2035年远景目标纲要》提出，要“以推动高质量发展为主题”，为全面建设社会主义现代化国家开好局、起好步。习近平总书记在党的二十大报告上也强调“高质量发展是全面建设社会主义现代化国家的首要任务”。构建人与自然和谐共生的现代化是新发展阶段我国全面建设社会主义现代化国家的重要目标，推动城市群高质量发展是构建人与自然和谐共生的现代化的关键路径。在全面建设社会主义现代化国家的新征程中，深入探讨生态文明视角下的城市群高质量发展之路，对于推动构建人与自然和谐共生的现代化具有重要的理论与现实意义。

二 新发展阶段城市群高质量发展的理论分析框架

（一）理论基础

当前，我国已进入全面建设社会主义现代化国家的新发展阶段。党的十九大报告和十九届五中全会明确指出，我们要建设的现代化是“人与自然和谐共生的现代化”。党的二十大报告也指出，“促进人与自然和谐共生”是中国式现代化的本质要求。新发展阶段的一个重要目标就是努力建设人与自然和谐共生的现代化，而这也是城市群高质量发展的重要目标和方向。

从理论角度，本报告认为“人与自然和谐共生的现代化”至少应该包含以下四层含义。

第一，“人与自然和谐共生的现代化”是以生态文明价值观为引领的现代化。在强调人类中心主义和物质财富生产的工业文明价值观下，人与自然是主体和客体的关系，自然被视为生产资料的提供者和人类活动废弃物的接受者，人对自然更多关注的是如何最大化的索取与利用，从而导致了发展的不可持续性。而生态文明价值观强调人与自然是相互依存的关系，是休戚与共的生命共同体，强调要“像对待生命一样对待生态环境”，促进人与自然和谐共生。

第二，“人与自然和谐共生的现代化”是注重同步推进物质文明建设和生态文明建设的现代化，强调既要通过开放创新来创造更多物质财富以满足人

民群众日益增长的美好生活需要，也要通过绿色转型和生态文明建设来提供更多优质生态产品以满足人民群众日益增长的对健康环境和优美生态的需要。

第三，“人与自然和谐共生的现代化”是生产发展、生活富裕、生态良好的现代化，换言之，是生产、生活、生态全面发展和良性循环的现代化。

第四，“人与自然和谐共生的现代化”是坚持以人民为中心的现代化，“以人民为中心”是中国特色社会主义的本质属性，与西方资本主义国家注重追求物质财富增长的现代化不同，中国特色社会主义现代化更加关注人的发展，强调要推动实现全体人民共同富裕，不断增强人民群众的获得感、满足感和幸福感。

总体而言，人与自然和谐共生的现代化是高质量发展的现代化。新发展阶段的中国城市群要按照国家“十四五”规划和2035年远景目标纲要的要求，以推动高质量发展为主题，为全面建设社会主义现代化国家开好局、起好步。从以上的分析出发，本报告认为，面向构建人与自然和谐共生的现代化，新发展阶段城市群高质量发展的内涵是：以统筹发展和安全为前提、创新为第一动力、协调为内生特点、绿色为普遍形态、开放为必由之路、共享为根本目的。

（二）分析维度

根据上述新发展阶段城市群高质量发展的理论分析，本报告将从六个维度构建城市群高质量发展评价指标体系，系统测度和分析“十一五”末至“十三五”末中国城市群高质量发展现状及成就，深入剖析发展中存在的问题，并在梳理总结国内外经验的基础上，结合城市群客观发展规律和发展趋势，面向构建人与自然和谐共生的现代化，研究提出新发展阶段推动中国城市群高质量发展的优化路径。

（1）经济发展维度。经济发展是实现城市群高质量发展的前提基础。作为区域经济发展的重要动力，城市群化是区域经济和社会发展的一个重要过程，能够促进区域的经济结构、社会结构、空间结构以城市为模式或导向进行优化调整和重组，从而推动区域经济发展水平提升。同时，城市群对内辐射城市，对外与其他城市群相互联动，是未来促进经济发展的重点。以2020

年为例，中国 19 个城市群以 25%的土地集聚了 75%的人口，创造了 88%的 GDP，显然提升城市群经济发展水平对于实现高质量发展而言至关重要。

（2）科技创新维度。科技创新是驱动城市群高质量发展的第一动力，也是建设现代化经济体系的战略支撑。党的十九届五中全会提出“坚持创新在我国现代化建设全局中的核心地位，把科技自立自强作为国家发展的战略支撑”。“十四五”规划也强调加快区域科技创新中心建设，打造科技创新高地，为城市群高质量发展增添动力。一般意义上，城市群汇聚着丰富的人力资本和物质资本，是创新资源的集聚地，也是高新企业孵化的承载地，通过科技协同创新、打造城市群协同创新共同体驱动城市群高质量发展。

（3）协调一体维度。协调一体是推动城市群高质量发展的内在要求。《中共中央 国务院关于建立更加有效的区域协调发展新机制的意见》中提出要加强城市群内部城市间的紧密合作，推动城市间产业分工、基础设施等协调联动，探索城市群协调治理模式。城市群通过发挥不同规模等级城市的比较优势，打破区域保护主义和行政壁垒，促进统一大市场形成，从而推动整个城市群高质量发展。城市群作为一体发展和协同运行的有机体，能够通过合理分工减少不良竞争、防止资源分散和资源配置效率低下；通过加强城市群各城市间跨行政区的开放合作，打破边界隔阂，实现中心城市的引领带动作用和与其他城市的联动发展，有利于加快形成双循环新发展格局。

（4）绿色生态维度。绿色生态是促进城市群高质量发展的普遍形态。由于传统工业化模式不可持续，城市群的高质量发展必须从发展范式转变上着手，推动发展模式向生态文明范式转变。城市群对自然生态环境系统是一把双刃剑：一方面可能冲击和破坏城市生态环境系统，加剧自然生态环境系统恶化；另一方面又可能为改进和完善生态环境系统创造条件和机遇。城市群高质量发展要以人与自然和谐发展、与资源环境相协调为价值取向，充分考虑资源和环境的承载能力，高效合理地利用城市群的自然资源、土地资源、空间资源和人力资源等，使城市群人口、经济、资源、环境协调发展，走可持续的生态型城市群发展道路。

（5）开放发展维度。开放是实现城市群高质量发展的必由之路。随着全球经济和科技的快速发展，现代城市的功能逐步向更大的区域范围拓展，城镇化发展的区域化态势呈现城市与城市之间的相互联系和影响日益密切，一定地域范围内的诸多大、中、小城市相互交织成的城市群，在全球城镇体系中日益占据重要的枢纽地位，成为国家参与全球竞争与国际分工的全新地域单元。依托城市群的经济体量和国内外要素流量，能够有效提升全球化时代的全球竞争优势，提升国际生产要素尤其是高端生产要素的集聚能力，实现城市群在全球地域分工上的尺度跃升、形态演进与空间关系重构，进而推动城市群高质量发展。

（6）共享发展维度。共享是城市群高质量发展的根本目的。高质量发展的成果由全民共享也是社会主义制度的集中体现。党的十九届五中全会提出改善人民生活品质，健全基本公共服务体系，建设高质量教育体系。城市群内各城市突破行政壁垒，在基础设施、公共服务、医疗保障、教育合作方面对接共享，促进医疗、文化、教育等关键公共领域实现公共服务基本均等化是城市群高质量发展的题中应有之义。政府引导有利于城市群内各城市实现教育、医疗等服务跨地区合作，共享优质教育、医疗资源，提升公共服务均等化水平，让人民群众共享发展成果。

（三）评价指标体系构建

新发展阶段城市群高质量发展评价指标选择主要遵循以下原则。一是科学性原则。所选指标力求紧扣“新发展理念”和生态文明内涵，突出理论支撑和科学合理。二是系统性原则。力求充分、系统地反映城市群高质量发展状况，所选指标相关性要小，但又不失为一个完备的评价体系。三是可操作性原则。所选指标的数据要可获取、便于收集整理和可持续动态监测，同时尽可能采用国际通用或相对成熟的指标，易于理解和应用。四是导向性原则。指标因子的选取和指标体系的设置能够在城市群发展过程中起到积极的导向作用。基于上述原则，在分析框架基础上，城市群高质量发展的测度指标从经济发展、科技创新、协调一体、绿色生态、开放发展和共享发展六个维度，构建新发展阶段城市群高质量发展评价指标体系，该体系共由 6 类一级指标、

17 类二级指标、31 个三级指标组成（见表 1），相关指标说明及资料来源如表 2 所示。考虑到数据可得性，本报告所测度的中国城市群不包括黔中城市群、滇中城市群和天山北坡城市群。对于城市群划分中的珠三角城市群，由于自 2015 年起我国即提出要基于珠三角地区建设粤港澳大湾区，2019 年粤港澳大湾区建设被正式上升为国家战略，目标是打造世界级城市群。为顺应国家战略，同时也为避免因城市群前后名称不一致而给读者带来阅读困难，本报告统一以粤港澳大湾区为研究对象。同时，考虑到数据的可得性和可比性，具体分析暂不包括港澳地区数据。

表 1　新发展阶段城市群高质量发展评价指标体系

<table>
<tr><th>系统层</th><th>指标层</th><th>变量层</th><th>单位</th></tr>
<tr><td rowspan="2">A 经济发展</td><td>A1 经济增长水平</td><td>A1-1 人均 GDP</td><td>元</td></tr>
<tr><td>A2 经济发展活力</td><td>A2-1 夜间灯光平均亮度</td><td>-</td></tr>
<tr><td rowspan="5">B 科技创新</td><td rowspan="3">B1 科技投入水平</td><td>B1-1 万人科技研发人员数</td><td>人</td></tr>
<tr><td>B1-2 R&D 支出额占财政预算支出比重</td><td>%</td></tr>
<tr><td>B1-3 万人在校大学生数</td><td>人</td></tr>
<tr><td rowspan="2">B2 科技产出水平</td><td>B2-1 高新技术企业拥有量</td><td>家</td></tr>
<tr><td>B2-2 城市创新力指数</td><td>-</td></tr>
<tr><td rowspan="5">C 协调一体</td><td>C1 交通一体化</td><td>C1-1 城市群内其余城市到达中心城市通勤车次</td><td>车次</td></tr>
<tr><td rowspan="2">C2 城乡一体化</td><td>C2-1 城镇化率</td><td>%</td></tr>
<tr><td>C2-2 农村人均消费支出与城镇人均消费支出之比</td><td>%</td></tr>
<tr><td>C3 产业一体化</td><td>C3-1 产业结构合理化指数</td><td>-</td></tr>
<tr><td>C4 数字一体化</td><td>C4-1 城市数字经济发展指数</td><td>-</td></tr>
<tr><td rowspan="10">D 绿色生态</td><td rowspan="2">D1 自然环境要素</td><td>D1-1 人均水资源量</td><td>m^3</td></tr>
<tr><td>D1-2 地区平均温度</td><td>℃</td></tr>
<tr><td rowspan="3">D2 资源利用水平</td><td>D2-1 单位 GDP 能耗水平</td><td>吨标准煤/亿元</td></tr>
<tr><td>D2-2 人均用水量</td><td>m^3</td></tr>
<tr><td>D2-3 人均城市建设用地</td><td>m^2</td></tr>
<tr><td rowspan="3">D3 环境治理水平</td><td>D3-1 城镇生活污水处理率</td><td>%</td></tr>
<tr><td>D3-2 工业固体废弃物综合利用率</td><td>%</td></tr>
<tr><td>D3-3 地区空气优良天数</td><td>日</td></tr>
<tr><td rowspan="2">D4 绿色生产生活</td><td>D4-1 碳排放强度</td><td>吨/亿元</td></tr>
<tr><td>D4-2 人均公共绿地面积</td><td>m^2</td></tr>
</table>

续表

系统层	指标层	变量层	单位
E 开放发展	E1 要素开放水平	E1-1 外贸依存度	%
		E1-2 人均国际外汇旅游收入水平	元
	E2 制度开放水平	E2-1 自由贸易试验区、自由贸易港数量	个
F 共享发展	F1 公共服务数量	F1-1 文化公共服务数	册
		F1-2 万人医院、卫生院床位数	张
		F1-3 教育支出占财政预算支出比重	%
	F2 公共服务质量	F2-1 双一流大学数量	所
	F3 人民生活水平	F3-1 城乡居民人均可支配收入	元
		F3-2 房价收入比	年/m^2

表 2　新发展阶段城市群高质量发展评价指标说明及资料来源

维度	指标说明	资料来源
A 经济发展	A1-1 即城市群生产总值与常住人口之比； A2-1 即城市群夜间灯光总亮度与栅格数之比，夜间灯光总亮度、平均亮度均由 dn 值来表征，无量纲单位	A1-1 来源于《中国城市统计年鉴》； A2-1 来源于美国国家地球物理数据中心（https://www.ngdc.noaa.gov/）
B 科技创新	B1-1 通过科学研究和技术服务业从业人员测度；B1-2 通过科学技术支出测度	B1-1、B1-2、B1-3 来源于《中国城市统计年鉴》；B2-1 来源于国泰安数据库；B2-2 来源于复旦大学产业发展研究中心、第一财经研究院和复旦大学中国经济研究中心（智库）联合发布的《中国城市和产业创新力报告 2017》
C 协调一体	C2-1 为城市群城镇人口与城市群常住人口之比； C3-1 产业结构合理化指数即泰尔指数，该指数是对城市群三大产业的产值结构及人员就业结构的反映，指数值越接近于 0，产业结构合理化水平越高； C4-1 借鉴赵涛等（2020）方法，通过主成分分析法，将 5 个指标数据降维处理，得到数字经济发展指数	C1-1 来源于国家铁路局《铁路客货运输专刊》，省、市统计年鉴；C2-1、C2-2、C3-1 来源于《中国城市统计年鉴》；C4-1 来源于《中国城市统计年鉴》、北京大学金融研究中心和蚂蚁金服集团编制的中国数字普惠金融指数

续表

维度	指标说明	资料来源
D 绿色生态	D2-1 借鉴吴建新、郭志勇(2016)的方法,通过供气总量、液化石油气、全社会用电量、蒸汽供热总量计算折合出每个城市使用的总标准煤数	D1-1、D2-2 来源于各省、区、市水资源公报;D1-2 来源于中国地面气候资料日值数据集 V3.0 处理生成和美国国家海洋和大气管理局(NOAA)下设的国家环境信息中心(NCEI);D2-1 来源于《中国城市统计年鉴》《中国区域统计年鉴》《中国能源年鉴》《中国环境年鉴》;D3-3 来源于《中国环境统计年鉴》;D4-1 来源于中国碳核算数据库(CEADS);其余数据均来源于《中国城市统计年鉴》
E 开放发展	E1-1 即城市群进出口总额与 GDP 之比;E1-2 即城市群外汇旅游收入与常住人口之比;E2-1 即城市群内自由贸易区的城市数量	E1-1、E1-2 来源于各省、区、市统计年鉴;E2-1 来源于商务部国际贸易经济合作研究院《中国自由贸易试验区发展报告 2021》
F 共享发展	F1-1 文化公共服务数通过公共图书馆藏书数测度;F3-1 城乡居民人均可支配收入通过城镇居民人均可支配收入和农村居民人均可支配收入(2012 年前为农民纯收入)加权汇总得出;F3-2 房价收入比通过计算城市年均房价水平与城市职工年平均收入水平比而得	F1-1、F1-2、F1-3 来源于《中国城市统计年鉴》;F2-1 来源于教育部《关于高等学校加快"双一流"建设的指导意见》的通知;F3-1 来源于各省、区、市统计年鉴;F3-2 来源于安居客城市房价月度数据和《中国城市统计年鉴》

(四)测度方法

关于新发展阶段城市群高质量发展评价的测度方法，本报告采用层次分析法（AHP）对我国城市群高质量发展水平进行研究。其主要思想是：先对原始数据进行加工，由于各个指标单位不同、性质不同、方向不同，无法直接进行加总比较，通过标准化处理，将原始数据转化为无量纲、无数量级差异的标准化数值，解决量纲不同而造成的分析偏误问题。本报告采用指数化法对数据进行标准化处理。

1. 指标标准化方法

本报告首先采用极差法对指标 X_{ij} 实施标准化，其中 i 和 j 分别表示基础指标和城市群。

正向指标的标准化：

$$Y_{ij} = \frac{X_{ij} - \mathrm{Min}(X_{ij})}{\mathrm{Max}(X_{ij}) - \mathrm{Min}(X_{ij})} \tag{1}$$

负向指标的标准化：

$$Y_{ij} = \frac{\mathrm{Max}(X_{ij}) - X_{ij}}{\mathrm{Max}(X_{ij}) - \mathrm{Min}(X_{ij})} \tag{2}$$

公式中，Y_{ij} 为 j 城市群 i 指标的标准化值；X_{ij} 为 j 城市群 i 指标的原始值；$\mathrm{Min}(X_{ij})$ 为 j 城市群 i 指标的最小样本值；$\mathrm{Max}(X_{ij})$ 为 j 城市群 i 指标的最大样本值。

2. 层次分析法（AHP）

层次分析法（AHP）是一种解决多目标复杂问题的定性与定量相结合的决策分析方法，其将与决策有关的元素分解成目标、准则、方案等多个层次，在此基础上进行定性和定量分析，是一种系统、简便、灵活有效的决策方法。该方法常用于多指标综合评价之中，对于本报告中国城市群高质量发展评价而言，是一个合适的评价方法。本报告通过构建的评价体系，进行判断矩阵构建，求解各个指标的权重。

（1）构造判断矩阵

构造出新发展阶段城市群高质量发展的判断矩阵。构造判断矩阵一般通过将各要素进行相互比较，确定出各准则层对目标层的权重。通常使用 Santy 1~9 的标度方法给出（见表 3）。判断矩阵满足：

$$A = (a_{ij})_{m\times n} = \begin{pmatrix} a_{11} & a_{12} & \cdots & a_{1n} \\ \cdots & \cdots & \cdots & \cdots \end{pmatrix} \tag{3}$$

其中，A 中的元素满足：$a_{ij} > 0$；$a_{ij} = \dfrac{1}{a_{ji}}$；$a_{ii} = 1$。

表 3　Santy 1~9 的标度方法

标度	含义
1	表示两个元素相比,具有同样的重要性
3	表示两个元素相比,前者比后者稍重要
5	表示两个元素相比,前者比后者明显重要
7	表示两个元素相比,前者比后者极其重要
9	表示两个元素相比,前者比后者强烈重要
2,4,6,8	表示上述相邻判断的中间值
1~9 的倒数	表示相应两因素交换次序比较的重要性

（2）层次单排序和一致性检验

根据判断矩阵 A，计算各个维度 ω_i 的权重：

$$\overline{\omega_i} = \sqrt[m]{\prod_{j=1}^{m} a_{ij}} \tag{4}$$

$$\omega_i = \frac{\overline{\omega_i}}{\sum_{j=1}^{m} \overline{\omega_j}} \tag{5}$$

其中，$\overline{\omega_i}$ 为权重矩阵 A 每行乘积 m 次方的 m 维向量。

判断是否通过一致性检验在于确定构建的判断矩阵是否存在逻辑问题，其检验过程如下：

$$\lambda_{\max} = \frac{1}{n}\sum_{i=1}^{n} \frac{(AW)_i}{W_i} \tag{6}$$

其中，$\lambda_{\max}$ 为权重矩阵最大特征根，n 为维度数，$(AW)_i$ 为判断矩阵标准化后的权重，按行进行的累加值。

$$C.I. = \frac{\lambda_{\max} - n}{n - 1} \tag{7}$$

$$C.R. = \frac{C.I.}{R.I.} \tag{8}$$

其中 $C.I.$ 为一致性指标，$R.I.$ 为随机一致性指标，$C.R.$ 为一致性检验结果。$R.I.$ 由 Santy 模拟 1000 次得到的随机一致性指标 $R.I.$ 取值表可知（见表 4）。

表 4　随机一致性指标 $R.I.$ 取值

矩阵阶数 n	1	2	3	4	5	6	7	8	9	10	11	12
$R.I.$	0	0	0.58	0.90	1.12	1.24	1.32	1.41	1.45	1.49	1.51	1.54

当 $C.R.<0.1$ 时，表明矩阵 A 的一致性检验通过。本报告基于层次分析法所构建的各系统层、指标层和变量层的判断矩阵均通过一致性检验。

3. 综合评价模型

对层次分析法当中的预测结果进行比较研究及通过德尔菲法，重新校正和调整新发展阶段城市群高质量发展评价体系的指标因子及分布权重，建立综合评价模型，在分别计算得出经济发展指数、科技创新指数、协调一体指数、绿色生态指数、开放发展指数和共享发展指数的基础上，综合计算形成城市群高质量发展评价指数（*HDUAI*）。

$$I_h = \sum_{j=m}^{i=n} \lambda_i \lambda_{ij} Z_{ij} \tag{9}$$

$$HDUAI = \sum_{h=1}^{6} A_h I_h \tag{10}$$

其中，$I_{h(h=1,\ 2,\ 3,\ 4,\ 5,\ 6)}$ 分别为经济发展指数、科技创新指数、协调一体指数、绿色生态指数、开放发展指数和共享发展指数，λ_i 为 i 项指标的权重，λ_{ij} 为 i 项指标下的第 j 项变量的权重，Z_{ij} 为 i 项指标下的第 j 变量的标准化值，m 为各指标层下所包含的变量数，n 为各指数所包含的指标数量，*HDUAI* 为城市群高质量发展评价指数，$I_{h(h=1,\ 2,\ 3,\ 4,\ 5,\ 6)}$ 为各分项指数，$A_{h(h=1,\ 2,\ 3,\ 4,\ 5,\ 6)}$ 为各分项指数的权重。

三　中国城市群高质量发展现状与成效

（一）中国城市群高质量发展综合评价

1. 城市群高质量发展水平总体提升

从城市群总体发展情况看（见表5），2010~2020年，中国城市群高质量发展评价指数均值从25.75上升为43.93，增长幅度为70.60%，年均增长速度为5.49%，中国城市群高质量发展水平始终保持平稳较快上升态势。其中，“十二五”期间高质量发展评价指数上升了6.15个点，“十三五”期间上升了8.47个点，表明“十三五”时期城市群高质量发展水平提升更为明显。

表5　2010~2020年中国城市群高质量发展评价指数均值

时期	“十一五”末	“十二五”					“十三五”				
年份	2010	2011	2012	2013	2014	2015	2016	2017	2018	2019	2020
指数	25.75	28.03	30.06	31.06	32.37	34.18	35.46	38.02	39.46	42.58	43.93

资料来源：作者测算。

从城市群具体发展情况看，若以中国城市群2010~2020年高质量发展评价指数均值为基础，以均值与0.5倍标准差为划分区间，可将中国城市群划分为三个梯队（见表6）。2010~2020年，长三角城市群在大多数年份中位居第一，粤港澳大湾区和京津冀城市群的指数也远高于其他城市群，三大城市群一直位于所有城市群排名前三，属于第一梯队，依次为长三角（60.50）、粤港澳大湾区（56.34）、京津冀（46.95）；呼包鄂榆（38.70）、辽中南（37.40）、长江中游（35.19）、山东半岛（34.09）、闽粤浙沿海（33.83）、成渝（31.00）、哈长（28.94）城市群高质量发展评价指数均值位于中间水平，属于第二梯队；北部湾（27.97）、山西中部（27.32）、关中平原（26.65）、中原（26.24）、兰西（22.54）、宁夏沿黄（20.38）城市群高质量发展评价指数均值位于中下水平，属于第三梯队。

表 6　中国城市群高质量发展水平梯队划分

梯队	城市群数量	城市群名称	划分区间
第一梯队	3	长三角、粤港澳大湾区、京津冀	[mean+0. 5sd, max]
第二梯队	7	呼包鄂榆、辽中南、长江中游、山东半岛、闽粤浙沿海、成渝、哈长	[mean−0. 5sd, mean+0. 5sd)
第三梯队	6	北部湾、山西中部、关中平原、中原、兰西、宁夏沿黄	[min, mean−0. 5sd)

资料来源：作者测算。

再从中国城市群高质量发展评价指数增幅来看（见图 1），从“十一五”末至“十三五”末，成渝城市群上升幅度最大，从 2010 年的 18. 93 上升到 2020 年的 42. 59，增幅达到 125%，年均增幅为 8. 45%；呼包鄂榆城市群增幅最小，从 2010 年的 31. 92 上升到 2020 年的 38. 43，增幅仅有 20%，年均增幅为 1. 87%。从横向比较来看，城市群高质量发展指数最高的长三角城市群，其 2010 年城市群高质量发展评价指数是第三梯队城市群平均水平的 2. 37 倍、第二梯队城市群平均水平的 1. 67 倍、第一梯队粤港澳大湾区和京津冀城市群发展水平的 1. 01 倍和 1. 26 倍；而 2020 年城市群高质量发

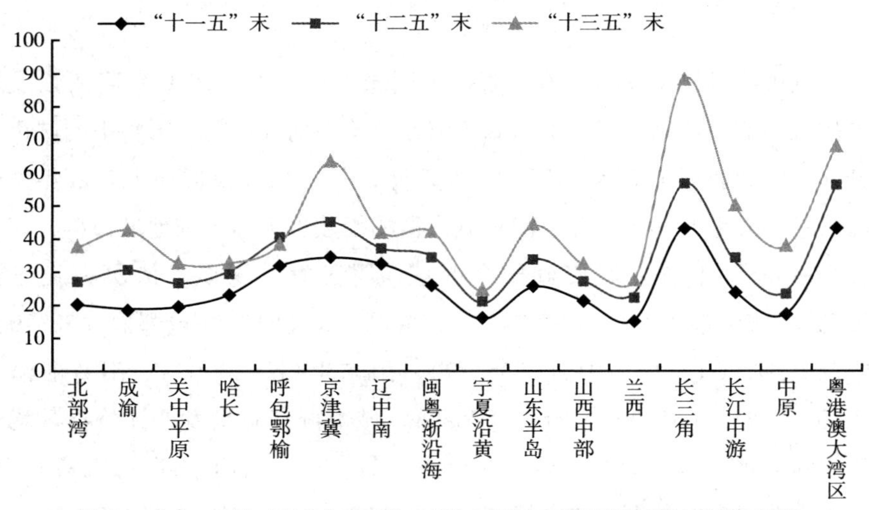

图 1　“十一五”至“十三五”时期中国城市群高质量发展评价指数

资料来源：作者测算。

展评价指数差距扩大到第三梯队城市群平均水平的 2.77 倍、第二梯队城市群平均水平的 2.12 倍、粤港澳大湾区和京津冀城市群发展水平的 1.30 倍和 1.40 倍。

2. 城市群高质量发展的分维度水平分异明显

从城市群高质量发展的六个维度来看（见图 2），2010~2020 年，中国城市群各维度指数均值皆有不同程度的上升。具体来看，经济发展维度指数均值年增幅达到 10.19%，且 2020 年经济发展维度指数值最高的长三角城市群是指数值最低的兰西城市群的 5 倍左右；协调一体和绿色生态维度指数均值较高，如绿色生态维度年均值都在 70 以上；科技创新和开放发展维度指数均值相对较低，且科技创新维度指数值最高的长三角城市群是指数值最低的宁夏沿黄城市群的 23 倍之多。

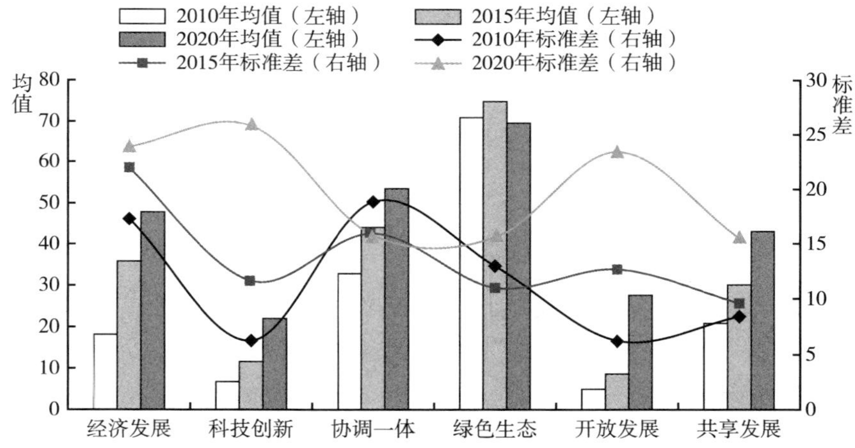

图 2　2010 年、2015 年、2020 年中国城市群分维度指数均值及标准差

资料来源：作者测算。

（二）中国城市群经济发展维度分析

1. 城市群经济发展水平持续提升

城市群是经济活动和各类资源的主要承载空间，是经济发展的高地。从“十一五”末到“十三五”末，中国大部分城市群在经济发展维度有较大增幅，呈现稳中上升的趋势（见图 3）。城市群经济发展维度平均指数从“十一五”末的 18.13 增长至“十三五”末的 47.85，增幅达到 163.93%，年均增幅达到 10.19%。长三角、粤港澳大湾区、呼包鄂榆城市群经济发展维度指数位居前列，2010～2020 年平均指数分别为 70.59、75.80 和 64.23。成渝、北部湾、关中平原城市群经济发展维度指数增幅位列前三，分别从“十一五”末的 3.67、3.52 和 3.90 增加至“十三五”末的 38.24、27.04 和 29.58，年均增幅分别达到 26.41%、22.62%和 22.46%。相比于“十二五”时期，呼包鄂榆、辽中南城市群在“十三五”时期，经济发展维度指数有小幅度下滑。

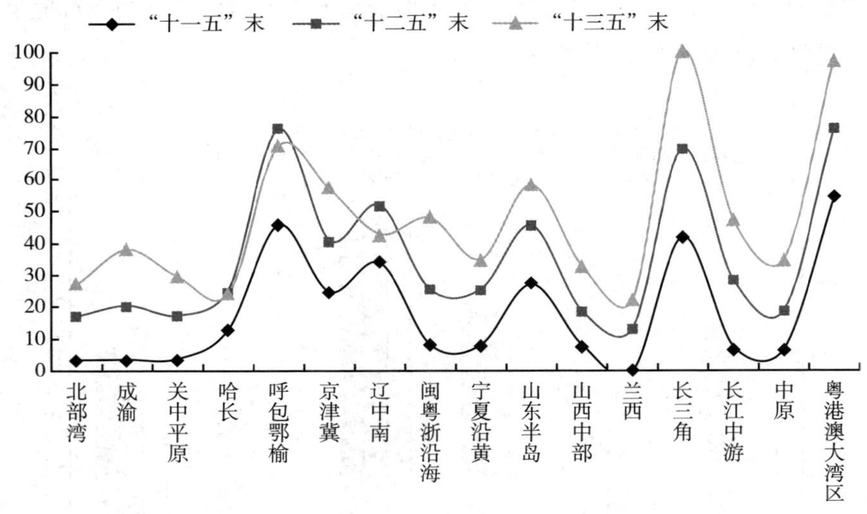

图 3　“十一五”至“十三五”时期中国城市群经济发展维度指数

资料来源：作者测算。

在经济总量方面（见表 7），2020 年中国 16 个城市群创造了全国 84.85%的 GDP，其中长三角、粤港澳大湾区、长江中游、京津冀城市群居城市群前列，GDP 占比分别达到了 23.78%、10.38%、10.03%和 10.03%，是我国区域经济发展的重要增长极，更是快速向世界级城市群发展；长江中游城市群经济发展水平迅猛，跻身城市群经济发展水平前列。2021 年，中国 16 个城市群创造了全国 88.33%的 GDP，相比 2020 年增幅达到 17.14%，是当年全国 GDP 增速的2倍多，这也说明了城市群发展速度明显好于全国平均水平，是经济增长的重要引擎。其中，长江中游城市群2021年GDP为9.53万亿元，相比2020年GDP增幅达到10.16%；粤港澳大湾区城市群2021年GDP为10.06万亿元，相比于2020年GDP增幅达到12.36%。

在人均GDP方面，长三角城市群名列榜首，2020年达到12.41万元；粤港澳大湾区城市群位居第二，达到11.44万元；呼包鄂榆城市群排在第三，达到11.06万元，是第三梯队城市群中人均GDP最高的城市群，其中GDP最高的鄂尔多斯市，人均GDP达到了16.44万元①。在地均GDP方面，以2021年为例，16个城市群地均GDP平均水平为4256.06万元/km^2，相比2020年3478.27万元/km^2，增幅达到22.36%。粤港澳大湾区城市群以地均GDP 22987.45万元/km^2位居中国城市群榜首，长三角、山东半岛城市群分别以11141.79万元/km^2和5244.99万元/km^2位列第二和第三。

表7　2010年、2020年中国城市群经济发展水平

城市群	GDP			人均GDP		
	2010年（亿元）	2020年（亿元）	增速（%）	2010年（元）	2020年（元）	增速（%）
北部湾	8547	20584	9.19	22546	48559	7.97
成渝	23202	68229	11.39	24219	66384	10.61
关中平原	8840	21781	9.44	21903	52802	9.20
哈长	16366	20468	2.26	35249	50439	3.65
呼包鄂榆	8727	13212	4.23	80582	110561	3.21
京津冀	43953	86521	7.01	42040	78370	6.43
辽中南	18170	21888	1.88	58051	66691	1.40
闽粤浙沿海	25193	69965	10.75	28486	74645	10.11
宁夏沿黄	1458	3568	9.36	28644	58878	7.47
山东半岛	39639	73093	6.31	41915	71914	5.55
山西中部	4254	8937	7.71	27234	55509	7.38
兰西	2473	5712	8.73	20421	46705	8.62

① 鄂尔多斯市具有得天独厚的资源禀赋，拥有大量的煤炭资源，有着“羊煤土气”之称，其羊毛、煤炭、羊绒制品等产业发达。

续表

城市群	GDP			人均 GDP		
	2010 年（亿元）	2020 年（亿元）	增速(%)	2010 年（元）	2020 年（元）	增速(%)
长三角	82718	205106	9.51	57643	124141	7.97
长江中游	32480	86541	10.30	29044	77442	10.30
中原	27532	67282	9.35	22547	52618	8.84
粤港澳大湾区	37674	89522	9.04	67012	114434	5.50

资料来源：根据历年《中国城市统计年鉴》整理而得。表中的 GDP 增速和 GDP 人均增速为年平均增速水平。

2. 城市群经济发展活力不断涌现

从经济发展增速来看（见表 7），成渝、闽粤浙以及长江中游城市群表现亮眼，无论是总量还是人均增速均超过 10%，10 年间一直保持高速发展势头；大部分城市群经济水平也保持着中高速的发展，如长三角（9.51%）、关中平原（9.44%）、宁夏沿黄（9.36%）、中原（9.35%）、北部湾（9.19%）、兰西（8.73%）、山西中部（7.71%）城市群，且人均水平也保持着较高速的增长；少数城市群经济发展水平缓慢，如辽中南城市群经济总量年平均增速仅为 1.88%，人均增速只有 1.40%。相比于“十二五”时期，“十三五”时期大部分城市群经济发展水平均大幅提升，经济活力表现强劲（见图 4）。

再从夜间灯光数据来看（见图 5），各城市群经济发展活力也呈活跃态势。无论是夜间灯光平均亮度还是总亮度，中西部城市群提升幅度比较明显。相比于 2010 年，宁夏沿黄、呼包鄂榆、兰西和成渝城市群 2020 年总亮度分别提升了 88%、85.51%、82.72%和 75.74%。根据国家信息中心提供的 2016 年和 2021 年的太空俯瞰夜景图也可以发现，广阔的中西部内陆地区夜间灯光图扩散明显，相比于 2016 年，2021 年中西部城市群更多地区的夜间灯光集中区域连成一片，亮灯点位越来越多，经济活跃度持续提高，表现出较好的发展潜力。2022 年度最新的中国城市太空灯光图显示，各城市群经济发展总体保持活跃，长三角城市群和粤港澳大湾区城市群灯光图的面积

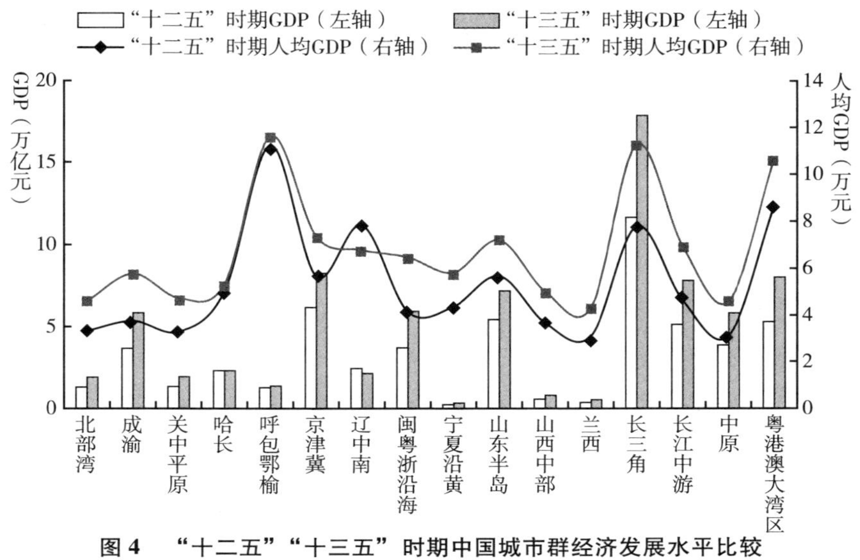

图 4 "十二五""十三五"时期中国城市群经济发展水平比较

资料来源：根据历年《中国城市统计年鉴》整理而得。图中各指标均为年均值。

最大最亮，中原、关中平原、成渝城市群的中心城市灯光图也十分耀眼，显示出良好的活跃度。

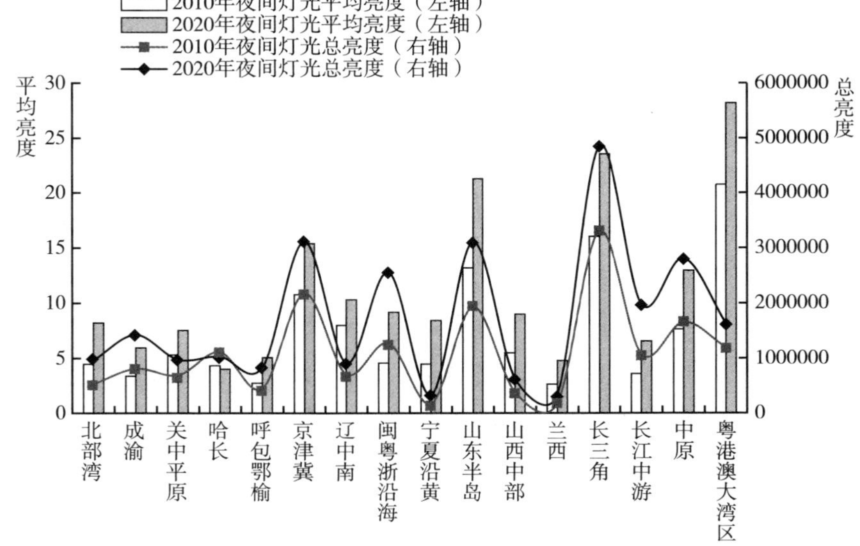

图 5 2010 年、2020 年中国城市群夜间灯光总亮度及夜间灯光平均亮度比较

资料来源：根据夜间灯光数据集整理计算而得。

（三）中国城市群科技创新维度分析

1. 城市群科技创新水平稳步上升

城市群是创新要素资源的主要集聚地。2010~2020 年，中国城市群在科技创新维度总体呈现稳步上升态势（见图 6）。具体来看，相较于“十一五”末和“十二五”末，“十三五”末中国城市群科技创新维度指数虽然在地区之间有所差异，但均有所提高。

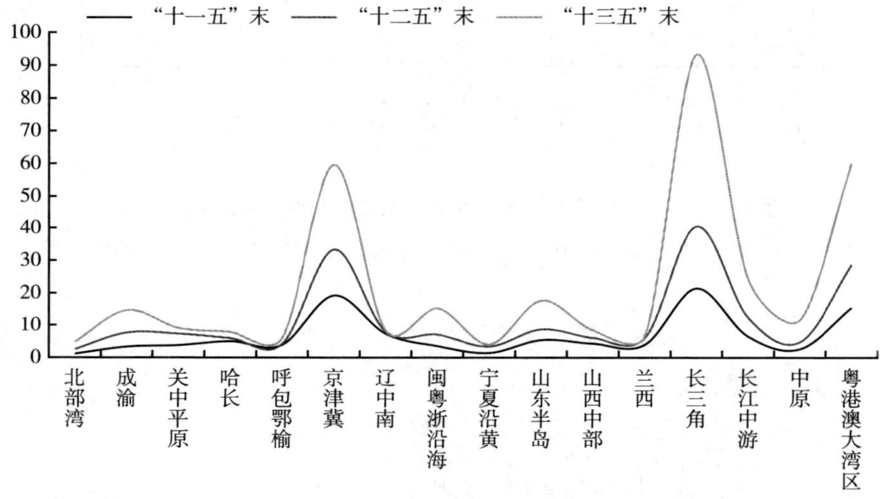

图 6　“十一五”至“十三五”时期中国城市群科技创新维度指数

资料来源：作者测算。

创新人才和研发经费是科技创新的重要投入要素，是城市群高质量发展的战略资源。城市群研发人员占比大、增速快，人才资源不断会聚（见表 8）。从科研人员总数来看，2020 年京津冀城市群总人数最多，共有 102.14 万人，占所有城市群科技研发人员总数的 23.3%，长三角和粤港澳大湾区城市群占比也分别达到 21.26%和 11.82%，三大城市群科技研发人员总数占比达到 50%以上。从科研人员增速来看，粤港澳大湾区城市群是最吸引科学研发人员的城市群之一，在国家自主创新示范区及其一系列人才和创新政策的驱动下，粤港澳大湾区对于人才的吸纳和集聚效应持续释放，其科学研发人员年平均增长率达到 12.87%，居所有城市群之首。

从 R&D 内部经费支出来看（见表 8），2020 年长三角、粤港澳大湾区和京津冀城市群的科技研发支出分别占 16 个城市群研发投入支出总额的 33.09%、17.32%和 12.68%。不少城市群将 R&D 内部经费支出作为提高科技创新水平的重点，R&D 经费快速上升。例如，长江中游城市群 R&D 内部经费支出额年均增长率达到了 24.85%，居城市群之首；宁夏沿黄城市群和闽粤浙沿海城市群的年均增长率也分别达到了 21.15%和 19.74%。从人均 R&D 内部经费支出来看，宁夏沿黄城市群从 2010 年的 1.78 万元增加到了 2020 年的 9.82 万元，年平均增长率达到 18.62%，是人均 R&D 内部经费支出增长最快的城市群。

表 8　2010 年、2020 年中国城市群 R&D 情况比较

城市群	科技研发人员数（万人）		R&D 内部经费支出额（万元）		人均 R&D 内部经费支出（万元）	
	2010 年	2020 年	2010 年	2020 年	2010 年	2020 年
北部湾	5.53	8.49	72505	287691	1.31	3.39
成渝	17.30	33.40	395371	2354192	2.29	7.05
关中平原	12.69	16.93	108746	401154	0.86	2.37
哈长	16.06	14.26	210856	390493	1.31	2.74
呼包鄂榆	2.59	5.47	109316	195829	4.22	3.58
京津冀	61.08	102.14	2438281	6027227	3.99	5.90
辽中南	10.22	8.81	533846	523263	5.22	5.94
闽粤浙沿海	8.67	12.87	447897	2714171	5.17	21.09
宁夏沿黄	1.11	1.37	19743	134477	1.78	9.82
山东半岛	10.57	20.03	685901	2245269	6.49	11.21
山西中部	4.24	5.64	84908	408065	2.00	7.24
兰西	4.41	5.63	40422	124200	0.92	2.21
长三角	49.86	93.18	4406243	15730086	8.84	16.88
长江中游	20.10	36.66	552374	5081218	2.75	13.86
中原	13.09	21.70	462615	2692920	3.53	12.41
粤港澳大湾区	15.44	51.80	1723835	8234057	11.16	15.90

说明：人均 R&D 内部经费支出由 R&D 内部经费支出除以科技研发人员数而得；科技研发人员数为《中国城市统计年鉴》中的科学研究和技术服务业从业人员；R&D 内部经费支出额为《中国城市统计年鉴》中的科学技术支出。

资料来源：根据历年《中国城市统计年鉴》整理计算而得。

2. 城市群科技创新产出不断增强

城市群高新技术企业不断集聚、创新力指数持续提高，科技创新产出不断增强。长三角、京津冀和粤港澳大湾区城市群无论从高新技术企业数量还是从城市群的创造力指数来看都遥遥领先于其他城市群（见图 7）。2020 年长三角城市群拥有 3515 家高新技术企业，京津冀、粤港澳大湾区城市群的高新技术企业也分别有 2387 家和 2177 家。相关调查显示①，2020 年长三角城市群高技术产业利润达 2885.6 亿元，占全国高技术产业利润的 3/10 左右，合作发明专利和专利转移数量呈增长态势，研发飞地、离岸科技创新平台不断建设发展，助力推动长三角城市群科技产出水平的提升。截至 2021 年 9 月，长三角地区 1456 家上市企业异地投资企业近 4000 家，呈现“研发创新在沪苏，产业应用在长三角”的发展趋势。而位于第二梯队的长江中

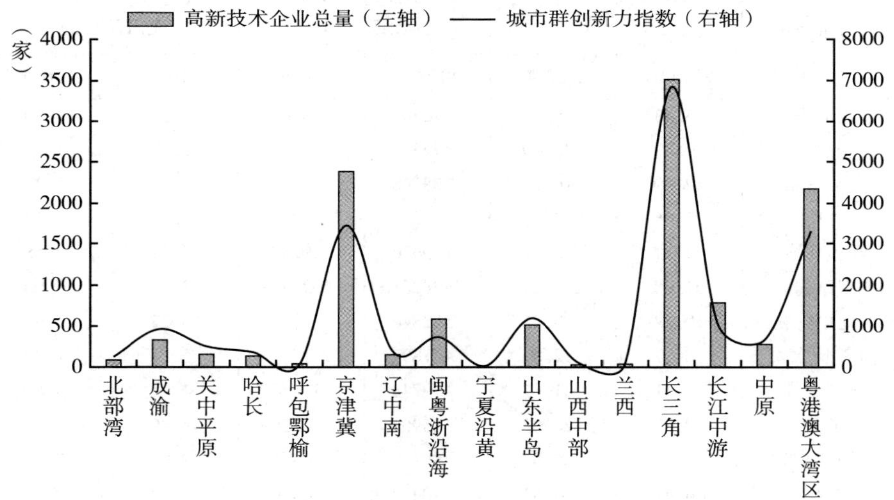

图 7　2020 年中国城市群高新技术企业数及城市群创新力指数

说明：2020 年的城市群创新力指数数据根据《中国城市和产业创新力报告 2017》的数据线性插补得到。

资料来源：高新技术企业拥有量来源于国泰安数据库。

① 《长三角区域协同创新指数 2021》由浙江省科技发展战略研究院和上海市科学学研究所、江苏省科技信息研究所、安徽省科技情报研究所共同发布。

游、山东半岛、成渝和闽粤浙沿海城市群创新产出水平也进步明显，相比于“十一五”末，至“十三五”末高新技术企业分别增加了 531 家、373 家、216 家和 459 家。城市群创新力指数年平均增幅分别达到 30.06%、34.77%、32.89%和 36.53%。

（四）中国城市群协调一体维度分析

协调一体发展是城市群高质量发展的重要特征之一，也是城市群发展的普遍趋势。2010~2020 年，中国城市群协调一体维度指数都有不同程度的提高（见图 8）。从协调一体维度指数增幅来看，中原、成渝、关中平原城市群协调一体指数增幅明显，年均增幅分别达到了 28.54%、12.41%和 11.14%。

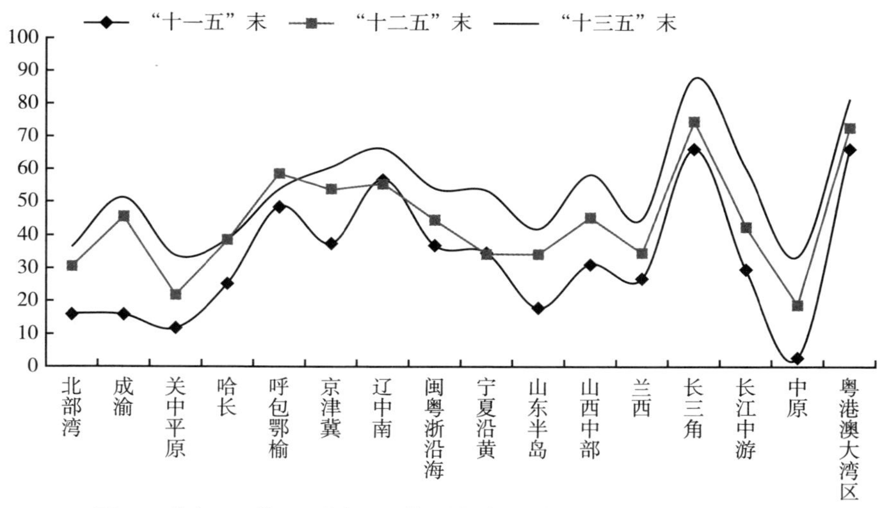

图 8　“十一五”至“十三五”时期中国城市群协调一体维度指数

资料来源：作者测算。

1. 城市群交通网络体系日趋完善

城市群内城市之间的便捷通达程度、发达的铁路网线使城市之间人才、思想、产业和技术能够有效流通，激发城市发展动能。长三角、粤港澳大湾区地区交通基础设施较为完善，已经有很好的交通一体化的基础。《长江三角洲地区交通运输更高质量一体化发展规划》提出通过推进都市圈同城化，加强中心城市与都市圈其他城市的高铁和城际铁路建设，实现都市“一小时通勤圈”，如上海及南京、杭州、合肥、苏锡常、宁波一小时通勤网，完善昆山、嘉善等临沪地区一体化轨道交通系统。从城际轨道交通来看，长三角城市群直达中心城市的高铁车次遥遥领先于其他城市群，2020 年长三角城市直达上海高铁日均车次达到 2309 次（见表 9）；江苏昆山和上海的轨道交通 11 号线花桥段 2019 年日均突破 6 万乘次；长三角城市群生态绿色一体化示范区一次性开通 5 条区域公交线路在上海青浦、江苏吴江、浙江嘉善之间运行；上海机场通航全球 51 个国家，通航点数达 314 个，2021 年上海浦东和虹桥机场总计旅客吞吐量超 6541.42 万人次，完成货邮吞吐量 436.6 万吨；2022 年长三角城市群开通市内轨道交通城市增加至 13 个，现代运输机场和规划运输机场共 32 座。粤港澳大湾区城市群广州—珠海城际铁路、佛山、东莞等立体公共交通系统相继建成，预计粤港澳大湾区城际高铁网络形成后，日均客运量将超过 500 万人次，京广铁路和京九铁路的货运量增加 1 倍以上。

从城市群交通基础设施建设来看，成渝城市群加强了交通基础设施建设，布局在中小城镇的高铁站越来越多，成渝城市群直达中心城市高铁车次明显增加，从 2010 年的 66 车次增加到 2015 年的 589 车次，到 2020 年的 636 车次（见表 9）。中原城市群的河南省，截至 2021 年，铁路营业里程已达 6134.02 公里，其中高铁 1998.02 公里。高速公路通车里程 7216 公里。关中平原城市群建设以渭南、商洛、运城、临汾、天水、平凉等一批区域性交通枢纽为主，“米”字形高铁网不断完善，其铁路运营里程达到 6030 公里，其中高铁 1019 公里。高速公路网总规模超过 4100 公里，并大力建设西咸新区枢纽机场，综合交通枢纽体系日趋完善。

表 9　2010 年、2015 年、2020 年中国城市群各城市直达中心城市高铁日均车次

单位：车次/日

城市群	2010 年	2015 年	2020 年	中心城市
北部湾	23	53	53	南宁
成渝	66	589	636	成都

续表

城市群	2010 年	2015 年	2020 年	中心城市
关中平原	52	156	191	西安
哈长	24	223	223	哈尔滨
呼包鄂榆	55	55	55	呼和浩特
京津冀	322	697	733	北京
辽中南	21	228	228	沈阳
闽粤浙沿海	339	571	571	福州
宁夏沿黄	0	0	0	银川
山东半岛	197	264	294	济南
山西中部	0	47	47	太原
兰西	0	15	68	兰州
长三角	1980	2302	2309	上海
长江中游	62	188	201	武汉
中原	24	139	194	郑州
粤港澳大湾区	229	770	845	广州

资料来源：城市开通高铁数据（2002~2020）来源于国家铁路局；城市高铁开通数据（2003~2020）来源于《铁路客货运输专刊》和地方统计年鉴。

2. 城市群产业结构更加合理

城市群协同发展需要中心大城市和周边中小城市形成合理有效分工，调整产业结构、推进产业结构合理化是建立和完善工业体系以及实现高水平工业化的要求，是实现社会主义现代化的重要内容。通过计算我国城市群产业结构合理化指数，我国部分城市群产业结构逐渐趋向合理，长三角、长江中游、中原城市群等的产业结构合理化程度不断提升（见图 9）。例如，长三角、粤港澳大湾区城市群推进产业集群化发展，打造全国先进的产业集聚区，通过强化区域优势产业协作，打造先进产业基地，形成若干世界级产业集群。再例如，中原城市群加强产业分工协作，促进产业链上下游深度合作，有序承接国内外先进产业转移，建成全球重要智能终端生产基地、抗生素原料药和血液制品生产基地以及新能源客车生产基地，电子信息、先进材料、机器人、新能源汽车等新兴产业集群，推动中原城市群产业结构向中高端迈进。

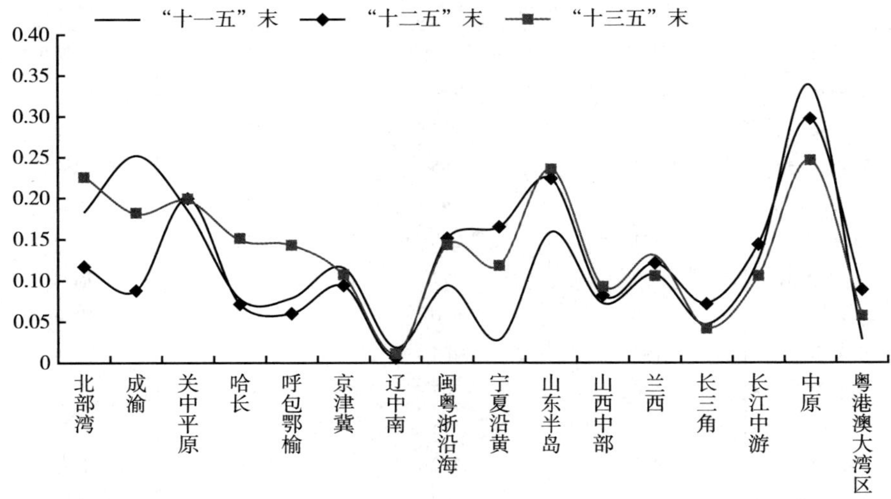

图 9 "十一五"至"十三五"时期中国城市群产业结构合理化指数

资料来源：作者根据《中国城市统计年鉴》公布的三次产业结构及相关从业人员计算得到。

3. 城乡一体化发展水平显著提升

通过破除体制机制障碍，深化户籍制度改革，推进城镇基本公共服务常住人口全覆盖，推进农业转移人口的市民化，城市群城乡发展一体化程度有效提升。在城镇化率方面，中国城市群的平均城镇化率从"十一五"末的52.71%提升到"十二五"末的59.19%、"十三五"末的66.91%，已经超过了世界平均水平。2020 年，粤港澳大湾区城市群城镇化率最高，达到87.29%；长三角城市群城镇化率达到76.46%，也居城市群前列（见图10）。截至2021年，粤港澳大湾区城镇化率达到87.5%，城镇化水平进一步提升。在消费支出方面，长三角城市群农村居民人均消费支出与城镇居民人均消费支出之比为60.9%，超过了城市群平均水平（53.88%），根据2021年长三角城市群三省一市国民经济和社会发展统计公报，长三角城市群农村居民人均消费支出水平达到22660.75 元，相比2020年增幅达到14.42%。

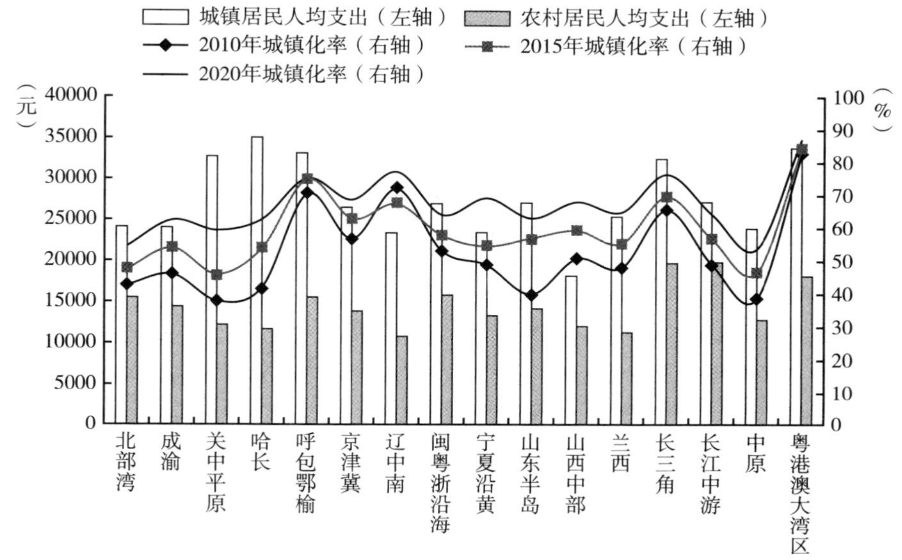

图 10　2010 年、2015 年、2020 年中国城市群城乡居民人均消费支出及城镇化率

说明：城镇化率为城市群城镇人口数/城市群常住人口数。

资料来源：根据各省区市统计年鉴整理而得。

4. 数字经济蓬勃发展助推一体化进程

随着数字技术蓬勃发展，城市群充分发挥数字经济对城市群协调一体的带动作用。我国城市群数字经济建设进步明显，从“十一五”末至“十三五”末，数字经济发展指数均值增长 215.70%。其中长三角数字经济发展水平最高，成渝、京津冀、长江中游、中原、粤港澳大湾区城市群数字经济发展水平也有明显提升。例如，长三角城市群充分发挥浙江在数字经济建设方面的潜力，全面推行掌上办公，加强数字化治理能力，提升数字赋能企业服务水平。截至 2021 年，共谋划建设数字改革重大应用 127 个，并上线了一体化数字资源系统（IRS），海量的数字资源供给各个城市申请使用，促进了产业赋能，推动了产业一体化水平的提高，节省了数字建设发展成本。中原城市群在产业方面积极推进实体经济和数字经济相结合，运用大数据进行现代化经济管理，推动大数据等信息技术对产业进行改造，在重点领域推进智能制造、网络协同制造，建设一批智能工厂和数字化车间，有效提升了中原城市群协调一体水平。此外，截至2021年，中原城市群电信业务总量、固定电话用户、移动电话用户都有较快增长，电话普及率极大提升，年末互联网用户达1262.2万户，全年新开通5G基站累计9万多个，实现乡镇、农村热点区域5G网络全覆盖，5G终端用户超3000万户。再例如，关中平原城市群全力推进数字经济建设，通过云计算、智慧城市、“互联网+”等，推动西安、宝鸡、天水实现制造业智能化，杨凌、咸阳、渭南农业智能化，打造面向“一带一路”的西向跨境电商平台，建设关中平原智能物流平台，打造数字经济新高地。

（五）中国城市群绿色生态维度分析

1. 城市群绿色生态水平总体向好

从2010年和2020年城市群绿色生态维度指数来看（见图11），大部分城市群绿色生态维度指数都高于平均水平，绿色生态建设水平总体较高，体现了我国城市群坚持生态优先的发展理念。其中，粤港澳大湾区、长三角、闽粤浙沿海城市群绿色生态维度指数居于前列，其年平均指数分别为82.31、78.69和81.72。兰西、粤港澳大湾区、长三角城市群绿色生态维度指数增幅位列前三，分别从“十一五”末的45.89、78.00和75.09增加到“十三五”末的56.46、84.60和80.94，增幅分别达到23.03%、8.45%和7.80%。

2. 城市群资源利用效率明显提升

从单位能耗来看，2020年闽粤浙沿海城市群每亿元GDP能耗为429.33吨标准煤，是宁夏沿黄城市群单位能耗的0.18倍，长三角、粤港澳大湾区的每亿元GDP能耗相对于十六大城市群平均能耗水平也较低，为633.72吨和816.57吨标准煤。从用水量来看（见表10），无论是用水总量还是人均用水量，闽粤浙沿海、长三角、粤港澳大湾区城市群用水水平相当于城市群平均用水水平，在用水效率高的前提下，通过产业规划与用水定额可以实现用水总量的零增长。2010~2020年，粤港澳大湾区、长三角和京津冀城市群

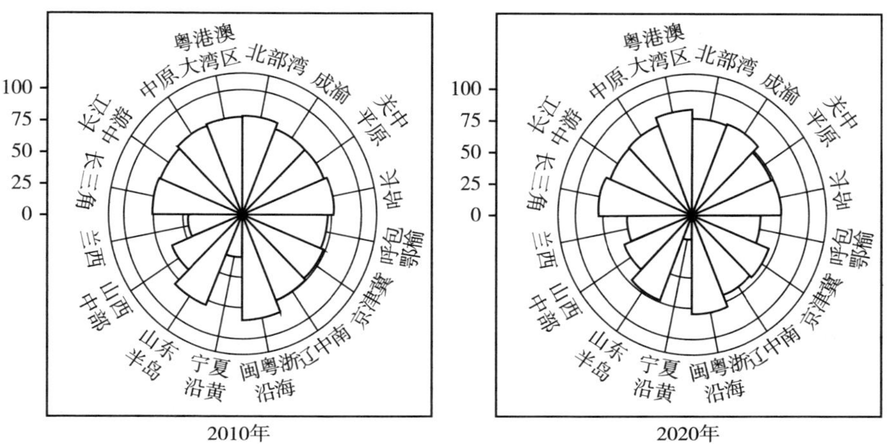

图 11　2010 年、2020 年中国城市群绿色生态维度指数

资料来源：作者测算。

的用水总量和人均用水量都在下降，粤港澳大湾区、长三角城市群人均用水量年降幅分别达到了 4.21%和 3.01%。

表 10　2020 年中国城市群水资源及用水情况比较

城市群	水资源量		用水量		生活污水处理率(%)		
	总量（亿 m^3）	人均（m^3）	总量（亿 m^3）	人均（m^3）	2010 年	2015 年	2020 年
北部湾	860.85	2030.79	177.63	419.04	59.40	82.42	90.61
成渝	2019.89	1965.25	266.47	259.26	59.00	83.36	95.46
关中平原	183.24	444.22	75.8	183.76	64.69	90.17	96.84
哈长	518.37	1277.40	17.46	43.03	70.52	85.82	92.26
呼包鄂榆	63.57	531.97	50.06	418.91	88.58	90.80	97.07
京津冀	180.75	163.72	240.11	217.49	87.95	92.86	97.75
辽中南	538.01	1639.27	26.52	80.80	70.84	91.24	96.02
闽粤浙沿海	2101.99	2242.60	363.26	387.56	68.57	84.20	95.01
宁夏沿黄	5.06	83.50	92.6	1528.05	85.70	94.78	89.32
山东半岛	375.30	369.24	222.47	218.88	88.13	94.41	98.00
山西中部	47.71	296.34	48.64	302.11	70.92	90.12	95.93

续表

城市群	水资源量		用水量		生活污水处理率(%)		
	总量（亿 m^3）	人均（m^3）	总量（亿 m^3）	人均（m^3）	2010 年	2015 年	2020 年
兰西	53.14	434.51	41.79	341.70	67.62	84.78	95.35
长三角	1834.74	1110.48	409.93	248.11	73.98	86.44	94.93
长江中游	3020.65	2703.04	588.63	526.74	75.06	86.00	95.84
中原	567.18	443.56	283.03	221.34	87.29	92.03	97.37
粤港澳大湾区	516.50	660.23	213.69	273.16	72.49	92.73	97.26

说明：城市群生活污水处理率通过计算群内城市污水处理率的平均值得到；人均水资源量为城市群水资源总量与城市群常住人口之比；人均用水量为城市群用水总量与城市群常住人口之比。

资料来源：水资源总量和用水总量根据 2020 年各省区市水资源公报整理而得；常住人口来源于《中国城市统计年鉴》、各省区市统计年鉴。

3. 城市群生态治理水平逐步提升

从水污染治理来看（见表 10），相比 2010 年城市群平均 74%的污水处理率，2020 年大部分城市群的污水处理率都达到了 90%以上。以闽粤浙沿海城市群为例，2021 年在水污染治理方面投入 3 亿元，推进小流域综合治理、生态修复以及环境监管能力建设，完成近 300 个农村水资源环境问题整治，新建改造污水管道近 2000 公里，并增扩城市群内市县生活污水处理厂，增加了污水处理的能力，主要流域水质总体为优，Ⅰ~Ⅲ类水质湖库有 20 余个，占城市群整体 90%以上。从工业固体废弃物综合利用率来看（见表 11），与其他城市群相比，长三角、山东半岛城市群的利用率更高一些，分别达到了 78.37%和 72.88%。仍以闽粤浙沿海城市群为例，2021 年危险废弃物、医疗废物、涉疫垃圾处置率均达到 100%，城市群内危险废物持证单位有 100 余家，总核准处置能力约 300 万吨/年，新增约 50 万吨/年，固体废弃物处理能力有明显提升；2010~2020 年，城市群工业固体废弃物综合利用率水平出现了明显下降趋势，如成渝、京津冀、山西中部城市群工业固体废弃物综合利用率年下降幅度分别达到了 4.5%、4.21%和 3.92%。从空气质量达标天数来看（见图 12），北部湾、闽粤浙沿海、粤港澳大湾区城市群的空气优良天数保持在90%以上，长三角城市群的空气质量也有了明显的提升，从244天增加至316天。粤港澳大湾区城市群全面落实空气改善行动计划，开展大气污染防治攻坚行动，大气环境质量保持城市群领先，2021年城市群中的珠海、中山、深圳、惠州、肇庆5市在全国168个城市空气质量排名中位列前20。

表11　2010年、2020年中国城市群公共绿地面积及工业固废综合利用率比较

城市群	公共绿地面积						工业固体废弃物综合利用率(%)
	2010年		2020年		增幅(%)		
	总面积（hm^2）	人均面积（m^2）	总面积（hm^2）	人均面积（m^2）	总面积	人均面积	
北部湾	57393	15.14	69511	16.40	1.93	0.80	68.05
成渝	84385	8.81	184018	17.90	8.11	7.35	57.46
关中平原	25088	6.22	56052	13.59	8.37	8.13	54.08
哈长	68820	14.82	93283	22.99	3.09	4.49	60.82
呼包鄂榆	19211	17.74	31542	26.39	5.08	4.05	51.46
京津冀	135263	12.94	212651	19.26	4.63	4.06	49.90
辽中南	74131	23.68	100397	30.59	3.08	2.59	53.63
闽粤浙沿海	66895	7.56	125724	13.41	6.51	5.90	72.18
宁夏沿黄	14195	27.89	12407	20.47	-1.34	-3.04	55.92
山东半岛	110021	11.63	206717	20.34	6.51	5.74	72.88
山西中部	12577	8.05	26299	16.33	7.66	7.33	46.52
兰西	9130	7.54	16347	13.37	6.00	5.89	56.71
长三角	338576	23.59	534356	32.34	4.67	3.20	78.37
长江中游	91962	8.22	163214	14.61	5.90	5.91	71.89
中原	69475	5.69	126440	9.89	6.17	5.68	70.28
粤港澳大湾区	282468	50.24	412538	52.73	3.86	0.48	64.50

资料来源：根据《中国城市统计年鉴》整理而得，工业固体废弃物综合利用率数据是2020年数据。

4. 城市群生产生活趋向绿色转型

从碳排放强度来看（见图13），粤港澳大湾区、长三角城市群的碳排放

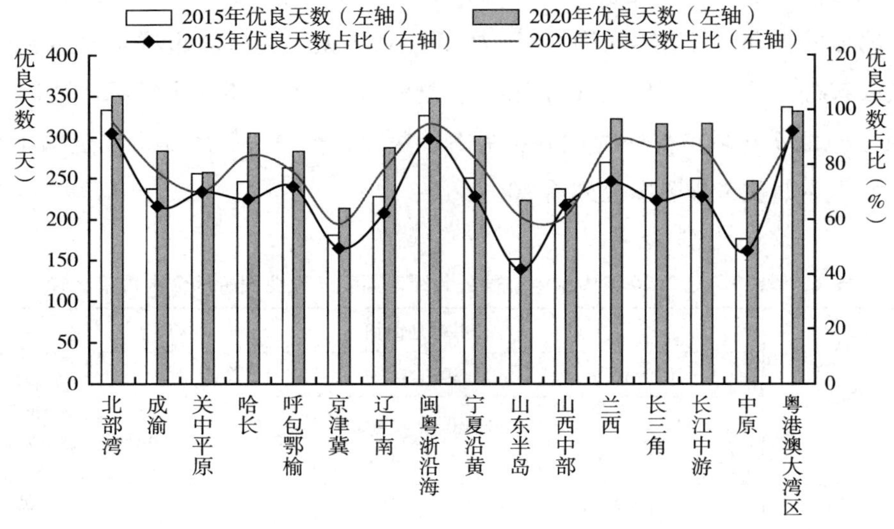

图 12 “十二五”末及“十三五”末中国城市群优良天数

资料来源：城市群优良天气数根据《中国环境统计年鉴》空气质量达到及好于二级的天数整理而得，缺失数据城市则由该城市所在省份的省会城市数据替代。

强度不断下降，粤港澳大湾区城市群的碳排放强度从 2010 年的每亿元 5564.92 吨二氧化碳排放量降低到了 2020 年的每亿元 3178.12 吨二氧化碳排放量，碳排放强度年降幅达到了 5.45%。从绿地面积来看，不少城市群在绿化建设上持续发力，通过建设生态公园，铺设绿道、丰富植物配置模式等措施，城市群的整体绿地面积不断增加。其中，长三角城市群公共绿地总面积最多，粤港澳大湾区城市群次之。例如，2016 年粤港澳大湾区城市群被国家林业局确定为首个“国家级森林城市群建设示范区”，2016~2021 年粤港澳大湾区城市群累计完成碳汇造林 3.4 万公顷，林相改造 4.6 万公顷，沿海基干林带建设 700 余公顷，建设沿海纵深防护林 1.4 万公顷，森林覆盖率进一步提升，生态公益林面积不断扩大，为粤港澳大湾区城市群的高质量发展奠定了牢固的生态基础。从人均绿地面积来讲，粤港澳大湾区城市群最多，人均绿地面积达到 52.73 平方米，城市区域显著变绿。

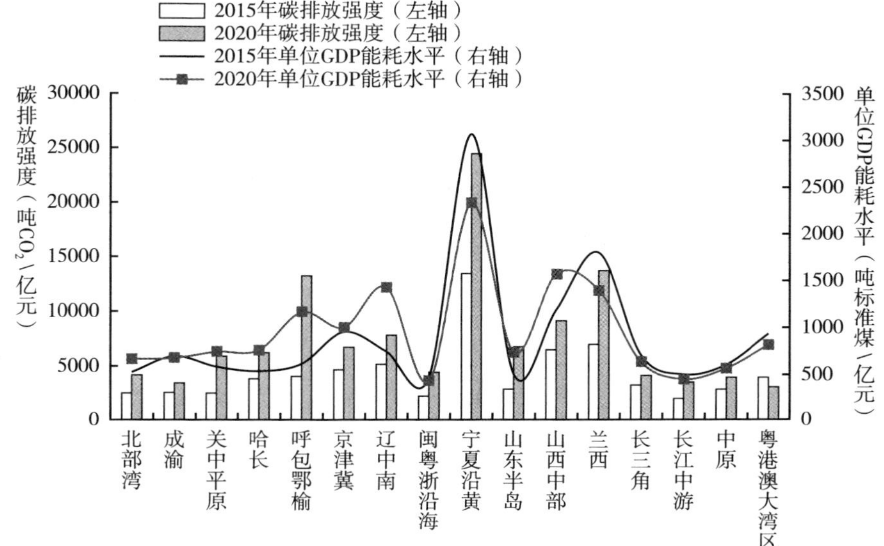

图 13　“十二五”末及“十三五”末中国城市群碳排放强度及能耗水平

说明：碳排放强度=城市群碳排放总量/城市群 GDP；单位 GDP 能耗水平=折合的标准煤/GDP。

资料来源：碳排放总量来源于中国碳核算数据库；其他数据来源于《中国城市统计年鉴》。

（六）中国城市群开放发展维度分析

1. 城市群开放发展迈上新台阶

从 2010~2020 年城市群开放发展维度指数来看（见图 14），中国沿海城市群对外开放发展的程度较高，是要素涌入的主要集聚地、对外贸易的桥头堡。长三角、京津冀等城市群开放发展水平不断提升，优越的地理位置和开放政策推动着东部沿海城市群开放发展迈向更高水平。尽管内陆城市群开放发展的程度相对较低，但随着自由贸易区、自由贸易港的设立，中西部城市群的开放程度也持续提高，指数上升趋势比较明显。指数均值从“十一五”末的 4.96 增加至“十三五”末的 27.56，年增幅达到 18.71%。其中，中原城市群开放发展指数增幅最快，年均增幅为 53.33%，截至 2021 年，中原城市群在货物进出口、实际利用外商投资和对外承包工程营业收入方面都有大幅度增长，中原城市群的主体河南省 2021 年货物进出口总值达到 8208.07 亿元，同比增长 22.9%；外商直接投资 210.73 亿美元，同比增长 5.0%。长江中游城市群和成渝城市群指数增幅也比较快，年均增幅分别为 40.48%和 33.35%。即使遭受新冠肺炎疫情影响，大部分城市群进出口总额均有所增加，表现出我国城市群经济发展的强大韧性。

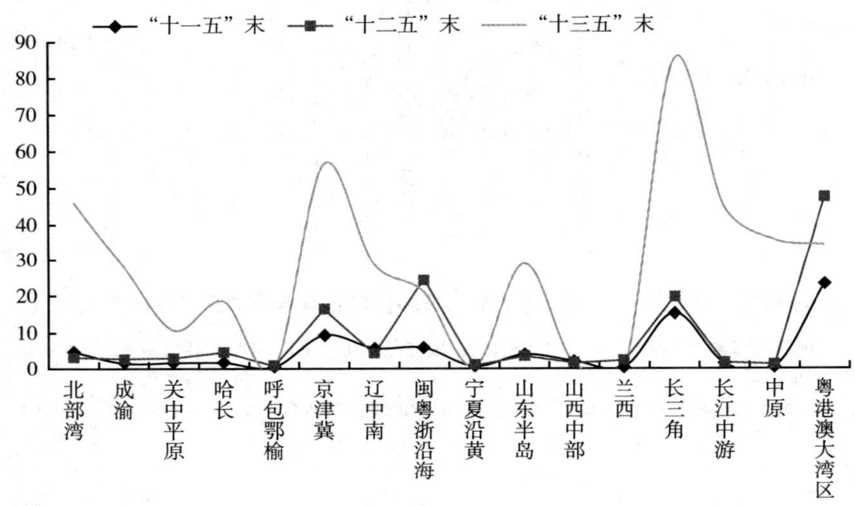

图 14 "十一五"至"十三五"时期中国城市群开放发展维度指数

资料来源：作者测算。

2. 城市群制度型开放持续深化

目前，沿海城市群内自贸区全部覆盖，有力地推动了沿海城市群向更高开放水平、更高质量方向发展（见表 12）。自由贸易区经验不断推广，也提升了中西部城市群对外开放水平。例如，截至 2019 年底，位于中原城市群的河南自贸试验区累计入住企业 6.94 万家，新增内资注册资本累计 8099.98 亿元，外资企业累计 400 家，实际利用外资累计 19.95 亿美元，实现进出口累计 591.3 亿元；92 家世界 500 强企业入驻自贸试验区，开封、郑州、洛阳片区新注册企业数分别是自贸区成立前的 29 倍、3 倍和 2 倍。

截至2020年底，河南自贸试验区累计入驻企业9万家，注册资本1.1万亿元，开封、郑州、洛阳片区入驻企业数分别是成立前的33倍、3倍和3.6倍。

表12　中国城市群自由贸易区/自由贸易港设立情况

城市群	自由贸易区/港	城市	设立时间
北部湾	广西、海南	南宁、钦州、崇左、海口、儋州	海南(2018年10月) 广西(2019年8月)
成渝	四川、重庆	成都、泸州、重庆	四川(2017年3月) 重庆(2017年3月)
关中平原	陕西	西安	陕西(2017年3月)
哈长	黑龙江	哈尔滨、牡丹江(绥芬河)	黑龙江(2019年8月)
呼包鄂榆	无	—	—
京津冀	北京、天津、河北	北京、天津、石家庄(正定片区)、保定(雄安片区)、唐山(曹妃甸片区)、廊坊(大兴机场片区)	天津(2015年4月) 河北(2019年8月) 北京(2020年9月)
辽中南	辽宁	大连、沈阳、营口	辽宁(2017年3月)
闽粤浙沿海	福建	厦门、福州	福建(2015年4月)
宁夏沿黄	无	—	—
山东半岛	山东	济南、青岛、烟台	山东(2019年8月)
山西中部	无	—	—
兰西	无	—	—
长三角	上海、江苏、浙江、安徽	上海、南京、苏州、连云港、舟山、合肥、芜湖、蚌埠	上海(2013年9月) 浙江(2017年3月) 江苏(2019年8月) 安徽(2020年9月)
长江中游	湖北、湖南	武汉、宜昌、襄阳、长沙、岳阳	湖北(2017年3月) 湖南(2020年9月)
中原	河南	郑州、开封、洛阳	河南(2017年3月)
粤港澳大湾区	广东	广州、深圳、珠海	广东(2015年4月)

资料来源：相关自贸区资料来源于商务部国际贸易经济合作研究院《中国自由贸易试验区发展报告2021》。

（七）中国城市群共享发展维度分析

1. 城市群人民生活水平不断改善

从不同时期的城市群共享发展维度指数来看（见图 15），我国城市群人民生活水平提升明显，16 个城市群共享发展维度指数均有进步，城市群平均指数从“十一五”末的 20.90 增长至“十三五”末的 43.03，增幅水平达到 105.89%，年平均增长率达到 7.49%。“十二五”“十三五”期间指数增幅分别达到 43.76%和 43.21%。其中长三角、京津冀城市群共享发展指数起始水平就比较高，在不同时期均遥遥领先于其他城市群。成渝、闽粤浙沿海、粤港澳大湾区城市群共享发展指数增幅位列前三，分别达到 11.25%、9.21%、8.92%。

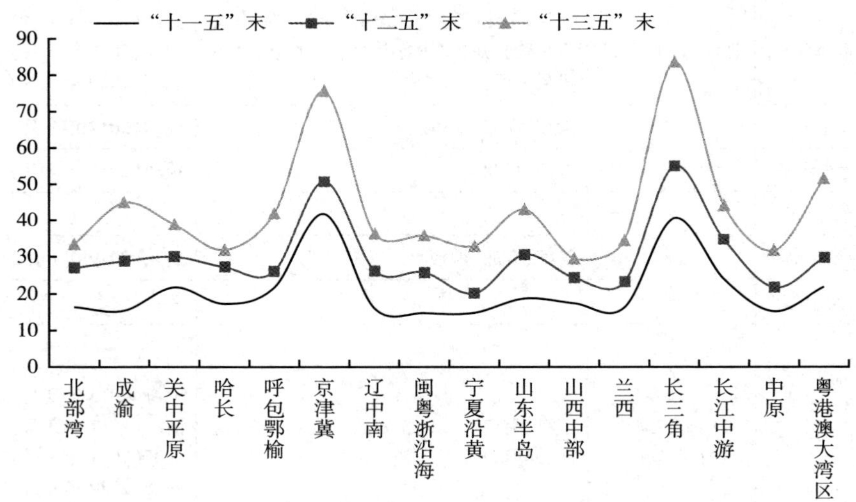

图 15　“十一五”至“十三五”时期中国城市群共享发展维度指数

资料来源：作者测算。

从城乡居民人均可支配收入来看（见图 16），“十三五”时期，城乡居民人均可支配收入为 28674.53 元，相比于“十二五”时期，增幅达到 53.48%。人均可支配收入增长率均超过 40%，其中兰西城市群增幅最大为

69.78%，成渝城市群和宁夏沿黄城市群表现亮眼，增幅也分别达到66.18%和63.03%。增长幅度较高的几个城市群都来自西部地区城市群，这离不开西部地区大力推动脱贫攻坚的成效。在工资水平方面，“十三五”期间，职工平均工资水平为72033.87元，相比于“十二五”时期，增幅达到55.64%。除呼包鄂榆城市群（38.2%）增幅不到40%，其余城市群职工平均工资增幅均超过40%，其中北部湾城市群增幅最大，为68.66%，长江中游城市群和闽粤浙沿海城市群分列第二和第三，其增幅分别为66.41%和60.57%。

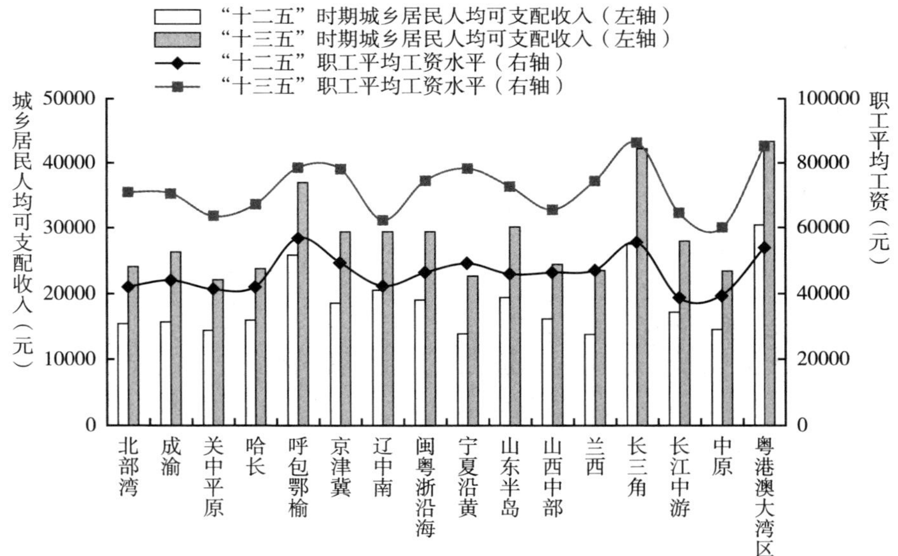

图16 “十二五”“十三五”中国城市群居民人均可支配收入及职工工资水平比较

说明：城乡居民人均可支配收入=（城镇居民人均收入×城镇常住人口+农村居民人均收入×农村常住人口）/常住人口。

资料来源：《中国城市统计年鉴》、各省区市统计年鉴。

2.城市群基本公共服务全面提升

在教育领域（见图17），中国城市群教育支出总额不断提升，长三角城市群遥遥领先，京津冀城市群教育支出总额总体水平也比较高，粤港澳大湾区、长江中游、闽粤浙沿海、中原、山东半岛和成渝城市群的教育支出总额水平大致相当。北部湾城市群的教育支出占财政预算支出比重最高，达到了20.8%，闽粤浙沿海和山东半岛城市群的教育支出占财政预算支出的比重也都超过20%。从教育支出增幅水平来看，粤港澳大湾区城市群教育支出的增长速度最快，教育支出年平均增幅达到15.87%，长江中游城市群和闽粤浙沿海城市群的教育支出增幅水平也比较高，分别达到13.43%和12.89%。

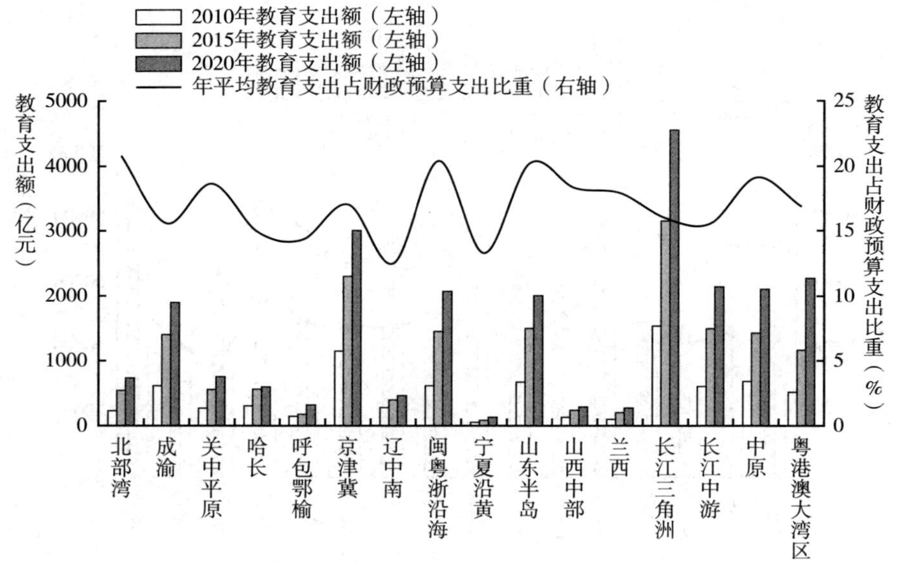

图17　2010年、2015年、2020年中国城市群教育支出额及占财政预算支出比重

说明：教育支出占财政预算支出比重为2010~2020年各城市群平均比重。

资料来源：根据《中国城市统计年鉴》计算得到。

在文化医疗领域（见表13），可以看到各城市群在文化和医疗领域的资源供给增加比较明显，人均资源水平也有不同程度提升。虽然不同城市群的公共服务数量在总量上差距较大，但是人均水平差距并不明显，这也表明我国在公共服务普及过程中，从数量差距来看，基本公共服务差距不大。

表 13　2015 年与 2020 年中国城市群图书馆藏书量及床位数比较

城市群	文化				医疗			
	图书馆藏书量（千册）		每百人平均藏拥有量（册）		床位数（张）		每万人平均拥有床位数（张）	
	2015 年	2020 年	2015 年	2020 年	2015 年	2020 年	2015 年	2020 年
北部湾	19279	29950	48	71	172660	179427	43	42
成渝	50761	222950	51	217	559289	605145	56	59
关中平原	17513	95910	43	233	203286	224314	50	54
哈长	23576	30850	52	76	243486	253674	54	63
呼包鄂榆	8505	25670	74	215	60051	63942	52	54
京津冀	100328	124970	90	113	486821	529443	44	48
辽中南	37649	40010	121	122	202501	213791	65	65
闽粤浙沿海	63715	89730	71	96	348076	384770	39	41
宁夏沿黄	6186	5540	113	91	28700	29833	53	49
山东半岛	76860	75250	79	74	475329	510721	49	50
山西中部	10800	12320	68	77	81016	82963	51	52
兰西	4237	6510	35	53	65948	78988	55	65
长三角	195851	274580	130	166	724186	871885	48	53
长江中游	58212	81440	52	73	578203	594771	52	53
中原	32745	58120	26	45	569846	653112	45	51
粤港澳大湾区	81094.3	125780	118	161	233092	295474	34	38

说明：城市群公共文化数量选择图书馆藏书量代表；城市群公共医疗数量选择医院床位数代表。
资料来源：历年《中国城市统计年鉴》。

四　中国城市群高质量发展面临的主要问题

（一）城市群经济发展不平衡问题有待破解

中国城市群经济发展水平存在空间差异，经济发展分化现象明显。从区域层面来看，城市群经济发展水平呈现“南高北低，南快北慢”，南北城市群经济发展差距呈现扩大趋势。南方 6 个城市群和北方 10 个城市群的经济总量[①]从“十二五”时期的 1.28 倍扩大到“十三五”时期的 1.55 倍，人均 GDP 从“十二五”时期的 1.01 倍扩大到“十三五”时期的 1.21 倍。从经济总量来看，截至 2021 年，我国城市群排名前三的城市群均为南方城市群，而后七名均为北方城市群。从“十一五”到“十三五”期间，16 个城市群的经济总量年平均增长率为 7.9%，其中有 6 个城市群年平均增长率低于平均水平，且 6 个城市群均为北方城市群；人均 GDP 增长率为 7.14%，有 6 个城市群年平均增长率低于平均水平，其中北方城市群占 5 个。从城市群城乡发展水平来看，城市群之间城乡发展存在较大差异，城市群城乡发展差距有待进一步缩小。一方面，部分城市群城镇化水平相对较低。例如，2020 年北部湾城市群和中原城市群的城镇化率分别仅为 54.35%和 53.79%，其城镇化水平有待进一步提高。另一方面，部分城市群的农村与城镇人均消费支出比仍然较大。例如，2020 年关中平原城市群和哈长城市群的农村与城镇人均消费支出之比分别仅为 37.37%和 33.38%，相比于长江中游城市群的 73.08%和城市群平均水平的 53.88%，表现出明显差距。再从城市群经济发展活跃度看，在夜间灯光平均亮度排名前 10 的城市中，有 5 个城市属于粤港澳大湾区城市群，4 个城市属于长三角城市群，1 个城市属于闽粤浙沿海城市群；相比较而言，夜间灯光平均亮度排名后十位的城市皆属于中西部城市群城市，且亮度值明显更低，可见中西部城市群经济活力相对较低[②]。

---

① 根据本报告研究，南方城市群为：北部湾城市群、成渝城市群、闽粤浙沿海城市群、长三角城市群、长江中游城市群和粤港澳大湾区城市群；北方城市群为：关中平原城市群、哈长城市群、呼包鄂榆城市群、京津冀城市群、辽中南城市群、宁夏沿黄城市群、山东半岛城市群、山西中部城市群、兰西城市群和中原城市群。

② 2020 年夜间灯光平均亮度排名前 10 的城市：东莞市（61.44）、中山市（59.21）、深圳市（58.58）、上海市（53.91）、嘉兴市（52.89）、佛山市（51.71）、珠海市（50.96）、苏州市（50.81）、汕头市（28.26）、无锡市（47.39）。排名后 10 的城市：牡丹江市（1.6）、雅安市（1.81）、商洛市（2.15）、吉安市（2.48）、齐齐哈尔市（2.54）、白银市（2.61）、崇左市（2.78）、绥化市（2.8）、定西市（2.88）、抚州市（3.04）。

（二）城市群创新发展能力有待提升

创新发展对城市群经济发展具有关键作用，推动产业结构优化升级、增强创新对经济发展的内生动力，对促进城市群高质量发展意义重大。当前，中国城市群之间的创新发展水平差异明显，提升城市群创新产出效率的任务艰巨。从整个创新发展水平来看，城市群创新水平差异较大，部分城市群创新水平有待提升。长三角城市群的科技创新维度指数是兰西城市群的 92.2 倍、呼包鄂榆城市群的 126.91 倍和宁夏沿黄城市群的 276.55 倍；2020 年，辽中南、呼包鄂榆、哈长城市群科技创新维度指数水平年平均增幅较低，分别只有 1.2%、4.41%和 4.69%。从创新要素投入来看，除京津冀、长三角与粤港澳大湾区城市群在研发投入强度与产业结构优化上具备较好的发展情况外，其余城市群均或多或少存在创新投入强度不足、创新体系落后单一等问题；部分城市群的科研人才比重较低，人才流失较为严重，如哈长城市群和辽中南城市群的科学研发人员数年平均增长率分别为-1.18%和-1.47%；部分城市群的科技研发投入力度较小，如较之 2010 年，2020 年辽中南城市群人均 R&D 内部经费支出年均增长幅度只有 1.29%；呼包鄂榆城市群人均 R&D 内部经费支出不增反降，年均增幅为-1.63%。从创新产出成效来看，中西部城市群科技创新效率水平普遍较低，如 2020 年科技产出水平较低的山西中部、兰西和呼包鄂榆城市群，其高新技术企业拥有量分别只有 31 家、37 家、40 家，中西部城市群成为创新产出洼地，表现出创新效率存在明显的空间异质性。

（三）城市群产城结构体系有待优化

城市发展遵循“城市—都市圈—城市群”的空间演进规律，伴随城市发展的不同阶段，中心城市从极化效应较强向扩散效应增强转变，不断带动周边城市发展，单一的城市联系向网络化发展，以中心城市与次中心城市为主的都市圈辐射范围增强，逐渐耦合成群，走向均衡化发展。但是，当前部分城市群实际发展情况与理想状态不太吻合。从城市体系空间格局来看，部分城市群存在发展阶段与城市空间体系不匹配问题，这一问题的存在对于生态文明视角下城市群发展有明显制约作用，降低了城市间联系强度，从而削弱了整个城市群发展效率，不利于城市群高效发展。如相较而言，中原、关中平原、北部湾、哈长、山东半岛等城市群，虽然协调一体维度指数增幅大于呼包鄂榆、辽中南等城市群，但其指数水平依然处于城市群后位。从城市群产业结构体系来看，2020 年山东半岛、中原城市群的产业结构合理化指数分别仅为 0.2356 和 0.2460，产业结构仍需进一步调整。可以看出，随着城市群内产业结构与城市体系演化互动，部分城市群通过不断地调整产业结构，促进产业分工，其产业结构合理化水平较高，而部分城市群内城市发展过程中对城市产业发展的定位不清晰，产业规划面面俱到，导致产业同构化严重，缺乏产业互补性，产业结构不甚合理，同质化发展和竞争造成城市群内城市间协调一体化发展程度不高。

（四）城市群生态承载压力有待缓解

生态城市群是人与自然高度和谐的复合生态系统，是生态文明背景下城市群高质量发展的方向。城市群内城镇、人口、产业分布密集，生态环境问题突出，跨区域生态与环境治理的难度较大，因此自然生态系统空间格局优化是城市群空间格局优化治理的重要方面，也是为生产、生活空间格局提供生态本底的必然要求。伴随着经济快速发展以及人口和产业的集聚，城市群成为当前生态环境问题集中激化的重点区域，城市群的生态承载能力经受极大的考验。一是水资源制约有待破解，如宁夏沿黄、兰西、山西中部、呼包鄂榆等城市群水资源总量相对匮乏，宁夏沿黄城市群人均水资源量只有 83.5 立方米，缺水程度非常严重，在一定程度上限制了城市群高质量发展。二是资源利用水平较低，水资源、土地资源、能源等利用率亟须提高。例如，2020 年宁夏沿黄城市群人均用水量达 1528.05 立方米，是哈长城市群的 35.51 倍、辽中南城市群的 18.91 倍；2010~2020 年哈长城市群人口流出比较严重，而城市建设用地面积仍然在增加；2020 年宁夏沿黄城市群单位 GDP 能耗是单位 GDP 能耗水平最低的闽粤浙沿海城市群的

5.43 倍。三是污染排放水平较大，环境治理亟待加强。如空气质量较差的城市群集中在中国北方地区，山东半岛、山西中部和中原城市群空气优良天数在“十二五”末和“十三五”末均未达标，对于空气污染的治理仍需进一步加强。

（五）城市群开放发展水平有待深化

城市群在全球经济体系中占据重要的枢纽地位，是国家参与全球竞争和国际分工的全新地域单元。当前，城市群开放水平仍然有待优化，特别是中西部城市群开放环境更需提高。从总体开放发展水平看，兰西、宁夏沿黄、呼包鄂榆、山西中部等内陆城市群开放发展维度指数较低、指数增速提升不明显，且对外经济参与程度较弱。从对外贸易水平来讲，截至 2020 年，上述 4 个城市群进出口总额分别只有 38.6 亿美元、42.3 亿美元、52.6 亿美元、189 亿美元，远低于其他城市群贸易水平。从城市群进出口贸易额来看（见图 18），长三角城市群进出口总额遥遥领先于其他城市群，其 2020 年进出口贸易总额达到了 1.6 万亿美元，是进出口贸易总额最低的兰西城市群的 414 倍，是宁夏沿黄城市群的 378 倍。从外贸依存度来看，沿海城市群的外贸依存度远高于内陆城市群，粤港澳大湾区、长三角、京津冀城市群的外贸依存度分别达到 75%、54%和 40%。虽然双循环新发展格局持续构建，但是内陆城市群的外贸参与度仍然较低，进出口总额占比不超过 20%，并且目前兰西、宁夏沿黄、呼包鄂榆、山西中部城市群还未有自由贸易试验区设立，制度型开放发展相对滞后。

（六）城市群人口与公共服务空间配置有待优化

城市群人口规模是反映人口吸引力和人口集聚的直接指标，通过城市群人口规模变动情况，可以体现出城市群发展人口居住生活环境质量以及人口集聚能力差异。随着新型城镇化进程的不断推进，未来集聚在城市群的人口比例将会进一步扩大，增进民生福祉、提升共建共治共享水平、使全民享受到改革发展成果至关重要。从城市群人口空间组织来看，京津冀、长三角和

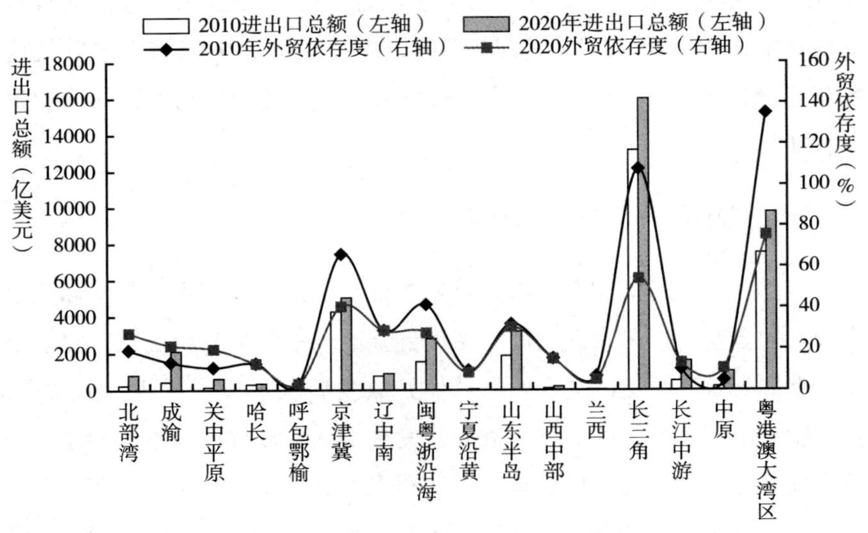

图 18　2010 年、2020 年中国城市群进出口总额及外贸依存度

说明：外贸依存度为城市群进出口总额/城市群生产总值。

资料来源：城市群进出口总额资料由各省区市统计年鉴整理而得。

粤港澳大湾区三大城市群人口规模大、人口密度高，城镇化水平高，人口集聚能力优于其他城市群；成渝城市群、长江中游城市群、山东半岛、中原和闽粤浙沿海等城市群人口规模较大，人口空间分布相对合理，人口集聚能力适中。但是，东北地区和中西部地区的城市群人口分布存在规模小、密度较低或城镇化率较低等诸多问题，如哈长、辽中南、呼包鄂榆和宁夏沿黄城市群，人口规模较小、密度偏低；兰西、呼包鄂榆和宁夏沿黄等城市群总人口规模均不足 1000 万，与长三角、京津冀、粤港澳大湾区等发育较好的城市群人口规模相比差距巨大，2020 年北京城镇人口数量约为 1916 万，单个中心城市人口规模远大于中西部部分城市群城镇常住人口总规模；其中，宁夏沿黄城市群人口规模只有 600 万左右，不及北京市人口规模的 1/3；山西中部、辽中南、兰西城市群城镇化水平仅在 50%左右，远低于全国城镇化的平均水平。值得注意的是，在公共服务质量上，我国城市群仍然面临着空间治理不足、配套服务滞后的问题，如东北地区教育支出增长幅度较缓，辽中南城市群教育支出增幅仅有5.18%，哈长城市群也只有7%的增幅水平。因此，通过发挥市场主体作用，充分实现城市群内部资源匹配，统筹公共设施建设，实现公共服务共享，对于实现城市群高质量发展具有重要意义。

五　城市群高质量发展的国内外经验

（一）明确城市功能定位，提升资源配置能力

城市群城市功能定位明确，对于参与国内国际分工、发挥城市群比较优势、提升对资源要素集聚和配置能力具有重要意义。城市群的中心城市通常将自身功能定位为科技创新中心、文化交流中心和国际交往中心。从国外城市群具体做法来看，大多依托大学创建人才库，形成“产学研”一体化，推动文化交流；通过创新园区建设培育中小型企业发展，推动科技创新；利用首都优势吸引企业（尤其是跨国公司）总部设立，培育总部经济，打造国际交往中心，从而实现城市群对科技、人才、资本与信息等资源要素配置能力的提升。例如，以伦敦为中心城市的城市群拥有牛津大学、剑桥大学，东京城市群拥有东京大学、早稻田大学，纽约城市群拥有哈佛大学、耶鲁大学以及普林斯顿大学等世界顶尖学府，不仅有助于人才培养和文化交流，而且有利于“产学研”结合。伦敦城市群建有剑桥科技园、东伦敦科技城，首尔城市群建有首尔科技园区、仁川松岛科技园区以及京畿科技园区等，东京城市群建有筑波科学城，群内不同的创新科技园区所涉及的产业一般有所不同，有利于发挥集群效应。首都凭借城市资源优势，加之便捷的交通网络和优质的服务环境对国内外机构和企业入驻具有天然吸引力，大大促进了总部经济发展以及城市群的全球资源配置力，伦敦、巴黎、首尔、东京等地分别拥有世界500强总部数量16个、2个、12个、47个，这对促进国际交流与合作、有效吸收国外的知识和资本作用重大。

从国内城市群发展来看，京津冀城市群中心城市首都北京集聚了全国大

量的金融资源，吸引了众多跨国公司、高新技术企业和研发机构，此外高等院校和科研院所布局密集，有大量的研发人员和科技人才储备；成渝城市群作为新时代推进西部大开发的重点和“一带一路”建设的重要节点，为成渝的创新发展提供了良好的空间发展环境。闽粤浙沿海城市群与台湾隔海相望，合作交流基础良好，成效显著，是两岸深化合作的重要支点，对于推进高新技术产业集群建设，扩大两岸关键技术、龙头项目和高端人才等领域的科技协同创新具有得天独厚的优势；中原和长江中游城市群作为中部地区发展的两大龙头，依托承东启西、连接南北的地理优势，成为对内开放和对外开放的重要枢纽区域。2021 年国家“十四五”规划明确提出部署发展兰西城市群，2021 年 12 月 28 日，甘肃、青海两省审议通过兰西城市群发展“十四五”实施方案，签发《甘青两省共同推进兰西城市群建设 2022 年重点工作任务》，处于“一带一路”倡议黄金通道上的兰西城市群，部门间、城市间通力合作，紧抓落实，兰西城市群成为西北地区经济发展的重要空间支点。

（二）群内城市合理分工，增进城际互动效率

城市群内城市合理分工有利于增强城市间经济联系与互动效率，是提高城市群发展效率的根本动力，决定着城市群的高质量发展。城市群中的中心城市发展往往承载着以金融业为核心的高端服务业以及承担创新策源地的功能，而周边城市则侧重于发展工业或是承担创新成果转化的职能，各城市分工明确、功能互补、相互促进。例如，纽约城市群的五大核心城市各具特色，主导产业各不相同，以纽约为核心、制造业产业链为纽带，形成了纽约金融业、波士顿高科技产业、巴尔的摩军事工业以及费城重工业的综合性产业格局。东京周边各县积极承接东京的职能和产业转移，目前东京城市群已形成了优势互补的区域分工体系，多摩地区、厚本市和青梅市主要以高校和高新研发为核心，立川市以商业金融为主导，川崎市承担生产制造和研发职能，神奈川县则是工业聚集地和国际港湾。首尔城市群中心城市首尔通过减免税政策快速将工业产业迁移至周边地区，自身则大力发展金融、文化、科

研、旅游等服务业，实现了产业布局优化与产业合理分工。莱茵—鲁尔城市群以采煤、钢铁、化学等重工业起家，后来电气、电子工业以及高新技术产业发展迫使其走向产业结构转型，现在形成了多特蒙德、埃森和杜伊斯堡三大工业中心，以传统钢铁加工业为代表的大企业曼内斯曼率先转型，成为全球重要的电信市场。

国内城市群中，长三角城市群内核心城市上海发挥国际金融中心的地位，进行品牌和管理模式输出；江苏制造业发展，科教资源丰富，打造科技产业创新中心和先进制造业基地；浙江数字经济发达、环境优美，打造全国数字经济新高地；安徽资源丰富、腹地广阔，通过推进产业转移打造新型产业聚集地和绿色发展示范区，各城市基于不同的发展优势合理分工，避免了城市间产业同构带来的恶性竞争。又如，当前京津冀三地按照经济发展水平与发展阶段不同，北京呈现以高端服务业和科技创新产业为主导产业的发展趋势；天津第三产业超越第二产业占据主导地位，整体产业结构呈现高新技术化特征；河北省当前仍以第二产业为主，第三产业发展仍以传统服务业为主，京津冀城市群内部形成了相对合理的产业功能梯次分工，对于促进产业转移与承接以及增强群内城市联系发挥了重要作用。再如，自 2020 年以来，成渝城市群两大中心城市成都和重庆携手打造世界级汽车产业集群，依托产业链和供应链布局，实现了成都生产交流发电机和雨刮电机、重庆车企安装的产业分工布局，2021 年 6 月 17 日，四川时代动力电池一期项目在宜宾投运，进一步推动了成渝两地产业链、供应链贯通、巩固和发展。

（三）破除城际行政壁垒，改善群内竞合关系

城市群由不同的城市和地区组成，内部存在多个行政区域，这些行政区域又往往行政等级相当，行政区域之间的关系处理不当会导致城市群内一盘散沙甚至产生矛盾冲突，从而大大削弱城市群的合作效率。因此，打破行政区划壁垒，正确处理好城市行政区单元和城市集群发展的关系，可以较好地促进群内城市间合作，从而达到“1+1>2”的理想效果。从国外城市群的具体做法来看，在现有行政区划基础上，通过基础设施改善、中央政府参与管

理等方式方法来弱化甚至消除行政边界壁垒；抑或通过适度调整行政区划来解决原有行政区之间的利益冲突。例如，东京城市群的各大港口分属不同行政区划，以往功能相同、各自为政导致竞争激烈，后中央政府参与统筹规划，进行了港口功能细分，并且修订了《港口法》，促成了东京湾港口的一体化。目前，东京港主要进口食品及其他生活消费品，横滨港主要进口工业制成品，川崎港主要负责进口大量的原料和燃料。1994 年，法国政府批准了在《巴黎地区整治规划管理纲要》基础上修订而成的《巴黎大区总体规划》，该《规划》要求保持城市之间的合理竞争、协调发展，明确了政府不干预规划的具体内容，但要对大型基础设施建设等重大项目负责。2000 年，伦敦市成立了大伦敦市政议会，其主要负责交通、经济、环境、旅游、安全、空间布局等战略规划的编制。兰斯塔德城市群根据《荷兰兰斯塔德城市群 2040》要求，建立商业促进办公室、地区间关于基础设施和空间发展定期会议等协同发展机制，构建起了多元化跨界协同治理机制，较好地降低了行政壁垒对城际合作的消极影响。

1990 年以来，珠三角地区就在全国提出一体化概念。2008 年 12 月国务院颁布实施《珠江三角洲地区改革发展规划纲要（2008—2020 年）》，2016 年 5 月国务院发布《长江三角洲城市群发展规划》，2019 年中共中央、国务院印发了《长江三角洲区域一体化发展规划纲要》和《粤港澳大湾区发展规划纲要》，提出将长三角、粤港澳大湾区打造成为高度一体的世界级城市群，实施以政府协同治理为主导的多层级协同机制，通过建立区域市长联席会议制度，协调解决城市群一体化建设的重大问题，并通过指导、监督和检查等一系列手段进行落实，系列规划纲要对促进粤港澳大湾区、长三角城市群内城市合作发挥了重要作用。2020 年以来，关中平原城市群先后颁布《推动关中平原城市群发展规划实施联席会议制度》《2020 年关中平原城市群跨省合作重点推进事项》等政策规划，建立关中平原城市群跨省协作机制，提出共同推动交通基础设施互联互通等 13 个方面具体工作，使关中平原城市群深入协同发展取得突破性进展。

（四）健全城市群政策规划，引导城市群健康发展

城市群的发展离不开政府规划，合理科学的政府规划可以引导城市群的健康、有序发展，在政府指导基础上充分发挥市场机制的决定性作用，使有效市场与有为政府相结合，最终提高城市群的整体发展水平。从国外城市群的具体做法来看，城市群的相关政府通过制定交通基础设施规划、制定城市群整体规划、设立协同规划部门等方式来解决城市群发展中的问题以及迎接城市群发展的挑战。例如，纽约城市群先后进行过三次重大的调整，其不断从失败中总结经验，1996 年在现实评价和经济规律把握的基础上形成了第三次规划，确立了纽约成为中心城市的地位，带动了整个城市群的协调发展。从 20 世纪 50 年代后期开始，日本政府相继制定了《首都圈整备规划》、《京畿圈整备规划》和《中部圈开发整备规划》，形成了包括区域规划与城市规划在内的较为完善的规划体系。伦敦城市群为城市群的发展，设立了负责城市群规划的“巴伦委员会”。1972~2000 年，韩国在四次国土综合开发规划中明确了首尔城市群的发展目标、战略规划及实施举措，此外还编制了《首都圈整备计划》。法国巴黎城市群拥有大面积的历史建筑和自然景观，肩负历史和自然双重保护的责任，巴黎通过合理的交通基础设施规划保护了这些历史建筑和自然景观，此外，《巴黎大区 2030 年战略规划》提出要将巴黎打造成为“连接与组织、集聚与平衡、保护与增值”的城市。

国家对于作为重大战略的粤港澳大湾区、长三角城市群的建设尤为重视，关于两大城市群发展的政策规划指导密集超前，对城市群发展有积极的引导与规范意义。例如，2016 年国务院发布《关于长江三角洲城市群发展规划的批复》提出以上海建设全球城市为引领，以共建全球科技创新集群为支撑，在重要领域科技创新接近或达到世界水平；2020 年科技部印发的《长三角科技创新共同体建设发展规划》也明确提出，至 2025 年形成现代化、国际化的科技创新共同体，2035 年全面建成全球领先的科技创新共同体。粤港澳大湾区作为全国深化改革的先行区，被赋予更大的自主权，为高新技术企业的发展提供了良好的发展环境，上述政策规划与扶持措施使得长

三角、粤港澳大湾区城市群在创新方面充满活力与动力。再如，关中平原城市群 2020 年、2021 年连续印发《推动关中平原城市群和新型城镇化发展重点工作任务》，从城市群城际合作、重大基础设施建设、产业互动和协同创新、生态共治和服务共享等多个方面部署了年度重点工作，2022 年《西安都市圈发展规划》获批，提出建设“一核两轴多组团”空间格局的都市圈，这一方面增强了关中平原城市群核心区域西安都市圈空间联系，另一方面为引导关中平原城市群健康有序发展指明了方向。

（五）完善公共交通网络，畅通要素流通渠道

任何城市群的存在和发展都离不开公共交通系统。完备系统的公共交通网络可以优化城市群的空间结构，畅通各类生产要素和消费品的流通渠道。世界上著名的城市群都拥有相对完善的由公路（尤其是高速公路）、高速铁路、地铁、港口等海陆空相构成的交通网络。无疑，只有建立了便捷的公共交通网络体系才能把中心城市与周边城市联结起来，为城市间经济联系与要素流通提供优良的基础设施，从而形成联系紧密的城市集群。例如，1971 年日本国会通过了《全国铁道新干线建设法》，东京城市群建成了四通八达的轨道交通系统，东京不仅改善了陆地交通设施，还不断完善港口建设。巴黎依托高速铁路系统而成为欧洲的交通枢纽，由巴黎至伦敦、布鲁塞尔、阿姆斯特丹、科隆及德国西部等地的航程均在 1 小时之内，从而突破行政区划把其他周边城市整合纳入辐射范围；以伦敦为核心的城市集群拥有完善通畅的现代公共交通系统，形成了“一环九射”的高速公路网，拥有先进地铁技术，建设了两个国际机场，还拥有英国最大的港口——伦敦港，随着 2022 年 5 月伊丽莎白线主线贯通，位于城市西侧的希思罗机场至此只需要 39 分钟车程，待雷丁延伸段开通后，来自英格兰东部的旅客将能在 60 分钟内直达伦敦中心，这大大提升了伦敦城市群城市网络的联通效应和资源集聚能力。首尔市协调了地铁、公交、出租车及私家车等不同的交通形式，不仅为本市提供交通服务，而且为首尔辐射范围内其他城市提供了便捷交通服务，增强了首尔对周边城市的辐射带动作用。

国内交通基础设施建设不断推进以及交通基础设施网络不断完善拓宽了资源要素流动渠道，加速了资源要素流动，从而带动了城市群经济发展水平提高。例如，成渝城市群基于《成渝地区双城经济圈建设规划纲要》要求，构建安全、便捷、高效、绿色、经济的现代化交通运输体系，成渝高铁提速至 62 分钟到达，2021 年，渝西高铁前期工作有序推进，成都至达州至万州铁路、渝昆高铁项目完成投资近 100 亿元，成渝双城直达动车客运班列日均运行超过 200 列次。成都天府国际机场高质量建成投运，于 2021 年 6 月成功首飞，助推开启“两场一体”运营新时代，有效带动了成渝城市群内人口流动，并且吸引其他地方的资源，促进了成渝经济发展水平的飞跃。再如，京津冀城市群致力于打造“一小时通勤圈”，2019 年 12 月 31 日京张高铁通车，京雄城际、京哈高铁京承段等也已建成通车，2022 年 7 月 18 日京涿高铁通车，从北京到涿州时间距离缩短至 24 分钟，此外，京滨城际建设正在加快实施，京西第一条高速公路——109 新线高速（西六环至市界段）将于 2023 年底完工，这将大大提升京津冀城市群人口流动能力和资源要素流动效率。

六　新发展阶段的城市群高质量发展：趋势与建议

当前，我国已进入全面建设社会主义现代化国家、向着第二个百年奋斗目标进军的新发展阶段。从国内看，社会主要矛盾已经转化为人民日益增长的美好生活需要和不平衡不充分发展之间的矛盾；从国际看，当今世界正经历百年未有之大变局，国际政治、经济、科技、安全等格局发生深刻调整，世界之变、时代之变、历史之变的特征更加明显。新发展阶段要求贯彻新发展理念、构建新发展格局、实现高质量发展，而城市群是引领高质量发展的战略龙头，在贯彻新发展理念、构建新发展格局和全面建设社会主义现代化国家的新征程中担负着重要的历史使命。本报告基于生态文明视角，从我国城市群发展的现状与问题出发，面向新发展阶段的新形势和新要求，以推动人与自然和谐共生的现代化为目标，分析研判新阶段新形势下我国城市群的发展趋势，并在借鉴国内外经验基础上，研究提出进一步推动城市群高质量发展的政策建议。

（一）以科技创新培育新动能，构建更具竞争力的现代产业体系

创新是引领发展的第一动力，是建设现代化经济体系的战略支撑，也是提升城市群核心竞争力的重要源泉。目前，与发达国家相比，我国城市群的整体创新能力仍然存在较大差距，特别是中西部地区城市群的创新产出效率相对较低。未来应以提升城市群科技创新能力为重要方向，着重解决部分城市群发展动力不足、产业层级较低、竞争力不强等问题，以创新驱动城市群高质量发展。

一要结合国家战略需求和城市群自身特点优化创新资源配置。面向国家战略需求，结合各城市群的产业基础和发展需要，聚焦人工智能、网络通信、集成电路、量子信息、现代能源、生命科学、数字技术、深地、深海、深空等前沿领域，科学布局国家重大科研基础设施、国家实验室、国家技术创新中心、国家工程研究中心等，支持京津冀、长三角、粤港澳大湾区建设国际科技创新中心，支持成渝城市群、长江中游城市群、山东半岛城市群、关中平原城市群、中原城市群等打造各具特色的区域性科技创新中心，进一步提升国家自主创新示范区、高新技术产业开发区、经济技术开发区等各类创新载体的创新功能，加快建设以国家实验室为核心引领、以各级各类创新区为重要支撑、以各大城市群为实践载体，结构合理、布局科学、运转高效的科技创新体系，充分发挥城市群在国家及区域创新发展中的排头兵和领头羊作用，引领和率先实现发展方式的转型。

二要以构建开放型区域创新共同体为抓手推动城市群协同创新。首先，加快建设开放型区域创新共同体。打破地区间的行政分割，推动建设以企业为主体、市场为导向、产业为核心、“产学研用”深度融合的开放型区域创新网络，逐步建立以企业主导的产业技术创新体系，推动企业、高校、科研院所全方位加强“产学研”合作，紧密围绕城市群经济社会发展，特别是产业转型升级过程中亟须解决的核心关键技术，加强科技创新联合攻关。其

次，逐步完善城市群创新服务体系。以促进科技创新、资源共享和成果转化为重点，搭建城市群共性技术研发平台，加快建设和逐步完善包括科技信息服务、科技金融服务、知识产权服务、科技大数据服务等在内的城市群创新服务体系和服务平台。最后，持续优化城市群创新创业生态。破除各类体制机制障碍，健全知识产权保护和交易机制，探索创新人才的培养、引进和利用模式，构建有利于促进创新创业的政策环境和制度环境，推动建设一批全要素、多类型、低成本、开放式、便利化的众创空间和创新孵化器，打造创新创业服务与创新创业投资相结合、线上服务与线下服务相结合的开放式服务载体，形成促进创新创业的长效机制，有效激发创新创业活力。

三要促进创新链、产业链深度融合，加快构建现代产业体系。立足各城市群产业基础、资源禀赋和发展潜力，引导推动产业链与创新链有机衔接、深度融合；以促进产业升级为导向，聚焦产业链的重点领域和关键环节加大创新力度，改造提升传统优势产业，着力发展现代服务业，强化优势产业的国际竞争力；围绕创新链来布局和提升产业链，加快推进新型工业化，充分利用创新资源和创新成果培育发展战略性新兴产业，推动本土产业实现全球价值链的攀升；依托优势创新链提升产业链的核心竞争力，将创新优势有效转化为各城市群的产业优势和竞争优势；引导推动城市群加强产业分工与协作，充分发挥各地区比较优势，合力构建协同发展、具有更强竞争力的现代产业体系。

（二）以优势互补塑造新格局，推动城乡区域协调发展

我国幅员辽阔，各地区自然资源禀赋差别极大，城市群发展存在空间差异现象。从区域角度看，近年来我国城市群经济发展水平分化明显，南北城市群经济发展差距呈显著扩大趋势，其中东北地区、西北地区的城市群发展尤其滞后。从城市群内部看，部分城市群内各城市发展定位不清晰，产业同构化现象突出，城市间和城乡间发展不平衡不充分现象依然较为普遍。亟须发挥各地区比较优势，推动形成优势互补、高质量发展新格局，在发展中促进相对平衡，实现城乡区域协调发展。

一要以城市群为核心平衡南北方、协调东中西、统筹国内外。以京津冀、长三角和粤港澳大湾区三大城市群为核心，提升全球资源配置能力，统筹推进国际国内双循环，打造引领高质量发展和现代化建设的第一梯队；优化提升长江中游、成渝等城市群，发展壮大山东半岛、关中平原、中原等城市群，培育发展呼包鄂榆、辽中南、哈长、兰西、宁夏沿黄等城市群，培育打造不同层级、各具特色的区域经济增长极，形成辐射带动区域高质量发展的重要动力源；加强城市群之间的协调，推动各城市群发挥比较优势、实现良性互动，如以城市群为重点加强东部地区与东北地区的对口合作，推动长江经济带各城市群之间的产业梯度转移和分工协作等；加快构建“两横三纵”城镇化战略格局，以城市群建设引领西部大开发、东北振兴、中部崛起取得新突破，带动东北、西北地区加快发展和效率提升，推动东中西和南北方实现更加协调的发展。

二要发挥优势因地制宜推动大中小城市和小城镇协调发展。遵循城镇化发展规律，针对不同城市群在城镇体系方面存在的突出问题，以构建布局合理、规模适当、功能完备、体系完善的城镇体系为方向，因地制宜、突出特色，采取针对性的差异化政策促进大中小城市和小城镇协调发展。对于中心城市规模过大、“大城市病”突出、区域分工协作不够、虹吸效应明显的城市群，要加快转变特大超大城市发展方式，合理控制人口规模，有序疏解非核心功能，推动中心城市与周边区域实现同城化发展，加快培育多中心、组团式、一体化的现代化都市圈，提升区域协同发展能力；对于中心城市规模较小、发育迟缓、带动力不足的城市群，要优先实施“强核”战略，集聚优势资源逐步发展壮大中心城市，不断增强中心城市对区域发展的辐射带动能力；对于城镇体系存在断层、体系不完整、功能不完备的城市群，应根据各地区的比较优势和发展潜力，大力培育和发展中小城市及小城镇，不断提升中小城市及小城镇的专业化水平和发展能级。

三要以塑造新型城乡关系推动工农互促、城乡互补和融合发展。农村地区发展不平衡不充分是我国城市群发展不平衡不充分的重要体现之一，2020年我国城乡居民人均可支配收入比是2.56∶1，远高于发达国家水平。为此，首先，要借鉴日、韩等发达国家经验，通过大力推进城镇化减少农民，特别是要着力提高北部湾城市群、中原城市群等城镇化发展滞后地区的城镇化水平，通过推动城市和工业的充分发展来反哺农村和农业，形成对“三农”长期有力的支持。其次，要高度重视县域发展，充分发挥县城和重点镇数量多、分布广、基础好、潜力大等优势，把县城和重点镇打造成为联结城乡、实现农业转移人口就地就近城镇化的重要载体。最后，要大力推进乡村振兴战略，打造一批具有“三农”特色、促进“三农”发展的美丽乡村和特色小镇，推动城乡要素双向流动和公共资源合理配置，引导城市人才、资本、技术、品牌等下乡，建立城乡一体、农商对接的市场网络、冷链物流和电商平台，通过以工补农、以城带乡、人才支农、数字助农、科技兴农等，推动城乡互促和共同繁荣。

（三）以空间一体激发新活力，显著提升资源要素配置能力

世界银行发布的《2009 年世界发展报告：重塑世界经济地理》从理论与实践的角度，阐述了空间一体化对于促进区域高质量发展的重要意义，并在总结大量国际实践经验的基础上提出了以一体化视角重塑经济地理的三个重要维度，即提升密度、压缩距离和打破分割，这对于我国推进城市群一体化发展、激发城市群发展活力、提高资源要素配置效率具有重要的启示意义。

一要以集约高效为方向推动国土空间一体化发展。截至 2020 年，我国城市群的平均城镇化率已经达到 66.91%，城镇化进入相对成熟的中后期阶段，城市发展正在从以外延扩张为主转向以内涵提升为主、从大规模的增量建设转向存量优化与增量调整并重的新阶段。城市群建设应充分尊重城镇化的发展规律及其阶段性特征，坚持盘活存量、做优增量、提高质量，从提升发展效率与质量出发，科学规划城市群的发展边界、功能布局和空间结构，统筹推进城市群经济社会发展、基础设施建设、生态环境保护和对内对外开放，促进人口和产业适度集中，推动城市群集约紧凑和精明增长。

二要以压缩距离为重点加强基础设施互联互通。进一步完善城市群的干线公路和高速公路网络，尽快打通各类“瓶颈路”和“断头路”，推动城市

内外、城市之间交通的有效衔接；科学规划建设干线铁路、城际铁路、市郊铁路，有序发展城市轨道交通，在都市圈范围内率先推行和逐步实现轨道交通“四网融合、一站安检、一票通行”；优化城市群的机场数量、运力、布局和机场服务体系，构建多层次立体化的综合交通网络和多功能一体化的交通枢纽系统；加强城市群现代物流体系建设，完善“枢纽+通道+网络”的物流集疏运系统，大力发展货物多式联运和旅客联程运输；积极推进城市群数字一体化，稳步推进 5G、北斗通信、大数据等新型基础设施建设，加强新一代信息技术与交通基础设施的融合发展，全面提升城市群的数字化、信息化、智能化水平；推进城市群交通基础设施一体化发展，加快打造都市圈“1 小时通勤圈”和城市群“2 小时交通圈”，显著提高城市群的连通性，有效压缩时空距离，打造交通更加便捷高效的城市群。

三要以打破分割为目标构建区域一体化市场。以打破地域分割、清除市场壁垒为重点，加快构建规则统一开放、标准互通互认、要素自由流动的区域统一大市场。坚决打破地方保护主义，逐步消除各类歧视性的市场准入限制，探索建立标准统一的负面清单制度；着力破除行业垄断和行政垄断，加快清理影响市场公平的不合理规定，逐步建立统一开放、竞争有序的市场竞争机制；加快构建区域一体化的人力资源市场，加快消除阻碍劳动力在城乡间、区域间自由流动的制度壁垒；继续深化农村土地制度改革，探索建立城乡统一的建设用地市场，更好地发挥市场在资源配置中的决定性作用，有效激发市场活力。

（四）以绿色低碳开辟新路径，促进人与自然和谐共生

当前我国正在由高速发展转向高质量发展、由工业文明迈向生态文明，其关键是要将发展理念由强调人类中心主义和物质财富增长的工业文明思维，转变为追求人与自然和谐发展的生态文明思维。党的十八大以来，我国生态文明建设取得历史性成就，但局部地区的生态环境状况依然不容乐观，特别是城市群地区由于人口和产业集中，人地矛盾更加尖锐，环境问题更加突出，生态环境保护和治理面临着更大的压力与挑战，亟须改变工业文明范

式下高投入、高排放、高污染的传统发展模式，探索生态文明视野下城市群绿色低碳发展新路径。

一要细化主体功能分区，构建绿色韧性国土空间。立足城市群内各地区的资源禀赋和环境特征，统筹生态、城镇、农业三大空间，进一步优化“三生空间”。对于生态空间，要以生态风险管控、生态功能修复和生态品质提升为重点，形成分级分类的生态空间管制分区，加快建立空间准入的“正面清单”；对于城镇空间，探索建立“正负面清单”相结合的空间准入制度，注重在城市用地布局、城市更新、职住平衡、交通网络等领域加强节能增效引导及精细化管理，推动减污降碳协同增效，提升绿色宜居水平；对于农业空间，既严守基本农田保护红线，通过整理修复农用地、实施种养减排、生物和土壤固碳，保障农业碳汇本底，也要积极推进农村人居环境整治和乡村文化振兴，塑造复合高效的农业空间。同时，在城市化地区、农产品主产区、生态功能区三大空间格局的基础上，进一步细化主体功能分区，如补充划定近郊休闲旅游、新型能源、重要矿产资源等细分功能区，突出各地区比较优势，实行差异化分类精准施策，加强山水林田湖草沙生命共同体建设，进一步强化城市群生态环境和资源要素服务保障能力，构建绿色韧性国土空间。

二要立足“双碳”目标推动生产生活方式绿色转型。把碳达峰、碳中和纳入生态文明建设整体布局和经济社会发展全局，坚定不移地走生态优先、绿色低碳的高质量发展道路。大力发展绿色经济和循环经济，加快推进区域产业结构绿色化、低碳化、高端化、智能化，将城市群产业结构调整重点由传统的总量性去产能向结构性优化产能转变，全面推行绿色生产和绿色流通；立足于各城市群能源资源禀赋，大力发展风、光、水、氢等清洁能源，着力优化能源结构，提升能源产业链现代化水平，统筹推进城乡能源变革；大力推行重点领域产业清洁化改造，注重发展清洁能源支撑产业、应用产业，统筹推进补短板锻长板，打造绿色低碳的能源产业链；广泛宣传和持续强化社会公众的生态文明意识，倡导和推行简约适度、绿色低碳的生活方式。

三要聚焦重点领域提升区域生态环境共治共保能力。针对各城市群存在的突出环境问题，围绕水、气、土、固体废弃物等传统领域以及环境激素、微塑料等新污染问题，深入打好污染防治攻坚战。推进流域水污染协同治理，加强重点流域污染企业搬迁改造，彻底消灭城市群内的劣Ⅴ类黑臭水体；以更高标准打好蓝天保卫战，强化工业源、生活源和移动源的污染物排放治理，推动城市群各城市空气质量逐步达标；加强城市棕地和农用地污染治理，将建设用地土壤环境管理纳入城市建设管理范畴；全面开展城乡生活垃圾减量分类，在城市群率先开展持久性对有机污染物、环境激素、抗生素、微塑料等新污染物的监测评估，有效落实《新污染物治理行动方案》；加快完善城市群生态环境监测网络，探索建立生态产品价值实现机制和多元生态补偿机制，推动城市群实现生态环境共治共保。

（五）以高水平开放拓展新空间，进一步打造国际竞合新优势

构建以国内大循环为主体、国内国际双循环相互促进的新发展格局，是我国在新发展阶段审时度势做出的重大战略决策。当前全球经济竞争已进入更高层次、更加激烈的深度调整阶段——从产业要素之争更多转向制度、规则、标准之争，而我国也从经济全球化的积极参与者转为重要推动者。国内外形势的变化要求作为经济发展核心载体的城市群加快从商品要素开放向制度型开放深化拓展，在高水平对外开放中再创国际竞合新优势。

一要以城市群为载体打造一批对外开放高地。推进长三角、京津冀、粤港澳大湾区城市群加快建设世界级城市群，引领东部地区在更高层次参与国际竞合，打造中国对外开放合作的重要门户和国内国际双循环的战略枢纽；推动中西部地区城市群深度融入“一带一路”建设，积极承接国内外产业转移，着力建设内陆开放高地和“一带一路”经济集聚中心；推动东北地区城市群加快对外开放步伐，不断深化东北亚合作；支持滇中城市群建设面向南亚东南亚和环印度洋地区开放的桥头堡，支持天山北坡城市群加快向西开放、建设丝绸之路经济带的重要战略枢纽，引领带动沿边地区实现高水平的开发开放；鼓励各地城市群立足自身优势扩大开放、深化合作，构建形成

东西互济、陆海联动的开放新格局。

二要以建设高水平开放平台深化国际经贸合作。准确把握全球价值链短链化、绿色化重构趋势，积极参与产业链的全球分工协作，不断深化国际经济合作；紧抓“一带一路”倡议、全球发展倡议等契机，推动企业更好“引进来”和“走出去”，促进合作共赢；加快自由贸易试验区、国际经贸合作示范区、边境经济合作区、国际产业园区、综合保税区等对外开放区建设，打造一批高水平对外开放平台；依托各类对外开放平台，重点吸引龙头企业、总部企业、跨国公司以及国际组织入驻，策划引进一批优质国际项目；深化知识产权国际合作，共同探索知识产权保护和转化途径，赋能中国企业开展知识产权海外布局；积极搭建数字贸易平台，拓宽数字贸易领域，扩大数字贸易规模。

三要积极参与国际规则和标准制定推进制度型开放。首先，探索构建与国际通行规则相衔接的制度体系。加快建立外商投资准入前国民待遇+负面清单制度，落实准入后国民待遇，推动国内外企业公平竞争；进一步促进投资贸易自由化便利化，逐步扩大服务业对外开放，稳慎推进金融领域开放；深化与海关、民航、邮联、银行等国际组织的交流，对接国际通行规则，进一步完善物流、海关、出入境、外汇管理等服务。其次，积极参与国际规则和标准的制定。积极参与新型基础设施领域国际规则和标准的制定，围绕 5G、6G 等网络基础设施建设及其商用，加强国际交流与合作；积极参与数字领域国际规则和标准的制定，围绕数据确权、数据技术、数据流通、数据安全、数字治理等加强国际交流与合作；积极参与金融领域国际规则和标准的制定，围绕数字货币、数字货币技术应用等加强国际交流与合作；积极参与知识产权多边规则磋商与制定，加大知识产权保护力度。

（六）以共建共享营造高品质，促进全体人民共同富裕

以共建共享营造高品质、促进全体人民共同富裕，是推动实现城市群高质量发展的重要内容，也是建设人与自然和谐共生之现代化的重要途径。推

进城市群共建共享首先要把发展的“蛋糕”做大、然后再把“蛋糕”分好，让发展成果更多更公平地惠及全体人民，充分体现“以人民为中心”这一中国特色社会主义现代化的本质属性。

一要加快推进农业转移人口市民化、让发展成果惠及全体人民。把促进农业转移人口市民化作为各城市群推进落实新型城镇化的首要任务，进一步放宽放开城市落户限制，在具备条件的城市群率先推行城市间户籍准入年限的累积互认；完善城镇新增建设用地、财政转移支付与农业转移人口市民化规模挂钩政策，促进以人定地、钱随人走等制度优化落地；扩大城镇基本公共服务覆盖范围，加快实现按照城镇常住人口配置公共服务资源，推动城镇常住人口基本公共服务均等化；畅通农业转移人口实现举家迁移落户渠道，保障农业转移人口能够平等分享城镇化的红利，推动农业转移人口更好融入城市。

二要促进优质公共资源共建共享，显著提高人民群众获得感。大力推进城市群基本公共服务均等化，按照人口规模、人口结构和服务半径统筹基本公共服务布局，推动基本公共服务资源向基层延伸、向农村覆盖，促进基本公共服务的共建共享；鼓励优质中小学校在城市群开展合作办学，积极推进优质教育集团化，加强集团校间的教师培训、轮岗和交流；鼓励城市群加强省市医联体和县域医共体建设，支持有条件的三级医院在异地设置分支机构、开展集团化办医；全力扩大社会保险覆盖面，增强社会保险的包容性，逐步实现社会保险全覆盖；以农业转移人口和应届大学生为重点，加强生产技能培训和就业创业服务，显著提高劳动人口的就业能力；创新公共服务提供方式，引入社会力量扩大服务供给，大力开展远程教育、远程医疗，多措并举推动优质公共服务资源扩容；持续提升公共服务质量，促进公共服务资源在城乡、区域均衡布局；推动实现城市群优质公共服务的普惠均衡，打造宜居宜业的优质生活圈，显著提高人民群众的获得感和幸福感。

参考文献

Sun L, Chen J, Li Q, et al: “Dramatic uneven urbanization of large cities throughout the world in recent decades”, *Nature communications*, 1 (2020).

陈子曦、青梅:《中国城市群高质量发展水平测度及其时空收敛性研究》,《数量经济技术经济研究》2022 年第 6 期。

储晓露:《2021 长三角区域协同创新指数发布》,《今日科技》2022 年第 2 期。

董雪兵:《以更平衡更充分的区域协调发展推动共同富裕》,《国家治理》2021 年第 30 期。

范恒山:《大力推动城市群高质量发展——序《中国城市群研究系列丛书》》,《区域经济评论》2021 年第 3 期。

方创琳、张国友、薛德升:《中国城市群高质量发展与科技协同创新共同体建设》,《地理学报》2021 年第 12 期。

房亚明、李幸芝:《融合与共享:城市群高质量发展的空间治理维度》,《长春市委党校学报》2021 年第 6 期。

干春晖、郑若谷、余典范:《中国产业结构变迁对经济增长和波动的影响》,《经济研究》2011 年第 5 期。

广东省林业局:《搞好城市群绿化　扩大城市间生态空间——珠三角建成全国首个“国家森林城市群建设示范区”》,《国土绿化》2021 年第 11 期。

李文静:《“十四五”时期中国城市群高质量发展的思路与策略》,《学术研究》2021 年第 1 期。

连玉明、张再生、王文录:《京津冀:深化协同发展,共享民生红利》,《光明日报》2019 年 2 月 28 日,第 7 版。

刘楷琳、尚培培:《中国城市群高质量发展水平测度及空间关联性》,《东北财经大学学报》2021 年第 3 期。

刘魁、胡顺:《论人与自然和谐共生的中国新型现代化》,《南京航空航天大学学报》(社会科学版)2018 年第 1 期。

毛艳:《中国城市群经济高质量发展评价》,《统计与决策》2020 年第 3 期。

申现杰、袁朱:《城市群高质量发展的理论逻辑与路径选择》,《开放导报》2021 年第 4 期。

唐勇、王祖强:《城市群一体化协调模式与合作机制——以长三角城市群为例》,《当代经济》2011 年第 17 期。

王东东:《中原城市群产业协同发展的路径》,《决策探索(下)》2018 年第 3 期。

王祥荣、朱敬烽、丁宁、李晓:《长江经济带城市群 PREED 生态化耦合协调度研究》,《城乡规划》2020 年第 4 期。

吴建新、郭智勇:《基于连续性动态分布方法的中国碳排放收敛分析》,《统计研究》2016 年第 1 期。

解保军：《人与自然和谐共生的现代化——对西方现代化模式的反拨与超越》，《马克思主义与现实》2019 年第 2 期。

肖德、于凡：《中国城市群经济高质量发展测算及差异比较分析》，《宏观质量研究》2021 年第 3 期。

张国俊、王运喆、陈宇、周春山：《中国城市群高质量发展的时空特征及分异机理》，《地理研究》2022 年第 8 期。

张永生：《城镇化模式：从工业文明转向生态文明》，《城市与环境研究》2022 年 1 期。

赵涛、张智、梁上坤：《数字经济、创业活跃度与高质量发展——来自中国城市的经验证据》，《管理世界》2020 年第 10 期。

附表 1 中国城市群划分及规划范围

城市群名称	规划范围	划分依据
京津冀城市群	北京市 天津市 河北省:保定市、唐山市、石家庄市、廊坊市、秦皇岛市、张家口市、承德市、沧州市、衡水市、邢台市、邯郸市	《京津冀协同发展规划纲要》
长三角城市群	上海市 江苏省:南京市、无锡市、常州市、苏州市、南通市、扬州市、镇江市、盐城市、泰州市 浙江省:杭州市、宁波市、湖州市、嘉兴市、绍兴市、金华市、舟山市、台州市 安徽省:合肥市、芜湖市、马鞍山市、铜陵市、安庆市、滁州市、池州市、宣城市	《长江三角洲城市群发展规划》
粤港澳大湾区城市群	香港特别行政区 澳门特别行政区 广东省:广州市、佛山市、肇庆市、深圳市、东莞市、惠州市、珠海市、中山市、江门市	《粤港澳大湾区发展规划纲要》
成渝城市群	重庆市:渝中区、万州区、黔江区、涪陵区、大渡口区、江北区、沙坪坝区、九龙坡区、南岸区、北碚区、綦江区、大足区、渝北区、巴南区、长寿区、江津区、合川区、永川区、南川区、潼南区、铜梁区、荣昌区、璧山区、梁平区、丰都县、垫江县、忠县等区(县)以及开县、云阳县的部分地区 四川省:成都市、自贡市、泸州市、德阳市、绵阳市(除北川县、平武县)、遂宁市、内江市、乐山市、南充市、眉山市、宜宾市、广安市、达州市(除万源市)、雅安市(除天全县、宝兴县)、资阳市	《成渝城市群发展规划》
长江中游城市群	湖北省:武汉市、黄石市、鄂州市、黄冈市、孝感市、咸宁市、仙桃市、潜江市、天门市、襄阳市、宜昌市、荆州市、荆门市 湖南省:长沙市、株洲市、湘潭市、岳阳市、益阳市、常德市、衡阳市、娄底市 江西省:南昌市、九江市、景德镇市、新余市、宜春市、萍乡市、吉安市	《长江中游城市群发展规划》
哈长城市群	黑龙江省:哈尔滨市、大庆市、齐齐哈尔市、绥化市、牡丹江市 吉林省:长春市、吉林市、四平市、辽源市、松原市、延边朝鲜族自治州	《哈长城市群发展规划》

续表

城市群名称	规划范围	划分依据
辽中南城市群	辽宁省:沈阳市、大连市、鞍山市、抚顺市、本溪市、丹东市、营口市、辽阳市、盘锦市、铁岭市	《辽中南城市群发展规划》
山东半岛城市群	山东省:济南市、青岛市、淄博市、枣庄市、东营市、烟台市、潍坊市、济宁市、泰安市、威海市、日照市、临沂市、德州市、聊城市、滨州市、菏泽市	《山东半岛城市群发展规划》
闽粤浙沿海城市群	福建省:福州市、泉州市、厦门市、漳州市、龙岩市、三明市、南平市、莆田市、宁德市 浙江省:温州市、衢州市、丽水市 广东省:汕头市、梅州市、潮州市、揭阳市 江西省:上饶市、鹰潭市、抚州市、赣州市	《海峡西岸经济区发展规划》
中原城市群	河南省:郑州市、开封市、洛阳市、平顶山市、新乡市、焦作市、许昌市、漯河市、济源市、鹤壁市、商丘市、周口市、安阳市、濮阳市、三门峡市、南阳市、信阳市、驻马店市 山西省:晋城市、长治市、运城市 安徽省:亳州市、宿州市、阜阳市、淮北市、蚌埠市	《中原城市群发展规划》
北部湾城市群	广西壮族自治区:南宁市、北海市、钦州市、防城港市、玉林市、崇左市 广东省:湛江市、茂名市、阳江市 海南省:海口市、儋州市、东方市、澄迈县、临高县、昌江县	《北部湾城市群发展规划》
关中平原城市群	陕西省:西安市、宝鸡市、咸阳市、铜川市、渭南市、杨凌农业高新技术产业示范区、商洛市(商州区、洛南县、丹凤县、柞水县) 山西省:运城市(除平陆县、垣曲县)、临汾市(尧都区、侯马市、襄汾县、霍州市、曲沃县、翼城县、洪洞县、浮山县) 甘肃省:天水市、平凉市(崆峒区、华亭县、泾川县、崇信县、灵台县)、庆阳市区	《关中平原城市群发展规划》
天山北坡城市群	新疆维吾尔自治区:乌鲁木齐市、昌吉市、米泉市、阜康市、呼图壁县、玛纳斯县、石河子市、沙湾县、乌苏市、奎屯市、克拉玛依市	《天山北坡城市群发展规划(2017~2030)》
山西中部城市群	山西省:太原市、晋中市、忻州市、吕梁市、阳泉市	《关于支持和保障山西中部城市群高质量发展的决定》
呼包鄂榆城市群	内蒙古自治区:呼和浩特市、包头市、鄂尔多斯市 陕西省:榆林市	《呼包鄂榆城市群发展规划》

续表

城市群名称	规划范围	划分依据
宁夏沿黄城市群	宁夏回族自治区：银川市、石嘴山市、吴忠市、中卫市	《宁夏回族自治区新型城镇化“十四五”规划》
兰州-西宁城市群	甘肃省：兰州市、白银市（白银区、平川区、靖远县、景泰县）、定西市（安定区、陇西县、渭源县、临洮县）、临夏回族自治州（临夏市、东乡族自治县、永靖县、积石山保安族东乡族撒拉族自治县） 青海省：西宁市、海东市、海北藏族自治州（海晏县、海南藏族自治州共和县、贵德县、贵南县）、黄南藏族自治州（同仁县、尖扎县）	《兰州—西宁城市群发展规划》
黔中城市群	贵州省：贵阳市及贵安新区、遵义市（红花岗区、汇川区、播州区、绥阳县、仁怀市）、安顺市（西秀区、平坝区、普定县、镇宁县）、毕节市（七星关区、大方县、黔西县、金沙县、织金县）、黔东南州（凯里市、麻江县）、黔南州（都匀市、福泉市、贵定县、瓮安县、长顺县、龙里县、惠水县）	《黔中城市群发展规划》
滇中城市群	云南省：昆明市、曲靖市、玉溪市、楚雄州全境、红河州（蒙自市、个旧市、建水县、开远市、弥勒市、泸西县、石屏县）	《滇中城市群发展规划》

注：截至目前，国家规划有十九个城市群，由于滇中城市群、黔中城市群、天山北坡城市群部分数据缺失，本报告实际研究16个城市群，其中闽粤浙沿海城市群的划分范围依据《海峡西岸经济区发展规划》。部分城市群缺失数据通过插值法进行了补充，完全缺失的数据的城市通过城市群其余城市的平均值求得。部分城市涉及两个城市群的范畴，本报告根据其到中心城市的距离和经济联系程度，将其划分到距离中心城市较近或与中心城市经济联系更加密切的城市群之中。

附表2　2010年中国城市群高质量发展评价结果

城市群	城市群高质量发展指数	经济发展	科技创新	协调一体	绿色生态	开放发展	共享发展
长三角	43.42	41.91	21.48	66.13	75.09	15.29	40.59
粤港澳大湾区	43.14	53.86	15.53	66.34	78.00	23.16	21.90
京津冀	34.39	24.71	19.27	37.56	73.56	9.39	41.79
辽中南	32.50	34.02	7.28	56.87	74.89	5.84	16.10
呼包鄂榆	31.92	45.70	3.80	48.58	71.20	0.49	21.70
闽粤浙沿海	25.74	8.13	3.49	36.97	85.12	5.89	14.80
山东半岛	25.42	27.11	5.37	17.85	79.38	4.03	18.74
长江中游	23.88	7.53	6.52	29.38	74.39	1.50	23.93
哈长	23.19	12.98	4.95	25.22	76.90	1.71	17.34

续表

城市群	城市群高质量发展指数	经济发展	科技创新	协调一体	绿色生态	开放发展	共享发展
山西中部	21. 17	8. 13	4. 29	31. 27	63. 66	2. 18	17. 45
北部湾	20. 14	3. 52	1. 13	16. 22	78. 68	4. 80	16. 45
关中平原	19. 50	3. 90	3. 71	11. 80	74. 08	1. 69	21. 80
成渝	18. 93	3. 67	3. 27	15. 89	73. 72	1. 58	15. 46
中原	17. 39	6. 74	2. 60	2. 73	76. 55	0. 50	15. 22
宁夏沿黄	15. 74	8. 12	1. 40	34. 77	34. 54	0. 74	14. 87
兰西	15. 58	0. 00	3. 91	26. 79	45. 89	0. 56	16. 28

附表 3　2011 年中国城市群高质量发展评价结果

城市群	城市群高质量发展指数	经济发展	科技创新	协调一体	绿色生态	开放发展	共享发展
粤港澳大湾区	46. 53	64. 80	15. 01	68. 78	80. 93	23. 69	25. 91
长三角	45. 77	49. 17	22. 62	67. 04	78. 35	13. 12	44. 27
京津冀	37. 30	30. 32	21. 36	43. 20	75. 51	9. 91	43. 46
呼包鄂榆	35. 01	59. 11	4. 07	50. 08	72. 63	0. 58	23. 55
辽中南	34. 01	42. 62	8. 31	50. 88	77. 24	6. 26	18. 68
山东半岛	27. 45	32. 76	5. 52	19. 55	79. 81	4. 32	22. 73
闽粤浙沿海	27. 44	13. 17	4. 05	37. 70	85. 05	6. 56	18. 07
长江中游	26. 04	13. 71	8. 28	31. 34	74. 83	1. 64	26. 43
哈长	25. 52	18. 63	5. 14	28. 16	80. 13	1. 73	19. 32
山西中部	23. 77	13. 12	4. 87	36. 36	65. 31	2. 16	20. 76
北部湾	22. 72	8. 01	1. 63	23. 54	78. 53	5. 76	18. 82
关中平原	21. 51	7. 82	4. 32	13. 11	76. 82	1. 73	25. 22
成渝	20. 69	8. 32	3. 79	17. 25	74. 45	2. 21	18. 11
中原	19. 60	10. 71	3. 05	6. 86	77. 64	0. 73	18. 57
宁夏沿黄	17. 69	14. 12	2. 11	36. 02	38. 61	0. 64	14. 63
兰西	17. 43	3. 41	4. 28	27. 23	52. 07	0. 76	16. 83

附表 4　2012 年中国城市群高质量发展评价结果

城市群	城市群高质量发展指数	经济发展	科技创新	协调一体	绿色生态	开放发展	共享发展
粤港澳大湾区	49. 47	69. 63	18. 70	68. 99	82. 09	24. 76	32. 58
长三角	48. 36	54. 04	27. 30	67. 93	79. 20	12. 52	49. 13

续表

城市群	城市群高质量发展指数	经济发展	科技创新	协调一体	绿色生态	开放发展	共享发展
京津冀	39. 21	33. 64	24. 28	45. 73	74. 76	9. 50	47. 31
呼包鄂榆	38. 38	68. 91	3. 49	53. 80	75. 66	0. 54	27. 81
辽中南	36. 38	48. 83	8. 97	52. 77	77. 83	6. 83	23. 05
山东半岛	28. 80	36. 62	6. 47	19. 30	80. 54	4. 31	25. 53
闽粤浙沿海	28. 40	16. 25	4. 59	39. 21	81. 21	6. 69	22. 42
长江中游	27. 99	17. 81	7. 99	32. 36	77. 09	1. 49	31. 16
哈长	26. 82	22. 37	5. 36	26. 66	80. 44	1. 60	24. 48
成渝	25. 42	11. 48	4. 88	31. 52	78. 21	2. 80	23. 59
山西中部	25. 38	16. 47	4. 92	38. 05	66. 19	2. 24	24. 41
北部湾	24. 60	10. 31	2. 28	25. 89	80. 71	6. 85	21. 52
关中平原	23. 63	10. 48	4. 43	17. 39	78. 06	1. 83	29. 54
中原	20. 91	12. 55	3. 41	9. 34	78. 22	1. 06	20. 83
兰西	19. 63	6. 17	4. 54	31. 03	54. 80	0. 89	20. 31
宁夏沿黄	17. 64	18. 01	2. 11	37. 90	32. 06	0. 54	15. 20

附表 5　2013 年中国城市群高质量发展评价结果

城市群	城市群高质量发展指数	经济发展	科技创新	协调一体	绿色生态	开放发展	共享发展
长三角	51. 39	59. 04	31. 54	69. 61	77. 87	19. 57	50. 64
粤港澳大湾区	50. 95	75. 83	22. 29	66. 01	82. 02	24. 91	34. 55
京津冀	40. 52	36. 61	27. 53	48. 68	74. 06	9. 25	46. 93
呼包鄂榆	39. 54	73. 61	4. 26	58. 20	73. 25	0. 65	27. 23
辽中南	37. 27	54. 32	9. 42	53. 80	77. 16	7. 21	21. 65
山东半岛	31. 03	40. 81	7. 64	27. 25	78. 75	4. 10	27. 61
长江中游	29. 04	22. 08	9. 56	34. 80	75. 07	1. 41	31. 26
闽粤浙沿海	28. 79	19. 44	5. 29	38. 59	79. 91	6. 80	22. 69
哈长	27. 58	26. 68	5. 58	27. 29	79. 76	1. 71	24. 43
成渝	26. 48	14. 80	6. 11	34. 20	76. 21	2. 94	24. 57
山西中部	25. 77	17. 53	5. 85	41. 35	64. 81	2. 42	22. 61
北部湾	24. 22	13. 37	2. 97	22. 44	80. 19	2. 55	23. 79
关中平原	24. 11	13. 57	5. 44	17. 35	77. 03	2. 08	29. 13
中原	21. 78	15. 34	4. 18	12. 34	76. 68	1. 09	21. 02
兰西	20. 60	9. 12	6. 10	32. 32	56. 65	0. 97	18. 39
宁夏沿黄	17. 91	21. 42	2. 73	38. 99	27. 43	0. 69	16. 17

附表 6　2014 年中国城市群高质量发展评价结果

城市群	城市群高质量发展指数	经济发展	科技创新	协调一体	绿色生态	开放发展	共享发展
长三角	54. 04	64. 63	35. 72	73. 10	78. 41	19. 67	52. 66
粤港澳大湾区	50. 23	71. 94	22. 65	71. 80	81. 31	22. 31	31. 31
京津冀	42. 12	38. 79	30. 62	51. 14	74. 42	8. 80	48. 90
呼包鄂榆	39. 59	76. 02	4. 36	58. 78	69. 24	0. 84	28. 26
辽中南	36. 77	51. 67	9. 56	54. 94	77. 04	4. 49	22. 87
山东半岛	32. 44	42. 79	8. 17	32. 16	79. 94	3. 99	27. 55
长江中游	31. 11	25. 21	10. 96	38. 64	76. 61	2. 31	32. 89
闽粤浙沿海	30. 51	22. 32	6. 25	42. 59	80. 73	6. 91	24. 21
哈长	29. 31	25. 33	5. 50	38. 64	79. 73	1. 83	24. 76
成渝	28. 91	17. 66	6. 59	41. 84	78. 27	3. 31	25. 76
山西中部	26. 93	18. 58	6. 52	43. 76	68. 39	1. 59	22. 70
关中平原	26. 29	15. 25	2. 98	29. 43	81. 83	2. 76	25. 46
北部湾	25. 12	16. 11	6. 17	18. 93	78. 60	2. 50	28. 35
中原	22. 90	17. 12	4. 49	15. 67	77. 90	1. 10	21. 07
兰西	22. 56	12. 13	5. 99	33. 54	62. 22	0. 98	20. 48
宁夏沿黄	19. 03	23. 15	3. 85	33. 70	34. 34	1. 23	17. 88

附表 7　2015 年中国城市群高质量发展评价结果

城市群	城市群高质量发展指数	经济发展	科技创新	协调一体	绿色生态	开放发展	共享发展
长三角	56. 65	69. 87	40. 61	74. 68	80. 03	19. 70	54. 93
粤港澳大湾区	56. 48	76. 11	28. 67	72. 70	84. 32	47. 48	29. 52
京津冀	45. 12	41. 10	33. 27	53. 60	75. 53	16. 40	50. 77
呼包鄂榆	40. 07	76. 17	4. 06	58. 58	74. 63	0. 81	26. 09
辽中南	37. 17	51. 82	7. 98	55. 44	77. 13	4. 30	26. 31
闽粤浙沿海	34. 75	25. 45	7. 05	44. 55	81. 07	24. 52	25. 80
山东半岛	33. 78	45. 52	8. 72	34. 26	80. 11	3. 58	30. 47
长江中游	32. 93	28. 54	12. 47	42. 51	77. 68	1. 76	34. 57
成渝	30. 67	20. 41	7. 60	45. 53	78. 85	2. 82	28. 79
哈长	30. 33	25. 41	5. 91	38. 35	80. 34	4. 72	27. 25
山西中部	27. 23	18. 68	6. 06	45. 31	67. 34	1. 62	24. 33

续表

城市群	城市群高质量发展指数	经济发展	科技创新	协调一体	绿色生态	开放发展	共享发展
北部湾	26. 91	17. 09	2. 51	30. 58	81. 02	3. 22	27. 04
关中平原	26. 53	17. 30	7. 25	21. 80	79. 80	3. 05	29. 94
中原	24. 04	18. 79	4. 76	18. 75	78. 96	1. 24	21. 73
兰西	23. 67	13. 18	5. 99	34. 65	62. 72	2. 36	23. 11
宁夏沿黄	20. 52	25. 57	3. 38	34. 33	38. 89	0. 86	20. 09

附表 8　2016 年中国城市群高质量发展评价结果

城市群	城市群高质量发展指数	经济发展	科技创新	协调一体	绿色生态	开放发展	共享发展
长三角	59. 68	76. 30	48. 68	75. 83	80. 74	19. 65	56. 83
粤港澳大湾区	59. 08	80. 38	37. 12	73. 90	84. 89	46. 61	31. 53
京津冀	47. 42	47. 48	38. 20	55. 54	76. 30	16. 10	50. 84
呼包鄂榆	42. 61	80. 24	4. 34	60. 66	75. 68	0. 97	33. 73
闽粤浙沿海	36. 28	29. 19	8. 20	45. 45	82. 82	24. 88	27. 07
山东半岛	35. 43	49. 93	9. 57	36. 37	80. 33	3. 55	32. 76
长江中游	34. 79	32. 12	14. 29	44. 97	78. 70	1. 71	36. 90
辽中南	34. 36	39. 02	7. 60	54. 49	71. 33	4. 97	28. 71
成渝	30. 35	23. 13	8. 30	38. 65	78. 75	2. 82	30. 39
哈长	30. 30	27. 24	5. 73	38. 87	80. 83	1. 60	27. 47
山西中部	28. 83	21. 49	5. 51	48. 29	69. 81	1. 96	25. 92
北部湾	28. 09	19. 83	3. 05	32. 09	81. 74	3. 02	28. 78
关中平原	27. 41	19. 41	7. 61	23. 63	79. 09	3. 80	30. 90
中原	25. 44	21. 34	5. 60	21. 88	79. 67	1. 17	22. 92
兰西	25. 22	15. 90	6. 02	35. 89	67. 78	0. 81	24. 90
宁夏沿黄	22. 08	29. 19	2. 91	43. 37	35. 58	0. 79	20. 62

附表 9　2017 年中国城市群高质量发展评价结果

城市群	城市群高质量发展指数	经济发展	科技创新	协调一体	绿色生态	开放发展	共享发展
长三角	66. 88	84. 41	56. 58	78. 00	79. 07	28. 99	74. 14
粤港澳大湾区	62. 02	86. 41	42. 21	74. 99	84. 79	46. 53	37. 10

续表

城市群	城市群高质量发展指数	经济发展	科技创新	协调一体	绿色生态	开放发展	共享发展
京津冀	51.38	49.74	43.68	57.56	74.57	16.63	66.05
呼包鄂榆	40.98	77.08	4.38	60.35	67.99	0.97	35.07
长江中游	40.83	35.78	16.79	49.66	76.49	28.26	37.96
辽中南	39.48	41.64	6.64	56.33	69.29	31.53	31.42
闽粤浙沿海	37.21	33.38	9.74	48.43	78.54	25.51	27.63
成渝	36.94	26.77	9.48	42.78	77.04	29.26	36.24
山东半岛	36.81	53.94	11.11	39.16	76.31	3.78	36.52
中原	30.86	24.04	6.51	25.53	76.43	27.41	25.19
哈长	30.67	28.55	5.98	40.64	77.91	1.74	29.17
关中平原	29.57	22.30	8.94	26.62	73.71	14.13	31.66
山西中部	28.92	26.18	7.13	50.65	61.34	1.84	26.33
北部湾	28.57	23.09	3.03	33.63	78.74	3.23	29.64
兰西	24.70	17.34	6.62	40.59	55.58	0.45	27.56
宁夏沿黄	22.51	32.65	3.81	42.65	31.75	1.17	23.02

附表 10　2018 年中国城市群高质量发展评价结果

城市群	城市群高质量发展指数	经济发展	科技创新	协调一体	绿色生态	开放发展	共享发展
长三角	69.95	88.19	66.96	79.81	80.10	28.00	76.54
粤港澳大湾区	65.25	89.21	52.24	77.84	85.02	46.58	40.54
京津冀	53.33	52.12	49.37	58.17	74.50	16.20	69.55
长江中游	42.83	39.79	19.47	53.24	76.71	28.55	39.18
辽中南	40.76	45.97	7.88	56.66	69.96	31.56	32.46
呼包鄂榆	39.84	73.60	4.12	59.73	64.18	0.99	36.34
闽粤浙沿海	39.16	37.65	11.40	50.88	79.37	26.07	29.56
成渝	38.95	30.11	11.54	47.24	77.47	29.60	37.69
山东半岛	37.69	58.13	13.17	38.19	75.66	3.87	37.05
北部湾	32.07	23.52	3.52	34.36	79.60	21.02	30.38
中原	32.01	26.45	7.30	27.17	76.81	27.45	26.82
关中平原	30.88	24.79	9.08	29.09	73.40	17.22	31.69
哈长	30.82	29.08	5.98	40.85	77.27	1.83	29.87

续表

城市群	城市群高质量发展指数	经济发展	科技创新	协调一体	绿色生态	开放发展	共享发展
山西中部	29.86	29.98	7.56	52.17	60.82	1.99	26.59
兰西	25.17	19.23	5.87	41.11	55.41	0.35	29.01
宁夏沿黄	22.87	35.66	4.41	42.03	29.18	0.83	25.09

附表 11　2019 年中国城市群高质量发展评价结果

城市群	城市群高质量发展指数	经济发展	科技创新	协调一体	绿色生态	开放发展	共享发展
长三角	80.95	96.47	79.98	85.11	80.83	62.71	80.50
粤港澳大湾区	68.38	94.97	58.29	79.18	85.07	45.69	47.00
京津冀	62.26	54.56	54.35	57.75	73.61	59.92	73.30
长江中游	48.07	45.71	22.44	55.17	77.06	46.35	41.61
山东半岛	42.30	55.35	16.05	39.16	72.99	30.46	39.74
闽粤浙沿海	41.73	46.03	13.40	50.69	81.49	25.93	32.76
成渝	41.04	35.65	13.06	47.43	79.28	29.98	40.78
辽中南	40.79	45.09	7.89	57.08	68.94	31.55	34.17
呼包鄂榆	39.33	72.57	5.42	55.31	62.31	0.98	39.35
北部湾	36.52	25.53	4.22	31.33	79.11	47.62	31.25
中原	36.07	33.05	9.58	31.63	77.27	36.22	28.66
关中平原	32.21	27.48	8.94	26.46	73.93	22.92	33.52
哈长	31.11	20.73	6.93	32.80	75.61	19.77	30.80
山西中部	30.61	32.28	7.50	54.36	60.32	2.06	27.08
兰西	25.92	20.95	5.92	39.44	57.62	0.38	31.17
宁夏沿黄	23.91	36.05	4.67	44.60	29.68	0.93	27.52

附表 12　2020 年中国城市群高质量发展评价结果

城市群	城市群高质量发展指数	经济发展	科技创新	协调一体	绿色生态	开放发展	共享发展
长三角	88.41	100.00	93.21	87.81	80.94	84.96	83.46
粤港澳大湾区	68.24	97.42	60.04	81.57	84.60	34.27	51.48
京津冀	63.34	56.97	59.62	60.63	70.67	56.49	75.61

续表

城市群	城市群高质量发展指数	经济发展	科技创新	协调一体	绿色生态	开放发展	共享发展
长江中游	49. 61	47. 26	24. 33	60. 13	77. 01	44. 79	44. 06
山东半岛	43. 89	58. 12	17. 72	41. 94	73. 50	29. 01	42. 97
成渝	42. 59	38. 24	14. 66	51. 18	78. 39	28. 14	44. 90
闽粤浙沿海	42. 12	47. 80	15. 30	53. 99	78. 97	20. 93	35. 71
辽中南	41. 90	42. 93	8. 21	66. 28	68. 84	28. 83	36. 30
呼包鄂榆	38. 43	70. 82	5. 84	53. 75	58. 17	0. 12	41. 83
中原	37. 61	34. 94	11. 72	33. 60	78. 11	35. 72	31. 51
北部湾	37. 56	27. 04	4. 75	36. 41	77. 57	46. 20	33. 36
哈长	32. 71	24. 18	7. 84	38. 79	75. 15	18. 49	31. 76
关中平原	32. 68	29. 58	9. 07	33. 91	73. 85	10. 78	38. 85
山西中部	32. 09	33. 11	8. 48	58. 23	61. 96	1. 29	29. 43
兰西	27. 45	22. 13	6. 53	44. 94	56. 46	0. 30	34. 32
宁夏沿黄	24. 23	35. 06	4. 01	53. 35	19. 43	0. 61	32. 88

B.2
2021~2022年度中国城市健康发展评价

武占云　单菁菁　张双悦*

摘　要： 随着世界百年未有之大变局加速演进，全球面临严峻的公共卫生挑战，促进城市健康发展成为中国迈向现代化新征程的重大议题。本报告在分析中国城市健康发展历程和面临挑战的基础上，构建符合中国国情的五维健康评价模型，系统评估中国城市健康发展状况。本报告研究发现，全国城市健康发展状态呈小幅改善态势，区域健康发展水平差异呈缩小态势，健康经济、健康管理指数的差距变化不显著，健康社会和健康环境指数差距显著缩小，健康文化指数差距依然较大；全国18个城市群健康发展水平呈梯度变化特征，城市群健康发展水平越高分异程度越显著。未来，中国应继续发挥国家健康治理优势，将健康融入所有政策；以健康贫困治理为核心，全面促进健康公平；以韧性治理理念为支撑，有效应对新型复合风险；高度重视气候变化影响，积极参与全球健康治理，推动构建人类卫生健康共同体。

关键词： 城市健康发展　健康城市　健康风险　健康治理

新中国成立以来，党和国家将保障人民生命安全和促进人民身心健康置

* 武占云，博士，中国社会科学院生态文明研究所国土空间与生态安全研究室副主任，主要研究方向为城市与区域经济；单菁菁，博士生导师，中国社会科学院生态文明研究所研究员，主要研究方向为城市与区域可持续发展、国土空间开发与治理、城市与区域经济等；张双悦，经济学博士，天津商业大学经济学院讲师，主要研究方向为城市与区域发展。

于社会发展全局之中，从爱国卫生运动、健康城市建设到健康中国战略的实施，我国逐步形成了符合中国国情、具有中国特色的健康促进政策体系和健康治理制度，重点人群健康服务不断完善，医药卫生体制改革深入推进，健康扶贫任务全面完成，人民健康水平不断提高，主要健康指标居于中高收入国家和经济体前列。根据《全球疾病负担、伤害和风险因素研究报告》[①]，中国成为“医疗科技性和医疗服务质量”排名进步幅度最大的国家之一，医疗可及性和医疗质量指数（Healthcare Access and Quality Index，HAQ）由初始的第 110 位上升至 2017 年的第 48 位（在 195 个国家和地区中处于前1/4的行列，相比 2016 年上升了 13 位）。2021 年中国居民人均预期寿命达到 78. 2 岁，居民健康素养水平达到 25. 40%[②]，全民健康素质实现了实质性改善提升。

然而，随着世界百年未有之大变局加速演进，地缘政治风险持续上升，全球疫情持续演变，全球经济的不稳定性加剧，世界之变、时代之变、历史之变的特征更加明显，全球面临着严峻的公共卫生挑战，促进城市健康平稳发展成为中国迈向现代化新征程的重大议题。本报告系统梳理了中国由爱国卫生运动到健康中国战略的健康发展历程，分析研判了百年未有之大变局下城市健康发展面临的关键挑战，进而构建契合全球发展态势和符合中国国情的城市健康发展评估模型，从综合维度、结构维度和空间维度评估了中国城市健康发展水平，并提出相关对策建议。

一　中国城市健康发展实践进展：从爱国卫生运动到健康中国战略

中国的健康城市始于新中国成立初期的人民卫生保障和爱国卫生运动，

① 该报告是国际权威医学杂志《柳叶刀》对全球 195 个国家和地区的医疗可及性和医疗质量指数评估报告。

② 国家卫健委：《2021 年卫生健康事业发展统计公报》，https：//baijiahao. baidu. com/s？ id = 1738126509791322435&wfr = spider&for = pc。

大致经历了人民卫生健康保障阶段（1949~1977 年）、健康城市探索起步阶段（1978~2002 年）、健康城市加快发展阶段（2003~2015 年）和健康中国全面实施阶段（2016 年至今）（见图 1）。与此同时，健康风险防范经历了以烈性传染病防范为主到慢性非传染病、新型传染疾病防范的历程，健康促进策略则由最初的疾病防控、医疗健康向全民健康转变，同时注重健康的社会决定因素，通过提升经济韧性和社会保障水平，营造健康文化和健康环境，全面促进城市健康发展。

第一阶段（1949~1977 年）：人民卫生健康保障阶段。在积贫积弱的新中国成立初期，为保障人民卫生健康、促进生产发展，我国先后成立了中央人民政府卫生部（1949 年）、中央爱国卫生运动委员会（1952 年），在全国范围内广泛开展爱国卫生运动，并确定了“卫生工作与群众运动相结合”的卫生工作方针。党中央于 1960 年发布了《关于卫生工作的指示》，并先后召开全国农村和城市卫生工作现场会议，进一步促进了各地爱国卫生运动的有序开展。这一阶段可视为人民卫生健康保障阶段，其工作重点在于保障劳动者健康，解决制约经济社会发展的健康问题。

第二阶段（1978~2002 年）：健康城市探索起步阶段。1978 年，党的十一届三中全会开启了我国社会主义现代化建设。随着对外开放的推进，我国逐步加强与世界卫生组织的合作，开启了具有中国特色的健康城市探索阶段。1978 年 4 月，国务院发布《关于坚持开展爱国卫生运动的通知》，明确要求爱国卫生运动委员会要切实加强爱国卫生运动的领导与实施。1985 年我国启动了第一次医疗改革，发布了《关于卫生工作改革若干政策问题的报告》。1989 年，国务院印发的《关于加强爱国卫生工作的决定》明确提出，各级政府的经济社会发展规划应包括爱国卫生运动的内容和部署，并组织开展了全国性的卫生城市创建活动，“国家卫生城市”创建活动成为我国健康城市的早期理念。随后，通过与世界卫生组织的深入合作，我国“卫生城市”理念逐渐拓展为“健康城市”。1994 年，卫生部与 WHO 合作，选择北京、上海开启健康城市建设项目试点；2001 年，苏州正式申报 WHO 健康城市；随后卫生部印发《关于疾病预防控制体制改革的指导意见》，并于

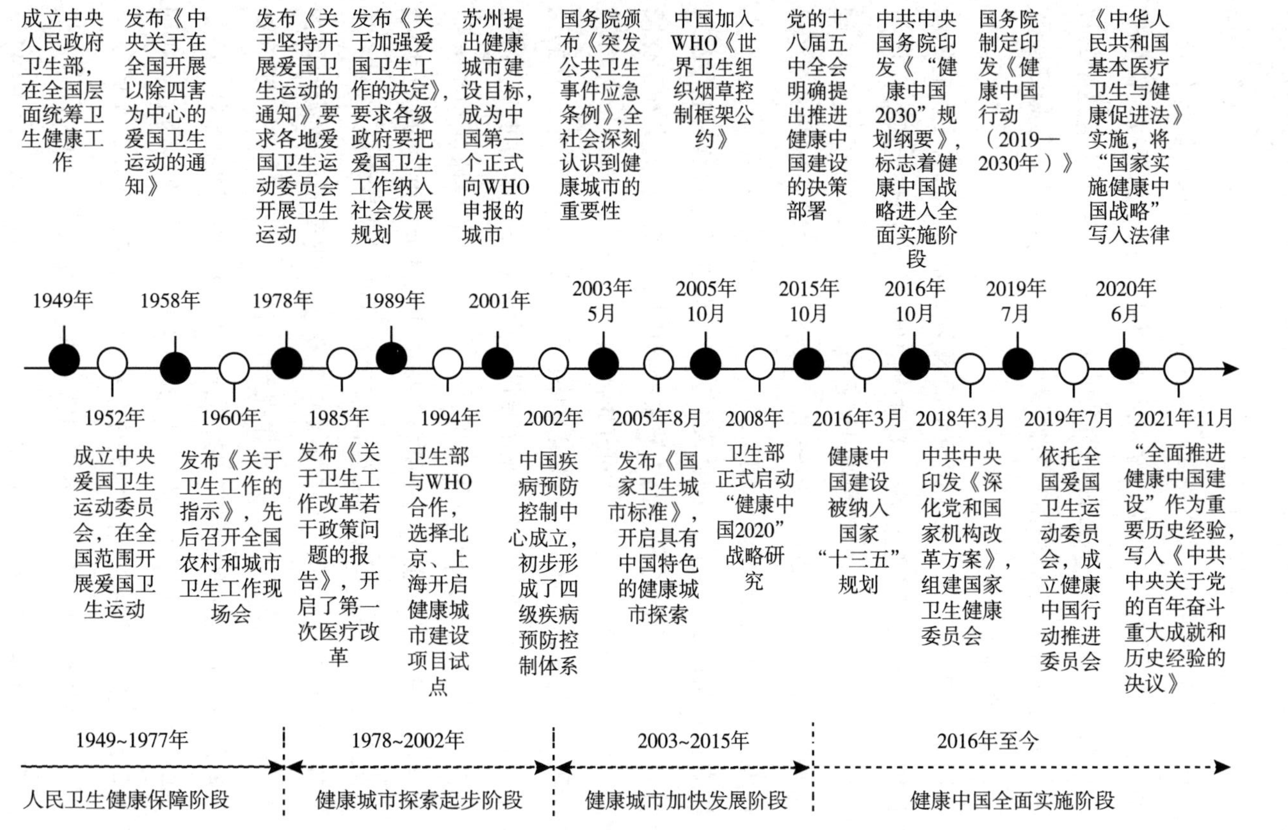

图1　中国健康城市发展历程

资料来源：根据历年政策文件绘制。

2002 年正式成立中国疾病预防控制中心，初步形成国家、省、市、县四级疾病预防控制体系。

第三阶段（2003~2015 年）：健康城市加快发展阶段。2003 年 5 月，国务院颁布《突发公共卫生事件应急条例》，以有效应对 SARS 病毒等突发公共卫生事件，公共卫生风险防范和应对机制的完善极大地促进了各地健康城市建设，通过建设健康城市促进公民就健康逐渐达成共识。2005 年，全国爱卫会颁发《国家卫生城市标准》，开启了具有中国特色的健康城市探索。2008 年，卫生部和全国爱卫办共同举办首届健康城市市长论坛，以期引导健康城市建设，上海、杭州、苏州等多个地市、区先后被纳入 WHO 健康城市试点项目。2015 年 3 月，国务院政府工作报告中首次提出“健康中国”概念，随后党的十八届五中全会提出了“健康中国”的决策部署，健康城市进入快速发展阶段。

第四阶段（2016 年至今）：健康中国全面实施阶段。2016 年 3 月，国家“十三五”规划明确提出“健康中国”战略；2016 年 7 月《关于开展健康城市健康村镇建设的指导意见》正式发布，明确了“十三五”时期健康城市和健康村镇建设的主要目标、重点任务和实施保障；2016 年 10 月，中共中央、国务院印发《“健康中国 2030”规划纲要》，标志着健康中国战略进入全面实施阶段；2018 年 3 月，中共中央印发《深化党和国家机构改革方案》，组建国家卫生健康委员会；同年，为科学指导各地市广泛开展的健康城市工作，全国爱卫办组织多家机构研制并印发了《全国健康城市评价指标体系（2018 版）》；2019 年 7 月，国务院发布《健康中国行动（2019—2030 年）》，并成立健康中国行动推进委员会，健康中国行动政策机制进一步完善；2020 年 6 月，《中华人民共和国基本医疗卫生与健康促进法》正式实施，为实施健康中国战略提供了有效法律保障。健康中国战略的实施为开启全面建设社会主义现代化国家新征程、实现中华民族伟大复兴奠定了坚实的健康基础。

二 城市健康发展面临的新挑战：深度不确定性时代健康风险加剧

全球经济不确定性、极端天气事件和新冠肺炎疫情等全球问题的出现，给个体健康、社会稳定和经济韧性带来前所未有的挑战与压力，城市构成要素的复杂性、城市演进过程的非线性、城镇化动力机制的不确定性以及城市治理主体的多元性日趋明显，城市健康发展面临着日益严峻的挑战。

（一）经济形势依然严峻，多重健康风险挑战叠加

持续稳健的经济增长是维护城市健康运行、维持公共卫生支出的重要保障。当前，世界进入新的动荡变革期，地缘政治冲突阻碍全球贸易与合作，全球经济的不稳定性加剧，国际货币基金组织 2022 年 7 月发布的《世界经济展望》显示，全球经济增速预计由 2021 年的 6.1%下降至 2022 年的 3.2%，并明确指出经济前景的下行风险将占据极大的主导地位。① 全球经济下行使得全球公共卫生服务缺乏可持续性保障，尤其是新兴市场和发展中经济体普遍面临债务状况恶化、资本外流加速、医疗条件有限等消极因素，加剧其财政运行和民生建设等领域的风险和不确定性。WHO 健康和气候变化调查报告显示，气候对健康构成的风险与日俱增，但大多数国家缺少保护人们健康免受气候变化影响的行动资金，在 101 个样本国家中，只有不到 10%的国家能为完全实施国家健康与气候变化战略提供资金。柳叶刀污染和健康委员会的 GBD② 研究显示，全球 92%与污染相关的死亡及污染经济损失的最大负担均发生在中低收入国家。③

① IMF：《世界经济展望》，2022 年 7 月 28 日，https：//www.imf.org/zh/Publications/WEO/Issues/2022/07/26/world-economic-outlook-update-july-2022。

② 全球疾病、伤害和风险因素负担研究（GBD）是迄今为止唯一一项针对全球所有国家/地区的可改变风险因素的癌症负担研究，以评估全球癌症负担的可改变风险因素。

③ GBD 2019 Cancer Risk Factor Collaborators，“The Global Burden of Cancer Attributable to Risk Factors，2010-19：A Systematic Analysis for the Global Burden of Disease Study 2019”，*The Lancet*. 18 August 2022.

全球经济衰退还加剧了不同人群对医疗资源可获得性和面对环境灾难时韧性的差距。医疗资源短缺带来的健康风险显著增加家庭财务脆弱性，尤其是低收入人群或贫困边缘人群应对经济不确定性能力较差而呈现更加脆弱性的特征，健康风险冲击还会显著降低劳动者继续工作的概率，增加家庭收入的不确定性，进一步加剧经济脆弱性。近年来，随着经济增速放缓，且实施减税降费力度加大，我国财政收支压力凸显，但稳定及社保等刚性支出仍快速增长，尤其是公共卫生服务的投入规模持续加大，人均基本公共卫生服务经费补助标准由 2010 年的 15 元提高到 2020 年的 74 元。然而，我国预防服务费用中个人卫生支出占比仍然较高，2021 年为 27.7%[①]，远高于 OECD 国家 3.7%的平均水平[②]，加快建立稳定长效的卫生健康投入保障机制尤为紧迫。总体而言，全球经济下行导致公共卫生危机、经济脆弱性、社会安全等多重风险叠加，深刻影响着全球可持续发展进程和城市健康发展水平。

（二）新冠肺炎疫情持续演变，城市公众健康面临挑战

截至 2022 年 3 月，新冠肺炎疫情已造成全球 20 多个国家累计超过 4 亿确诊病例和超过 600 万人死亡[③]，成为影响全球的重大公共卫生事件，强烈冲击着各国经济社会的稳定性。从全球范围来看，新冠肺炎疫情不仅给居民健康和生命安全带来巨大威胁，还引发了民众实际收入下降、就业保障不足等社会问题，给城市和区域发展带来巨大的短期冲击和相对持久的影响，包括社会层面的次生危机、经济层面的衰退和空间层面的重构，如人们居住选择、旅行和通勤模式的改变对空间形态和结构带来的影响等。新冠肺炎疫情发生之后，习近平总书记多次强调“要强化底线思维，增强忧患意识，时

---

① 国家卫健委：《2021 年我国卫生健康事业发展统计公报》，https：//baijiahao.baidu.com/s?id=1738126509791322435&wfr=spider&for=pc。

② 张毓辉：《经济下行，须保障稳定的卫生健康投入》，中国小康网，2020 年 5 月 31 日，https：//ishare.ifeng.com/c/s/7wwgprRavqE。

③ World Health Organization（WHO），Statement of the Thirtieth Polio IHR Emergency Committee，https：//www.who.int/news/item/23-11-2021-statement-of-thethirtieth-polio-ihr-emergency-committee.

刻防范卫生健康领域重大风险”，防范化解重大疫情和突发公共卫生风险，筑牢公共卫生安全防线仍是我国城市健康治理的重要内容。

（三）全球气候变化影响持续，城市健康风险与日俱增

2000~2020年，地球表面平均温度每十年上升约0.26℃，全球升温带来包括更多极端天气事件、生态系统功能丧失、生物多样性锐减，以及对人类健康、粮食安全和经济发展等众多领域产生的不利影响，甚至是不可逆影响。柳叶刀污染和健康委员会2019年发布的《全球疾病、伤害和风险因素负担研究》认为非适宜温度是全球十大主要死亡原因之一，尤其是极端高温容易诱发重大公共卫生事件。高温热浪不仅直接对人体健康产生危害，加剧传染性疾病的扩散，还通过改变物理环境、影响植被分布等间接对人体健康产生影响，甚至对城市通信、能源、交通、水利等关键基础设施构成严峻威胁。更为严重的是，气候变化产生的不利影响与影响健康的社会经济因素在不同时空叠加交织，给人类健康带来更严重的危机，甚至有研究认为这种威胁很可能抵消过去半个世纪人们在公共卫生方面取得的进步。然而，当前我国各地市对气候变化产生的健康风险仍缺乏重视和科学认知，因此，亟须加强气候变化健康风险评估，将应对气候变化健康风险纳入健康城市规划的编制中，并制定应对气候变化健康风险的实施策略，以提高城市的抗风险能力、保护公众健康。

三　中国城市健康发展状况评价：基于五维度评价模型的现状评估

如前文所述，中国的健康促进策略经历了由最初的疾病防控、医疗健康向全民健康的转变，同时注重健康的社会决定因素，通过提升经济韧性和社会保障水平，营造健康文化和健康环境，全面促进城市健康发展。与此同时，全球经济形势下行、新冠肺炎疫情衍化和气候变化加剧等风险叠加交织，中国城市健康发展面临多重风险和挑战。有鉴于此，本报告立足健康中国战略的内涵要

求，充分考虑世界之变、时代之变、历史之变的国内外环境和风险，构建中国城市健康发展评价的五维模型（健康经济—健康社会—健康文化—健康环境—健康管理）（见图2），对全国287个地级及以上建制市进行系统评价①。

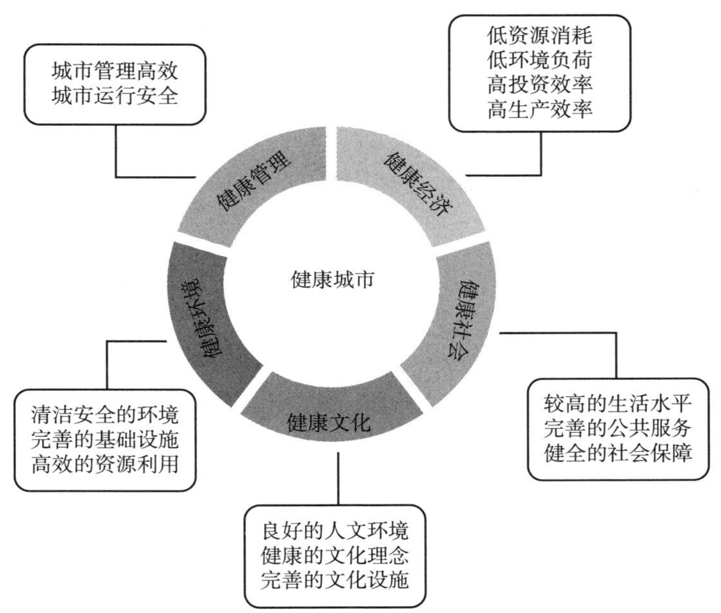

图2　我国城市健康发展的五维评价模型

（一）综合维度评价：城市健康发展状态呈小幅改善态势

基于上述五维评价模型测算，2021年中国城市健康发展水平排名前10位城市分别为上海、北京、深圳、南京、苏州、广州、佛山、宁波、杭州和厦门，健康发展水平前10强城市格局基本稳定，均来自东部沿海地区。上海、北京和深圳依旧保持前3位，杭州市上升幅度最大，由2020年的第13位上升为第9位。近年来，杭州市着力深化健康城市试点、公共政策健康影

① 2021年，我国共有333个地级行政区，包括293个地级市、30个自治州、7个地区和3个盟。其中，港澳台地区以及部分地级市由于缺少评价的系统数据暂未纳入评价范围。

响评价、大健康体制机制等领域改革，构建健康杭州“6+1”共建平台，编制《健康杭州发展报告（2022）》。2021 年，杭州居民健康素养水平达 40.24%，人均期望寿命达 83.63 岁，人群主要健康指标达到世界发达国家水平，并被全国爱卫办评为全国健康城市建设样板市。广州市连续多年居健康发展水平城市前 10 位，近年来尤为重视气候变化对人群健康的影响，积极探索可持续、可负担的城市降温综合解决方案：在国土空间总体规划层面，结合城市河流、山体、绿地等空间布局，构建“六主多级”的风廊体系；在规划管理单元层面，划定热环境管控分区，实施差别化的开发管控要求与城市降温措施；在街区层面，制定可持续降温街区设计导则，以促进街区适应本地岭南气候的能力。广州市目前已成为世界银行“中国可持续发展城市降温项目”的首个试点城市，其城市降温实践对全球城市降温这一重要议题和战略行动具有探索性和示范性意义。

专栏 1　杭州市构建健康共建体系

杭州市作为我国首个正式申报 WHO 健康城市的城市（2001 年），近年来，围绕打造健康中国示范区战略目标，聚焦大健康、立足全方位、保障全人群，深化推进健康杭州建设。

一是构建健康共建体系。构建健康杭州“6+1”共建平台，组织健康杭州行动推进组织建设，完善健康杭州考核，实施健康杭州市政府行政奖励，“杭州市健康城市条例”被列入市人大立法预备项目，探索多元主体健康共建机制。

二是推进健康杭州建设。近年来，杭州市人民政府先后出台了《关于推进健康杭州三年行动（2020—2022 年）的实施意见》《关于推进大健康治理能力现代化的实施意见》《关于印发杭州市公共政策健康影响评价试点实施方案（试行）的通知》《健康杭州“十四五”规划》等政策文件，不断完善健康杭州的顶层设计和体制机制。2021 年，杭州居民健康素养水平达 40.24%，人均期望寿命达 83.63 岁，人群主要健康指标达到世界发达国家水平。杭州市荣获 2021 年度健康浙江考核第一名和 2018~2020 年健康浙江建设先进市称号。

三是提升创新引领能力。深化健康城市试点、公共政策健康影响评价、大健康体制机制等领域改革，启动健康治理数字化平台建设，升级健康影响评价辅助决策系统，编制《健康杭州发展报告（2022）》等，杭州市被评为全国健康城市建设样板市、“健康中国年度标志城市”等。

城市的健康发展水平取决于经济、社会、文化、环境和管理等子系统的协同运行与高效运作，本报告以“中位数”衡量城市各子系统之间的平衡协调程度，进而将全国城市划分为健康城市、Ⅰ类亚健康城市、Ⅱ类亚健康城市和Ⅲ类亚健康城市，如图 3 所示。结果显示，2021 年，全国达到相对健康发展状态的城市即健康城市有 42 座，占全部城市的 14.63%，其中，64.29%的健康城市分布于东部沿海地区，其次是中部地区（21.43%）、西部地区（11.90%），东北地区仅有大连 1 座城市（2.38%）入围全国健康城市系列；Ⅰ类和Ⅱ类亚健康城市占比基本与上年持平，二者共占全国城市的 41.12%；Ⅲ类亚健康城市仍维持在 45%左右，较 2020 年下降了 1.74 个百分点。总体而言，全国城市健康发展状态呈现小幅改善态势。

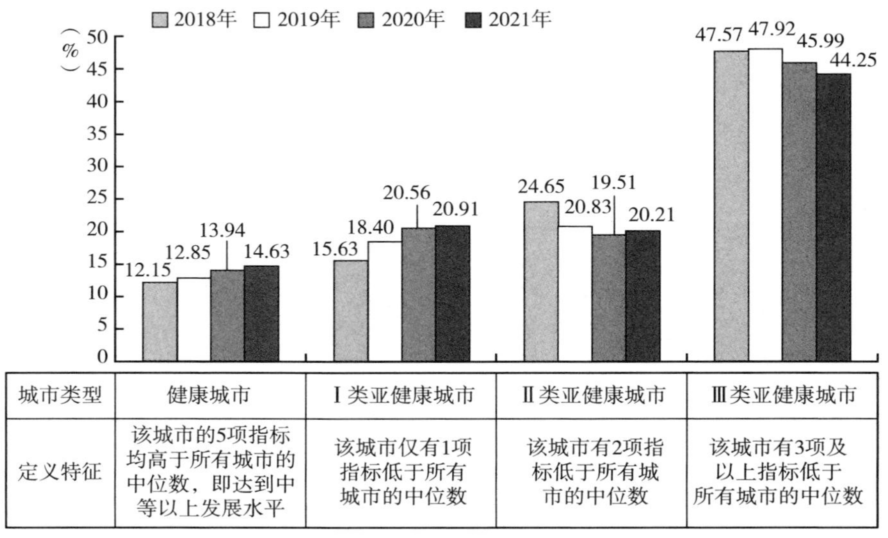

城市类型	健康城市	Ⅰ类亚健康城市	Ⅱ类亚健康城市	Ⅲ类亚健康城市
定义特征	该城市的5项指标均高于所有城市的中位数，即达到中等以上发展水平	该城市仅有1项指标低于所有城市的中位数	该城市有2项指标低于所有城市的中位数	该城市有3项及以上指标低于所有城市的中位数

图 3　2021 年中国城市健康发展水平比较

资料来源：根据《中国城市统计年鉴 2021》数据计算绘制。

从城市规模来看，不同城市规模组的健康发展水平呈现显著的差异，超大城市组的健康发展水平优势明显，小城市组的健康发展水平欠佳，基本上呈现城市规模越大健康发展水平越高的态势（见图 4）。全国 7 座超大城市有 4 座入围健康城市序列（上海、深圳、广州、成都），14 座特大城市有 7 座入围健康城市序列，大城市组、中等城市组和小城市组的健康城市数量占比分别为 21. 74%、9. 17%和 6. 82%（见图 5）。有超过 50%的小城市处于Ⅲ类亚健康状态，尤其是健康经济、健康文化和健康社会三项指数均位于末位，表明小城市的经济发展水平、公共文化服务和民生建设领域仍与其他规模组城市存在较大差距。如何激发小城市经济活力、提升人口吸纳能力、加快补齐城镇基础设施和公共服务短板、促进小城市健康和可持续发展，是小城市在高质量发展阶段要解决的重要问题。在当前发展阶段，我国超大和特大城市的集聚经济效应仍显著高于其他规模组城市，其持续稳健的经济增长为维护城市健康运行、维持公共卫生支出提供了重要保障。然而，分项指数揭示了超大和特大城市在健康管理和安全运行方面的突出短板，提升超大和特大城市面临不确定性风险的系统性响应能力尤为关键。

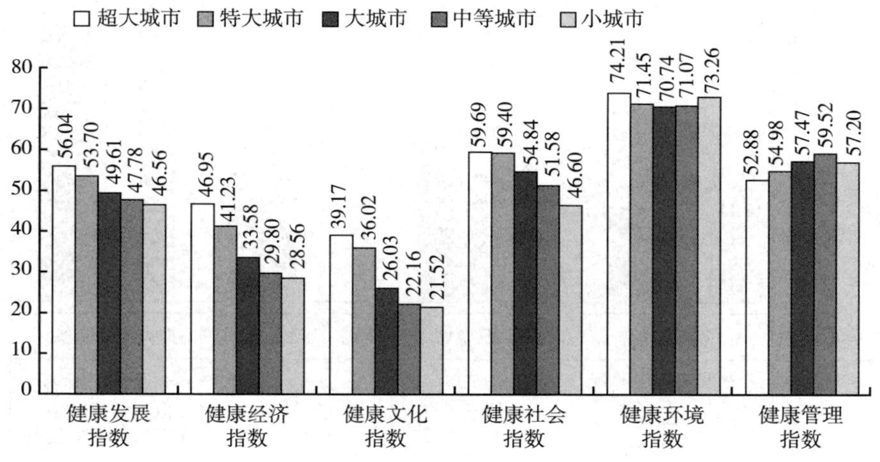

图 4　2021 年不同规模城市组的健康发展指数比较

资料来源：根据《中国城市统计年鉴 2021》数据计算绘制。

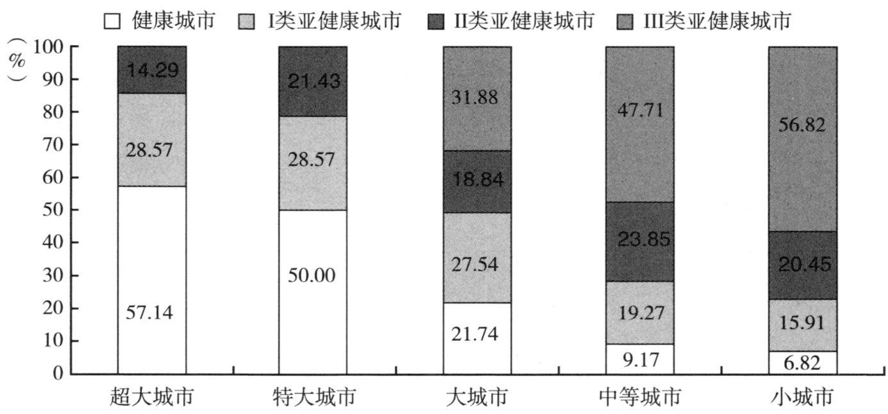

图 5　2021 年中国城市健康等级规模对比

资料来源：根据《中国城市统计年鉴 2021》数据计算绘制。

（二）结构维度评价：基本公共文化服务均等化任重道远

2015~2021 年，健康发展指数的变异系数呈现逐年下降的趋势，表明全国城市的健康发展水平差距呈现逐渐缩小的态势（见图 6）。从分项指数来看，健康经济和健康管理指数的差距变化不明显，其变异系数均呈现小幅波动态势。

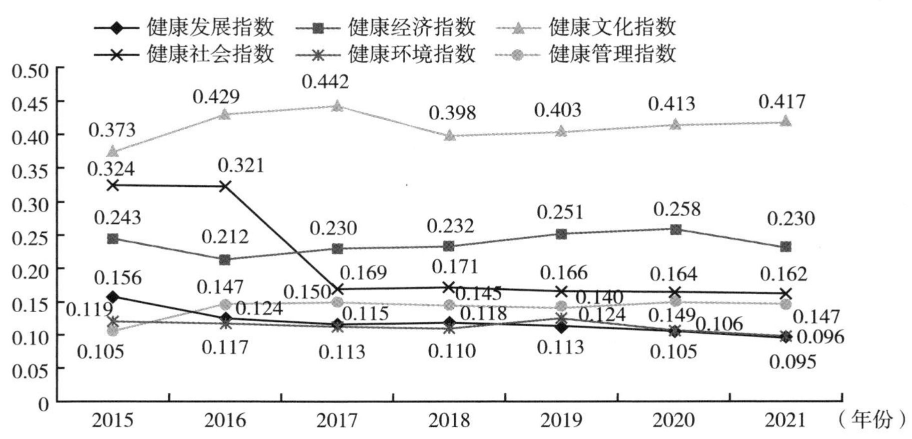

图 6　2015~2021 年中国城市健康发展指数变异系数

资料来源：根据 2015~2021 年《中国城市统计年鉴》数据计算绘制。

健康环境指数变异系数最小，且自2019年以来呈现显著下降趋势，表明我国各城市的生态环境质量、资源节约集约利用水平的差距趋于缩小。近年来，我国各地市积极落实“双碳”战略，在生态环境治理和经济社会发展绿色低碳转型方面取得了显著成效，2021年，全国地级及以上城市空气质量优良天数占比达到87.5%，相比2020年提升0.5个百分点，空气质量达标城市达218座，相比2020年增加12座。其中，中部地区城市空气质量改善最为显著，空气质量优良天数占比由2020年的71.81%提高至2021年的81.27%，提高了近10个百分点；其次是东部地区，空气质量优良天数占比由2020年的78.63%提高至2021年的84.98%；西部地区的空气质量优良天数占比位居四大区域之首，2021年突破90%达到91.70%；东北地区的改善幅度最小，空气质量优良天数占比提升了1.68个百分点。

健康社会指数的变异系数降幅最为显著，由2015年的0.324缩小至2021年的0.162，表明各城市的教育、医疗、卫生等基本公共服务均等化成效显著，社会保障和民生建设的区域差距明显缩小，中西部地区的万人拥有医生数和万人拥有病床数等指标快追平甚至超过东部地区（见图7）。值得注意的是，东部地区的万人拥有病床数居四大区域末位，面对新冠肺炎疫情的反复冲击，人口高度集聚的东部沿海地区公共卫生体系处于持续承压状态，面临医疗卫生资源挤兑风险。因此，不仅要加快推进城乡之间、区域之间以及不同群体之间的均等化，还应根据人口年龄结构、人口流动趋势和人口增长预期，促进城市人口与医疗资源规划配置相适应，避免发生医疗挤兑。2021年，我国出台了《国家基本公共服务标准（2021年版）》，进一步明确了国家向全民提供基本公共服务的底线范围，为各地市提升公共服务供给质量、推进基本公共服务标准化和均等化提供了重要依据。

健康文化对于促进和维护居民身心健康尤为重要，但本报告评价结果显示，我国城市的健康文化指数由2015年的0.373扩大至2021年的0.417，其变异系数远高于其他分项指数。虽然近年来我国大力实施文化惠民工程，

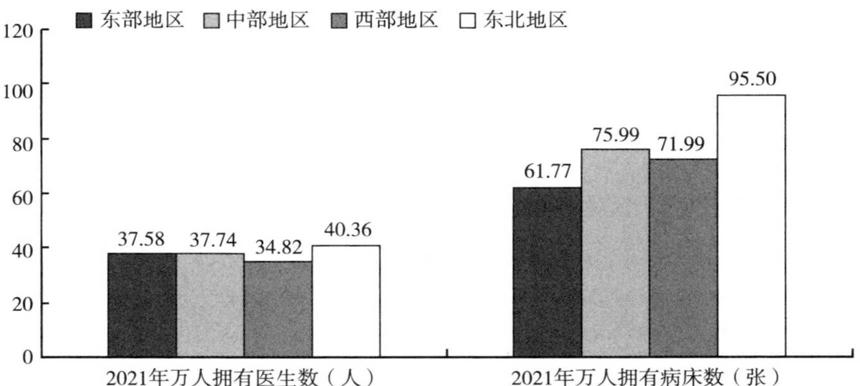

图7　2021 年中国四大区域万人拥有医生数和万人拥有病床数情况*

说明：万人拥有医生数：市辖区职业（助理）医生数与市辖区年末总人口的比值；万人拥有病床数：市辖区医院床位数与市辖区年末总人口的比值。

资料来源：根据《中国城市统计年鉴 2021》数据计算绘制。

公共文化服务整体水平明显提高，但城乡之间和区域之间的公共文化服务发展差距依然较大。国家《“十四五”文化发展规划》明确提出“创新实施文化惠民工程，提升基本公共文化服务标准化均等化水平，更好保障人民基本报告化权益”。因此，进一步推动公共文化资源合理配置、提升公共文化服务效能、缩小城乡和地区之间公共文化服务差距，让不同地区人民均享有更加充实、更为丰富、更高质量的精神文化生活，仍是我国公共文化事业高质量发展的重要任务。

（三）空间维度评价：城市健康发展不均衡问题依然存在

从区域格局来看，2021 年，东部、中部、西部和东北地区的健康发展指数分别为 50. 84、48. 20、47. 04 和 45. 67，健康经济、健康文化和健康社会指数呈现同样的区域差异格局（见图 8）。西部地区在生态环境质量方面的优势依然明显，2021 年西部地区空气优良天数占比达到 91. 70%，分别高出中部地区、东部地区和东北地区 10. 43 个、6. 72 个和 3. 79 个百分点（见

图 9）。与此同时，2021 年西部地区 GDP、货物进出口总额等经济指标占全国比重较 2020 年均呈现上升趋势（见图 10）。

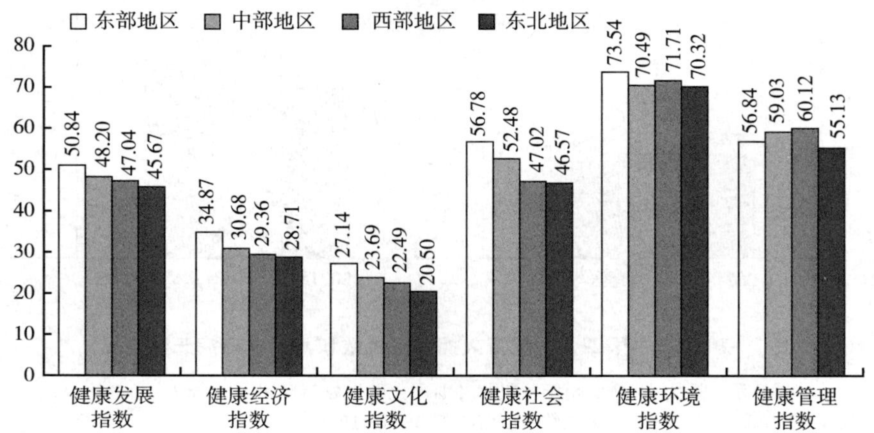

图 8　2021 年中国四大区域城市健康发展水平

资料来源：根据《中国城市统计年鉴 2021》数据计算绘制。

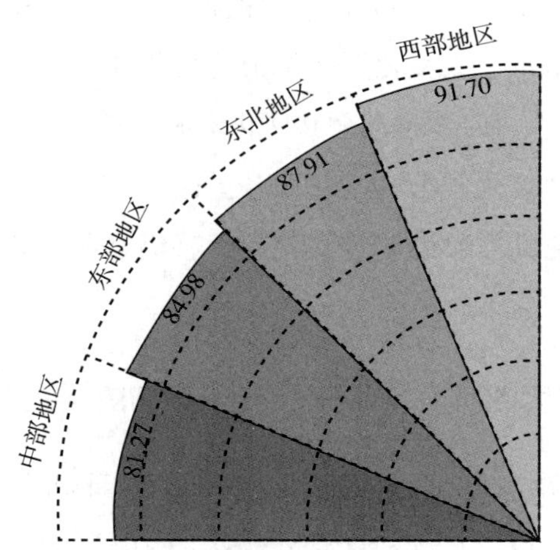

图 9　2021 年四大区域空气优良天数占比（单位:%）

资料来源：根据各地市生态环境状况公报计算。

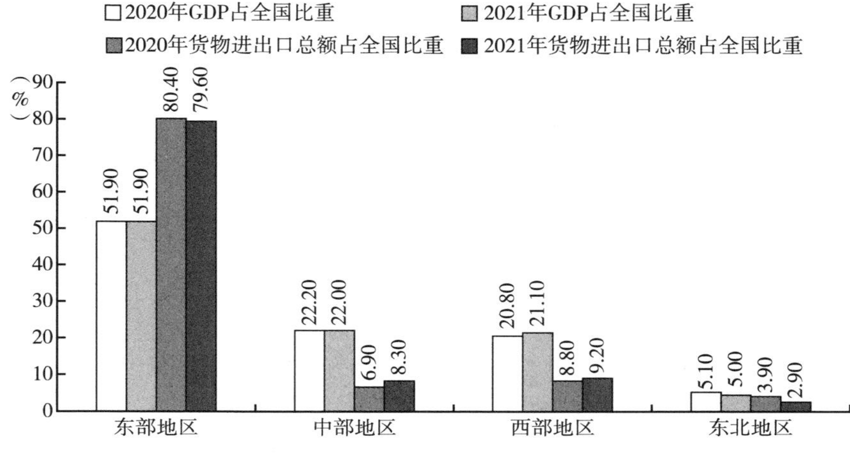

图 10　2020~2021 年我国四大区域经济指标对比

资料来源：根据《中国统计年鉴（2021）》和国家统计局数据计算。

根据国家统计局数据，2021 年，西部地区居民人均可支配收入达到 2.74 万元，同比增长 9.4%，增速分别快于东北、中部和东部地区 1.4 个、0.2 个和 0.3 个百分点①，西部地区通过践行“绿水青山就是金山银山”的发展理念，“在开发中保护、在保护中开发”的绿色发展模式取得显著进展。东北地区的健康经济、健康文化和健康社会指数均居四大区域末位，经济增长乏力、基本公共服务投入不足、资源型城市转型困难等问题依然突出，尤其是经济下行压力下保就业与保民生面临更加严峻的挑战。

从省域视角来看，全国 30 个省（自治区、直辖市，西藏与港澳台除外）的城市健康发展指数呈现梯度变化特征（见图 11），上海和北京的健康发展指数显著高于其他省份（均超过了 60），位居引领全国城市健康发展的第一梯队。东部沿海地区的浙江、江苏和福建紧随其后，健康发展指数均超过了 50，且浙江和江苏的各项发展指数较为均衡，经济质量、民生保障、生态环境和城市健康运行呈现同步向好的发展态势。福建的生态环境质量优势明显，但健康文化指数排名靠后，亟须提高公共文化服务供给质量和效

① 资料来源：国家统计局官方网站，https：//data. stats. gov. cn/。

率，补齐公共文化服务短板，切实提升人民群众文化获得感。江西、安徽和湖南的综合指数排名分别比 2020 年提高了 5 位、4 位和 3 位，且这三个省份均来自中部地区，表明中部地区城市健康发展状况改善明显。江西省的城市健康发展水平提升最为显著，近年来，江西省政府相继印发了《“健康江西 2030”规划纲要》《江西省人民政府关于健康江西行动的实施意见》《江西省国民营养计划（2018—2030 年）实施方案》《江西省家庭健康促进行动实施方案（2021—2025 年）》等政策文件和实施方案，健康城市建设的顶层设计框架体系日趋完善。与此同时，江西省印发了《关于全面开展健康影响评价评估制度建设的通知》，切实“将健康融入所有政策”；实施健康江西“15+3”专项行动，全方案干预健康影响因素。江西省居民健康素养水平由 2018 年的 16.77%提升至 2021 年的 25.53%，城市空气质量优良天数占比达 96.1%，人均预期寿命达到 77.6 岁①，健康江西建设成效显著。

（四）城市群维度评价：健康发展水平越高分化程度越明显

《中华人民共和国国民经济和社会发展第十四个五年规划和 2035 年远景目标纲要》明确指出，以中心城市和城市群等经济发展优势区域为重点开拓高质量发展的重要动力源，城市群的健康发展对于我国全面建设社会主义现代化国家尤为重要和关键。本报告对全国 18 个城市群的健康发展状况进行了系统评价②，评价结果显示，长三角城市群、珠三角城市群和海峡西岸城市群的健康发展指数最高，其次是长江中游城市群、京津冀城市群和滇中城市群（见图 12）。长三角城市群的健康经济、健康文化和健康社会指数均居第 1 位，城市群内基础设施、产业发展、生态环保、要素市场、公共服务等一体化建设机制不断完善，经济发展质量、公共文化服务和社会保障水平明显优于其他城市群。海峡西岸城市群的健康环境指数居第 1 位，在环境质量改善、资源

① 王水平：《凝聚“健康强赣”的奋进力量 打造新时代全国革命老区卫生健康高质量发展示范区》，《健康中国观察》2022 年第 7 期。

② 《中华人民共和国国民经济和社会发展第十四个五年规划和 2035 年远景目标纲要》明确提出构建 19 个城市群，由于天山北坡城市群数据缺失较多，未纳入本年度评价之中。

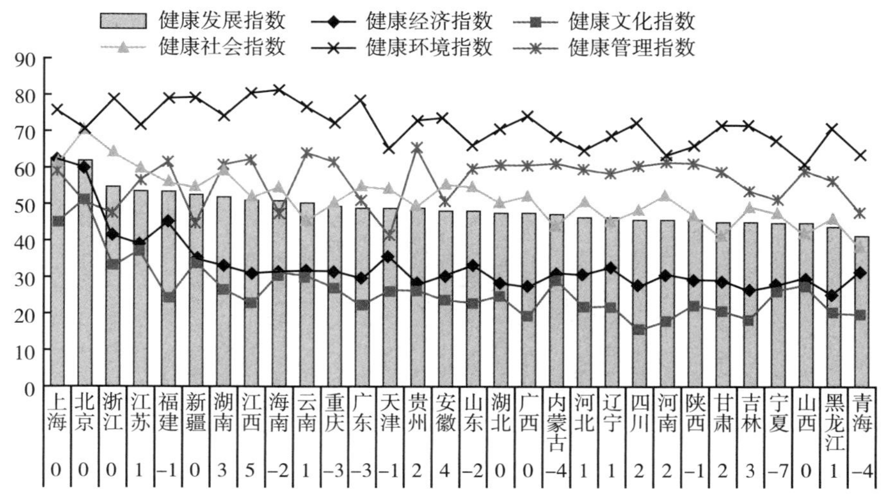

图 11　2021 年中国省域城市健康发展指数比较

资料来源：根据《中国城市统计年鉴 2021》数据计算绘制。

说明：图示下方数字为健康指数排名变化情况；因数据缺失，未收录西藏与港澳台。

集约利用方面成效显著。滇中城市群健康发展指数居第6位，主要得益于较高的生态环境质量和安全有序的城市运行管理。相比较而言，我国经济发展水平最高的三大城市群之一——京津冀城市群仅居第5位，主要原因在于其健康环境指数排名靠后，虽然近年来京津冀城市群大力实施节能减排、污染治理、绿色技术应用、生态红线管控等举措，环境改善和资源集约利用水平有了显著提升，但仍是我国生态环境治理和低碳绿色转型要求最为迫切的城市群之一。

从城市群内部的健康发展水平差异来看，珠三角城市群和京津冀城市群的变异系数最高，均超过了 0.11，表明健康发展视角的“首位城市”与其他城市存在较大差异。从各分项指数的变异系数来看，珠三角城市群的公共文化服务发展不均衡、服务效能不高的问题尤为突出，实现人民精神文化生活共同富裕是珠三角城市群面临的紧迫任务。京津冀城市群的健康经济指数的变异系数最大，表明各城市间的经济发展质量、产业创新能力和经济稳定性存在较大差异。未来，通过技术外溢、产业分工构建创新、协同、共享的产业发展协同网络，提升城市群的产业一体化发展水平，促进世界级城市群的高质量、可持续发展是京津冀城市群面临的艰巨任务。滇中城市群健康发展指数的变异系数最小，城市群内昆明、曲靖和玉溪三个核心城市的健康发展水平较为均衡，尤其是健康环境指数差异最小，在建设现代化的生态宜居城市群方面取得显著成效。

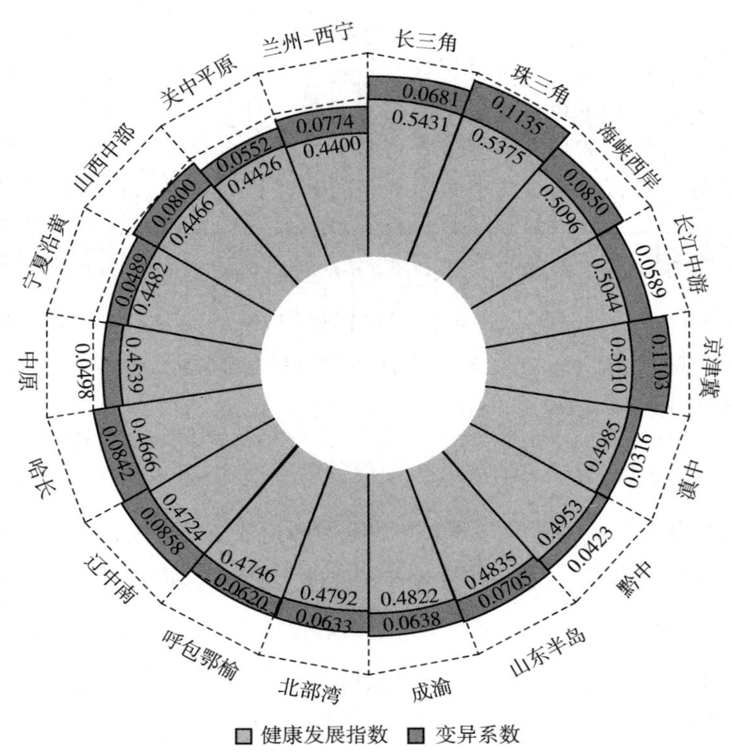

图 12　2021 年中国城市群健康发展指数及其变异系数比较

资料来源：根据《中国城市统计年鉴 2021》数据计算绘制。

四　中国城市健康治理的策略：迈向现代化的中国特色健康治理

随着中国特色社会主义进入新时代，中国城市的健康治理应以习近平总书记“以人民为中心，以健康为根本”的健康观为根本遵循，充分发挥国家治理优势，将健康融入所有政策；以健康贫困治理为核心，全面促进健康公平；以韧性治理理念为支撑，有效应对新型复合风险；高度重视气候变化影响，积极参与全球健康治理，进而推动构建人类卫生健康共同体。

（一）充分发挥国家治理优势，将健康融入所有政策

新冠肺炎疫情是新中国成立以来发生的一次重大突发公共卫生事件，在新冠肺炎疫情持续衍化的三年多时间里，我国始终将人民健康放在优先发展战略地位，形成了自上而下和自下而上相结合的举国动员体系、人民健康优先的快速救治体系、全民医保的冲击缓解体系，中国特色的健康治理模式最大限度地保护了人民群众的身体健康和生命安全，维护了最广大地区的正常生产生活和经济发展。随着中国特色社会主义进入新时代，各级政府应进一步发挥具有中国特色的健康治理优势，推动把健康融入所有政策，将人民健康作为城市整体发展进程中的优先事项，将人民健康融入城市规划、建设和管理的各项制度和政策中。同时，应逐渐将宏观层面的制度优势与微观层面的健康塑造相结合，加快完善政府、社会、个人共同行动的健康促进机制，进而形成有利于健康的生活方式、生产方式。

（二）以健康贫困治理为核心，全面促进健康公平

世界卫生组织《组织法》明确强调，健康促进不仅是减少疾病，更重要的是通过健康的社会、环境和经济决定因素，解决其根源问题。健康不平等和经济收入不平等是导致健康贫困和健康不公平的直接原因，本报告的实证分析也表明，较高的经济发展水平可为维护城市健康运行、维持公共卫生支出提供重要保障。当前的健康不公平主要体现在不同人群、不同区域对于医疗资源可获得性和面对环境灾难时韧性的差别，尤其是中西部欠发达地区面临健康、经济和社会等多重脆弱性，更容易发生因病致贫返贫问题。因此，一方面，要加快健全因病返致贫动态监测机制、重大疾病医疗保险救助机制以及低收入人群常态化精准健康帮扶机制，有效应对贫困人群的健康贫困风险；另一方面，应从源头上防范因病返贫风险的发生，增加对基础教育

和职业教育的投入，提高居民文化素养；立足区域资源禀赋，完善产业发展机制，促进地方经济发展和城乡居民增收致富，切实提升城乡居民的可持续生计能力，进而提升健康治理的精准性与有效性，全面促进健康公平。

（三）以韧性治理理念为支撑，有效应对新型复合风险

我国健康治理体系经历了由疾病防控、医疗健康到全民健康的转变历程，健康治理策略也应由传统的防范、抵御策略转向健康韧性治理，构建系统灵活、治理主动性更强的全民健康体系。一是主动增强城市自我调节能力，通过优化城市空间布局、构建绿地和开敞空间系统、优化绿色交通系统，减缓空气污染、热岛效应的消极影响，提升公共健康水平。例如，为有效缓解城市“热岛”效应，纽约市卫生局开发了高温脆弱性指数（HVI）和纽约降温地图，制订了清凉社区计划，确定了 19 个可大规模整体设置绿色基础设施的社区，在极端高温事件期间为高风险区的居民提供降温服务。二是建立涵盖经济、社会、文化、生态等多领域的韧性治理机制，从提升经济韧性、提高社会保障水平、提升文化服务效能、改善环境质量等多维度保障全民健康，以有效应对全球经济下行、极端天气事件和突发公共卫生事件等带来的复合健康风险。

（四）高度重视全球气候变化影响，构建人类卫生健康共同体

《柳叶刀人群健康与气候变化倒计时》2021 年全球报告基于对 43 项人群健康和气候变化指标的分析表明，任何国家和地区均无法避免全球气候变化对人类健康的影响。与此同时，气候变化与影响健康的社会环境因素交织作用，对人类健康构成了前所未有的威胁，提升气候应对能力对保障公众健康和促进城市可持续发展至关重要。一是加强气候变化对疾病和人类健康的影响机制研究，充分考虑气候适应政策和相关技术对人类健康的影响，从科学认知层面提升气候适应能力，保障人体健康。二是因地制宜制定气候变化适应策略，尤其是位于气候变化高风险区的城市，应科学开展气候影响评估、脆弱性评估和风险评估，加强对极端天气气候事件的监测预警能力建

设，制定优先考虑具有最大健康、社会和经济效益的气候适应措施，保障居民健康和城市安全运行。三是城市的气候适应性规划应充分考虑健康风险、科学识别脆弱人群、系统评估公共卫生系统能力，将提升健康韧性作为气候适应性规划的目标之一，积极主动地进行空间规划干预，提升建成环境和公共服务设施的气候变化应对能力。四是加强全球范围内的气候应对与健康共治，以平等互助的主体意识、合作共赢的价值理念、多方参与的规则意识，构建人类健康命运共同体。

参考文献

蔡闻佳等：《中国应对气候变化和改善公众健康的挑战与政策建议》，《科学通报》2018 年第 13 期。

陈兴怡、翟绍果：《中国共产党百年卫生健康治理的历史变迁、政策逻辑与路径方向》，《西北大学学报》（哲学社会科学版）2021 年第 4 期。

廖宇航：《健康风险冲击对劳动参与的影响——一个反事实的因果分析》，《人口与经济》2019 年第 4 期。

王玥：《新中国成立以来爱国卫生运动的演进轨迹》，《人民论坛》2020 年第 25 期。

王延隆等：《循序渐进：中国卫生与健康政策百年发展演变、特征及其启示》，《中国公共卫生》2021 年第 7 期。

武晋、张雨薇：《中国公共卫生治理：范式演进、转换逻辑与效能提升》，《求索》2020 年第 4 期。

武占云、单菁菁、马樱娉：《健康城市的理论内涵、评价体系与促进策略研究》，《江淮论坛》2020 年第 6 期。

肖华斌等：《应对高温健康胁迫的社区尺度缓解与适应途径——纽约清凉社区计划的经验与启示》，《规划师》2022 年第 6 期。

岳崴、王雄、张强：《健康风险、医疗保险与家庭财务脆弱性》，《中国工业经济》2021 年第 10 期。

GBD 2019 Cancer Risk Factor Collaborators, "The Global Burden of Cancer Attributable to Risk Factors, 2010-19: A Systematic Analysis for the Global Burden of Disease Study 2019", *The Lancet*, 18 August 2022.

GBD 2015 Healthcare Access and Quality Collaborators. "Healthcare Access and Quality Index Based on Mortality from Causes Amenable to Personal Health Care in 195 Countries and

Territories, 1990–2015: A Novel Analysis from the Global Burden of Disease Study 2015", *The Lancet*, 2017, 390 (10091): 231–266.

Padhan R., Prabheesh K. P.. "The Economics of COVID-19 Pandemic: A Survey", *Economic Analysis and Policy*, 2021, 70 (1): 220–237.

Watts N., Amann M., Arnell N., et al. "The 2020 Report of the Lancet Countdown on Health and Climate Change: Responding to Converging Crises", *The Lancet*, 2021, 397 (10269): 129–170.

Zhang J. F., Mauzerall D. L., Zhu T., et al. "Environmental Health in China: Progress towards Clean Air and Safe Water", *The Lancet*, 2010, 375: 1110–1119.

空间优化篇

Space Optimization Chapters

B.3

生态文明视角下城市群空间格局优化的思路与建议

董亚宁　吕鹏　顾芸*

摘　要： 城市群空间格局是时代主题之一，城市群空间格局优化对于经济高质量发展、构建新发展格局和建设生态文明具有重要意义。本报告首先在生态文明时代背景下，提出以“三生”空间平衡协调为目标导向、“城市体系—人口分布—产业体系—生态系统”四大子系统耦合互动的城市群空间格局优化理论分析框架。其次，总结了以京津冀、长三角、珠三角、成渝城市群为代表的城市群空间格局优化的经验做法，并且从四大子系统维度分别指出了城市群空间格局优化的制约因素。最后，提出推动产业协同政策实施、健全城市群规划发展政策、着力提升城市空间品质、完

* 董亚宁，经济学博士，中国社会科学院生态文明研究所助理研究员，地理学博士后，主要研究方向为生态经济学、空间经济学；吕鹏，首都经济贸易大学城市经济与公共管理学院博士生，主要研究方向为区域经济学；顾芸，哲学博士，经济学博士后，首都经济贸易大学城市经济与公共管理学院讲师，主要研究方向为区域经济学、教育经济与管理。

善生态补偿与保护政策、建立智慧城市群等优化城市群空间格局的对策建议。

关键词： 生态文明 城市群 空间格局 “三生”空间

以城市群为空间载体的发展战略对于促进区域协调发展与经济高质量发展、构建新发展格局、建设生态文明具有重要意义。一方面，自 2006 年中央文件中首次出现“城市群”概念以来，2014 年《国家新型城镇化规划（2014—2020 年）》提出以人的城镇化为核心，有序推进农业转移人口市民化；以城市群为主体形态，推动大中小城市和小城镇协调发展；以综合承载能力为支撑，提升城市可持续发展水平。党的十九大报告进一步明确以城市群为主体构建大中小城市和小城镇协调发展的城镇格局。2021 年，“十四五”规划中指出要以促进城市群发展为抓手，全面形成“两横三纵”的城镇化战略格局。另一方面，党的十八大报告将生态文明建设纳入中国特色社会主义事业总体布局，更加凸显了生态文明建设的战略地位；党的十九大报告又全面阐述了加快生态文明体制改革、推进绿色发展、建设美丽中国的战略部署。生态文明是工业文明发展到一定阶段的产物，应当与绿色工业文明区分开来，传统工业文明更加注重生产效益和物质利益最大化，而生态文明则更加强调“生产、生活、生态”空间平衡协调与人民福祉最大化。因此，在生态文明视角下的城市群空间格局优化研究成为当下的重要研究命题之一。

一　理论分析框架

按照以空间主体功能来界定空间性质的原则，生态空间是提供生态产品和生态服务的国土空间；生产空间是承载工业生产和各类服务功能的国土空间；生活空间则是提供居住、消费、休闲、娱乐、医疗与教育等各类日常活动与公共服务的地域空间。工业文明视角下的绿色工业化是将生态环境作为容量约束来矫正城镇化发展思路，但是在生态文明背景下，仅仅将环境问题作为一个单一约束显然不能扭转城市（城市群）发展思路，而应当从根本上转变发展范式，解决环境与发展之间的矛盾。在工业文明时代，生产空间是城市空间构成的主要部分，长期主导城市空间布局；在生态文明时代，应当确立生态空间优先、生活空间主导、“三生”空间平衡协调的空间优化思路。本报告将构建一个生态文明视角下的城市群空间格局优化理论分析框架，该框架以“三生”空间平衡协调为目标导向，包含“城市体系—人口分布—产业体系—生态系统”四大子系统，强调空间耦合互动。

（一）产业体系空间格局

产业发展对城市发展具有关键作用，产业体系空间格局优化是城市群空间格局优化的重要组成部分。产业体系空间格局与生产空间相对应，涵盖产业升级、转移、集群与产业链等多个方面。随着创新驱动发展战略的深入推进，创新链、产业链与价值链融合加深，城市创新网络同产业体系空间格局的联系日益紧密。结合城市群内城市经济发展实际，城市群通过产业结构升级与产业集群建设、城市间产业的转移与承接、产业链与价值链打造延伸，加之创新链对产业链的驱动增质，实现产业链、价值链与创新链在空间上的有效协同，更好地发挥各城市比较优势，提升投入产出效率，各城市基于自身比较优势，实现产业布局错位搭配、梯度发展的合理局面。

（二）城市体系空间格局

城市是生产、生活以及生态的重要空间载体，城市群本质是城市的集群，由此，若干不同规模和职能的城市集聚形成的城市群最终归结为城市体系空间格局。城市体系空间格局包含各类大中小城市和小城镇节点、城市间发展的轴线以及围绕大城市发育而成的联系紧密的都市圈（面）三大部分。在理论上，城市群发育阶段与发育程度不同，群内城市规模结构应当呈现不同特征：处于快速发育期的城市群，其核心城市要素大量集聚，城市首位度高，一般会形成单一的强中心，呈显著“核心—外围”模式；处于成熟期的城市群，逐渐形成相互依存的城市功能体系，城市群呈现“多中心—网络化”结构特征，城市体系相对稳定。基于城市群发育规律，优化城市体系空间格局，对于增强城市群内部经济联系、促进群内产业合理布局和分工、带动人口流动与集聚以及构建城市群生态安全空间格局具有重要意义。

（三）人口分布空间格局

在较小面积土地上集聚大量人口是城市区别于乡村的本质特征，人口分布空间格局和生活空间直接关联。人口规模、人口密度与人口结构等是城市群人口空间分布格局表征的重要指标，其中人口结构又包括年龄结构、性别结构、职业结构和城乡结构等多个部分。城市群空间格局的根本在于人口分布空间格局，城市群空间格局优化从根本上就是要实现人口分布空间格局的优化。城市群发展应当满足人民对美好生活需要的要求，应当始终坚持以人为核心的新型城镇化推进理念。通过合理控制大中小城市与小城镇人口规模、密度与结构，实现城乡间、城市间以及整个城市群内部基础设施一体化与公共服务均等化和高质量供给，不断改善城市群内社会保障水平，促进人口在城市群内部自由流动、有效集聚，从而形成与产业发展、生态承载能力相适应的人口分布空间格局。

（四）生态系统空间格局

构建合理的生态系统空间格局是生态文明视角下城市群空间格局的重要组成部分，生态系统空间格局优化是城市群空间格局优化的基础，是为生产、生活空间格局提供生态本底的必然要求。生态系统空间格局与生态空间直接对应，为进一步细分，将其划分为生态节点、生态廊道和生态网络。城市群内部生态系统空间格局主要通过提供生态系统服务与生态产品满足城市群内生产、生活需要，合理的生态系统空间格局应当与生产、生活紧密相连，实现城市群内生态系统结构和功能协调、生态服务供需平衡、生态环境安全优良有韧性，从而为人、产、城的合理布局优化提供良好的基础外部环境。

（五）子系统空间耦合互动

城市群空间格局是人与自然相互作用的多维度、多尺度、多主体时空复杂巨系统。生态、产业、人口以及城市体系互相联系、相互制约，一个子系统的某一要素变化通常会“牵一发而动全身”，对整个城市群空间格局产生重要影响。因此，在一个城市群内，产业体系、城市体系、人口分布与生态系统空间耦合互动不可避免，并且只有形成良好的空间耦合互动才能实现“三生”空间平衡协调。一方面，对城市群内生态节点、生态廊道与生态网络进行打造，塑造城市群生态空间，为生产、生活提供充足生态系统服务；生态系统空间是产业体系、城市体系和人口分布空间系统的基础空间载体与环境。另一方面，城市群“产、城、人”三大系统交互作用、相互融合对生态系统空间产生多重作用。城市群经济增长，使得产业发展与城市能级水平提升，吸引人口流入集聚，人口规模增加，使得人口密度与人口结构发生相应改变，城市体系随之重构；人口规模、密度与结构的变化以及产业体系的调整又会对生态系统产生新的压力，促使生态系统空间格局发生改变；产业结构优化，产业集群规模效应凸显，产业城际转移与产业链、价值链和创新链的有效融合，会显著提升生态资源利用与产品产出效率，产业发展也带动了人口重新做出迁移与流动决策，城市人口集聚形态发生改变，对生态系统服务需求产生变化，进而重构整个城市群生态系统空间格局。

二　城市群空间格局优化的经验做法

（一）完善产业合作机制，创新支撑产业发展

产业发展对城市群经济发展具有关键作用，推动产业结构优化升级、增强创新对经济发展的内生动力，对促进城市群生态文明建设意义重大。一是建立产业对接机制。例如，京津冀三地经信（工）部门围绕产业规划和产业链构建等问题签署《进一步加强产业协同发展备忘录》，促进产业深度有

序对接。自 2015 年《京津冀协同发展规划纲要》实施以来，京津冀三地在产业协同发展方面已经取得了突破性进展，尤其表现在产业转移与产业承接、产业链条构建以及产业分工等方面。根据当前京津冀三地经济发展水平与发展阶段不同，北京呈现以高端服务业和科技创新产业为主导的产业结构发展趋势；天津第三产业超越第二产业占据主导地位，整体产业结构呈现高新技术化特征；河北省当前仍以第二产业为主，第三产业发展仍以传统服务业为主。二是搭建产业交流合作平台。例如，京津冀依托世界智能大会等年度会议以及智能网联汽车、5G 等专题展会搭建产业交流合作平台，通过新组建的涉及节能环保、智能制造、技术交易等诸多领域的跨省市产业合作联盟，发挥社会协同在产业协同中的作用。三是创建联合创新平台。例如，粤港澳大湾区聚集了 30 多个国家级实验室，10 个广东省实验室以及 20 个中国香港、中国澳门联合实验室，聚集了众多具备国际顶尖水平的国内外院士科学家以及港澳科研机构。各类创新要素和创新资源正在粤港澳大湾区加速集聚，大大提升了粤港澳大湾区科技创新能力与创新影响力。

（二）依托都市圈，发挥中心城市引领作用

城市发展遵循“城市—都市圈—城市群”的基本空间拓展规律，随着城市发展，中心城市从极化效应较强向扩散效应增强转变，不断带动周边城市发展，形成次中心城市，进一步推动都市圈辐射范围增强。一是提升都市圈治理能力，形成都市圈。例如，长三角城市群是全国范围内发育相对成熟的城市群之一，基本呈现“多中心—网络化”结构特征。长三角城市群已经形成了发育成熟的上海大都市圈、南京都市圈与杭州都市圈，合肥都市圈也已初具雏形，符合都市圈融合互动鼎撑城市群发展的基本成长规律。上海、南京、杭州、宁波与合肥等 5 个都市圈中心城市，市辖区城镇常住人口数分别为 2222 万、809 万、926 万、408 万与 506 万，[①] 根据 2014 年国务院颁布的《国务院关于调整城市规模划分标准的通知》，除宁波外，四大中心城市

① 资料来源：本报告除特殊说明外，数据均来源于《中国城乡建设统计年鉴》。

均达到了特大或超大城市人口规模，宁波为Ⅰ型大城市；除五大都市圈内中心城市外，群内已基本形成了以无锡、常州等为代表的Ⅰ型大城市，扬州、盐城和绍兴等Ⅱ型大城市，舟山、马鞍山、安庆等中等城市，城市等级规模体系完整，为城市间经济联系与功能分工提供了良好条件。

二是以中心城市和次中心城市为节点搭建城市网络。例如，整个长三角城市群正朝以上海、南京、合肥、杭州和宁波为中心，以城市间网络化联系为特征的方向发展。截至2020年底，长三角高速公路与高速铁路里程分别增加到15765千米和6200千米，群内航道网络规模超4000千米，有客货运输机场24个，城市群海陆空立体交通网络基本成型。省际公路基本实现县县通，城市群内69个高速收费路口均免费通过；高铁网络覆盖了群内95%的城市和人口，在高铁的支撑下，上海、南京、合肥和杭州城市间时间距离缩短至一小时；初步建成以长江、京杭运河等为骨干的干线航道网络，通江达海的水运格局初步形成；以机场为中心，地面距离100千米为半径覆盖长三角城市群94%的县级节点和96%的人口，机场布局不断完善。

（三）改善空间品质，提升人才集聚能力

城市群人才集聚能力的强弱与空间品质有着密切关系，因此改善空间品质是提升人才集聚能力的重要途径之一。一是创造良好就业创业环境。例如，2020年长三角经济增长水平较高，整体经济规模为20.51万亿元，占全国GDP的20.40%，人均GDP水平高于全国人均GDP水平。2020年，沪、广、深三地职工年平均工资分别为16.03万元、12.35万元和12.78万元，但是同期全国城镇单位就业人员年平均工资为9.74万元，城市群中心城市平均职工工资远高于全国人均工资水平。二是提升公共服务水平。例如，2020年长三角和珠三角医疗卫生机构数量分别为2326家和756家，每万人卫生医疗机构数分别为0.31家和0.15家，而2020年全国每万人卫生医疗机构数为0.14家，两大城市群基本公共服务水平高于全国平均水平。三是实施专项人才新政。例如，广东深入实施人才强省战略“五大工程”，在粤外国人才占全国约1/5，大湾区高水平人才高地建设成果显著，根据世

界知识产权组织（WIPO）发布的《2021年全球创新指数报告》，大湾区“广州—深圳—香港—澳门”科创走廊成为仅次于东京—横滨的排名全球第二的科创走廊。

（四）协调区际利益，达成生态环境共治

生态系统在空间上互联互通，城市群生态系统亦如此。然而，生态环境与经济发展之间又存在一定的挤兑关系，因此城市群将面临如何协调城市间利益进而实现生态环境共治问题。一是建立生态环境治理联防联控机制。京津冀污染治理手段由单一强制的命令转向多措并举，规范法制、宣传引导与市场作用共同发力；治理内容由过去的先污染后治理的末端补救转变为涵盖生产、消费全链条的源头管控；通过编制《京津冀区域环境污染防治条例》，研究推动建立立法体系，实现区域立法突破。近年来，京津冀城市群生态环境改善明显，如空气质量达标天数占比增加和PM2.5年均浓度呈降低趋势。二是建立城市群内横向生态补偿机制。例如，京津冀不断探索完善永定河、密云水库和官厅水库等流域生态补偿机制以及北京与张家口之间横向生态补偿机制，使得城市群生态环境治理逐渐走向精细化、法制化、专业化、成熟化与动态化，推动实现生态环境共治。

（五）规划生态空间，高效转化生态价值

城市空间格局的高水平规划对生态节点与生态廊道打造、生态系统服务提供以及生态系统服务价值实现起到了重要的推动作用。例如，成都东部新区将城市融入自然生态环境中，形成“2个城市组团+5个产业功能区+108个未来公园社区”的发展格局；明确以深化农商文旅体融合发展为主线，规划建设沱江生态价值高效转化带，规模化、景观化发展花田果蔬和林下经济，嵌入式发展生态旅游、乡村民宿等业态，提升“山林—农田”经济价值和景观价值；借助世园会、世运会落地新区和大运会在蓉举办等重大机遇，加快引流聚势建设天府奥体公园，持续举办具有天府文化内涵和新区特色的文旅活动，将生态价值转化为经济价值。

三 城市群空间格局优化的制约因素

（一）创新投入强度不足，城市群产业体系亟待完善

新增长理论强调技术进步对生产规模收益递增的作用，产业结构优化越来越离不开创新驱动。2020 年，京津冀与长三角创新投入强度较大，达 4%及以上；珠三角、关中平原、长江中游城市群等 6 个城市群创新投入强度在 2%及以上；创新投入强度尚不足 1%的城市群包括北部湾、呼包鄂榆、兰州—西宁城市群等 5 个城市群，占全部城市群数量的 26.32%，可见我国城市群整体创新投入强度普遍不足。除京津冀、长三角与珠三角城市群外，包括山东半岛、成渝城市群等在内的 16 个城市群，普遍存在传统资源型企业较大、依赖资源能源、千亿级企业类型单一和产业结构相对落后等问题（见表 1）。

表 1 中国 19 大城市群研发投入强度与市值千亿级企业情况

单位：%，家

城市群	创新投入强度	千亿级企业类型	千亿级企业数量
京津冀	6.3	银行、证券、保险；基建；新能源；软件；生物医药；半导体	46
长三角	4.0	银行、证券、保险；新能源；软件；生物医药；半导体；汽车	40
珠三角	2.9	银行、证券、保险；消费电子、家电；新能源；锂电池；汽车；生物医药	29
山东半岛	2.1	化学、煤炭；消费电子、家电；军工；饮品；汽车零部件	7
成渝	2.0	白酒；汽车；锂电池；光伏；生物医药	6
海峡西岸	1.8	锂电池；银行；采矿、冶金；生物医药；汽车零部件	5
长江中游	2.1	半导体；消费电子；锂矿；医疗服务	5
中原	1.5	农业；军工；食品；金属	4
关中平原	2.3	煤炭；光伏；军工	3
北部湾	0.8	—	—
呼包鄂榆	0.9	资源；饮品	3
滇中	1.0	新能源；生物医药	3
天山北坡	0.5	新能源；券商；水泥	3

续表

城市群	创新投入强度	千亿级企业类型	千亿级企业数量
山西中部	1.1	白酒	1
黔中	0.9	白酒	1
宁夏沿黄	1.5	煤化工	1
兰州-西宁	0.7	锂矿	1
辽中南	2.0	石油化工	1
哈长	1.3	生物医药	1

说明：城市群研发投入强度数据为2020年数据，市值千亿企业情况数据为2021年数据。
资料来源：前瞻产业研究院。

（二）城市体系有待优化，城市群发育度亟待提升

部分城市群存在发育阶段与城市体系空间不匹配问题，这一问题对于生态文明视角下城市群发展有明显制约作用，会降低城市间联系强度从而削弱整个城市群发展效率，不利于城市群高质量发展。例如，山东半岛城市群中心城市首位度仅为1.04，经济首位度仅为1.02，中心城市首位水平较低，处于快速发展阶段的山东半岛城市群缺乏一个相对明显的超大城市作为整个城市群的中心城市，不足以充分发挥该中心城市对于整个山东半岛城市群的辐射带动作用。再例如，京津冀城市群城市等级体系断层问题仍较为严重，仅有北京和天津两个超大城市，而石家庄仅初步具备Ⅰ型大城市的人口规模水平（见表2），这对京津冀城市群内部北京和天津的产业、资本以及技术溢出与周边城市承接产生了较大阻碍，从而使得部分技术成果无法实现群内转化，降低了整个城市群的互动效率。

表2　京津冀和山东半岛城市群城市规模体系

单位：万人

城市规模等级	城市		城区常住人口	
	京津冀	山东半岛	京津冀	山东半岛
超大城市	北京、天津	—	3090	—
特大城市	—	济南、青岛	—	1191.1

续表

城市规模等级		城市		城区常住人口	
		京津冀	山东半岛	京津冀	山东半岛
大城市	Ⅰ型大城市	石家庄	—	336	—
	Ⅱ型大城市	唐山、保定、邯郸、秦皇岛	淄博、枣庄、烟台、潍坊、泰安、威海、聊城、临沂、济宁	722.49	1437.16
中等城市		承德、衡水、沧州、廊坊、张家口、邢台	东营、德州、滨州、菏泽、日照	438.43	451.04

说明：（1）城区常住人口计算方法为：城区常住人口＝城区户籍人口+城区暂住人口；（2）表格并未统计县级市城区常住人口。

资料来源：2021年《中国城乡建设统计年鉴》。

（三）空间品质差距大，城市群人口分布亟待优化

空间品质与人口区位选择关系紧密。城市间悬殊的空间品质会导致部分人居环境更优的城市集聚大量人口甚至是超量人口，这极有可能超出城市的生态系统服务供给能力，也会使得空间品质较差的城市丧失发展能力，进而对整个城市群的发展产生消极影响；与此相较，城市间相对均衡且宜居宜业的空间品质更有利于人口在城市之间的有效流动以及城市群的整体发展。目前，部分城市群存在空间品质差距大的问题，人口空间分布亟待优化。例如，京津冀城市群中北京和天津的空间品质显著高于其他城市，北京和天津也因此聚集了更多的人，2020年常住人口分别为2189万人和1387万人，每平方千米人口密度分别为1334人和1159人，远超其他城市。就创新方面，2020年北京和天津人均科学技术支出至少是其他城市的4倍多；就教育方面，2020年北京和天津每万人普通高等学校数量远高于其他城市，双一流大学数量分别为36所和6所，而其他城市或尚未有双一流大学，或仅1所双一流大学；就医疗方面，2020年北京和天津每万人执业（助理）医师数也相对较高，尤其是北京远高于其他城市。此外，再从人口规模、人口密度以及人口城市化率三个角度来看，分布在我国东北部、中部、西部地区的城市群均存在部分人口空间分布问题，城市群人口规模较小、人口集聚密

度偏低以及城市化率水平不高，这些也是目前制约部分城市群实现生态文明视角下空间格局优化的关键问题。

（四）生态系统失调，城市群生态环境亟待改善

城镇化推进过程中，城市建设必然面临“三生”空间格局演化，生产生活空间对生态空间格局的挤压导致生态空间格局失调，进而导致生态承载压力加剧。在工业生产过程中，硫化物、氮氧化物等废气排放、工业废水排放以及工业废物排放都对城市群环境产生巨大威胁，对城市群环境治理增加压力。例如，在2010~2020年十年间，珠三角城市群生态空间面积减少了38333公顷；京津冀、长三角与珠三角分别有44.55%、30.92%和51.02%的县域生态空间减少，生活空间挤占生态空间的比例分别高达83.38%、79.08%和96.65%；京津冀和长三角生态空间综合超载市域比例分别为78.6%和73.1%，这表明城市群内部仍面临较为严重的生态环境胁迫问题。总之，部分城市仍面临生态空间面积减少、生活空间挤占生态空间以及生态空间承载严重超载的生态空间格局失调局面，使得生态环境问题仍然是制约生态文明视角下城市群空间格局优化的重大现实问题。

四　城市群空间格局优化的对策建议

本报告从产业体系、城市体系、人口分布、生态系统以及耦合协调等五个方面提出城市群空间格局优化的对策建议。

（一）推动产业协同政策实施，精准指导产业空间布局

城市群内的产业结构、产业集群以及产业链空间布局存在差异，因此应当在摸清各城市自然资源、能源、资本、劳动力以及技术等生产要素方面比较优势的前提下，推动产业协同政策实施，精准指导产业空间布局。其一，加快形成城市间多元化产业分工格局，避免产业同构与恶性竞争，实行利于产业转移与承接的差异化产业政策，促进不同类型产业在城市群内部与城市

群之间梯度转移，有序推动城市群产业结构优化升级。其二，重视产业链、价值链与创新链深度融合，重视产学研合作，加大对集群产业创新投入，鼓励集群内企业产业链条延伸与产业链附加值提升，实现技术创新扩散与产业转移升级的有效互动。其三，严格市场准入制度，建立市场退出机制，对于占地规模大、耗费能源资源多、污染排放强和资源回收利用程度低的产业制定严格的市场准入标准，对于已经存在的该类型产业积极协调相关企业升级改造或直接腾退，合理培育和扶持生态产业发展。其四，探索建立城市群产业协同发展动态评价机制，及时有效反馈城市群产业空间布局信息。重塑城市间产业竞争合作关系，实施差异化产业政策，建立产业制度衔接、对接机制，建设一批产城融合标杆城市，带动群内其他城市产业发展，从而实现产业空间布局精准高效。

（二）健全城市群规划发展政策，提升城市群空间治理能力

城市群空间规划应当坚持遵循城市发展规律基本原则，探索城市群空间治理新路径，增强不同规模类型的城市间经济联系强度。其一，具体分析处于各阶段城市群城市体系问题，完善城市群内部城市等级体系，提升城市体系合理度，实现大中小城市以及小城镇协调发展。其二，对于规模较小、发育迟缓和中心城市中心性水平低的城市群，应当重视城市群中心城市打造，提升中心城市集聚能力与群内空间资源配置能力，逐渐辐射周边城市发展，实现从都市圈化向城市群化的升级发展。其三，针对城市体系断层问题，应当不断提升中小城市能级，依托中心城市对群内城市要素扩散发展机遇，综合提升城市专业化水平。其四，“城市—都市圈—城市群—经济带”的城市空间拓展规律要求提升城市群空间治理能力，积极协调居民、企业、政府和非政府组织间等各方利益诉求，实现治理主体多元化发展，推进行政手段、经济手段与法律手段充分利用，实现治理手段多样化，充分发挥市场机制在城市群发展中的决定性作用和政府指导对市场机制失灵的补充作用，实现市场有效与政府有为的良好互动。

（三）着力提升城市空间品质，实现人口空间合理布局

城市群应当着力提升城市空间品质，不断提升人才集聚能力，改善人口分布结构。其一，积极推动实现城市群城市间公共服务均等化，改善医疗、教育、休闲娱乐等条件，以数字科技支撑高质量公共服务供给，不断提升中小城市和城镇的宜居水平，构建宜居城市群。其二，改善群内城市就业环境，缩小职工薪资水平差距，重视教育对人力资本水平的提升作用，加大人力资本投资力度，构建宜业城市群。其三，优化中心城市科创环境，持续提升中心城市高层次人才吸引力，并以提高交通和信息一体化方式来促进科创辐射带动效应。其四，优化城市群人口空间布局，综合城市资源环境、产业发展以及公共服务等多方面承载能力和供给能力，合理优化大中小城市人口规模、人口密度与人口结构。

（四）完善生态补偿与保护政策，优化生态系统空间格局

优化城市群“三生”空间格局，最重要的就是要明确生态空间优先，城市内与城市群内生态、生活与生产空间分配合理，处理好生态保护与经济发展之间的关系。其一，要重视国土空间规划与城市建设发展规划制定，处理好当前发展与未来建设之间的矛盾，合理划定“三生”空间，牢牢守住生态文明建设的“三条红线”。其二，推动实现城市群内部生态环境合作治理，规划协调衔接生态环境政策，促进城市群统一联合环境立法执法与环境监测监督。其三，完善环境保护政策与群内城市横向生态补偿机制，加快以碳排放为征税对象的环境保护税实施，助推城市群保护基金设立。其四，优化群内生态空间结构，积极建设生态功能区，对群内生态节点、生态廊道进行重组，整合城市群内部山水林田湖草，形成布局合理、安全高效的生态系统服务空间格局，提升城市群生态环境容量与质量。

（五）建立智慧城市群，助力空间系统耦合协调

随着数字经济发展，借助数字科技推动城市群一体化程度，打破传统

“一亩三分地”的治理思维，改善城市间合作关系，助力实现城市群空间格局优化目标。其一，城市群应立足目前城市群内社会经济发展实际，推动数字孪生城市和数字国土空间规划在城市群发展方面的充分应用，建立起可智慧感知、智慧评估、智慧预警和智慧优化的智慧城市群，提升城市群空间规划与空间治理水平，促进各空间系统更好协同。其二，提升城市群内交通、通信等基础设施建设水平，实现群内城市交通一体化，压缩城市群内时空距离，畅通资本、技术、信息与劳动力等生产要素在城市间流动。

参考文献

董亚宁、范博凯、李少鹏、单菁菁：《生态文明视角下黄河流域生态保护和高质量发展研究》，《生态经济》2022 年第 2 期。

江曼琦、刘勇：《“三生空间”内涵与空间范围的辨析》，《城市发展研究》2020 年第 4 期。

张永生：《城镇化模式：从工业文明转向生态文明》，《城市与环境研究》2022 年第 1 期。

杨开忠、顾芸、董亚宁：《空间品质、人才区位与人力资本增长——基于新空间经济学》，《系统工程理论与实践》2021 年第 12 期。

王世豪、黄麟、徐新良、李佳慧：《特大城市群生态空间及其生态承载状态的时空分异》，《地理学报》2022 年第 1 期。

肖金成、申兵：《我国当前国土空间开发格局的现状、问题与政策建议》，《经济研究参考》2012 年第 31 期。

B.4

空间一体化视角下粤港澳大湾区高质量发展研究

单菁菁　刘 威　王 菡*

摘　要： 建设粤港澳大湾区，既是新时代推动形成全面开放新格局的新尝试，也是推动"一国两制"事业发展的新实践。立足于高质量发展时代背景，本报告首先从经济发展、科技创新发展、以"一带一路"为支撑的对外开放、广东与港澳开放政策、空间品质提升以及与国际湾区对比等六个方面着重分析大湾区发展情况；其次从空间一体化视角实证分析了2010~2020年间粤港澳大湾区高质量发展的时空演变规律，并在此基础上从经济一体化、创新一体化、对外开放一体化、数字一体化、空间品质一体化五个方面进一步剖析了粤港澳大湾区高质量发展面临的问题与挑战；最后从持续完善市场体系、促进创新要素自由流通、推动形成全面开放新格局、大力发展数字经济和建设宜居宜游宜业优质生活圈等方面提出了政策建议。

关键词： 粤港澳大湾区　空间一体化　高质量发展

* 单菁菁，中国社会科学院生态文明研究所研究员，博士，主要研究方向为国土空间开发与生态安全、城市与区域可持续发展等；刘威（通讯作者），中国社会科学院大学博士研究生，主要研究方向为城市经济、新空间经济；王菡，中国社会科学院生态文明研究所经济学博士后，博士，主要研究方向为区域经济、网络经济。

一 引言

湾区经济是世界区域经济组织的重要形态，也是带动全球经济增长的重要引擎。早在20世纪90年代初，我国学术界就已经开始讨论建设深港湾区的可能性。粤港澳大湾区这一概念最早于2015年在《推动共建丝绸之路经济带和21世纪海上丝绸之路的愿景与行动》中提出，并于2017年正式被写入党的十九大报告和政府工作报告。中共中央、国务院于2019年印发《粤港澳大湾区发展规划纲要》，明确提出粤港澳大湾区已具备建成国际一流湾区和世界级城市群的基础条件，建设粤港澳大湾区既是新时代推动形成全面开放新格局的新尝试，也是推动“一国两制”事业发展的新实践。粤港澳大湾区的规划建设凸显了推动粤、港、澳三地空间一体化发展的重要性和必然性。

空间一体化发展是实现区域高质量发展的重要路径。杨开忠针对区域协调发展平衡抑或不平衡战略的理论分歧和实践误区，于20世纪90年代初首次提出中国区域协调发展的空间一体化理论与政策，为推动大湾区空间一体化发展提供了理论依据。进入21世纪以来，以世界银行的《2009年世界发展报告：重塑世界经济地理》为代表，空间一体化对于区域高质量发展的战略意义日益受到重视，相关研究与实践也日渐丰富。如有研究基于新经济地理学分析框架提出空间一体化会促进制造业的空间转移和地区结构差异性增强，还有部分研究认为空间一体化有利于促进城市绿色创新水平提高、驱动城市土地利用效率提升，多中心的城市空间结构发展相比于单中心的城市空间结构更有利于推动经济实现长期增长，等等。

近年来，粤港澳大湾区各区域建设发展的联动性和空间依赖性明显增强，但是空间不均衡、空间分割现象依然存在。而且与经济高质量发展阶段相适应，空间一体化的内涵也变得更加丰富。因此，面对推动建设世界一流湾区、打造高质量发展典范的要求，探讨粤港澳空间一体化发展问题具有重要意义。

二　粤港澳大湾区发展现状

粤港澳大湾区由香港、澳门两个特别行政区和广东省广州市、深圳市、珠海市、佛山市、惠州市、东莞市、中山市、江门市、肇庆市等9个城市组成。本报告对标粤港澳大湾区的战略定位，从经济发展、科技创新、对外开放、广东与港澳开放政策、空间品质提升、与世界级湾区对比等六个方面，着重分析自国家文件首次提出“粤港澳大湾区”概念即2015年以来大湾区的总体建设发展情况。

（一）经济发展情况

自2015年“海上丝绸之路”首次提出打造粤港澳大湾区以来，湾区建设稳步推进，空间发展格局不断优化，已逐渐发展成为我国经济活力最强的区域之一。从经济总量来看，2021年实现GDP高达317188.325亿元①，比2015年上涨了49.2%。增长如此迅速主要源于在不断优化的湾区顶层设计之下，湾区内各大城市基于城市间功能互补的发展定位，依靠各自的特色优势，不断推动经济高质量发展的成果。其中四大核心城市，广州不断发挥其国家中心城市和综合性门户城市引领作用，不断增强国际商贸中心、综合交通枢纽功能，2021年实现GDP 28231.97亿元，人均GDP 150366元，与2015年相比分别增长了62.7%、35.4%；深圳持续发挥经济特区、全国性经济中心城市和国家创新型城市的引领作用，2021年实现GDP 30664.85亿元，人均GDP 173663元，与2015年相比分别增长了66.3%、28.4%；香港特别行政区不断巩固和提升国际航运、贸易、金融中心和国际航空枢纽地位，2021年实现GDP 23751.45亿元，人均GDP 321196元，与2015年相比分别增长了23.3%、21.6%；澳门特别行政区积极推进世界旅游休闲中心、中国与葡语国家商贸合作服务平台建设，但受新冠肺炎疫情影响，以及需求

① 根据各市、区统计局（处）公布的2021年GDP加总得到。

整体转弱等因素影响，2021 年实现 GDP 1928.52 亿元，人均 GDP 282298 元，与 2015 年相比分别降低了 32.0%、36.2%（见图 1）。其他 7 个节点城市不断深化改革创新，强化与中心城市的互动合作，也相应取得了快速发展。

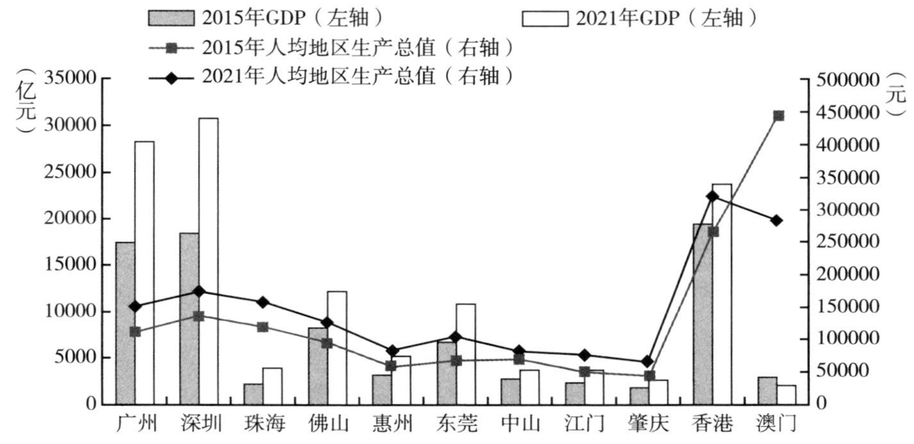

图 1　2015 年、2021 年粤港澳大湾区城市地区生产总值

资料来源：各市统计局。

（二）科技创新发展情况

科技创新是粤港澳大湾区建设的重中之重，以“两廊”和“两点”[①] 为重点，推动建设广深港澳创新走廊，已初步形成引领和支撑国际科技创新建设的创新主轴。自三年行动计划实施以来，2021 年广东区域创新综合能力连续 3 年位居全国第一。具体表现为，创新投入大幅增强，全省研发经费支出从 2019 年的 3098.49 亿元增加到 2021 年的超 3800 亿元，占地区生产总值比重从 2.88%提高到 3.14%；创新产出水平大幅跃升，专利授权量、发明专利授权量、发明专利有效量与 2019 年相比，2021 年分别增长了

① “两廊”和“两点”分别是指广深港科技创新走廊、广珠澳科技创新走廊，深港河套创新极点、粤澳横琴创新极点。

65.38%、72.36%、48.56%。创新载体能级持续提升，2021 年在持续强化国家重点实验室、国家工程技术研究中心发展的基础上，省级工程技术研究中心增加至 6714 家。标准化发展基础更为牢固，2021 年已有标准化技术机构 13 个，在建或建成国家技术标准创新基地 6 个、国家标准验证检验检测点 2 个；企业创新能力提升加快，现已培育一批以科技领军企业为代表的科技型企业集群，2021 年高新技术企业超 6 万家，与 2019 年相比增加了约 1 万家，实现高新技术产品产值 8.7 万亿元，与 2019 年相比增加了 11.54%（见表 1）。

表 1　2019~2021 年广东省科技创新发展情况

指标	2019 年	2020 年	2021 年
全省研发经费支出（亿元）	3098.49	3479.88	超 3800
专利授权量（万件）	52.74	70.97	87.22
发明专利授权量（万件）	5.97	7.07	10.29
发明专利有效量（万件）	29.59	35.05	43.96
高新技术企业（万家）	超 5	超 5.3	超 6
高新技术产品产值（万亿元）	7.8	7.8	8.7
国家重点实验室（家）	30	30	30
国家工程技术研究中心（家）	23	23	23
省级工程技术研究中心（家）	5351	5944	6714

资料来源：2019~2021 年《广东省国民经济和社会发展统计公报》，2019 年、2020 年《广东省科技经费投入公报》。

特别的，深港科技创新合作区作为粤港澳大湾区唯一以科技创新为主题的特色平台，通过“制度创新+科技创新”双轮驱动，“空间拓展+项目建设”协同发力，“环境营造+优质服务”同步推进，系统构建全过程创新生态链，正在加速将广深港科技创新走廊连接成线。至 2022 年 6 月，在占地仅有 3.89 平方千米的土地上，已经实质性推进和落地高端科研项目逾 140 个。具体包括：推进一批国家级重大平台和国际组织机构顺利落地，顺利引进 5 所“全球百强”香港高校的 10 个优质科研项目，顺利建成面向港澳青年的6个创新创业基地，初步明确量子信息、集成电路、生物医药、大数据及人工智能、能源科技等五大重点产业方向（见表2）。

表2 科技创新资源集聚情况

科创资源	具体进展
国家级重大平台和国际组织机构	国家药品监督管理局药品审评检查大湾区分中心、国家药品监督管理局医疗器械技术审评检查大湾区分中心、金砖国家未来网络研究院中国分院、深圳市开放原子开源技术服务中心等已顺利落地
优质科研项目	已对接引入包括香港大学在内的5所香港名校的10个优质科研项目，涉及人工智能、生物医药、前沿基础研究、成果转化、人才支撑等多个方面
港澳青年创新创业基地	已建成粤港澳青年创新创业工场（福田）、孔雀谷深港创科育成基地、香港科技大学创新创业孵化器、UNI香港青年创业空间等6个创新创业基地
五大战略性新兴产业	量子信息方面，深圳国际量子研究院等已落地，粤港澳大湾区量子科学中心等在建设中； 集成电路方面，深港澳芯片联合研究院等正在加快项目单位实体注册，意法半导体全球封测创新中心等正在加快场地建设； 生物医药方面，晶泰科技总部等已落地、香港大学深圳医院转化医学研究中心等正在开展场地建设； 大数据及人工智能方面，粤港澳大湾区数字经济研究院、商汤人工智能研究中心等已落地，数据交易平台已设立并完成首批数据交易，元戎启行、未来机器人等独角兽企业纷纷入驻； 能源科技方面，西门子能源在合作区设立创新研发中心，中创新航、华为数字能源实验室也已入驻等

资料来源：根据粤港澳大湾区门户网站汇总整理。

在空间拓展方面，深圳园区通过“租、购、改、建”四策并用，“分批次、滚动式”整备提供优质空间，已累计筹集高品质科研、产业空间60万平方米，洽谈整备空间17万平方米，在建和即将开建科研办公空间44万平方米[①]。发展环境方面，深圳园区已建成“e站通”综合服务中心，并推出“湾区社保通”“深港通注册易”等特色服务，实现了深港跨境“一件事一次办”；粤港澳大湾区国际仲裁中心交流合作平台挂牌运行，现已汇聚8家港澳法律机构，实现了一站式争议解决服务，高端科研配套服务体系逐步完善。

① https：//www. cnbayarea. org. cn/news/focus/content/post_ 986388. html.

（三）以“一带一路”为支撑的对外开放情况

作为“一带一路”建设的重要支撑区，粤港澳大湾区积极参与共建，深入推进重大基础设施建设，加大中欧班列政策扶持力度，对接高标准贸易投资规制，探索建立“一带一路”区域标准化体系，高度重视推动湾区建设深度融入“一带一路”建设。2021 年，广东省全年实现货物进出口总额为 82680.3 亿元，同比增速高达 16.7%，其中“一带一路”沿线地区进出口额为 20419.3 亿元，同比增速高达 16.3%，大幅高于往年增速，逆转连年增速下降的趋势（见图 2）。值得一提的是，大湾区物流链日益畅通，湾区制造持续输往亚欧大陆，国际交通物流枢纽效应日益显现。特别是，大湾区中欧班列积极推进与亚欧大陆及附近海洋的互联互通，自 2013 年首开以来，开行频率从最初的每周 1 趟提升到 2021 年的日均 1 趟及以上。2022 年初《区域全面经济伙伴关系协定》的生效实施，进一步推动广东国际货运班列的通关和运输时效大幅提升，其中，广州大朗、广州增城、深圳平湖南、江门北至老挝国际班列的顺利开行，比传统海运节省超过 10 天。① 此外，广东省持续推进自贸区贸易投资便利化，强化广州期货交易所与香港交易所、深圳证券交易所的联动合作，推动打造服务经济高质量发展和“一带一路”倡议的重要平台。同时大力支持依托深圳国家基因库发起设立“一带一路”生命科技促进联盟，至 2021 年底，该联盟在打造“一带一路”区域标准化体系、联通“一带一路”区域标准与 ISO 标准等方面已经取得了较为显著的工作成效，特别是深圳国家基因库代表在 2021 年 12 月召开的“一带一路”区域生命科技标准化研讨会上宣贯的两项由中国提出、深圳国家基因库联合国内多家单位与多国专家共同制定的两项动物、植物资源保藏国际标准，推动了标准在“一带一路”沿线国家和地区的相关机构应用，以及国家、区域乃至全球层面上的长期合作伙伴关系的建立，提高了我国在国际领域的影响力和竞争力。

---

① https：//www.cnbayarea.org.cn/homepage/news/content/post_ 898648.html.

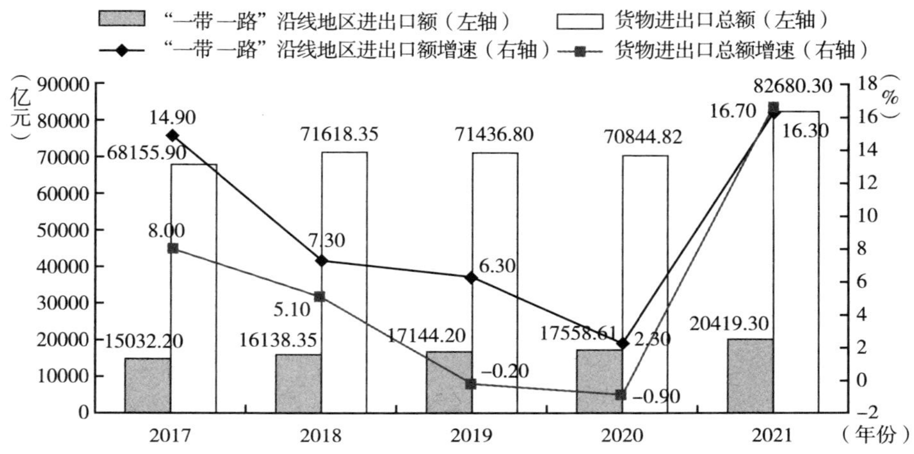

图 2　2017~2021 年广东省及广东省内"一带一路"沿线地区货物进出口情况

资料来源：2017~2021 年《广东省国民经济和社会发展统计公报》。

（四）广东与港澳开放政策情况

近年来，粤港澳大湾区着力推进"湾区通"工程，不断深化"软联通"，陆续发布了若干措施、指导意见、管理办法，逐渐实现广东与香港特别行政区和澳门特别行政区的规则衔接、机制对接，进一步密切了内地与港澳的交流合作，推动了港澳地区经济社会发展。譬如，在疫情联防联控方面，广东省委、省政府立足疫情防控共同利益，持续完善联防联控机制，加强与港澳的疫情通报、信息共享、资源互助。在互联互通方面，广东省人民政府深入推进放管服改革，推广"合作查验、一次放行"和"一站式"新型通关模式，推进跨界车辆信息管理综合服务平台建设、粤港粤澳"单一窗口"建设、供港澳鲜活产品"绿色通道"建设等，有效推动了粤港澳大湾区口岸通关管理模式改革创新；同时强化广东省直通港澳道路运输管理，具体明确了跨境客运车辆、出境货运车辆、入境货运车辆指标申请流程，以及跨境运输业务办理流程。在医疗保障方面，广东省医疗保障局、税务局进一步优化港澳台居民参加基本医疗保险及缴费相关工作，提升基本医疗保险参保服务，印发港澳台居民参加基本医疗保险参保缴费办事指南。在住房保障方面，广东省住房和城乡建设厅联合省发展和改革委员会、省财政厅等多方力量，因地制宜发展共有产权住房，明确将在粤工作和生活的港澳居民纳入共有产权住房的供应范围。此外，深圳为进一步便利港澳青年在深圳学习、就业、创业、生活，支持和推动深港澳开展青少年研学旅游合作，支持港澳机构来深开办港澳子弟学校，建设港澳青年创新创业基地，设立港澳青年在深创业引导基金，完善港澳人才住房保障，打造港澳居民综合服务平台。深圳先行示范区为进一步推动港澳台企业扎根前海、融合内地、走向世界，开设“12366”港澳台企业服务专线，采用多语种服务，答疑指引全面覆盖；设立“港澳台企业服务专窗”，提升办税体验；新增“前海港澳台企业特殊事项”特色渠道，打造“模糊预约、精准服务”特色服务方式；提升涉税专业服务能力，拓展“深港澳办税易”等精细服务港澳台企业八大举措。珠海市横琴新区大力支持港澳青年到横琴新区就业创业和鼓励用人单位吸纳港澳人员就业，明确规定并给予招用港澳人员的用人单位社会保险补贴，对港澳人员到横琴新区给予相应就业补贴、创业补贴。部分政策措施如表 3 所示。

表 3　广东与港澳部分开放政策措施

主题	发布单位	政策文件
疫情防护	广东省委、省政府	《关于统筹推进新冠肺炎疫情防控和经济社会发展工作的若干措施》
跨境贸易	广东省人民政府	《关于印发广东省优化口岸营商环境促进跨境贸易便利化措施的通知》
通关服务	广东省人民政府办公厅	《关于印发广东省直通港澳道路运输管理办法的通知》
医疗保障	广东省医疗保障局、国家税务总局广东省税务局	《关于印发香港澳门台湾居民参加基本医疗保险参保缴费办事指南的通知》
住房保障	广东省住房和城乡建设厅、省发展和改革委员会、省财政厅等	《关于因地制宜发展共有产权住房的指导意见》
营商环境	深圳市前海税务局	《精细服务港澳台企业八大举措》
教育、工作、生活	中共深圳市委办公厅、深圳市人民政府办公厅	《关于进一步便利港澳居民在深发展的若干措施》

续表

主题	发布单位	政策文件
创业就业	珠海市横琴新区管理委员会	《港澳人员到横琴新区就业创业补贴办法》

资料来源：根据粤港澳大湾区门户网站汇总整理。

（五）空间品质提升情况

近年来，粤港澳大湾区致力于提升湾区民众的获得感、幸福感、安全感，围绕民众的生产生活，开展了多方面工作，取得了很大进展，实现了基本公共服务水平大幅度提升。譬如，在综合服务方面，小横琴社区开设横琴综合服务中心，为社区居民提供了多元化专业化服务。在教学发展方面，加快推进粤港澳合作办学、面向港澳扩大招生规模、粤港澳大中小学交流合作。截至2021年底，香港中文大学（深圳）医学院已正式成立，香港科技大学（广州）正在建设中。在医疗保障方面，港澳居民在内地养老和参加社会保险更为便利，截至2021年底，港澳居民在广东省参保27.92万人次，比2020年底增长37.7%。① 此外，医疗机构、国家临床重点专科、三甲医院等陆续设立，国家感染性疾病临床医学研究中心获批建设，医疗服务供给水平持续提升。在湾区生活消费互联互通方面，广深港高铁通车和港珠澳大桥全线贯通使香港实现湾区“一小时生活圈”“深圳创业，香港生活”。跨境理财通提升了湾区金融互通水平，填补了居民跨境购买产品的政策空白，截至2022年6月末，粤港澳大湾区参与“跨境理财通”个人投资者合计超3万人，其中港澳投资者20906人。② 中银香港推出的大湾区“开户易”服务，有效满足了香港客户在湾区便捷支付、网购、转账、汇款等多样化需求。在环境质量方面，发电厂安装脱硫设施、制定及收紧车辆的排放标准、禁止高污染车辆进口、提高油品规格等治理措施成效显著，与2019年相比，

① https：//baijiahao. baidu. com/s？ id=1735920694608384850&wfr=spider&for=pc.

② https：//www. 163. com/dy/article/HEC3T96L05199NPP. html.

2021 年监测网络测得的二氧化氮、可吸入颗粒物（PM10）、一氧化碳和细颗粒物（PM2.5）的年平均值均呈现明显下降趋势，珠三角区域的整体空气质量显著提升。

（六）粤港澳大湾区与世界级湾区对比情况

粤港澳大湾区占地面积为 5.6 万平方千米，经济增长迅速，2020 年经济总量为 1.7 万亿美元。与世界级湾区相比，经济总量规模大约是旧金山湾区的 1.9 倍，但仍小于纽约湾区和东京湾区。从人力资源看，2020 年粤港澳大湾区总人口 8639 万人，分别是纽约湾区、东京湾区、旧金山湾区的 4.3 倍、2.0 倍和 11.1 倍，湾区内高校云集，拥有世界 100 强大学 4 所、“985” 大学 2 所、“211” 大学 5 所，平均每 30 多人中就有 1 名在校大学生或研究生，人力资源特别是高端人才储备丰富。[①] 从要素配置能力看，粤港澳大湾区拥有香港国际金融中心、5 座国际机场和 10 个港口，其中香港国际金融中心位列全球五大国际金融中心之一，深圳港、广州南沙港、香港港均居全球十大港口之列。2018 年，粤港澳大湾区港口集装箱吞吐量达 6600 万标准箱，分别是纽约湾区、东京湾区、旧金山湾区的 14.2 倍、8.6 倍和 29.1 倍；机场旅客吞吐量达 2 亿人次，分别是纽约湾区、东京湾区、旧金山湾区的 1.5 倍、1.8 倍和 2.6 倍。从生产效率和发展质量看，2020 年粤港澳大湾区人均地区生产总值仅分别为纽约湾区、东京湾区、旧金山湾区的 22.1%、43.3%和 17.0%，世界 500 强企业数也明显少于纽约湾区和东京湾区，生产效率和发展质量仍有待进一步提高。从产业结构看，目前纽约湾区、东京湾区和旧金山湾区的第三产业比重均超过了 80%，而粤港澳大湾区的第三产业比重仅为 65.6%，一方面强大的制造业是粤港澳大湾区的独特优势，另一方面其服务经济特别是生产性服务能力仍有待提高（见图 4）。

---

① 单菁菁、张卓群：《粤港澳大湾区融合发展研究现状、问题与对策》，《北京工业大学学报》（社会科学版）2020 年第 2 期，第 1~8 页。

表 4　粤港澳大湾区与世界级湾区的比较

指标	粤港澳大湾区	纽约湾区	东京湾区	旧金山湾区
总人口(万人)	8639	2020	4396	775
经济总量(万亿美元)	1.7	1.8	2	0.9
人均地区生产总值(万美元)	1.97	8.91	4.55	11.61
第三产业比重(%)	65.6	89.4	82.3	82.8
港口集装箱吞吐量(万 TEU)	6600	465	766	227
机场旅客吞吐量(亿人次)	2	1.3	1.12	0.76
世界 100 强大学数(所)	4	2	2	3
世界 500 强企业数(家)	20	23	38	11

说明：总人口、经济总量、人均地区生产总值为 2020 年数据，第三产业比重、港口集装箱吞吐量、机场旅客吞吐量、世界 100 强大学数、世界 500 强大学数为 2018 年数据。

资料来源：香港贸易发展局、《粤港澳大湾区经济研究系列：区域宏观分析》；《数说四大湾区》，《中国国家地理》2020 年第 11 期，第 46~53 页。

三　空间一体化视角下粤港澳大湾区高质量发展实证分析

（一）空间一体化视角下粤港澳大湾区高质量发展水平测度

基于粤港澳大湾区的战略定位，以及“协同、开放、创新、绿色、共享”的新发展理念，同时考虑数据的可获得性与合理性，构建新时代背景下粤港澳大湾区高质量发展指标体系，如表 5 所示。

经济一体化指数方面，参考相关研究，本报告从经济发展水平和经济增长活力两个方面来刻画大湾区经济一体化水平，其中经济发展水平采用人均 GDP 指标，经济增长活力使用地区灯光平均亮度。创新一体化指数方面，本报告从创新投入、创新产出两个方面选取指标刻画地区创新一体化水平，其中创新投入包括万人科技研发人员数、R&D 支出额占财政预算支出比重，创新产出方面选取城市创新力指数和地区高新技术企业拥有量。对外开放一体化指

表5　大湾区空间一体化高质量发展指标体系

系统层	一级指标	二级指标	说明	属性
空间一体化高质量发展指数	经济一体化	经济发展水平	人均 GDP	+
		经济增长活力	地区灯光平均亮度	+
	创新一体化	创新投入	万人科技研发人员数	+
			R&D 支出额占财政预算支出比重	+
		创新产出	城市创新力指数	+
			地区高新技术企业拥有量	+
	对外开放一体化	要素开放水平	外贸依存度	+
			外资依存度	+
			国际外汇旅游收入水平	+
		制度开放水平	自由贸易试验区、自由贸易港数量	+
	数字一体化	互联网普及率	每百人互联网用户数	+
		互联网相关从业人员数	计算机服务和软件从业人员占比	+
		互联网相关产出	人均电信业务总量	+
		移动互联网用户数	每百人移动电话用户数	+
		数字金融普惠发展	中国数字普惠金融指数	+
	空间品质一体化	绿色生态	碳排放强度	-
		交通设施	城市群内其余城市到达中心城市高铁通勤车次	+
		医疗卫生	百人床位数	+
		教育水平	双一流大学数量	+

数方面，由于加快推动由商品和要素流动性开放向规则等制度性开放转变是中国推动扩大开放和贸易高质量发展的需要，本报告从要素开放和制度开放两个方面选取指标来刻画大湾区对外开放一体化水平。其中，要素开放采用外贸依存度、外资依存度和国际外汇旅游收入水平，制度开放则采用自由贸易试验区、自由贸易港的数量。数字一体化指数方面，参考相关文献研究，本报告选取每百人互联网用户数、计算机服务和软件从业人员占比、人均电信业务总量、每百人移动电话用户数、中国数字普惠金融指数等变量来衡量。空间品质一体化指数方面，选取绿色生态、交通设施、医疗卫生、教育水平来刻画空间品质一体化，其中绿色生态采用碳排放强度衡量，交通设施

采用城市群内其余城市到达中心城市高铁通勤车次来衡量，医疗卫生采用百人床位数衡量，教育水平采用双一流大学数量衡量。

上述指标变量中，地区灯光平均亮度数据来源于美国国家地球物理数据中心。城市创新力指数来源于《中国城市和产业创新力报告（2017）》。中国数字普惠金融指数来源于北京大学数字金融研究中心。自由贸易试验区、自由贸易港数量来源于商务部国际贸易经济合作研究院《中国自由贸易试验区发展报告（2021）》。碳排放数据来源于中国碳核算数据库（CEADS）。城市群内其余城市到达中心城市高铁通勤车次来源于国家铁路局《铁路客货运输专刊》。双一流大学数量来源于教育部《关于高等学校加快“双一流”建设的指导意见》的通知。其余指标变量数据来源于历年《中国城市统计年鉴》。

（二）粤港澳大湾区空间一体化高质量发展指数及各子系统指数合成

1. 熵值法

对数据进行无量纲处理。设有 m 个三级指标，n 个城市地区，把第 j（$j=1, 2, \cdots, m$）个指标中的第 i（$i=1, 2, \cdots, n$）个数据记为x_{ij}，并把第 j 项三级指标中最大值记为M_j，最小值记为m_j，对x_{ij}其进行无量纲处理，新得到的数据记为$x_{ij}^{'}$：

$$x_{ij}^{'} = \frac{x_{ij} - m_j}{M_j - m_j} \times 0.99 + 0.01$$

标准化处理。P_{ij}为第 i 个城市第 j 个三级指标在总体数据中所占的比重：

$$P_{ij} = \frac{x_{ij}^{'}}{\sum_{i=1}^{n} x_{ij}^{'}}$$

计算第 j 项指标的熵值e_j：

$$e_j = -\frac{1}{\ln n} \sum_{i=1}^{n} p_{ij} \ln p_{ij}$$

计算第 j 项指标的差异性系数g_j：

$$g_j = 1 - e_j$$

测算第 j 项指标的权重W_j：

$$W_j = \frac{g_j}{\sum_{j=1}^{m} g_j}$$

最后计算第 i 个城市的第 j 个三级指标的综合评估值S_{ij}：

$$S_{ij} = \sum_{j=1}^{m} W_j \times x_{ij}^{'}$$

2. 泰尔指数

泰尔指数常用于测算区域经济差异变化趋势，公式如下：

$$T = \frac{1}{n} \times \sum_{i=1}^{n} [(\frac{Y_i}{\overline{Y}}) \ln(\frac{Y_i}{\overline{Y}})]$$

其中，n 为城市数；Y_i为城市 i 的某变量属性值，$\overline{Y}$为所有城市该变量属性值的平均值。

本报告按照中心、外围城市将泰尔指数进行分解，计算区际、区内差异对总差异的贡献程度，公式如下：

$$T_k = \frac{1}{n_k} \sum_{i=1}^{n_k} [(\frac{Y_{ki}}{\overline{Y}_k}) \ln(\frac{Y_{ki}}{\overline{Y}_k})]$$

$$T = T_b + T_w = \sum_{k=1}^{2} \frac{n_k}{n} \times \frac{\overline{Y}_k}{\overline{Y}} \times \ln(\frac{\overline{Y}_k}{\overline{Y}}) + \sum_{i=1}^{2} \frac{n_k}{n} \frac{\overline{Y}_k}{\overline{Y}} T_k$$

其中，T_k（k=1，2）分别表示中心城市和外围城市的泰尔指数。n_k分别表示中心城市和外围城市的城市个数，本报告中中心城市是指广州市和深圳市，外围城市是指珠海市、佛山市、惠州市、东莞市、中山市、江门市、肇庆市。Y_{ki}表示 k 区域城市 i 的变量属性数值，$\overline{Y}_k$为 k 区域所有城市的变量数值平均值，T_b和T_w分别为区域间差异和区域内差异对总体差异的贡献率，区域间差异是指中心城市与外围城市之间的差异，区域内差异是指两个中心城市之间的差异或者是七个外围城市相互之间的差异。

（三）空间一体化视角下粤港澳大湾区高质量发展时空特征

1. 粤港澳大湾区空间一体化高质量发展水平

图3显示了粤港澳大湾区空间一体化高质量发展指数和5个一级指标的变化趋势。研究期内粤港澳大湾区空间一体化高质量发展指数均值为34.74，由2010年的22.51增长至2020年的44.22，年均增长率为6.99%。其中2010~2015年空间一体化高质量发展指数呈现波动增长趋势，且年均增速超过8%。2016~2020年空间一体化高质量发展指数则稳步上升。

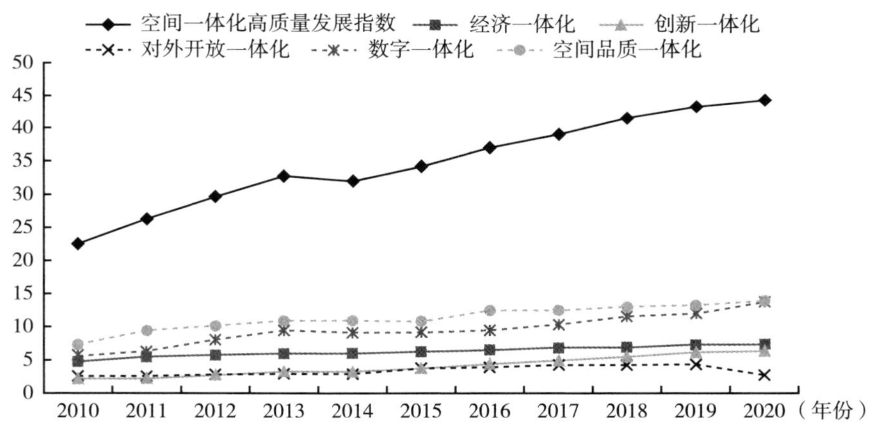

图3 2010~2020年粤港澳大湾区空间一体化高质量发展指数变化趋势

对5个一级指标分别取均值，由高到低排序依次为空间品质一体化（11.34）、数字一体化（9.55）、经济一体化（6.33）、创新一体化（4.09）和对外开放一体化（3.43），各一级指标均呈现增长趋势。其中，经济一体化指标值由2010年的4.77波动上升至2020年的7.48，增幅为56.8%。粤港澳大湾区科技创新水平正迅速改善提升，其创新一体化指标值由2010年的2.20波动上升至2020年的6.41，增幅为191.4%。作为改革开放前沿地区，粤港澳大湾区对外开放一体化基本呈现稳定上升态势，由 2010 年的 2.60 上升至 2019 年的 4.45；然而在全球性疫情冲击下进出口贸易受阻，以及我国目前以国内循环为主的经济格局变化，2020 年对外开放一体化指数同比下降 38.4%。数字一体化指标值由 2010 年的 5.62 波动上升至 2020 年的 13.69，年均增长率为 9.31%，体现了粤港澳大湾区互联网等信息基础设施建设效果显著。空间品质一体化指标值由 2010 年的 7.31 波动上升至 13.90，年均增长率为 6.64%，这表明区域绿色生态环境不断提高，社会基本公共服务供给持续改善。

2. 湾区内各城市空间一体化高质量发展水平

本报告测算了高质量发展指数和子系统指数，进一步分析发展的相对优势和劣势。图 4 显示了 2010~2020 年粤港澳大湾区内地 9 个城市空间一体化高质量发展指数均值，各市指数均值处于 20.90~51.17 之间，数据组标准差为 11.28，显示了一定的波动性和离散性。

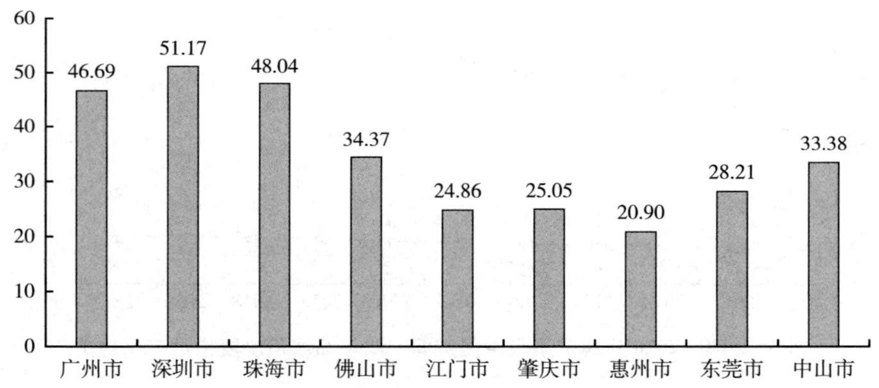

图 4　2010~2020 年粤港澳大湾区内地 9 个城市空间一体化高质量发展指数均值

根据各区域空间一体化高质量发展指数的均值与标准差之间的关系，把粤港澳大湾区各城市划分为高发展水平（高于 M+0.5SD）、中等发展水平（M-0.5SD，M+0.5SD）和低发展水平（低于 M-0.5SD）三种类型，采用 stata16.0 测算，对应的区间分别是［40.38，51.17］、［29.10，40.38］、

[20.90, 29.10]。大湾区各城市空间一体化高质量发展指数均大致呈现稳定增长趋势。其中，广州、深圳和珠海发展水平较高，且于 2012~2013 年由中等发展水平迈入高发展水平；佛山发展速度较快、进步最为明显，首先 2011 年从低发展水平跨入中等发展水平，然后 2018 年再由中等发展水平迈入高发展水平；东莞、江门、肇庆发展速度最快，年均增长率分别为 13.0%、10.3%和 17.1%，且于 2017~2019 年由低发展水平跨入中等发展水平；惠州发展速度较快，年均增长率达到 16.6%，但长期处于低发展水平类型，未来仍有较大发展潜力空间；中山市发展速度较为缓慢，年均增长率仅 5.5%，于 2011 年从低发展水平跨入中等发展水平后长期处于中等发展水平，未能迈入高发展水平类型。

图 5 显示了 2020 年粤港澳大湾区内地 9 个城市五个一级指标的测算结果。城市经济一体化指数均值为 7.48，6 个城市数值高于均值，其中得分最高的是深圳（11.96），得分最低的是肇庆市（1.92），意味着大湾区经济发展不均衡性依然突出。创新一体化指数均值为 6.41，5 个城市得分高于均值，依次为深圳、广州、珠海、东莞和佛山，得分较低的城市有江门、肇庆、惠州，且创新一体化指数均在 3.00 以下。对外开放一体化指数均值为 2.74，4 个城市得分高于均值，得分最高的是肇庆（5.35），其次是广州、珠海和深圳，得分最低的是东莞（0.52）。数字一体化指数均值为 13.69，4 个城市得分高于均值，得分最高的城市是珠海（19.88），其次是深圳和广州，得分最低的是佛山（9.92）。空间品质一体化指数均值为 13.90，4 个城市得分高于均值，得分最高的是珠海（19.20），其次是广州和深圳，得分最低的是惠州（9.40）。

（四）粤港澳大湾区城市发展差异分析

由图 6 可知，2010~2020 年，粤港澳大湾区空间一体化高质量发展的泰尔指数下降幅度为 44.4%，意味着粤港澳大湾区空间一体化水平不断提升。从结构分解结果看，研究期区域内和区域间贡献率平均值分别为 54.1%、45.9%，且中心城市的泰尔指数平均值（0.0003）低于外围城市的泰尔指数

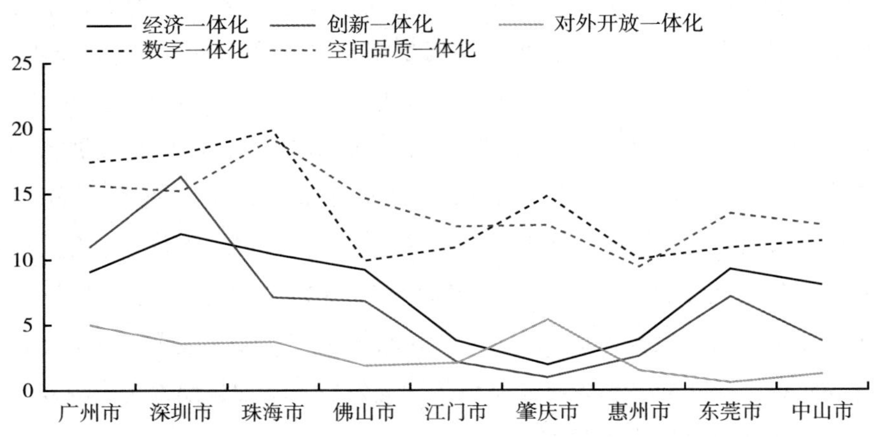

图5　2020年粤港澳大湾区内地9个城市空间一体化子系统指数

平均值（0.0267），说明当前粤港澳大湾区空间一体化高质量发展指数的总体差异主要来源于中心城市与外围城市之间的差异以及外围城市间的差异。

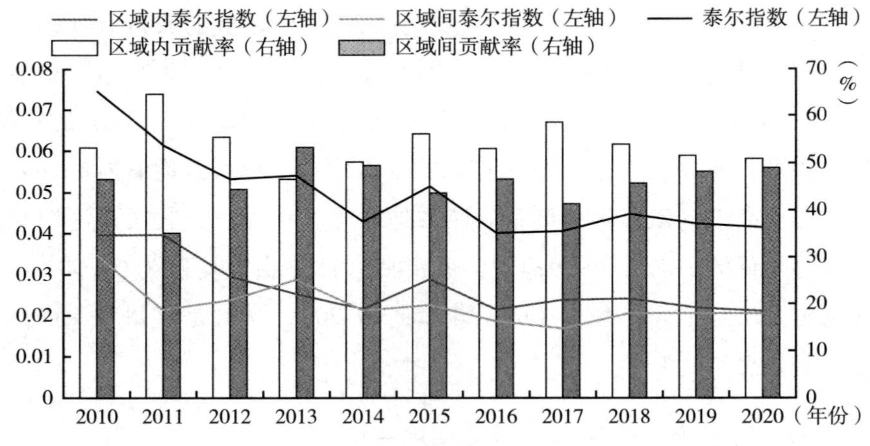

图6　2010~2020年粤港澳大湾区空间一体化高质量发展的泰尔指数及分解

进一步分析各一级指标的泰尔指数变化趋势，结果如图7所示。

经济一体化的泰尔指数表现出稳定下降趋势，从2010年的0.2364下降至2020年的0.1090，经济发展的不均衡性有所缓解。但从结构分解来看，

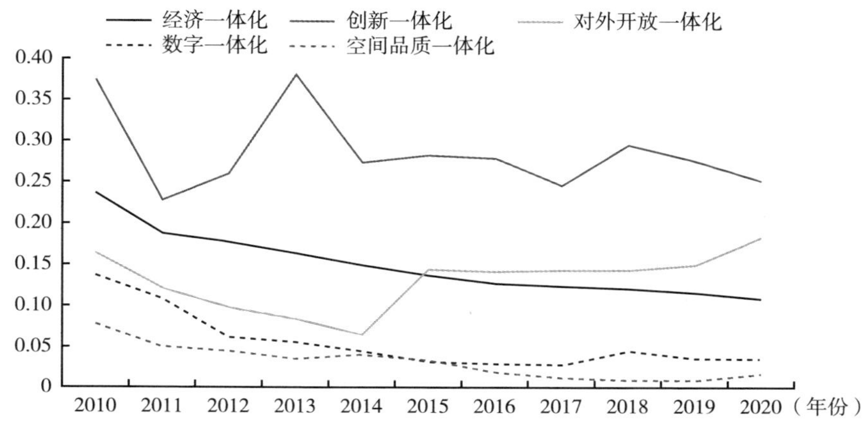

图 7　2010~2020 年粤港澳大湾区空间一体化高质量发展指数各一级指标的泰尔指数变化趋势

区域内贡献率一直处于 70%以上，表明当前粤港澳大湾区经济发展水平的总体差异主要来源于区域内差异，而中心城市和外围城市的区域间差异较小。进一步分析发现中心城市与外围城市各自内部的经济发展差异均呈现波动下降的趋势，但中心城市的泰尔指数平均值（0.0042）低于外围城市的泰尔指数平均值（0.1194），这说明粤港澳大湾区经济发展的区域差异主要表现在外围城市之间的差异。

创新一体化的泰尔指数整体表现波动下降特征，其最高值为 2013 年的 0.3808，最低值为 2011 年的 0.2277，且研究期内创新一体化泰尔指数是 5 个一级指标中最高的，这说明粤港澳大湾区科技创新水平差异水平较高，空间一体化水平明显偏低。从结构分解看，区域间贡献率在研究期内均超过 60%，说明当前粤港澳大湾区科技创新的总体差异主要来源于区域间差异，中心城市和外围城市的各自区域内差异较小。进一步分析发现中心城市科技创新泰尔指数平均值（0.0955）低于外围城市的泰尔指数平均值（0.2356），这说明粤港澳大湾区中心城市内部的科技创新差异较小，而外围城市间的科技创新差异较高。

对外开放一体化泰尔指数大致表现出先下降后上升的变化特征，从

2010 年的 0. 1639 开始下降，于 2014 年达到最低值为 0. 0652，然后上升至 2020 年的最高值 0. 1833。这表明粤港澳大湾区的对外开放差距经历了先缩小后扩大的过程，其对外开放空间一体化水平先持续改善随后恶化。从结构分解来看，区域内贡献率在研究期内平均值为 81. 21%，且中心城市的泰尔指数平均值（0. 0049）低于外围城市的泰尔指数平均值（0. 1010），说明当前粤港澳大湾区对外开放水平的总体差异主要来源于区域内差异，且主要表现在外围城市间差异。

数字一体化泰尔指数呈现下降趋势，从 2010 年的 0. 1371 波动下降至 2020 年的 0. 0352，这表明粤港澳大湾区数字一体化水平的差异不断缩小。从结构分解来看，研究期内区域内和区域间贡献率平均值分别为 55. 64%、44. 36%，且中心城市的泰尔指数平均值（0. 0003）低于外围城市群的泰尔指数平均值（0. 0312）。说明当前粤港澳大湾区数字经济的总体差异主要来源于中心城市与外围城市之间的差异以及外围城市间的差异。

空间品质一体化泰尔指数呈现下降趋势，从 2010 年的 0. 0779 波动下降至 2020 年的 0. 0170，这表明粤港澳大湾区的空间品质的差异不断缩小。从结构分解来看，区域内贡献率平均值为 95. 39%，且中心城市的泰尔指数平均值（0. 0004）低于外围城市的泰尔指数平均值（0. 0298），意味着粤港澳大湾区空间品质差异主要来源于区域内差异，且主要表现在外围城市内部差异。

四　空间一体化视角下粤港澳大湾区高质量发展面临的问题与挑战

基于对空间一体化视角下粤港澳大湾区高质量发展的时空分析，进一步从经济一体化、创新一体化、对外开放一体化、数字一体化、空间品质一体化 5 个方面，分析空间一体化视角下粤港澳大湾区高质量发展面临的问题和挑战。

第一，经济一体化方面。研究期内粤港澳大湾区经济发展一体化水平不断提高，然而经济一体化发展差距仍较为明显，经济发展的不均衡性仍比较突出，各外围城市间经济发展水平差异较为突出，部分城市之间甚至存在进一步扩大趋势，迫切需要进一步提升中心城市对外围城市的辐射带动效应。而且，湾区内城市之间同质化竞争仍然存在，像东莞和深圳、中山和佛山等地产业结构相似度较高，存在大量产业布局重叠和交叉。此外，港澳产业相对单一、发展空间相对不足，加上“一个国家、两种制度、三法域、三种货币、四个关税区”在一定程度上阻碍了湾区内生产要素的高效流通，比如财政税收制度差异、汇率体系差异、跨境资本流动管理差异等阻碍了人才、资本等要素的自由流通，可见，湾区经济一体化的实现还需要体制机制法治的深层次衔接。

第二，创新一体化方面。研究期内粤港澳大湾区创新发展一体化水平表现为波动上升，而且相对于其他维度而言，创新一体化的不均衡性更为明显，表现为中心城市与外围城市的创新水平差异较为突出。创新要素一般优先流向经济基础相对雄厚、产业发展相对成熟、空间品质相对优越的城市，此时，相对弱势的城市就需要避免同质化竞争，同时加大政策优惠力度。然而，城市主导产业的错位发展仍然薄弱，政策优惠力度仍待提升。而且，创新要素的流通不充分不畅通仍然存在，对内，港澳与珠三角九市之间的创新要素流通仍然受到体制机制壁垒制约，比如科研资金的管理方式差异较大、知识产权法规和管理体制不同阻碍了创新要素的自由流动；对外，除广州、中国香港、中国澳门之外，大部分城市依然与国际城市联系不够密切。此外，部分城市发展基础较为薄弱，先进制造业、新兴产业等承接能力有待提升，创新资源分布不均，创新平台载体建设有待进一步完善。

第三，对外开放一体化方面。研究期内粤港澳大湾区对外开放一体化水平表现为先逐渐提高而后缓慢下降趋势，且各外围城市间对外开放水平差异较为突出。在促进湾区城市对外开放的同时，还应强调城市之间的联动发展，避免城市之间的恶性竞争，特别是在吸引外资方面，应避免城市开放政策过于地方化，然而，目前各地之间的投资规则仍然存在不统一现象。而且跨境贸易、投融资便利化水平有待进一步提升，比如 CEPA 及相关协议对于港澳服务提供者的认定门槛较高，港澳投资准入后环节仍存“准入不准营”的制度性障碍。此外，金融基础设施的联通程度不足，也阻碍了粤港澳三地之间金融机构的深度合作以及国际市场的进一步开拓。

第四，数字一体化方面。研究期内粤港澳大湾区数字经济一体化水平不断提高，数字经济水平差距相对较小，且差距主要来源于外围城市。城市经济发展基础、产业结构布局以及资源要素禀赋的差异是数字经济发展进程存在区域分化的主要原因，而且数字化发展水平较高的中心城市并未在湾区内形成整体辐射带动效应。传统产业的数字化转型步调不一致，少数龙头企业拥有核心技术，自身实力较强，有能力主导数字化转型，而数量多且不具有竞争优势的中小型企业受惯性思维、投入成本大等因素影响数字化转型滞后，众多小微企业存在同质化竞争激烈、创新能力薄弱、数字化资源少等问题，就需要借助更多平台的赋能，政策倾斜力度也有待进一步加强。

第五，空间品质一体化方面。研究期内粤港澳大湾区空间品质的空间一体化水平不断提高，但湾区空间品质差距依然不容忽视，湾区教育、医疗等资源日显薄弱，制度制约瓶颈仍然突出。在教育资源方面，大湾区内地城市教育资源不足，且主要集中于广州、深圳，而港澳人口不足以支撑生源，需要进一步推进粤港澳三地教育资源共享流通；在医疗资源方面，随着港澳居民在大湾区内地城市数量逐渐增多，湾区内地城市医疗资源紧缺而港澳医疗发展基础较好，但粤港澳三地医疗卫生资源合作不足，比如港澳医师人才顶级考试、资质认证难以衔接，影响港澳医师在内地发展；境外医疗器械、药品实行严格管制，大型医疗设备受制于“配额”，且审批手续繁杂，也在一定程度上制约了港澳医疗机构在粤的发展。

五　研究结论和对策建议

本报告构造了涵盖经济一体化、创新一体化、对外开放一体化、数字一体化和空间品质一体化的空间一体化高质量发展指数，并利用泰尔指数方法，试图从多个视角尽可能较为全面地探究粤港澳大湾区空间一体化的现状及其演变规律。主要研究结论如下。

第一，粤港澳大湾区空间一体化高质量发展指数以及各一级指标均呈波动上升发展态势，且各一级指标平均得分从高到低依次为空间品质一体化、数字一体化、经济一体化、创新一体化和对外开放一体化。具体到城市而言，广州、深圳、珠海、佛山均成功步入高发展水平阶段；东莞、江门、肇庆、中山则从低发展水平跨入中等发展水平，惠州虽然发展速度较快，但仍处于低发展水平。

第二，粤港澳大湾区空间一体化高质量发展泰尔指数表现为波动下降，且总体差异主要来源于中心城市与外围城市间的差异以及七个外围城市相互之间的差异。经济一体化、创新一体化、数字一体化和空间品质一体化均表现为差距缩小的过程，即一体化水平不断提升；其中经济一体化和空间品质一体化差异主要来源为外围城市间差异，创新一体化差异主要来源于区域间差异，数字一体化差异则主要来源于中心城市与外围城市间的差异以及七个外围城市相互之间的差异。对外开放一体化泰尔指数表现出先下降后上升的U形变化特征，其对外开放空间一体化水平先持续改善随后恶化，且其差异主要来源于外围城市间差异。

根据上述分析结论，本报告提出如下建议。

第一，持续完善市场体系，推动湾区经济一体化发展。鼓励支持江门、肇庆、惠州主动引进吸收中心城市迁出的产业，促进自身产业转型升级，形成与其他城市间良好的产业分工协作关系。持续推进湾区市场一体化建设进程，探索和创新市场一体化机制，避免政府对要素市场的过多干预，不断改革垄断部门，疏通阻碍要素流通的障碍因素。构建高标准的市场制度规则体系，扩大内地对港澳的开放程度，持续优化营商环境，实现粤港澳三地在市场经济体制、产业技术标准、行业服务管理等领域的规则衔接和机制对接。

第二，促进创新要素自由流通，提高湾区创新一体化水平。构建良好创新环境，打造布局一批一流的科技基础设施集群，推动创新资源沿创新走廊集聚，不断聚集高层次人才，发挥创新集聚效应，并提高科技服务水平。发挥湾区三地各自优势，结合肇庆、江门等市成本优势与中心城市的人才优势，挖掘中山、东莞等市创新潜力，形成完整科技创新链，推动大湾区区域协同创新。重视机制体制创新，不断简化创新人才签注管理，促进科技人才跨境流动，加强内地与港澳间的科技创新合作，互促科技创新成果转化应用，构建科技创新共同体建设。

第三，推动形成全面开放新格局，构建湾区对外开放一体化。不断优化大湾区开放格局，创新自贸试验区建设，实现更高水平开放型经济新体制向制度型开放转变。把握港澳与珠三角的差异化定位，利用好香港、澳门丰富的国际经验和珠三角的制造业优势，推动大湾区企业更好地走向世界。加强湾区内各城市之间的合作，实现大湾区产业链融合发展，以整体形式深度参与“一带一路”建设。深化数字等创新技术在金融机构的应用，联通大湾区金融市场，进一步提升大湾区跨境贸易服务效率。

第四，大力发展数字经济，助力湾区数字一体化建设。推进以 5G 为引领的新型数字基础设施建设，促进数字技术在制造业和服务业的深度融合与创新应用，推动相关领域“互联网+”和平台经济发展。依托中心城市的科研资源优势和高新技术产业基础，联合打造一批产业链条完整、辐射带动力强、具有国际竞争力的数字产业集群，促进大湾区数字经济协同发展。培育发展统一开放、竞争有序的数据要素交易市场，破除数据自由流动障碍瓶颈，使数据要素充分参与市场配置，实现粤港澳三地数据跨境开放共享。推进粤港澳大湾区政府数字化转型，打造整体智治的数字政府。通过加强对数据资源价值的挖掘，为政府提升决策能力、管理能力和服务能力提供服务，不断提升政府的公信力和治理能力。

第五，建设宜居宜游宜业优质生活圈，提升湾区空间品质一体化。在把握大湾区不同城市资源承载力以及环境管理需求差异基础上，建立产业转移利益诱导机制淘汰落后产能。建立标准统一的绿色金融体系以促进资金投向绿色经济，助力湾区生态绿色一体化发展。通过整体规划统筹湾区公共服务一体化，实现公共服务标准化、均等化；推动医疗规则衔接，如拓宽港澳医师执业范围与年限等，加强大湾区医疗要素流动对接，促进优质医疗资源协同供给。鼓励社会多元主体参与公共服务供给，提高公共服务供给数量，促进区域公共服务供给多样化发展。

参考文献

单菁菁、张卓群：《粤港澳大湾区融合发展研究现状、问题与对策》，《北京工业大学学报》（社会科学版）2020 年第 2 期。

范剑勇：《长三角一体化、地区专业化与制造业空间转移》，《管理世界》2004 年第 11 期。

朱俊丰：《京津冀市场一体化、城市空间结构对经济增长的影响效应》，《首都经济贸易大学学报》2021 年第 4 期。

金露露、王子晨：《区域一体化对城市绿色创新水平的影响研究——基于长三角 26 个城市的动态空间面板实证检验》，《技术经济与管理研究》2019 年第 11 期。

李砚忠：《经济流视角下京津冀城市群协同发展研究——基于三大城市群的比较分析》，《广西社会科学》2022 年第 1 期。

毛艳华、信超辉、荣健欣：《粤港澳大湾区中心城市空间结构与集聚扩散特征》，《华南师范大学学报》（社会科学版）2021 年第 6 期。

段秀芳、沈敬轩：《粤港澳大湾区城市高质量发展评价及空间结构特征分析》，《统计与信息论坛》2021 年第 5 期。

程情仪、曾彬铖、李启军：《媒介互动下粤港澳大湾区区域空间协同的演变》，《热带地理》2022 年第 3 期。

张羽、蹇令香、宓淑婧：《粤港澳大湾区产业的协同发展》，《大连海事大学学报》2019 年第 3 期。

郭贝贝、董小君：《新发展格局下制度型开放的逻辑、内涵和路径选择》，《行政管理改革》2022 年第 4 期。

李海刚：《数字新基建、空间溢出与经济高质量发展》，《经济问题探索》2022 年第 6 期。

赵涛、张智、梁上坤：《数字经济、创业活跃度与高质量发展——来自中国城市的经验证据》，《管理世界》2020 年第 10 期。

董亚宁、顾芸、陈威、杨开忠：《地方品质、劳动力区位与区域创新发展——基于新空间经济学理论》，《西北人口》2020 年第 4 期。

杨开忠、顾芸、董亚宁：《空间品质、人才区位与人力资本增长——基于新空间经济学》，《系统工程理论与实践》2021 年第 12 期。

B.5
长江中游城市群“三生”空间格局演变

焦洪赞*

摘　要： 随着现代化进程的推进与发展，城市群区域内的“三生”空间格局发生了变化。本报告以长江中游城市群为研究对象，通过动态度、标准差椭圆、景观格局分析、LEI指数等方法，对2000~2020年“三生”空间格局的演变情况进行宏观尺度和微观尺度的定量化研究。研究表明：一是20年来长江中游城市群生活空间保持稳定，生产空间逐步扩张，生态空间呈波动化下降。二是“三生”空间中农业生产空间、林地生态空间、水域生态空间面积转化最大。三是20年来三类空间的标准差椭圆长轴均为西北—东南走向，生产、生态空间与生活空间扩张方向相反；三类空间紧密程度变化存在差异；不同都市圈的生产生活空间演变趋势不同。

关键词： 长江中游城市群　“三生”空间　时空格局演变

一　引言

党的十八大提出要构建“生产空间集约高效、生活空间宜居适度、生态空间山清水秀”的“三生”空间，随后国家层面进一步提出建立国土空间规划体系，划定“三区三线”，建立国土空间开发保护制度。相关的政策

* 焦洪赞，工学博士，武汉大学城市设计学院副教授，主要研究方向为城市土地利用与交通、城市大数据、城市遥感等。

文件体现了我国空间开发方式由以注重生产空间为主转向“三生”空间协调发展的趋势。为此，深入研究城市群内生产空间、生活空间与生态空间在数量结构和空间分布上的共同演化特征，对优化城市群国土空间开发，推动城市群“三生”空间有序、合理和可持续开发利用具有重要意义。

长江中游城市群是实施促进中部地区崛起战略、全方位深化改革开放和推进新型城镇化的重点区域，在我国区域发展格局中占有重要地位。因此，本报告在新型城镇化快速推进和城市群高质量发展背景下，识别长江中游城市群生产、生活和生态空间格局，丰富了“三生”空间格局时空演变研究的方法体系。同时，从“三生”空间格局时空演变视角出发，研究城市群的国土空间变化情况，这对评价发展情况、识别生态保护效果有着重要意义。

二　研究区域与数据方法

（一）研究区域概况

长江中游城市群是以武汉城市圈、长株潭都市圈、环鄱阳湖都市圈为主体形成的特大型城市群，主要地形为平原地形，涵盖了长江、汉江、湘江等水系。从地缘上来看，长江中游城市群南北连接京津冀城市群和粤港澳大湾区、东西连接长三角城市群和成渝城市群，是推动我国各区域板块融合发展的重要“桥梁”。

2015 年 4 月，国务院批复同意了《长江中游城市群发展规划》。其中城市群一体化发展机制的建设对区域内“三生”空间格局演变产生了深刻影响；2019 年 8 月，《长江中游城市生态环境合作协议书（2019—2020）》统筹推进长江中游城市群生态环境联防联控共治和建立生态补偿长效机制，对生态空间保护起到了重要作用；2022 年 3 月公布的《长江中游城市群发展“十四五”实施方案》细化了长江中游城市群一体化发展措施和要求，落实了关于国土空间的规划实施措施和保护理念，为“三生”空间的协调规划提供了指南。

本报告研究范围为《长江中游城市群发展“十四五”实施方案》中所划定的长江中游城市群空间范围，包含湖北省武汉市、黄石市等10个地级市以及由仙桃、天门、潜江组成的湖北省直辖行政单位；湖南省长沙市、岳阳市等8个地级市；江西省南昌市、九江市等9个地级市，对其中生态、生产、生活空间的结构演变进行研究。

（二）数据来源与处理

1. 数据来源

本报告所采用的行政边界数据为2015年以地级市为单位的长江中游城市群矢量图；社会经济发展数据主要采用湖北省、湖南省、江西省统计年鉴；土地利用现状数据来源于中国科学院资源环境科学数据中心，采用2000年、2005年、2010年、2015年和2020年空间分辨率1km×1km的土地利用/覆盖数据。

2. “三生”空间数据处理及体系构建

以“三生”功能视角进行国土空间特征分析的前提是构建国土“三生”空间分类体系。各类型国土空间都具有生产、生活、生态某一方面的主导功能，为了充分发挥国土空间系统的整体功能，需要对地块及区域国土空间的主导功能进行判别，基于土地利用分类进行国土空间“三生”功能划分是衔接与落实现有国土空间规划应用的最直接有效方式。所以，本报告遵从功能主导性、可操作实用性原则，基于第三次全国土地利用调查和中国LUCC遥感监测数据分类体系，结合长江中游城市群实际情况，建立了长江中游城市群“三生”空间一级和二级分类体系（见表1）。

表1　基于“三生”功能的长江中游城市群“三生”空间分类体系

国土“三生”空间一级分类	国土“三生”空间二级分类	第三次全国土地利用调查分类	中国LUCC遥感监测数据分类
生产空间	农业生产空间	01耕地、02园地、1202设施农用地	11水田、12旱地
	工矿生产空间	06工矿仓储用地、1109水工建筑用地、09特殊用地、10交通运输用地	53其他建设用地

续表

国土“三生”空间一级分类	国土“三生”空间二级分类	第三次全国土地利用调查分类	中国 LUCC 遥感监测数据分类
生活空间	城镇生活空间	05 商服用地、0701 城镇住宅用地、08 公共管理与公共服务用地	51 城镇用地
	农村生活空间	0702 农村宅基地	52 农村居民点
生态空间	林地生态空间	02 林地	21 有林地、22 灌木林、23 疏林地、24 其他林地
	草地生态空间	03 草地	31 高覆盖度草地、32 中覆盖度草地、33 低覆盖度草地
	水域生态空间	11 水域及水利设施用地（不含水工建筑用地）	41 河渠、42 湖泊、43 水库坑塘、44 永久性冰川雪地、45 滩涂、46 滩地、64 沼泽地
	其他生态空间	12 其他土地（不含设施农用地）	61 沙地、62 戈壁、63 盐碱地、65 裸土地

（三）研究方法

本报告对于 2000~2020 年长江中游城市群“三生”空间格局演变的分析包括以下部分：首先，基于土地利用动态度模型，分析 2000~2020 年长江中游城市群“三生”空间一、二级分类空间结构变化情况①；其次，基于土地利用面积转移矩阵，分析 2000~2020 年长江中游城市群“三生”空间一、二级分类空间转移关系和各空间类型的转化方向②。

城市土地利用的局部改造受到宏观条件的限制，如受城市周围水体或山脉的限制；相反，局部的城市土地利用变化将反过来重塑整体特征。考虑到城市增长中的时空相互依赖性和整体—局部的相互作用，本报告还通过宏观和微观两个视角来量化研究 2000~2020 年长江中游城市群“三生”

① 郭椿阳、高建华、樊鹏飞、姚飞：《基于格网尺度的永城市土地利用转型研究与热点探测》，《中国土地科学》2016 年第 4 期，第 43~51 页。

② 李灿、曾和平：《基于面积转移矩阵的龙川江流域土地利用变化研究》，《人民长江》2018 年第 17 期，第 39~44、51 页。

空间的扩展演变①。其中，选取长江中游城市群的武汉都市圈、长株潭都市圈、环鄱阳湖都市圈三个核心都市圈，基于标准差椭圆和多环缓冲区进行宏观视角下的“三生”空间格局演变分析，基于景观格局和 LEI 指标进行微观视角下“三生”空间肌理演变分析。

三 结果分析

（一）“三生”空间结构变化

从表 2 可以看出，2000~2020 年研究区域“三生”空间一级分类变化主要表现为：生产空间有所减少，生活空间持续增加，生态空间波动下降。结合表 2 和表 3，从“三生”空间一、二级分类空间面积所占比例可以看出，2020 年长江中游城市群农业生产空间所占比重为 37.21%，工矿生产空间所占比重为 1.52%，反映了长江中游城市群生产空间仍以农业生产空间为主，但生产空间总体占比呈下降趋势，2010~2015 年间，工矿生产空间增长迅速，所占比重由 0.36%增长至 1.09%，这说明长江中游城市群工业化和产业化从“十一五”到“十二五”期间发展迅速。2020 年，长江中游城市群生活空间中农村生活空间所占比重为 1.99%，城镇生活空间占 1.17%，随着时间的推移，2000~2020 年生活空间在不断扩张，但农村生活空间扩张速度低于城镇生活空间。2020 年，林地生态空间占比最大，为 48.22%，水域生态空间次之，为 7.08%，草地生态空间占 2.23%，其他生态空间占 0.58%。因此，从长江中游城市群“三生”空间一级分类面积占比来看，长江中游城市群生态空间占据主导地位，生产空间次之，生活空间面积最小；从研究区生产、生活和生态空间二级分类来看，空间中林地生态空间面积所占比重最大，其次是农业生产空间面积所占比重，这反映了长江中游城

① Gang Xu，“Understanding Urban Expansion Combining Macro Patterns and Micro Dynamics in Three Southeast Asian Megacities，” *Science of the Total Environment* 660（2019）：pp. 375-383.

市群良好的生态环境和作为重要农产品基地的属性，也体现了长江中游城市群具有提供生态、农业产品和服务的巨大潜力。

表 2　2000~2020 年研究区“三生”空间分类面积

单位：平方千米

国土“三生”空间一级分类	国土“三生”空间二级分类	面积				
		2000 年	2005 年	2010 年	2015 年	2020 年
生产空间	农业生产空间	125669	124355	123739	121848	120507
	工矿生产空间	586	874	1153	3534	4918
生活空间	城镇生活空间	2254	2810	3056	3245	3792
	农村生活空间	5844	5994	6083	6117	6448
生态空间	林地生态空间	157531	157731	157750	156927	156193
	草地生态空间	7731	7601	7401	7451	7226
	水域生态空间	22012	22856	22909	23066	22930
	其他生态空间	2063	1745	1875	1778	1870

表 3　2000~2020 年研究区“三生”空间二级分类面积占比

单位：%

国土“三生”空间二级分类	占比				
	2000 年	2005 年	2010 年	2015 年	2020 年
农业生产空间	38.82	38.39	38.20	37.61	37.21
工矿生产空间	0.18	0.27	0.36	1.09	1.52
城镇生活空间	0.70	0.87	0.94	1.00	1.17
农村生活空间	1.81	1.85	1.88	1.89	1.99
林地生态空间	48.67	48.68	48.69	48.44	48.22
草地生态空间	2.39	2.35	2.28	2.30	2.23
水域生态空间	6.80	7.06	7.07	7.12	7.08
其他生态空间	0.63	0.53	0.58	0.55	0.58

通过对二级分类的各类空间动态度进行分析可以得出（见表 4），2000~2020 年生产空间变化呈现差异化趋势，农业生产空间动态度均为负值，表现其空间面积逐步下降，工矿生产空间动态度均为正值，占比增速明显；2000~2020 年生活空间变化为积极增长趋势，城镇生活空间与农村生活

空间的动态度均为正值，处于稳步增长态势；2000~2020 年生态空间变化较为复杂，其中 2005~2010 年动态度变化较为积极，这是由于在“十一五”规划发展期，政府对区域国土空间开发中存在的生态环境破坏、资源枯竭等问题逐步重视①。除此之外，2010~2020 年间，生产生活空间动态度总体呈正值，生态空间动态度变化多为负值，这主要是受长江中游城市群一体化影响，经济社会快速发展，城镇化与工业化进程不断加速，使得工矿生产空间与城镇生活空间需求增大、增长迅速，生态空间受到一定程度的挤压。但是需要注意的是，各类空间面积的变化速度与面积占比需要分开进行讨论，工矿生产空间与城镇生活空间增长迅速并不代表面积占比的绝对值高，研究区生态空间面积总体占比较大，长江中游城市群整体的生态功能相对稳定。

表 4　2000~2020 年研究区“三生”空间二级分类动态度

单位：%

国土“三生”空间二级分类	2000~2005 年	2005~2010 年	2010~2015 年	2015~2020 年
农业生产空间	-0.21	-0.10	-0.31	-0.22
工矿生产空间	9.83	6.38	41.30	7.83
城镇生活空间	4.93	1.75	1.24	3.37
农村生活空间	0.51	0.30	0.11	1.08
林地生态空间	0.03	0.00	-0.10	-0.09
草地生态空间	-0.34	-0.53	0.14	-0.60
水域生态空间	0.77	0.05	0.14	-0.12
其他生态空间	-3.08	1.49	-1.03	1.03

（二）“三生”空间转移分析

采用面积转移矩阵来反映研究区域 2000~2020 年“三生”空间结构及相互转换关系，目的在于探究研究区生产、生活和生态空间格局演化特征与

① 张雄等：《长江中游城市群三生功能的空间关联性》，《中国人口·资源与环境》2021 年第 11 期，第 110~122 页。

各空间类型的转化方向。由表5可以得知，2000~2020年，研究区域各空间类型面积均产生了不同程度的增加或减少，其中农业生产空间和草地生态空间减少最多，分别为5191平方千米和4660平方千米，工矿生产空间和林地生态空间增加最多，分别为4329平方千米和2604平方千米，其中这四类空间转化面积同样较大，由农业生产空间转化为林地生态空间的面积为28989平方千米。这是对长江经济带符合政策的25度以上陡坡耕地、严重沙化耕地退耕还林政策的落实和体现。同时，《长江中游城市群发展规划》中也提出“按照主体功能定位推进生态一体化建设，加强生态环境综合治理，推动城市群绿色发展”，对退耕还林、还水等措施提供了政策支持；生态空间内部转化方面，草地生态空间转化为林地生态空间的面积为4800平方千米，森林生态系统的水源涵养、水土保持、生物多样性保护等服务功能明显增强，森林生态系统与生物多样性价值得到提升。

表5　2000~2020年研究区“三生”空间二级分类面积转移矩阵单位

单位：平方千米

2000年	2020年								
	农业生产空间	工矿生产空间	城镇生活空间	农村生活空间	林地生态空间	草地生态空间	水域生态空间	其他生态空间	总计
农业生产空间	80938	2661	1480	4447	28989	580	6234	279	125608
工矿生产空间	185	164	56	8	99	5	66	3	586
城镇生活空间	455	71	1333	30	181	6	175	3	2254
农村生活空间	3846	132	85	806	686	17	260	11	5843
林地生态空间	27986	1493	506	784	123312	1122	2303	29	157535
草地生态空间	1227	80	26	52	4800	1271	254	9	7719
水域生态空间	5519	309	303	305	2024	49	12680	737	21926
其他生态空间	261	5	4	8	48	9	928	793	2056
总计	120417	4915	3793	6440	160139	3059	22900	1864	323527

（三）“三生”空间扩张的宏观格局

2000~2020年，长江中游城市群“三生”空间格局整体较为稳定，呈

现“品”字形结构，以武汉都市圈、长株潭都市圈、环鄱阳湖都市圈三个核心作为生活空间的集中地向外扩散；生产空间呈圈层式结构交错镶嵌，碎片化空间形成整体结构；生态空间略有减少，但仍为研究区的基底，以沿江防护林体系、三峡库区、环鄱阳湖与环洞庭湖防护林带为主，是研究区较大的生态空间占比。可见随着可持续发展，长江中游城市群生态保护成效明显。

1. 基于标准差椭圆的“三生”空间格局演变分析

由于标准差椭圆能很好地识别生产、生活和生态空间格局分布情况，因此采用这种方法来对 2000~2020 年研究区域“三生”空间格局的时空演变及变化差异进行研究。研究时段内，研究区生产、生活和生态空间长轴均为西北—东南走向，短轴为东北—西南走向，说明 2000~2020 年长江中游城市群“三生”空间分布趋势均为西北—东南方向，且在西北方向分布最为聚集。

从表 6 可以得出，2000~2020 年长江中游城市群生产空间标准差椭圆面积呈波动式下降，椭圆方向逐渐增大，方向性越来越不明显，体现出长江中游城市群生产空间沿着西北的方向不断进行扩张，整体空间重心向西北方迁移，但分布越来越集中导致椭圆面积有所减少。2000~2020 年长江中游城市群生活空间标准差椭圆面积呈波动式上升，椭圆方向逐渐增大，生活空间扩张方向与生产空间相反，沿着东南的方向不断进行扩张，整体重心向东南方向迁移，椭圆面积增加，这反映了生活空间分布越来越分散，呈现由原有生活空间范围向外扩张的趋势，体现了长江中游城市群一体化发展趋势。2000~2020 年长江中游城市群生态空间标准差椭圆面积起伏式变化，椭圆方向逐渐增大，生态空间扩张方向与生产空间相同，沿着西北方向进行扩张，整体重心向西北方向迁移，椭圆面积变化起伏较大，呈现先下降后上升的趋势，反映了生态空间的分布呈“分散—集中—再分散”的趋势，体现了长江中游城市群生态保护政策的变化和“三生”空间的衔接关系转变，是生态廊道建设策略和生态绿心打造的具体体现。

表 6　2000~2020 年研究区“三生”空间标准差椭圆

“三生”空间类型	年份	椭圆周长（千米）	椭圆面积（平方千米）	x 轴长度（千米）	y 轴长度（千米）	方向角度（度）
生产空间	2000	1533.90	183974.99	269.687	217.156	114.72
	2005	1530.41	183184.69	268.903	216.854	114.77
	2010	1529.52	183043.92	268.465	217.041	114.78
	2015	1525.98	182293.14	267.463	216.960	115.28
	2020	1528.74	183088.42	267.413	217.948	117.18
生活空间	2000	1345.08	139375.36	244.141	181.728	119.74
	2005	1345.85	139739.69	243.636	182.58	120.93
	2010	1344.24	139386.83	243.402	182.294	120.38
	2015	1346.88	140053.68	243.497	183.094	120.54
	2020	1360.22	142567.87	246.772	183.908	120.02
生态空间	2000	1563.16	187093.33	286.667	207.758	110.08
	2005	1561.07	186584.28	286.304	207.455	110.35
	2010	1559.19	186343.35	285.444	207.811	110.90
	2015	1561.53	187516.84	284.299	209.962	111.34
	2020	1561.69	187589.29	284.234	210.091	111.74

2. 基于多环缓冲区的“三生”空间格局演变分析

由于 2000~2020 年长江中游城市群“三生”空间格局整体较为稳定，以武汉都市圈、长株潭都市圈、环鄱阳湖都市圈三个核心集中地向外扩散，因此选取这三个都市圈进行后续的分析。

借鉴城市土地密度分析，从整体格局的角度探究 2000~2020 年三个都市圈的“三生”空间密度演变过程。① 首先识别三个都市圈包含的各个城市中心；其次以城市中心为圆心，建立 5 千米间隔的多环缓冲区；然后分别统计每一环中，生产生活空间（代表人类活动的聚集区）、生态空间的用地密度；最终得到 2000~2020 年各个都市圈生产生活空间和生态空间用地密度分析结果。

① Limin Jiao, “Urban Land Density Function: A New Method to Characterize Urban Expansion,” *Landscape and Urban Planning* 139 (2015), pp. 26-39.

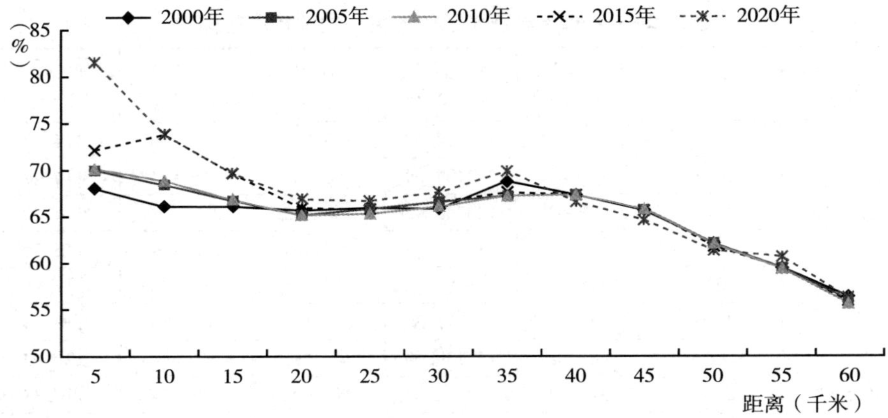

图 1　2000~2020 年武汉都市圈生产生活空间密度演变示意

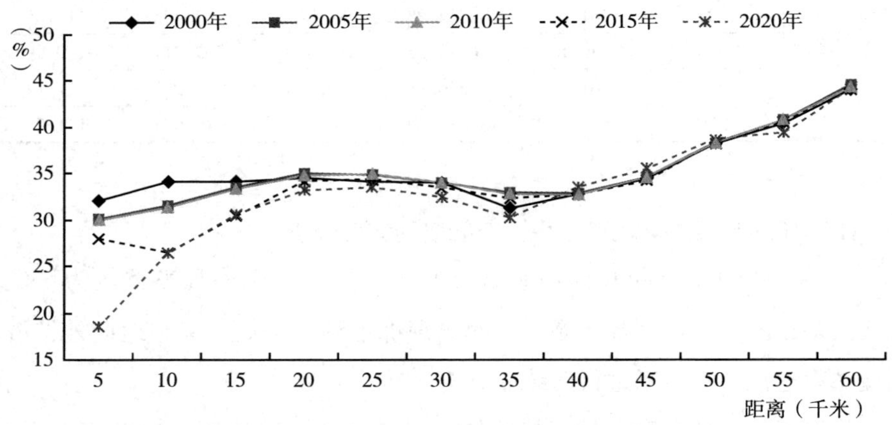

图 2　2000~2020 年武汉都市圈生态空间密度演变示意

从图 1 至图 6 可以看出，武汉都市圈、长株潭都市圈和环鄱阳湖都市圈分别呈现不同的空间密度演变模式。

在武汉都市圈范围内（见图 1、图 2），一方面，距离市中心不同外围区间的生产生活密度在 2000~2020 年间呈现差异化的演变趋势，距离市中心较近的空间半径范围（0~15 千米）内，生产生活空间密度自 2000 年以来呈现逐渐上升的趋势，生态空间呈现下降趋势，且这个趋势逐渐减弱，在

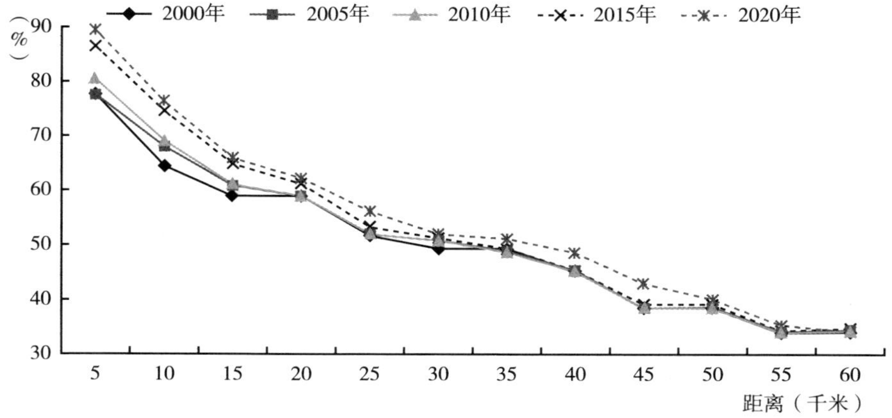

图 3　2000~2020 年长株潭都市圈生产生活空间密度演变示意

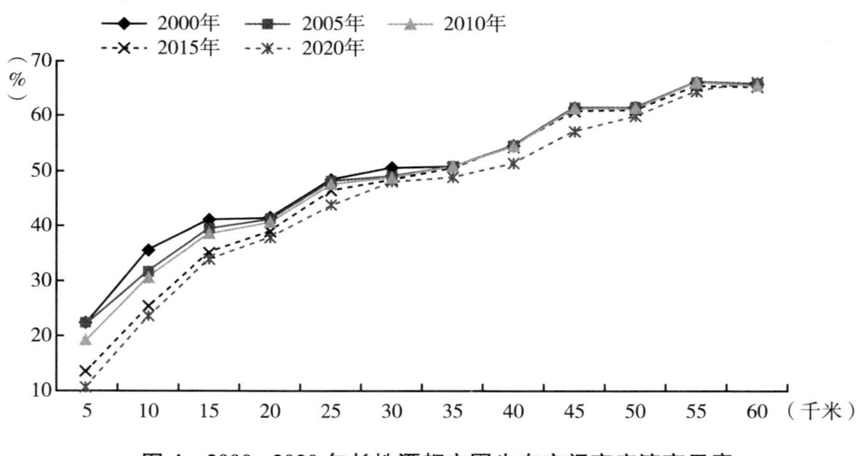

图 4　2000~2020 年长株潭都市圈生态空间密度演变示意

距离市中心适中的范围（16~35 千米）内，两类空间的密度自 2000 年以来波动较小，在距离市中心较远的范围（36~60 千米）内同样如此，近 20 年来变化极小。另一方面，生产生活空间密度距离市中心呈现相同的扩散趋势，自市中心向外密度由高到低逐渐下降，在 0~15 千米下降较快，这是近郊区域较好的绿化种植和布局导致的生态空间增长较快，在 36~60 千米同样下降较快，这是由于距离市中心过远，超出了这一地区人类聚集活动的区

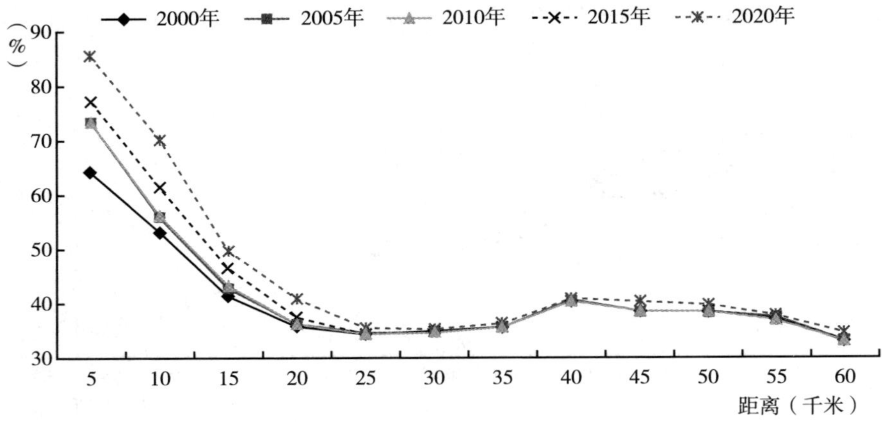

图 5　2000~2020 年环鄱阳湖都市圈生产生活空间密度演变示意

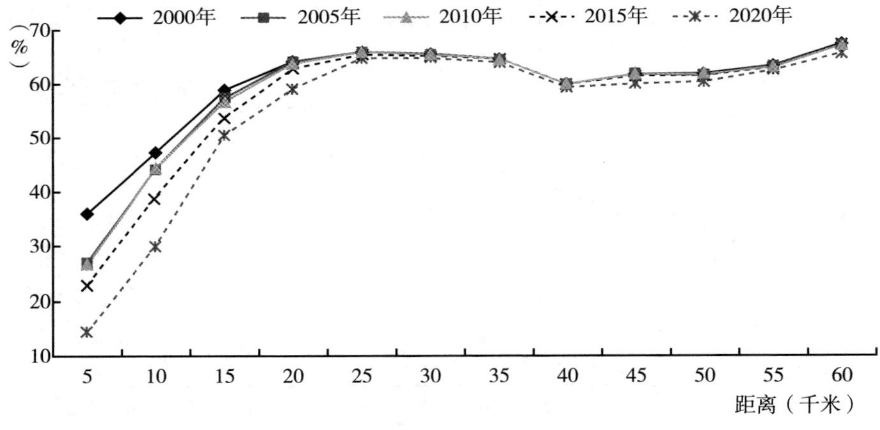

图 6　2000~2020 年环鄱阳湖都市圈生态空间密度演变示意

域范围。

在长株潭都市圈范围内（见图 3、图 4），一方面，距离市中心不同区间的生产生活密度在 2000~2020 年呈现较为相似的演变趋势，呈现增长趋势，但这一趋势随着与市中心距离的增长而逐渐减弱，这反映了 20 年间长株潭都市圈各个区间的开发力度都呈上升趋势，但是开发力度随着与市中心距离的增长而逐渐减弱。另一方面，生产生活空间密度在距离市中心不同圈层空间上呈现相同的扩散趋势，均呈现自市中心向外方向由高到低递减趋势，且下降速度随着与市中心距离的增长而逐渐减弱，这反映了开发强度的力度随着与市中心距离的增长而逐渐减弱。生态空间密度演变趋势则呈相反态势。

在环鄱阳湖都市圈范围内（见图5、图6），一方面，距离市中心不同区间的生产生活密度在2000~2020年呈现差异化的演变趋势，在0~25千米，生产生活空间密度在20年间呈现上升趋势，且这一趋势随着与市中心距离的增长逐渐减弱，在26~60千米，生产生活空间密度在20年间基本不变。另一方面，生产生活空间密度距离市中心呈现差异化的扩散趋势，与演变趋势相同，在0~25千米，开发密度由高到低下降趋势明显，在26~60千米，开发呈现低密度的特征，这反映出环鄱阳湖都市圈的开发主要集中于近郊范围内，对于远距离的生态保护较好，开发力度较弱。生态空间密度演变趋势则呈相反态势。

（四）“三生”空间扩张的微观动态

1. 基于景观格局视角的“三生”空间肌理演变分析

根据国土“三生”空间二级分类标准，从农业生产空间、工矿生产空间、城镇生活空间、农村生活空间、水域生态空间、其他生态空间入手，基于景观水平和景观类型两个层次，选取了景观组分空间构成特征、景观多样性特征和景观个体单元特征三个方面的景观空间格局变化指标，包括斑块数目（NP）、斑块密度（PD）、最大斑块指数（LPI）、边缘密度（ED）、蔓延度（CONTAG）、香农多样性指数（SHDI）、香农均度指数（SHEI）、聚合度（AI）共8个指标，利用Fragstats 4.2软件，研究2000~2020年“三生”空间景观格局演变特征。

表7　2000~2020年长江中游城市群“三生”空间景观格局演变特征

年份	斑块数目（个）(NP)	斑块密度（PD）	最大斑块指数（LPI）	边缘密度（ED）	蔓延度（CONTAG）	香农多样性指数（SHDI）	香农均度指数（SHEI）	聚合度（AI）
2000	23964	0.071	23.07	6.89	50.53	1.14	0.54	65.144
2005	24327	0.073	23.01	6.94	49.99	1.15	0.55	64.962

续表

年份	斑块数目(个)(NP)	斑块密度(PD)	最大斑块指数(LPI)	边缘密度(ED)	蔓延度(CONTAG)	香农多样性指数(SHDI)	香农均度指数(SHEI)	聚合度(AI)
2010	24640	0.076	22.99	6.96	49.65	1.16	0.55	64.824
2015	26210	0.082	22.77	7.11	48.13	1.19	0.57	64.075
2020	25169	0.079	23.41	6.95	49.28	1.17	0.56	64.873

从表7中可以看出，2000~2020年，长江中游城市群“三生”空间斑块数目总体呈上升趋势，说明研究区域内的“三生”空间破碎程度在不断加深，各类空间镶嵌程度提高。斑块密度与边缘密度轻微上升，斑块分割程度呈现上升趋势；2000~2020年，研究区景观蔓延度指数波动下降而“三生”空间的斑块连接性被破坏，对生态空间的影响最大，使得各类生态空间联系降低，生态功能减弱。2000~2020年，长江中游城市群聚合度指数波动下降，不同斑块之间凝聚程度降低，研究区“三生”空间斑块破碎程度升高；香农多样性指数与香农均度指数整体均呈现上升趋势，反映出研究区域虽然生态空间占据主体地位，但景观多样性仍有所增加的状况。

2. 基于LEI指标的“三生”空间肌理演变分析

景观扩张指数（Landscape Expansion Index，LEI）与仅能够反映一个时间点空间特征的传统景观指数相比，LEI可以捕获景观模式形成过程的信息，允许量化两个或多个时间点的动态变化①。其计算方法为对新增建设用地斑块做缓冲区分析，计算缓冲区与原有建设用地相交面积和缓冲区总面积之比，计算公式为：

$$LEI = 100 \times \frac{A_0}{A_0 + A_v}$$

其中，A_0为缓冲区与原有建设用地相交的面积，A_v为缓冲区与原有非建

① Xiaoping Liu, “A New Landscape Index for Quantifying Urban Expansion Using Multi-Temporal Remotely Sensed Data,” *Landscape Ecology* (2010), pp. 671-82.

设用地相交的面积。

分别对武汉都市圈、长株潭都市圈、环鄱阳湖都市圈 2000~2005 年、2005~2010 年、2010~2015 年和 2015~2020 年的变化进行处理，其中，LEI>50 为内填式扩张，0<LEI<50 为边缘式扩张，LEI=0 为跳跃式扩张。

在武汉都市圈范围内，生产生活空间扩张在 20 年间呈现不同变化，其中 2000~2005 年、2015~2020 年增长较快，2005~2010 年、2010~2015 年增长较慢；且在空间和数量上呈现相同的趋势，20 年间的增长以内填式增长为主，这是由于武汉都市圈水系众多，生态空间与生产生活空间呈镶嵌式分布的格局，在城市的发展与扩张中，将镶嵌在生产生活空间内的生态空间逐渐转换，因此多呈内填式增长。

在长株潭都市圈范围内，生产生活空间扩张在 20 年间呈现不同变化，其中 2000~2005 年、2015~2020 年增长较快，2010~2015 年增长较慢，2005~2010 年增长最慢；且在空间和数量上呈现差异化的趋势，在空间上 20 年间的变化以内填式为主，但在整体数量上，只有 2005~2010 年以内填式为主，2000~2005 年、2010~2015 年、2015~2020 年以边缘式扩张为主，反映了整体的变化趋势。这一现象说明了内填式扩张发生的区域较为分散，地块较多，但扩张面积总体较小，呈零碎化的扩张趋势，边缘式扩张的区域较为集中，地块较少，但面积较大，呈现集中扩张的趋势。

在环鄱阳湖都市圈范围内，生产生活空间扩张在 20 年间呈现不同变化，2015~2020 年增长最快，2000~2005 年、2005~2010 年、2010~2015 年增长较慢；且在空间和数量上呈现差异化的趋势，在空间上 20 年间的变化以内填式扩张为主，但在整体数量上，20 年间的变化以边缘式为主，与长株潭都市圈情况相似，内填式扩张较为零散，边缘式扩张较为集中。

四　结论与启示

（一）结论

本报告基于多个时段的土地利用数据，通过建立长江中游城市群“三生”空间一级和二级分类体系，探究了区域生产、生活和生态空间在数量及空间类型转移上的演变情况，以空间数据的年份变化为指标进行纵向对比，分析了研究区内“三生”空间利用程度的区域差异，揭示了研究区内“三生”空间格局的时空演变特征。研究结果如下。

从“三生”空间的数量结构变化来看，长江中游城市群的“三生”空间以生态空间为绝对主导，生产空间次之，生活空间面积最小，呈现“武汉—长沙—南昌”的“品”字形结构，其中都市圈的核心地区以生活、生产空间为主。随着与都市圈核心地区的距离增加，生活、生产空间占比明显下降，生态空间占比显著上升。2000~2020 年长江中游城市群生活空间呈缓步增长的趋势，城乡建设稳步推进，其中 2000~2005 年增速较快，这与经济发展水平关系较为紧密，呈现正相关的趋势，城乡建设稳步推进，生活空间承载能力改善，但农村生活空间面积大且分散，土地利用效率相对低。未来应进一步合理规划城乡生活空间布局，在“美丽乡村”政策支持下，修复利用分散、闲置的农村生活空间，实现生活空间从“增量式”扩张转向“存量式”发展，保障国土空间的优质利用。2000~2020 年长江中游城市群生产空间面积呈差异化下降的趋势，其中工矿生产空间面积上升，2010~2015 年增速最快，农业生产空间面积下降，这表明“三生”空间冲突表现在城市化工业化进程中，城乡的生活空间和周边工矿生产空间不断扩张，农业生产空间和绿地生态空间受挤压。针对这一问题，需要继续推进耕地保护政策，严格用地审批，同时进一步挖掘农业生产空间价值，实现产业模式升级以适应新形势发展，保障粮食安全。2000~2020 年长江中游城市群生态空间面积呈波动式上升趋势，2000~2015 年呈现下降趋势，2015~2020 年呈上升趋势，这是全面践行“绿水青山就是金山银山”理念的体现。

2000~2020 年长江中游“三生”空间的面积转移主要集中于农业生产空间、林地生态空间、草地生态空间和水域生态空间，由农业生产空间转化为林地生态空间和水域生态空间的面积较大，这体现了退耕还林还草还湖的政策及生态保护的要求。

长江中游城市群“三生”空间格局变化情况存在差异，其中生产、生态空间整体格局由东南向西北进行迁移，生活空间整体格局由西北向东南迁移，且空间的集中程度存在差异，生产空间分布更加集中，生活空间呈现分散的格局，生产生活空间密度由城市中心向外逐渐下降，且扩张呈现差异化趋势。表明研究区域内“三生”空间存在相互制约的关系，也反映了空间格局变化与经济发展之间的关系，体现了《长江中游城市群发展规划》中的一体化理念。[①] 进一步落实从城市群联合发展角度进行国土空间协调优化，充分发挥区域的生态优势，把城市群建设与山水林田湖草系统保护紧密结合起来。

（二）对策建议

目前对于“三生”空间的研究多集中于理论框架搭建及指标类型的划分，因此，以长江中游城市群作为研究对象，分析其空间格局的演变，对于识别“三生”空间变化影响因素和内在机制有着重要意义。结合研究结论，提出如下对策建议。

首先，城市群中不同地区土地政策的制定和实施应参照历年空间格局演变情况，因地制宜地制定差别化的国土空间发展战略，既要考虑社会经济的综合发展水平，为中心地区经济增长提供空间引擎，为城市群一体化高质量发展提供重要支撑；同时要考虑国土空间压力，珍惜每一寸国土，建立国土空间主体功能区的优化权衡模型，优化国土“三生”空间数量结构和空间布局，从格局和效益两个层面约束“三生”空间的统筹优化，实现国土空间“三生”效益的一体化发展。

其次，在城市群层面增强地区连结和要素流动，推动城市群空间开发一体化机制，加强地区之间的社会经济发展联系强度，增强城市群内外交通体系建设，推进基础设施互联互通水平，提高生态文明共建共享力度；充分发

① 郭雨云、杨兴柱、朱跃、郑义刚：《旅游地“三生”空间格局演变特征及影响因素——以浙皖闽赣生态旅游协作区为例》，《安徽师范大学学报》（自然科学版）2022 年第 3 期，第 267~277 页。

挥国土“三生”空间演变过程中产生的空间溢出效应，破除地方保护主义，拓展空间溢出效应范围，放大空间溢出效应影响，提升空间格局演变中对中心城市发展产生的增长动力。

最后，构建合理的空间开发格局需要健全的体制机制作为保障。在空间发展规划当中，应先明确空间定位，以发展规划为主导，将其落实在空间规划当中，对于城市群层面的空间规划应统筹考虑，不可割裂开来，应充分考虑上层规划与下层规划的结合和实施问题，识别重点地区规划问题。对于长江流域来说，应贯彻新发展理念，把握“共抓大保护、不搞大开发”的战略导向，建立生态空间保护导向下的体制机制，实现绿水青山就是金山银山。

参考文献

艾敏、范辰乾、景慧、武琳、赵志鹏：《榆林市景观格局（2000—2020）时空变化》，《西安工业大学学报》2022 年第 3 期。

杜也、雷钧钧、卢幸芷：《2000～2018 年长株潭城市群“三生空间”格局演变》，《城市建筑》2022 年第 1 期。

刘道平：《城乡规划中的“三生空间”划定思考》，《安徽建筑》2021 年第 8 期。

凌子燕、李延顺、蒋卫国、廖超明、凌玉荣：《山江海交错带城市群国土“三生空间”动态变化特征——以广西北部湾城市群为例》，《经济地理》2022 年第 2 期。

秦尊文：《一体化是长江中游城市群发展的主旋律——基于〈实施方案〉与〈规划〉衔接的视角》，《企业经济》2022 年第 7 期。

王昆：《基于适宜性评价的生产—生活—生态（三生）空间划定研究》，浙江大学硕士学位毕业论文，2018。

叶梓、刘凌波：《基于熵权 TOPSIS 法的长江中游城市群竞争力评价》，载《持续发展 理性规划——2017 中国城市规划年会论文集（16 区域规划与城市经济）》，2017。

经济转型篇

Economic Transformation Chapters

B.6
生态文明视角下城市群经济绿色低碳转型研究

吕指臣 *

摘　要： 在生态文明视角下，推动城市群经济绿色低碳转型，对力争“于2030年前实现二氧化碳排放达到峰值，努力争取2060年前实现碳中和”目标，及经济社会发展全面绿色转型有重大现实意义。报告在分析我国主要城市群经济发展现状的基础上，阐述了我国主要城市群经济、产业结构、废弃物排放、创新能力和碳排放等方面的问题，讨论了国家新型城镇化战略和区域发展总体战略创造的机遇，以及世界格局动荡、地缘政治风险加大、双碳目标约束和新冠肺炎疫情冲击带来的挑战，提出持续强化绿色规划顶层设计、打造城市群核心产业发展新体系、建立绿色技术创新体系和现代能源体系、构建绿色低碳发展的现

* 吕指臣，经济学博士，清华大学公共管理学院博士后，清华大学国情研究院助理研究员，主要研究方向为绿色低碳循环发展、数量经济学、宏观经济形势分析。

代化经济体系、筑牢城市群经济绿色低碳转型政策保障等政策建议，为我国城市群经济实现绿色低碳转型提供参考。

关键词： 生态文明　城市群　绿色低碳转型

一　引言

在2018年全国生态环境保护大会上习近平总书记首次提出“生态文明体系”并明确生态文明体系的丰富内涵，其四大核心理念为我国实现绿色可持续转型提供了基本遵循。目前，我国生态文明理念已得到广泛普及，生态文明建设也取得了明显成效。在此背景下，以点带面、有效推动整体经济社会发展全面绿色转型，对于解决我国资源环境生态问题、实现双碳目标具有重大现实意义。

城市群作为区域经济发展中最具活力的核心单元，能在更大范围内优化资源配置，形成集聚、扩散辐射①，将带动全国经济效率整体提升。对此，2021年3月颁布的《中华人民共和国国民经济和社会发展第十四个五年规划和2035年远景目标纲要》明确提出：“优化提升京津冀、长三角、珠三角、成渝、长江中游等城市群，发展壮大山东半岛、粤闽浙沿海、中原、关中平原、北部湾等城市群，培育发展哈长、辽中南、山西中部、黔中、滇中、呼包鄂榆、兰州-西宁、宁夏沿黄、天山北坡等城市群。”其中强调要发挥中心城市和城市群经济发展优势，增强经济和人口承载能力。本报告通过分析我国主要城市群的经济发展现状及存在问题，研究城市群经济绿色低碳转型面临的形势，为推动我国城市群经济转型、实现高质量发展提供参考建议。

① 连港慧、徐蔼婷、汪文璞：《19个国家级城市群数字经济发展水平测度及空间格局研究》，《科技进步与对策》2022年第18期。

二　城市群经济发展现状

整体来看，过去一段时期城市群经济发展已发生了全局性和转折性的变化。2021 年 3 月发布的国家“十四五”规划中提到的 19 个城市群均为国家正在推进的城市群，但由于经济发展程度不同，每个城市群的定位也有差别，第一档中的京津冀、长三角、珠三角、成渝、长江中游等城市群发展相对成熟，属于“优化提升范围”，更符合目前大力推动绿色低碳转型的范例主体。因此，本报告主要以“十四五”规划中明确优化提升的五大城市群①为例进行分析。

（一）经济和资源基本情况

1. 五大城市群经济总量

由表 1 可知五大城市群过去近 10 年的经济总量和占全国 GDP 比重的情况。首先，五大城市群经济总量提升均比较明显，尤其是成渝城市群 2012~2020 年直接翻了一番，2020 年长三角、珠三角和长江中游城市群的经济总量是 2012 年的近 2 倍；京津冀城市群提升则相对较小，且与长三角的差距逐渐拉大。其次，京津冀城市群 GDP 占全国 GDP 的比重已从 2012 年的 11. 01%下降到 2020 年的 8. 8%，下降了 2. 21 个百分点；同期，长三角城市群占比则由 19. 98%提升到 20. 33%，提升了 0. 35 个百分点；珠三角城市群

① 京津冀城市群：北京市、天津市，河北省的张家口、承德、秦皇岛、唐山、沧州、衡水、廊坊、保定、石家庄、邢台、邯郸以及河南省的安阳等 14 市；长三角城市群：上海市，江苏省的南京、无锡、常州、苏州、南通、盐城、扬州、镇江、泰州，浙江省的杭州、宁波、嘉兴、湖州、绍兴、金华、舟山、台州，安徽省的合肥、芜湖、马鞍山、铜陵、安庆、滁州、池州、宣城等 26 市；珠三角城市群：广州、佛山、肇庆、深圳、东莞、惠州、珠海、中山、江门等 9 市；成渝城市群：重庆市，四川省的成都、自贡、泸州、德阳、绵阳（除北川县、平武县）、遂宁、内江、乐山、南充、眉山、宜宾、广安、达州（除万源市）、雅安（除天全县、宝兴县）、资阳等 16 市；长江中游城市群：湖北省的武汉、黄石、鄂州、黄冈、孝感、咸宁、仙桃、潜江、天门、襄阳、宜昌、荆州、荆门，湖南省的长沙、株洲、湘潭、岳阳、益阳、常德、衡阳、娄底，江西省南昌、九江、景德镇、鹰潭、新余、宜春、萍乡、上饶及抚州、吉安的部分县（区）等 31 市。

占比则由 2012 年的 8.98%提升到了 2016 年的 9.13%，此后有所下降，直到 2020 年降到 8.87%；成渝城市群的变动则比较大，从 2012 年的 5.84%提升到 2020 年的 6.39%，提升了 0.55 个百分点；相反，长江中游城市群占比与珠三角城市群相似，在 2016 年时达到一个高峰，随后波动着下降到 2020 年的 9.38%。京津冀城市群与长三角城市群相比，占比出现此升彼降，发展差距逐渐拉大，成渝城市群则在稳步提升，长江中游城市群和珠三角城市群均呈现倒 U 形的变化趋势。可以看出，2016 年是一个转折年份（高点），这可能与当时国家“十三五”规划的颁布实施有关，全国整体区域发展形势向好。2016 年后，长三角城市群依然保持着领先地位，成渝保持提升趋势，其他各大城市群下降明显。

表 1　2012~2020 年五大城市群 GDP 和占全国 GDP 比重

单位：亿元，%

年份	京津冀城市群		长三角城市群		珠三角城市群		成渝城市群		长江中游城市群	
	GDP	占全国比重	GDP	占全国比重	GDP	占全国比重	GDP	占全国比重	GDP	占全国比重
2012	59152	11.01	107342	19.98	47780	8.89	31398	5.84	50604	9.42
2013	63894	10.86	116750	19.85	53060	9.02	34732	5.91	56505	9.61
2014	68357	10.61	126801	19.68	57650	8.95	38406	5.96	62271	9.66
2015	71879	10.48	135513	19.77	62268	9.08	41595	6.07	67036	9.78
2016	78582	10.58	148656	20.02	67842	9.13	45857	6.17	73153	9.85
2017	82881	9.97	165194	19.88	75710	9.11	50843	6.12	79406	9.56
2018	86753	9.48	178642	19.52	81048	8.86	54544	5.96	85909	9.39
2019	86705	8.81	197349	20.06	86899	8.83	61398	6.24	94679	9.62
2020	88821	8.80	205106	20.33	89522	8.87	64459	6.39	94674	9.38

资料来源：根据 EPS 数据平台《中国城市数据库》整理，结合《中国城市统计年鉴》计算所得。

2. 五大城市群经济发展速度

由图 1 可以看出五大城市群的经济发展速度变化情况（选取人均 GDP 增长速度表征）。整体来看，各大城市群发展速度变化趋势较为一致，呈现逐年降低特征。2012 年，成渝增速最高为 13.88%，到 2013 年，只有珠三角增速提升，成渝和京津冀更是出现急剧下降，分别下降了 4.26 个百分点和 3.51 个百分点。此后数年中变化相对平稳，直到 2019 年，长江中游保持着领先地位。但 2020 年所有城市群人均 GDP 增速均急剧下滑，尤其是长江中游城市群直接从 7.78%降低到 0.07%。长江中游城市群以武汉为核心，由湖北和湖南的主要城市组成，2020 年的公共卫生事件（新冠肺炎疫情）直接影响了长江中游城市群的经济发展，对全国的经济影响同样巨大，这也反映了社会经济发展将受社会各个方面的影响。城市群如何在发挥一体化效应的同时，弱化相关突发事件对整体引起的不良连锁反应，也是未来经济社会转型需要关注的关键问题。

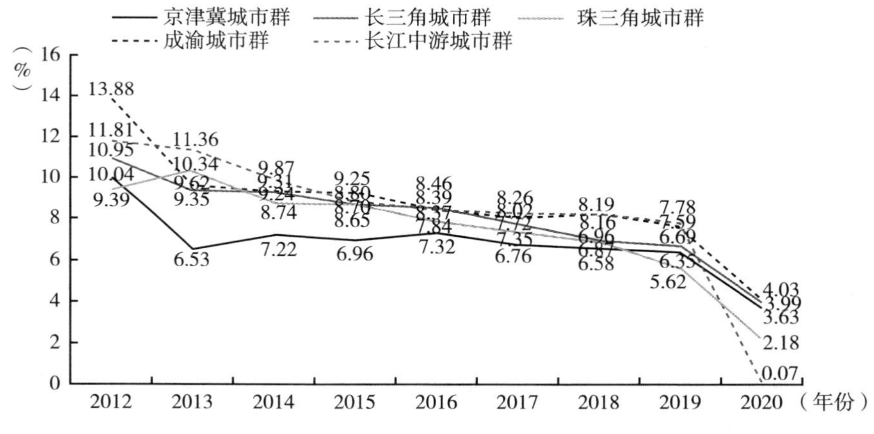

图 1　2012~2020 年五大城市群人均 GDP 增速

资料来源：根据 EPS 数据平台《中国城市数据库》计算所得。

3. 五大城市群职工平均工资

通过表 2 展示的各大城市群职工平均工资可知，相比 2012 年，五大城市群在 2020 年均实现了平均工资翻一番的目标。同时，长三角和珠三角一直处于领先地位，在 2020 年时均突破 10 万元大关，其次是京津冀城市群，长江中游城市群最低。可以发现，五大城市群在收入方面已经有了较好的基础，间接反映社会整体经济实力和消费实力得到明显提升，这将在消费环节为城市群经济绿色低碳转型提供经济基础。

表 2　2012~2020 年五大城市群职工平均工资

单位：元

年份	京津冀城市群	长三角城市群	珠三角城市群	成渝城市群	长江中游城市群
2012	43842	50302	50571	40798	34344
2013	47467	55732	53783	45875	38144
2014	53063	60274	57502	49102	42929
2015	58201	65304	63461	55635	47536
2016	62959	71743	69904	59856	52010
2017	71259	78535	76044	67033	57358
2018	78007	85784	83972	75107	64038
2019	83294	94148	93442	77438	69012
2020	87951	101213	102152	82805	77635

资料来源：根据 EPS 数据平台《中国城市数据库》整理所得。

4. 五大城市群水资源总量

推动城市群经济实现绿色低碳转型，需要理清城市群自身的资源情况，图 2 展示了“十三五”时期五大城市群的水资源情况。可以看出，长江中游城市群水资源一直保持领先地位，相反，京津冀城市群水资源则非常短缺。自 2016 年后水资源排名基本为长江中游城市群、成渝城市群、长三角城市群、珠三角城市群、京津冀城市群。除了长江中游城市群变化幅度较大外，其他整体变化幅度较小。实际上，我国整体的水资源利用效率已经较高，但人均水资源匮乏，缺水型城市占比高，水资源时间、空间上的分布不均等问题依旧十分突出。城市群根据自身水资源的优劣势情况，进一步合理分配和高效利用水资源，降低水资源消耗，以实现水资源消耗与经济增长的脱钩，对实现城市群经济绿色低碳转型具有重要现实意义。

（二）城市群产业结构现状

图 3 展示了五大城市群 2012~2020 年的产业结构情况（以二、三产业增加值占 GDP 的比重表征）。从产业结构来看，京津冀城市群第二产业比重下降较快，从 2012 年在产业结构中占 49.79%下降到 2020 年的占 34.52%，下降

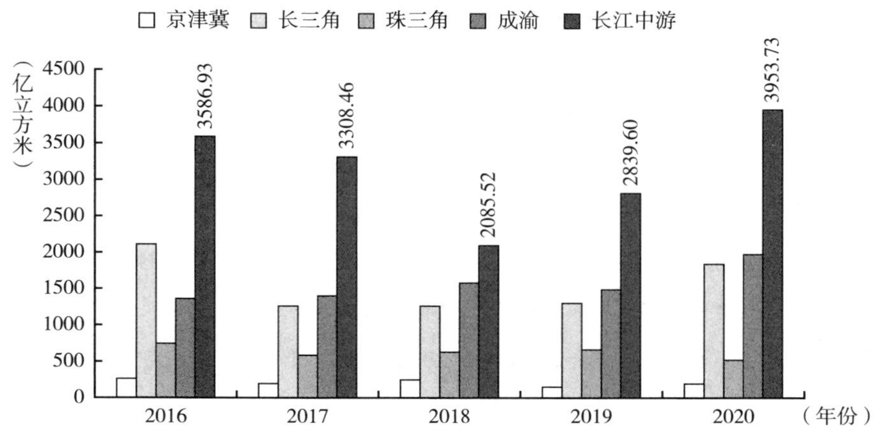

图 2　2016~2020 年五大城市群水资源量

资料来源：根据 EPS 数据平台《中国城市数据库》整理所得。

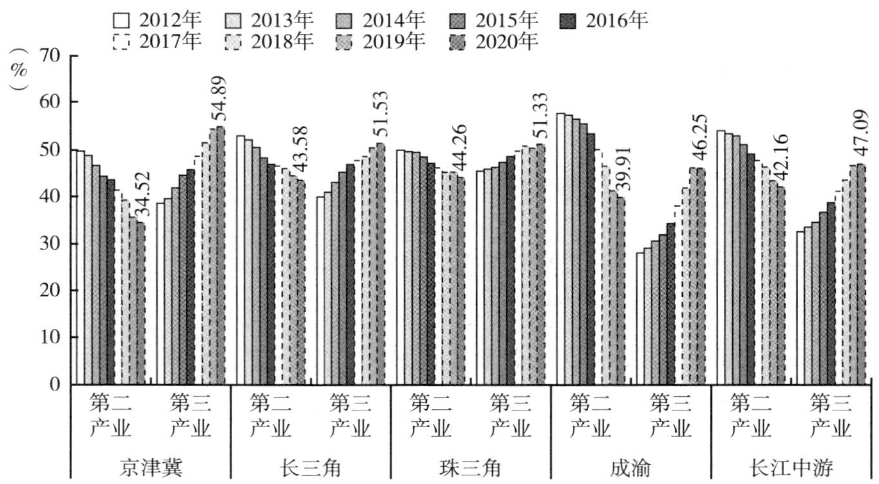

图 3　2012~2020 年五大城市群第二、第三产业增加值占 GDP 比重

资料来源：根据 EPS 数据平台《中国城市数据库》计算所得。

了 15.27 个百分点；相反，京津冀城市群第三产业的比重提升了 16.27 个百分点。成渝城市群第二产业比重下降幅度最大，从 2012 年的 57.69%下降到 2020 年的 39.91%，下降了 17.78 个百分点，但其第三产业比重提升了 18.16 个百分点；到2020年时，京津冀城市群、长三角城市群和珠三角城市群的第三产业占GDP比重超过了50%，但成渝城市群和长江中游城市群的第三产业占GDP比重分别为46.25%和47.09%。长三角城市群第二产业比重下降了10.56百分点，但第三产业仅提升了9.47个百分点，珠三角城市群三产比重提升更少，仅提升了5.72个百分点，相比京津冀城市群提升的15.27个百分点（2020年占比54.89%为最高），可知京津冀城市群服务业经济发展更快。

由此可以看出，如果考虑到第二产业的高耗能和高排放问题，京津冀城市群和成渝城市群第二产业在过去近十年的大幅度下降，则是一个向好的信号；但是应警惕第二产业快速下滑造成的影响，第二产业作为经济社会的实体基础，要关注转型过程中的路径和效率问题。例如，从当前几个城市群来看，核心城市（北京、上海、广州、重庆、武汉）对周边区域经济发展的辐射带动作用依然偏弱，核心城市的产业结构和配套政策等与城市群内部的其他城市有差别，城市群核心城市外的高新技术等新兴产业并没有较大提升，可能仅仅是靠第三产业的增加弥补了第二产业的下降，但高利用效率、低排放的高质量发展路径依然没有形成，城市群经济整体实现绿色低碳转型还需要全方位的协同推进。

（三）城市群的废弃物排放

高耗能和高污染物排放是推动城市群经济绿色低碳转型亟须解决的首要问题。事实上，随着生态文明的大力建设和生态环保理念的广泛普及，各城市群的整体废弃物排放（以工业废水排放量和工业二氧化硫排放量指标表征）已经有一定程度的降低（见表3），但依然有很大的降低空间。比如，长江中游城市群工业废水排放量始终在10亿吨以上的量级，而京津冀城市群和成渝城市群则减排效果明显；珠三角城市群降低的工业废气排放量具有压倒性优势，在2020年时为47400吨；相反，京津冀城市群、长三角城市群、成渝城市群和长江中游城市群则是珠三角城市群废气排放量的2.8倍以上。在这样的背景下，如何在生产环节合理布局和充分使用高新生产、处理技术，全方位改变高消耗和高排放局面，从生产环节降低废弃物排放助推经济实现绿色低碳转型，是当下各城市群迫切需要解决的问题。

表 3　2012~2020 年五大城市群工业废水排放量和工业废气排放量

年份	京津冀城市群		长三角城市群		珠三角城市群		成渝城市群		长江中游城市群	
	废水（万吨）	SO_2 排放（吨）	废水（万吨）	SO_2 排放（吨）	废水（万吨）	SO_2 排放（吨）	废水（万吨）	SO_2 排放（吨）	废水（万吨）	SO_2 排放（吨）
2012	158235	1631698	428324	1705647	132263	458653	90973	1152940	214776	1366263
2013	143218	1538432	436639	1567294	117530	425773	86437	1087838	195533	1434648
2014	139697	1408693	385250	1501110	124955	398162	87978	1030065	184625	1286483
2015	126269	1100384	383469	1328683	118586	355619	106854	902142	192501	1279828
2016	96480	631799	332197	730259	97767	210903	78491	490710	129717	609118
2017	73008	423629	296975	487465	88356	138323	58700	367162	107348	392201
2018	66309	312408	287696	376175	83914	91530	59114	305048	101216	299813
2019	49445	256720	283756	296027	159832	65093	64070	269131	101657	245242
2020	—	140950	—	185766	—	47400	—	136306	—	175357

资料来源：根据 EPS 数据平台《中国城市数据库》整理所得。

（四）城市群创新中心建设

科技创新能力代表了城市群全面转型的技术基础，图 4 展示了五大城市群的创新基础（以科研、技术服务和地质勘查业从业人员数表征）。实际上，各大城市群一直都是国家科技人才集中的主要区域，尤其是京津冀城市群、长三角城市群、珠三角城市群集聚了大量人才，拥有良好的创新基础。通过图 4 可知，京津冀科研人员规模一直处于领先地位，但增速相对较慢，而且在 2018 年后有下降趋势。京津冀科研人员增长率下降间接反映了科研效率降低、人才资源的效益相对偏低，提高资源利用效率、应对后劲不足是当下的关键问题。相反，珠三角城市群和长三角城市群则一直保持增长态势，在 2018 年后更是急剧上升。成渝城市群和长江中游城市群的科研人员则相对较少。可以看出，随着科技创新对经济方面的推动作用日益增强，长三角城市群和珠三角城市群将会发挥巨大的引领作用。

但也应看到，相比于国际（如美国北大西洋城市群和日本东京都市圈）城市群，我国主要城市群的科技创新基础依然偏弱，差距依然较大。

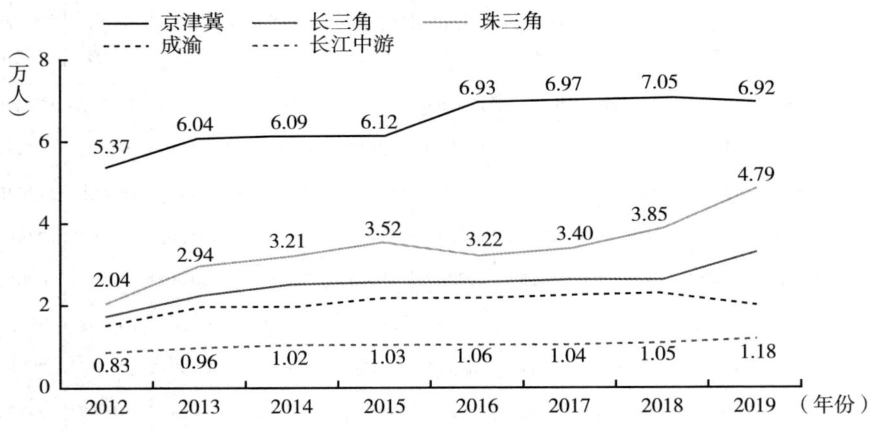

图 4　2012～2019 年五大城市群创新基础（科研人员）

资料来源：根据 EPS 数据平台《中国城市数据库》整理所得。

（五）城市群的碳排放总量

1. 五大城市群的碳排放现状

城市群碳排放量直接关乎我国双碳目标的顺利实现问题。根据中国碳核算数据库（CEADs）数据整理，2012～2019 年，除了成渝城市群有显著的下降趋势外，其余几个城市群都整体呈现上涨趋势，长三角城市群碳排放量最大，平均为 15. 39 亿吨，珠三角城市群则保持在 3. 64 亿吨。长三角城市群、成渝城市群和长江中游城市群在 2018 年同时有一个小幅度下降，随后又开始上升。同时根据变异系数可知，京津冀城市群为 0. 07，远超过长三角城市群和珠三角城市群（见表 4）。在这样的背景下，如何处理好发展和减排重大关系、有力有序推动重塑城市群经济结构和能源结构、转变生产和生活方式，以保证在不减生产力的情况下减少区域碳排放，是各大城市群向绿色低碳化转型要解决的关键问题。

表 4　2012～2019 年五大城市群碳排放情况

单位：亿吨

年份	京津冀城市群	长三角城市群	珠三角城市群	成渝城市群	长江中游城市群
2012	11.97	14.65	3.57	4.90	6.76
2013	12.25	15.22	3.54	4.47	7.34
2014	11.46	15.21	3.62	4.42	7.19
2015	10.98	15.39	3.55	4.26	7.35
2016	11.37	15.35	3.75	4.24	7.30
2017	12.07	15.69	3.72	4.46	7.75
2018	13.48	15.54	3.70	4.22	7.74
2019	13.36	16.05	3.68	4.31	8.44
平均值	12.12	15.39	3.64	4.41	7.48
变异系数	0.070	0.025	0.021	0.047	0.062

资料来源：作者根据中国碳核算数据库（《1997～2019 年 290 个中国城市碳排放清单》，CEADs，https：//www.ceads.net.cn/data/city/，最后检索时间：2022 年 9 月 15 日）计算得出。

2. 五大城市群核心城市的碳排放

进一步分析发现，在五大城市群的核心城市中，武汉和广州排放量有明显上涨趋势，其余城市整体下降，但下降幅度较小（见图 5）。在 2012

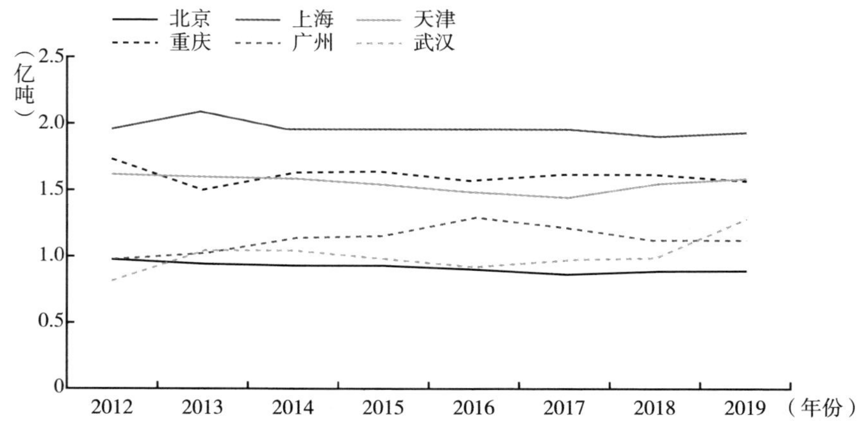

图 5　2012～2019 年各城市群核心城市的碳排放变动情况

资料来源：根据中国碳核算数据库（CEADs）整理得出（同上）。

年后的时期内，北京碳排放总量基本在 1 亿吨以下，上海的碳排放总量则一直处于高位，排放量是北京的 2 倍以上。天津和重庆则相对偏低，且排放量比较接近，其次则是广州，武汉则在 2018 年后超过了广州，且上升趋势明显。可以看出，彼此之间的碳排放量差距很大，作为城市群中的核心城市，如何引领城市群经济向低碳转型，实现高质量减排，是各核心城市需要重点谋划的内容。

（六）城市群共性问题和特殊优势

根据国家相关规划和城市群资源禀赋，每个城市群均有自身的特殊定位和优势（见图 6）。

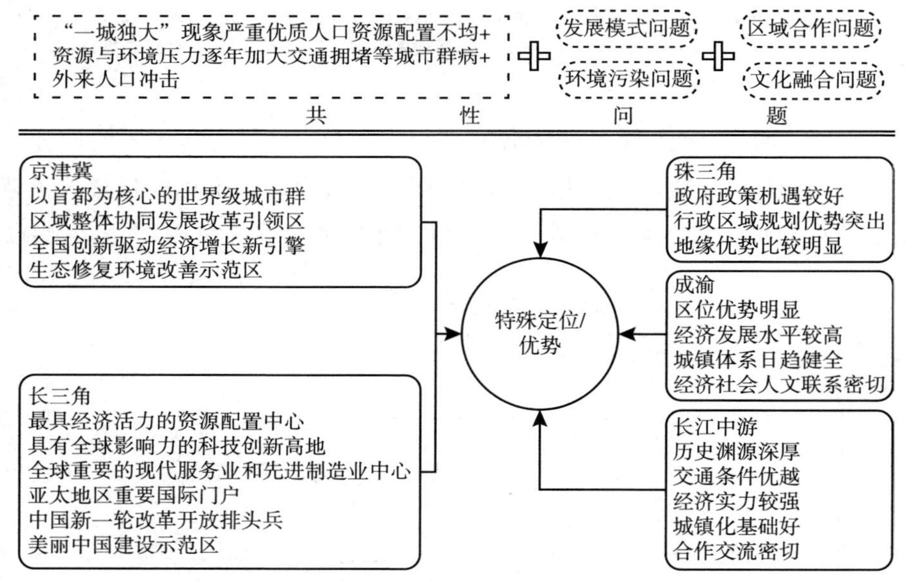

图 6　五大城市群共性问题和特殊定位/优势

如京津冀城市群是打造以首都为核心的世界级城市群和生态修复环境改善示范区等，长三角城市群则定位于具有全球影响力的科技创新高地和美丽中国建设示范区等。同时，珠三角城市群有着政府政策机遇好、地缘优势比较明显等优势，成渝城市群则有区位优势明显和经济社会人文联系密切等优势，长江中游城市群具有交通条件优越和城镇化基础好等优势。当然，不可否认的是，在发展过程中，这些城市群也都有“一城独大”现象突出、优质人口资源配置不均衡、文化融合不充分和外来人口冲击大等共性问题。

整体来看，我国城市群依然面临着一体化发展机制有待完善、中心城市辐射带动能力有待提高、产业结构和空间布局亟待优化、环境污染较为严重、城乡区域发展不平衡等问题，城市群的人与自然和谐发展依然任重道远。未来一段时期内，城市群如何通过绿色低碳转型破解诸多关键问题，将是各城市群重点考虑的方向。

三　城市群经济绿色低碳转型面临的形势

随着我国全面深化改革进入新的阶段，国家新型城镇化战略和区域发展总体战略得到贯彻实施，我国整体经济建设和生态文明建设取得重大成效，“双循环”新发展格局逐渐形成，为推进各大城市群向绿色低碳转型提供了新的契机。同时也应看到，世界格局动荡、地缘政治风险加大、全球经贸不确定性增大、双碳目标约束、新冠肺炎疫情冲击以及产业结构转移、整体经济下滑等给城市群经济向绿色低碳转型带来了极大挑战。

（一）转型机遇

2017 年党的十九大报告已经提出：“以城市群为主体构建大中小城市和小城镇协调发展的城镇格局。”2018 年 11 月中共中央、国务院发布《关于建立更加有效的区域协调发展新机制的意见》明确指出：“建立以中心城市引领城市群发展、城市群带动区域发展新模式，推动区域板块之间融合互动发展。”2019 年 12 月习近平总书记指出：“中心城市和城市群正在成为承载发展要素的主要空间形式。”① 2020 年 4 月，国家发改委发布《2020 年新型

① 习近平：《推动形成优势互补高质量发展的区域经济布局》，《求是》2019 年第 24 期。

城镇化和城乡融合发展重点任务》提出："增强中心城市和城市群综合承载、资源优化配置能力，加快发展重点城市群。"2021年3月发布的"十四五"规划指出："以促进城市群发展为抓手，全面形成'两横三纵'城镇化战略格局。"2021年4月国家发改委发布的《2021年新型城镇化和城乡融合发展重点任务》中提出"提升城市群和都市圈承载能力，健全城市群一体化发展机制"。可以看出，国家发布了一系列与城市群发展相关的文件，作为我国新型城镇化的推进主体，城市群引领地位日益凸显。

2021年4月，习近平总书记出席领导人气候峰会时发表题为"共同构建人与自然生命共同体"讲话，强调要坚持走生态优先、绿色低碳的发展道路，实现人与自然和谐共生。① 这是经济社会发展向生态文明社会全面转型的重大发展战略，也为各大城市群经济绿色低碳转型指明了方向。

事实上，随着京津冀城市群协同发展等国家战略的确立实施，各大城市群充分发挥其区位优势和开放优势，已经为城市群经济向更高层次更高水平的绿色低碳转型带来了新空间。同时，随着国家新型城镇化战略的贯彻落实，城市群作为推进新型城镇化的战略主体，将为创新各城市群空间的管理模式和全面提升新型城镇化质量提供新的驱动力。全面深化改革进入攻坚阶段，资源配置中市场的决定性作用和政府引导作用，也将为各城市群创新发展模式、完善发展机制、实现高质量转型提供新活力。科技进步和人才规模的提升，也将为各城市群发挥科教创新优势、转型升级带来新契机。我国生态文明理念的广泛普及和绿色城镇化的基本要求，也将为推进各大城市群绿色低碳转型、促进生态环境高质量发展指明新路径。

（二）面临挑战

一方面，2021年10月，国务院相继印发了《关于完整准确全面贯彻新发展理念做好碳达峰碳中和工作的意见》和《2030年前碳达峰行动方案》，

① 《习近平在"领导人气候峰会"上的讲话》，新华社，https://xhpfmapi.zhongguowangshi.com/vh512/share/9927086?channel=qq。

构建了中国碳达峰、碳中和“1+N”政策体系的顶层设计，重点区域、领域和行业的相关政策会在此基础上进行设计，国际上对碳关税和 CDP 碳披露计划等也已有相对完善的法律规范，那么对于发展中的城市群而言，国内外的双碳政策和国内双碳目标约束都将对其整体战略规划和发展路径等带来巨大的挑战。

另一方面，新冠肺炎疫情的冲击导致全球供应链发生了重大变化，西方世界面临供给严重不足问题，中国则在有效防控疫情的同时成为全球社会需求的重要供给方，但是我国整体外部循环同样面临新冠肺炎疫情冲击和经济全球化逆流的双重影响。各大城市群作为高质量发展的战略主体，在应对外部冲击方面和推动经济绿色低碳转型方面同样面临巨大挑战。

在此背景下，我国城市群正处于发展壮大阶段，与国家整体对外开放水平紧密相关，内外循环格局的稳定对各大城市群经济发展均有着深远影响，如何在瞬息万变的外部环境下突破现行发展路径实现有效转型，也是当下城市群面临的主要挑战。

2021 年 12 月在北京举行的中央经济工作会议明确指出，要看到我国经济发展面临的需求收缩、供给冲击和预期转弱压力。这也是我国城市群在未来一段时期内所面临的主要问题和压力，这几个方面问题的出现有着复杂的内外背景和原因，如何有效推动城市群经济向绿色低碳转型，积极缓解和消除需求收缩、供给冲击、预期转弱三重压力，推动经济社会实现稳经济和稳预期等目标，是各大城市群经济转型要面对的主要挑战和必须思考的问题。

四　推动城市群经济绿色低碳转型的政策建议

城市群是承载世界整体经济重心转移的重要区域，也是中国与世界交流互动的枢纽门户①。从生态文明视角看，城市群要实现经济发展的绿色低碳转型，就必须摆脱“先污染、后治理”的传统发展路径，转向“越保护、

① 方创琳：《中国城市群研究取得的重要进展与未来发展方向》，《地理学报》2014 年第 8 期。

越发展”的资源节约、环境友好、绿色低碳新型发展道路。正如习近平总书记提到的：“我国创造了中国式现代化新道路，创造了人类文明新形态。”① 可以说我们创造的人类文明新形态本质上区别于西方国家现代化发展模式，因为西方现代化的社会导致了无产阶级和资产阶级的对立、社会的撕裂，带来了人与自然的对立以及对自然的破坏。② 因此，在生态文明视角下，城市群作为引领人类文明新形态迈向更高质量发展的主体，亟须全面转向绿色低碳发展。

（一）持续强化城市群绿色规划顶层设计

发挥国家制度优势，强化顶层设计，根据各城市群经济发展实际情况，分类施策，鼓励主要城市群主动作为、率先转型。积极加快制定出台相关转型规划、实施方案和基本保障措施，并加强政策衔接。充分发挥各大城市群的比较优势，打破以行政区域为主体的经济发展模式，全面畅通梗阻和破除壁垒。破除各种要素流动的体制机制障碍，提升生产要素的配置效率，实现公平配置，充分发挥城市群经济发展的规模效应。发挥城市群中心城市的带动引领作用，提高城市群内各区域政策的协同水平。同时，加强城市群内部统筹协调，建立完善的工作机制，响应国家战略，主动加快开展城市群内部的碳排放统计核算方法研究。积极贯彻落实中央关于城市群高质量发展的重大决策部署，以实现“碳达峰碳中和”为基本目标，率先在低碳转型方面做出行动，为城市群经济向绿色低碳转型的科学决策贡献区域智慧。

（二）打造城市群的核心产业发展新体系

现代化产业作为城市群经济体系的主要部分，为城市群经济发展提供了强大的产业新动能，因此，各大城市群应统筹谋划、重点突破，全面打造城

① 习近平：《在庆祝中国共产党成立 100 周年大会上的讲话》，《求是》2021 年第 14 期。

② 《中国式现代化道路是一条现代化新路——访清华大学马克思主义学院院长艾四林教授》，《马克思主义研究》2022 年第 1 期。

市群经济发展的新优势。2021 年 3 月颁布的国家“十四五”规划中主要目标之一就是“产业基础高级化、产业链现代化水平明显提高”。而推动城市群经济向绿色低碳转型升级，离不开高质量的现代化产业体系。实际上，产业体系现代化已经取代工业化成为目前城市群产业发展的新趋势。首先，各大城市群应主动向高质量、高效率、高效益和高增加值的现代产业体系转型，大力建设绿色生产体系和服务体系，不断完善城市群的产业链、供应链和价值链，构建三次产业结构协调，实体经济与虚拟经济、实物经济与数字经济融合共生的现代产业体系。其次，各大城市群还要以科技创新和人力资源作为要素支撑，推动服务业内部结构高级化，推动互联网、大数据、人工智能和实体经济深度融合，多渠道保障各种产业发展资金。同时，各城市群应抓住新一轮科技革命和产业变革机遇，积极主动对传统产业进行全方位和全链条的改造，推进产业结构优化升级，积极推动新兴技术融进绿色低碳产业，推动城市群经济真正实现全面绿色低碳转型。

（三）建立安全共享的绿色技术创新体系

各大城市群应持续深入实施创新驱动发展战略，加快进行绿色低碳科技革命，加快完善绿色科技创新、产业创新和体制机制创新，形成安全共享的绿色技术创新体系，提升城市群整体创新能力。一方面，各大城市群主体应主动加大绿色低碳的技术研发并积极推广应用，继续丰富绿色低碳技术的相应评估和交易体系，并积极推动科技创新成果的有效转化，以科技创新为基础引领城市群专享低碳型产业结构和能源结构。另一方面，各大城市群主动加大对科学技术和教育的投资力度，丰富人才培养模式，鼓励高等学校和科研院所扩大人才培养规模和加强与科技相关学科的建设。通过综合施策，推动城市群经济发展向绿色低碳转型。

（四）建立清洁低碳高效的现代能源体系

习近平总书记曾强调：“减排不是减生产力，也不是不排放，而是要走生态优先、绿色低碳发展道路，在经济发展中促进绿色转型、在绿色转型中实现更大发展。要坚持统筹谋划，在降碳的同时确保能源安全、产业链供应链安全、粮食安全，确保群众正常生活。"① 因此，城市群经济发展要实现绿色低碳转型，就必须建立清洁低碳高效的现代能源体系。一是立足于国家和各城市群的能源资源禀赋，坚持先立后破、整体谋篇布局的原则，首先大力发展新能源和清洁能源，形成安全可靠的新能源，在此基础上，逐步退出传统化石能源，加强风险管控，保证能源安全稳定的供应和过渡。二是合理运用国家能源生产基础，大力推动能源清洁低碳安全高效利用，率先深入推进城市群中工业、建筑、交通等领域的绿色低碳转型。三是继续贯彻落实节能优先的能源发展战略，全面提升能源利用效率，健全能源管理体系，加快实施节能降碳改造升级，主动推进新技术和现代能源技术的深度融合，带头深化能源体制机制改革，为完善能源统一市场提供城市群的区域基础。

（五）构建绿色低碳发展现代化经济体系

2022 年 6 月 1 日，习近平总书记在《努力建设人与自然和谐共生的现代化》一文指出：我国要建设的社会主义现代化是需要注重同步推进物质文明建设和生态文明建设，站在人与自然和谐共生的高度来谋划经济社会发展，努力建设人与自然和谐共生的现代化。② 因此，在生态文明视角下，推动城市群经济绿色低碳转型，需要响应国家战略，站在人与自然和谐共生的高度，构建能够适应城市群自身蓬勃发展的绿色低碳发展的现代化经济体系，全面推行绿色生产、绿色流通、绿色消费和高质量的分配，有效推动城市群经济实现绿色低碳转型。

在城市群经济体系的生产环节，从源头降低资源消耗，降低污染物的排放，真正实现减量化和再利用，推动绿色服务，进行绿色低碳生产，在生产环节实现绿色低碳转型；在城市群经济体系的分配环节，坚持高效配置资

---

① 习近平：《深入分析推进碳达峰碳中和工作面临的形势任务 扎扎实实把党中央决策部署落到实处》，人民网，https://baijiahao.baidu.com/s?id=1722964069881999035&wfr=spider&for=pc。

② 习近平：《努力建设人与自然和谐共生的现代化》，《求是》2022 年第 11 期。

源，让市场来主导交换与分配，实现更高质量的分配，以保证相关制度和政策能够切实落地、贯彻实施，正如2021年中央经济工作会议强调的[①]：结构政策需要畅通国民经济的循环，要着重打通生产、分配、流通和消费环节。这也为推动城市群经济体系在分配环节实现绿色低碳转型升级指明了发力方向；在城市群经济体系的交换环节，加快谋划构建“通道+枢纽+网络”流通格局，完善交通、仓储和物流基础设施，加大高新技术在交通物流领域的应用，促进资源交换的绿色低碳循环高效；在城市群经济体系的消费环节，提倡绿色消费和低碳出行，加大力度宣传绿色、低碳消费理念，推动城市群率先形成绿色的生活方式和绿色的消费模式；同时，全面提升城市群经济体系各个环节的流通效率。正如习近平总书记强调的：“经济活动需要各种生产要素的组合在生产、分配、流通、消费各环节有机衔接，从而实现循环流转。”[②] 大力推动城市群生产要素在各环节中高效畅通，全方位实现绿色低碳转型。

（六）筑牢城市群绿色低碳转型政策保障

政策保障是推动城市群经济发展绿色低碳转型的基础。国家应进一步建立健全城市群经济绿色低碳发展的法律规范与标准体系，完善政策的支撑体系，充分发挥政府财政投入和税收政策对城市群经济绿色低碳转型的支持作用；深入创新城市群对绿色技术创新的管理方式，完善城市群新技术创新成果的转化机制，进一步完善绿色技术创新体系；加快完善城市群绿色金融体系建设，加大城市群对绿色产业和生态项目的投融资力度，引导银行等金融机构为绿色低碳项目提供长期限、低成本资金。进一步强化主要城市群的统筹协调能力，落实城市群中主要城市领导干部生态文明建设责任制，各城市群主体城市要主动建立完善的绿色低碳综合评价指标体系，加强指标约束。

① 《中央经济工作会议在北京举行 习近平李克强作重要讲话》，新华社，https：//baijiahao. baidu. com/s? id=1718758719116945076&wfr=spider&for=pc。

② 习近平：《把握新发展阶段，贯彻新发展理念，构建新发展格局》，《求是》2022年第17期。

通过一系列政策组合，全方位筑牢城市群绿色低碳转型的保障基础，为推动我国实现碳达峰、碳中和目标提供支撑。

参考文献

方创琳：《新发展格局下的中国城市群与都市圈建设》，《经济地理》2021 年第 4 期。

巩灿娟、张晓青、徐成龙：《中国三大城市群经济韧性的时空演变及协同提升研究》，《软科学》2022 年第 5 期。

吕指臣、胡鞍钢：《中国建设绿色低碳循环发展的现代化经济体系：实现路径与现实意义》，《北京工业大学学报》（社会科学版）2021 年第 6 期。

习近平：《深入分析推进碳达峰碳中和工作面临的形势任务 扎扎实实把党中央决策部署落到实处》，《人民日报》2022 年 1 月 26 日。

习近平：《推动我国生态文明建设迈上新台阶》，《人民日报》2022 年 3 月 10 日。

杨桐彬、朱英明、姚启峰：《中国城市群经济韧性的地区差异、分布动态与空间收敛》，《统计与信息论坛》2022 年第 7 期。

张永恒、梁丽娟、杨兰桥：《中国城市群经济运行效率及其影响因素》，《统计与决策》2022 年第 14 期。

张国俊、王运喆、王珏晗等：《中国城市群经济增长质量与数量协调关系的时空演化与机理》，《地理科学》2021 年第 12 期。

B.7

数字经济对经济高质量发展的影响

——基于黄河流域城市群的实证分析

王　菡*

摘　要： 当今世界正处于大发展大变革大调整时期，新一轮科技革命和产业变革加速演进，新一代信息技术加速创新，各国竞相制定创新发展战略，数字经济正在成为推动我国经济高质量发展的关键力量。本报告立足数字经济影响中国城市经济高质量发展这一典型事实，首先，基于创新、协调、绿色、开放、共享五大发展理念构建了数字经济影响经济高质量发展的理论框架，分析了数字经济推动实现经济高质量发展的作用机制。其次，基于黄河流域城市群的样本数据，分析了数字经济与经济高质量发展、创新发展、协调发展、绿色发展、开放发展、共享发展的相关关系及其时间变化趋势和空间特征。最后，分析了我国数字经济发展面临的问题和挑战，并结合理论分析和实证检验有针对性地给出了对策建议。

关键词： 城市群　数字经济　高质量发展　数字资本

数字经济作为一种以数字技术或数字化方式驱动生产方式和生活方式重塑的新经济形态，正日益成为推动经济发展的重要动力。近年来，数字经济

---

* 王菡，管理学博士，中国社会科学院生态文明研究所博士后，主要研究方向为区域经济、数字经济。

呈现高速增长态势，被普遍认为是新动能的主要构成部分和新旧动能转换的主要推动力。《中国数字经济发展报告（2022）》显示，中国数字经济规模从2011年的9.5万亿元上升到2021年的45.5万亿元，数字经济占GDP比重也不断提高，2021年占比为39.8%，增速达到16.2%，远高于同期GDP名义增速，数字经济俨然已成为推动经济实现快速增长的核心增长极。目前，国内外学者针对数字经济的经济效益进行了大量研究，普遍认为数字经济可以有效推动经济增长，但对经济增长的影响程度存在空间差异，在数字技术水平较为落后地区推动经济增长的效果不明显。事实上，黄河流域城市群发展存在极大的不均衡性，数字经济发展普遍存在东部地区优于中西部地区、中心城市优于周边城市的特征，因此有必要对黄河流域城市群数字经济如何影响城市经济高质量发展及其影响机制展开研究。

一　数字经济影响经济高质量发展的理论框架

当今世界正处于大发展大变革大调整时期，新一轮科技革命和产业变革加速演进，新一代信息技术加速创新，各国竞相制定创新发展战略。数字经济发展速度之快、辐射范围之广、影响程度之深前所未有，正在成为推动我国经济高质量发展的关键力量。传统经济增长理论认为经济产出是资本、劳动、技术创新的函数，并将技术创新视为经济发展的根本推动力。然而，数字经济是一种与农业经济和工业经济完全不同的经济形态。从生产要素结构来看，数据、知识是新经济形态下社会生产力发展的关键因素，数据、知识不仅是生产要素，而且作用于传统生产力要素之上，推动既有生产要素重新配置，重构生产要素的体系，能够在推进经济高质量发展的过程中发挥出高于传统生产要素的重要作用。近年来，在政府政策引导和市场机制的双重作用下，数字经济在价值创造和生产过程中所占的比重越来越大，是原有物质生产过程从量变到质变的一次新飞跃，拓展了传统经济增长理论的边界。创新、协调、绿色、开放、共享五大发展理念创造性地回答了新阶段我国要实现什么样的发展以及怎样实现发展的问题。以数据为驱动力量的数字经济通过直接作用或者间接作用的形式影响了人类生产及生活活动，本报告试图从创新、协调、绿色、开放、共享五大方面构建数字经济影响经济高质量发展的理论框架（见图 1），分析数字经济推动经济实现高质量发展的作用机制。

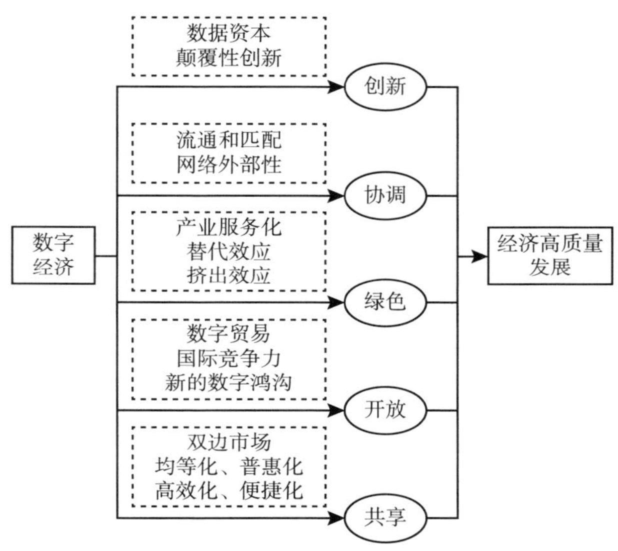

图 1　数字经济影响经济高质量发展的理论框架

第一，数字经济带来了颠覆性创新。数字经济的创新区别于传统经济，具有创新频率高、影响大、覆盖范围广的特点。数据（数字资本）是数字经济的生产要素，是数字技术的核心。数据资本不仅可以以不同的方式进入生产过程并提升全要素生产率，而且其生产过程同时也是数据资本本身的积累过程。也就是说，数据资本在通过作为生产要素直接促进经济增长和通过促进企业生产要素配置间接提升生产效率的同时，实现了数据资本的规模积累。而数据资本的规模积累意味着能够实现更高频次的创新、更为通用性的创新和更具颠覆性的创新。

第二，数字经济有利于推动协调发展，帮助解决发展中的不平衡问题。影响区域协调发展，造成发展不平衡的关键原因是自然资源、人口和劳动力资源、资本、技术等能够影响生产的要素受限于空间分布，这些具有明显区

域差异性的生产要素和运输因素是影响区域分工的主要因素。数字经济强大的资源布局和调度能力，可以加速不同区域之间资源要素的流通和匹配，削弱物流和运输成本对产业区位的影响，这有助于协调不同要素指向型产业的区位分布。特别是随着数字技术逐渐成熟，作用逐渐增大，并跃居到主要地位，强大的网络外部性有望实现虚拟空间上生产关系网络的互联互通，弱化产业区位的地理邻近性依赖，提升发展的协调性。

第三，数字经济有助于促进地区实现绿色高质量发展。当前，数字经济已对产业结构产生了明显影响，并正在推动产业结构的服务化发展。在经济下行压力加大的形势下，数字经济俨然已经成为推动经济实现快速增长的核心增长极。数字经济的快速发展不仅对区域内高耗能、高排放产业已经产生了挤出效应，而且数字技术可以通过扩大清洁能源技术的使用间接推动碳减排。同时，数字技术的渗透和应用有效促进了机械设备制造业的增长速度提高，并且通过提高制造业的成本利润率、减少用工数量、降低用工成本等路径在一定程度上实现了“降本”与“增效”的目标，或者一定程度上起到了“降本”与“增效”的作用。

第四，数字经济有助于促进内外联动，丰富对外开放的内涵，提升对外开放的水平。一方面，依托数字技术的平台经济以开放的生态系统为载体，使虚拟空间无限扩大，不仅加强了生产、流通、服务和消费等各个环节的衔接，而且促进了企业加快融入国际经营网络。另一方面，数字化催生了服务贸易新业态，提高了服务的可贸易性，比如数字基础设施、数字安全、数字教育等数字领域的快速发展拓展了企业对外合作的空间和内容，使得数字贸易成为服务贸易增长的重要引擎。此外，数字化投入和数字化产出有助于提高产业的国际竞争力。数字经济不仅会孕育新技术、新产业和新模式，而且会带动配套企业集聚，特别是大平台企业在自身发展的过程中会为中小企业构建成长的生态环境，从而促进包括上下游企业和配套企业、基础设施在内的整个产业链参与全球竞争。此外，数字技术与传统实体经济的融合会产生新的数字鸿沟，有助于推动实体产业的数字化转型，并推动实体产业深度参与到全球价值链中。

第五，数字经济有助于促进共享发展。依托数字技术的平台经济是目前数字经济领域最为常见的一种生产组织形态，它是典型的双边市场，一边连接着用户，另一边连接着服务提供方。平台经济在教育、医疗等公共服务领域的渗透，能够促进区域之间和城乡之间的公共服务资源实现更有效的配置，从而实现公共服务的均等化和普惠化。此外，得益于数字技术的通用性，政务服务逐渐实现了数字化和智能化，极大地提升了公共服务的高效化和便捷化。

二　数字经济与经济高质量发展的测度

（一）经济高质量发展指数构建

自党的十八届五中全会提出创新、协调、绿色、开放、共享的新发展理念以来，新发展理念已逐渐融入经济社会发展的全过程和各个领域，正深刻改变着中国经济发展的内涵。本报告在参考相关文献的基础上，从创新、协调、绿色、开放、共享五个方面选择指标变量，以此刻画各地区的生产、生活和生态水平（见表 1）。

创新是引领高质量发展的第一动力，注重解决发展中的动力问题。本报告从创新投入和创新产出两方面选取指标刻画城市创新水平。其中，创新投入以地区科学技术支出与财政支出之比表示。地方政府对科学技术创新的财力支持，不仅在一定程度上分担了市场主体的创新成本，同时对创新资源投入具有很强的引导作用，极大地激发了市场主体的创新活力。创新产出以专利申请量表示。以专利衡量技术创新是以往研究的通常做法，采用专利申请量作为技术创新的测度变量具有一定的可靠性。

协调是持续健康发展的内在要求，注重解决发展的不平衡问题。本报告从城市化水平、收入协调、消费协调、生产协调等四个方面选取指标刻画城市的协调发展水平。其中城市化水平以常住城镇人口占比表示，通过计算常住城镇人口与常住人口之比得到；收入协调以城乡收入比表示，通过计算城镇人均可支配收入与农村人均可支配收入（人均纯收入）之比得到；消费协调以城乡消费比表示，通过计算城镇人均消费支出与农村人均消费支出之比得到；生产协调以产业结构合理化水平表示，产业结构合理化水平是区域内产业间的协调程度和要素有效利用程度的集中反映，通过计算三次产业结构与从业结构之比的泰尔指数得到。

绿色是永续发展的必要条件和人民对美好生活追求的重要体现，注重解决人与自然和谐发展问题。本报告从消费、污染及响应对策三个方面选取指标刻画城市的绿色发展水平。具体指标为建成区绿化覆盖率、工业二氧化硫排放量、污水排放量、城市污水处理能力、人均用水量、生活垃圾无害化处理能力、生活垃圾清运量和碳强度等变量，涵盖了生态、生产和生活三个方面。

开放是城市高质量发展的必由之路，注重解决发展内外联动的问题。本报告采用进出口总额占 GDP 比重测度，表示该地区对外开放的程度。

共享是中国特色社会主义的本质要求，注重解决社会公平正义的问题。教育、医疗等公共服务的数量、质量和可及性，会直接影响居民的获得感和幸福感。本报告采用每千人医院、卫生院床位数，人均教育支出来衡量城市公共服务的数量与质量，以综合反映地区公共服务的均等化水平。

（二）数字经济发展指数构建

在数字经济发展水平的测度方面，经梳理近年来有关数字经济发展方面文献发现，以往较为典型的文献研究通常从互联网发展、数字金融发展两个方面选取指标，并经指数合成得到数字经济综合发展指数。考虑到市级层面数据的可获得性，借鉴以往研究，本报告从数字基础设施建设、数字相关产业发展和数字普惠金融发展三个方面选取指标，并采用变异系数法赋权合成数字经济发展指数。其中，对于城市数字基础设施建设，主要考察移动互联网用户数和互联网普及率，具体为百人中移动电话用户数、百人中互联网宽带接入用户数。对于数字相关产业发展，主要考察相关从业人员及相关产出，具体指标分别为信息传输、计算机服务和软件业从业人员与城镇单位从业人员之比和人均电信业务量。对于数字普惠金融发展水平的测度，以中国数字普惠金融指数表示。

表 1　黄河流域城市群数字经济、经济高质量发展评价指标体系

一级指标	二级指标	三级指标	指标属性
经济高质量发展	创新	地区科学技术支出与财政支出之比	+
		专利申请量	+
	协调	常住城镇人口占比	+
		城乡收入比	-
		城乡消费比	-
		产业结构合理化水平	-
	绿色	人均用水量	-
		污水排放量	-
		生活垃圾清运量	-
		工业二氧化硫排放量	-
		城市污水处理能力	+
		生活垃圾无害化处理能力	+
		建成区绿化覆盖率	+
		碳强度	-
	开放	进出口总额占 GDP 比重	+
	共享	人均教育支出	+
		每千人医院、卫生院床位数	+
数字经济发展	数字基础设施建设	百人中互联网宽带接入用户数	+
		百人中移动电话用户数	+
	数字相关产业发展	人均电信业务量	+
		信息传输、计算机服务和软件业从业人员与城镇单位从业人员之比	+
	数字普惠金融发展	中国数字普惠金融指数	+

（三）研究范围界定和数据来源

1. 研究范围界定

黄河流域城市群是构建高质量发展国土空间布局的重要战略载体，是国家城市化格局的重要组成部分。黄河沿线有七大城市群，自下游溯流而上，分别为山东半岛城市群、中原城市群、关中平原城市群、山西中部城市群、呼包鄂榆城市群、宁夏沿黄城市群和兰西城市群。本研究以黄河沿线七大城市群的城市为研究范围，基于流域城市经济、社会和生态方面数据的可用性，最终选取 68 个城市作为本报告的主要研究对象，研究时段为 2010~2020 年。

2. 数据来源

本报告所使用的高质量发展测度数据、数字基础设施建设数据、数字相关产业发展数据主要来自历年各省《统计年鉴》《城市统计年鉴》《城市建设统计年鉴》，中国数字普惠金融指数来自北京大学数字金融研究中心。

三　数字经济与经济高质量发展相关关系测度

（一）数字经济与经济高质量发展指数相关关系

1. 数字经济与经济高质量发展指数的时间演进趋势

图 2 和图 3 分别展示了 2010~2020 年山东半岛城市群、中原城市群、关中平原城市群、山西中部城市群、呼包鄂榆城市群、宁夏沿黄城市群、兰西城市群的数字经济指数和经济高质量发展指数的平均发展趋势。从图中可以看出，数字经济指数与经济高质量发展指数的平均变化趋势几乎相同，基本呈现上涨趋势，这意味着数字经济与经济高质量发展可能存在一定的相关性。不同之处在于经济高质量发展指数上涨趋势较为平缓，而数字经济指数的上涨趋势更为明显，且存在较大的波动性，各城市群的经济高质量发展指数的年均增速基本处于 2%~4%，而数字经济指数的年均增速基本处于 10%

以上。其中呼包鄂榆城市群和山西中部城市群波动性较大，山东半岛城市群、中原城市群、关中平原城市群和宁夏沿黄城市群平稳上涨，兰西城市群上涨最快。

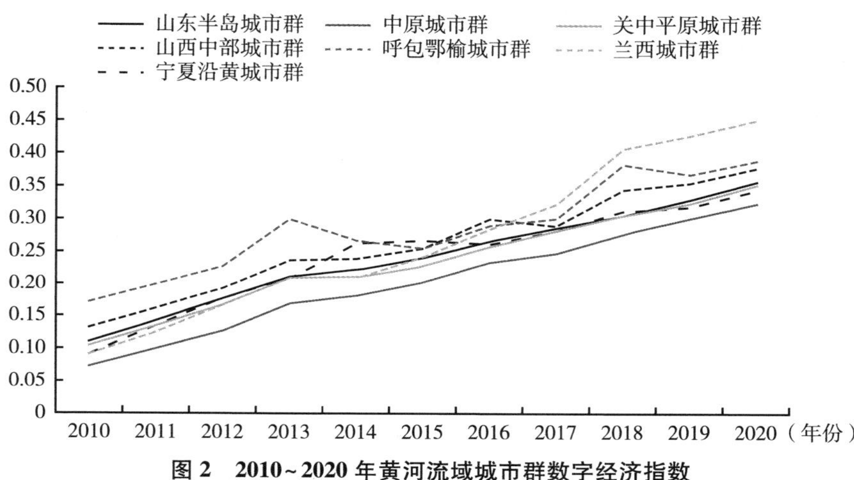

图 2　2010~2020 年黄河流域城市群数字经济指数

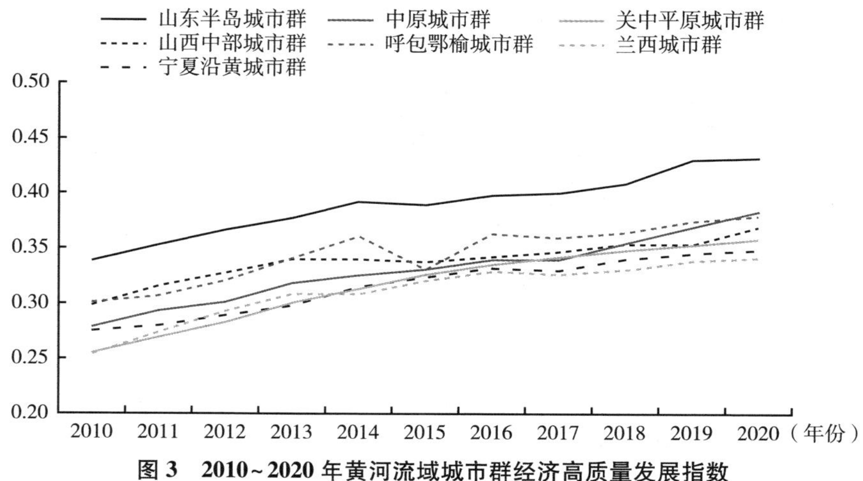

图 3　2010~2020 年黄河流域城市群经济高质量发展指数

2. 数字经济与经济高质量发展指数空间分异特征

图 4 展示了黄河流域各城市群 68 个城市在 2020 年的数字经济指数和经

济高质量发展指数情况。从图中可以看出，在城市群层面，经济高质量发展指数呈现下游城市群城市高于中游城市群城市、中游城市群城市高于上游城市群城市的阶梯形分布特征；在数字经济指数方面，各城市群内城市发展均存在较为明显的空间异质性，特别是山东半岛城市群、兰西城市群、呼包鄂榆城市群的数字经济指数方差较高，极化现象尤为突出。在城市层面，黄河流域七大城市群的省会城市、中心城市的数字经济指数、经济高质量发展指数普遍高于城市群内其他城市，如济南、青岛、郑州、西安、西宁和太原等城市普遍高于城市群内其他城市。

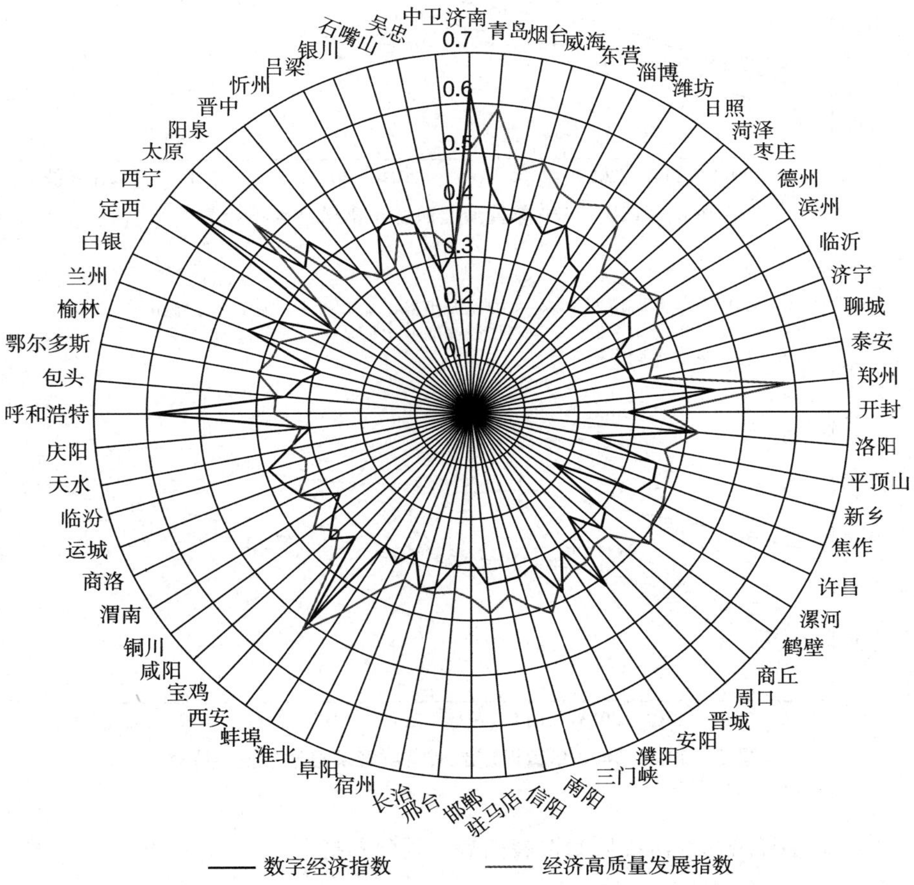

图 4　2020 年黄河流域城市群内城市的数字经济指数及经济高质量发展指数情况

（二）数字经济与经济高质量发展相关关系

本报告进一步计算了数字经济指数与经济高质量发展指数、创新发展指数、协调发展指数、绿色发展指数、开放发展指数以及共享发展指数的Pearson相关系数，以判断数字经济指数与经济高质量发展指数以及五大发展指数之间的相关关系（见表2）。总体来看，样本期间内，黄河流域城市群的数字经济指数与经济高质量发展指数之间存在相关性，与创新发展指数、协调发展指数、绿色发展指数、开放发展指数和共享发展指数之间存在不同程度的相关性。从城市群层面来看，按照数字经济指数与经济高质量发展指数的相关关系排序，从大到小依次为宁夏沿黄城市群、关中平原城市群、兰西城市群、中原城市群、山西中部城市群、山东半岛城市群和呼包鄂榆城市群。从五大发展指数来看，数字经济与宁夏沿黄城市群的创新发展相关性最为突出，与关中平原城市群的协调发展相关性最为显著，与呼包鄂榆城市群的绿色发展相关性最为明显，与关中平原城市群的开放发展相关性最为明显，与兰西城市群的共享发展相关性最大，这表明数字经济指数与五大发展指数的相关关系存在显著的空间差异性，对不同城市群的影响路径不同。

表2　数字经济指数与经济高质量发展指数Pearson相关系数

城市群	数字经济与经济高质量发展指数相关系数	数字经济与创新发展指数相关系数	数字经济与协调发展指数相关系数	数字经济与绿色发展指数相关系数	数字经济与开放发展指数相关系数	数字经济与共享发展指数相关系数
全样本	0.61	0.42	0.51	0.01	0.16	0.68
山东半岛城市群	0.59	0.60	0.32	0.11	0.05	0.75
中原城市群	0.75	0.43	0.65	0.33	0.28	0.84
关中平原城市群	0.83	0.60	0.68	0.27	0.61	0.42
山西中部城市群	0.61	0.41	0.63	0.15	0.39	0.80
呼包鄂榆城市群	0.36	0.33	0.53	0.34	0.38	0.01
宁夏沿黄城市群	0.84	0.79	0.48	0.10	0.46	0.78
兰西城市群	0.79	0.34	0.65	-0.06	-0.05	0.93

四　数字经济促进经济高质量发展存在的问题与挑战

近年来，我国数据资源价值加快释放，数字技术创新能力快速提升，数字产业规模快速壮大，算力规模和数据产量位居世界第二，数字技术跻身全球第一梯队①，但我国数字经济发展仍然存在一些不利因素，数字经济发展空间仍需进一步优化。

第一，数字经济的创新能力不足、核心技术薄弱、创新链尚不完善。数字经济领域基础科学研究积累不够，原始创新供给不足，通信技术、集成电路、传感器等关键核心技术竞争力薄弱，关键零部件自主制造能力、创新成果转化能力有待加强。此外，关键核心技术受制于人是最大隐患，数字经济是技术和知识密集型产业，对高端人才、跨界复合型人才的需求巨大。但是，目前数字技术领域高端人才供给总量不足，人才培育滞后，影响产业数字化和数字产业化发展。

第二，数字经济发展的不平衡不充分问题较为明显。近年来，我国数字经济发展规模快速扩张，但是区域之间、城乡之间和行业之间的不平衡不充分问题较为明显。一是，当前数字经济领域的重点产业、龙头企业和高端要素资源等主要分布在经济相对发达的北上广深等城市，空间分布极化现象严重且有进一步加剧的趋势，如何突破数字经济发展的“胡焕庸线”是当前面临的一大挑战。二是，三次产业数字化渗透率明显不足，数字化进程存在较大差距。数字经济在服务业中的渗透性明显高于且快于工业、农业。

第三，数字经济尚未能有效实现绿色高质量发展。数字经济有利于促进碳排放，但这是建立在一定条件之上的，数字经济并不等同于低碳经济、零碳经济，数字经济能否推动绿色高质量发展取决于三个方面。一是数字经济本身的能源消耗，比如数字基础设施，当前中国数字经济仍处于自学习、自

---

① 《报告：中国数字经济多个领域跻身全球第一梯队》，中新网，2022 年 7 月 24 日，https：//baijiahao. baidu. com/s？ id = 1739191781767543758&wfr = spider&for = pc。

演进、自适应的弱智能化发展阶段，随着数字基础设施的投入建设，能源消耗总量必然会呈现爆发式增长。二是能源消耗的强度。数字技术在赋能传统产业转型的同时，不仅实现了能源利用效率的提升，同时也带来了能源利用强度的提升。三是能源消耗的结构。目前我国能源消耗仍以化石能源为主，如何通过数字技术实现对化石能源的替代，而非促进数字技术发展使其与化石能源消耗互补是当前面临的一大挑战。

第四，数字经济相关产业全球竞争力有待提升。数字产业化发展和传统产业的数字化转型有助于推动全球价值链升级，但是我国面临数字化渗透不足、数字技术赋能不够、数字贸易发展不充分等问题，全球价值链低端锁定现象仍然存在。

第五，数字治理服务效能有待提升。公共服务领域数字化在提升公共服务质量的同时也带来了新的问题。数据是数字技术创新过程的核心，当前数据资源共享力度较为薄弱，“信息孤岛”“数据烟囱”等问题依然是数字化转型发展的重要阻碍，数据资源“不愿共享”“如何共享”“数据权属”等问题也较难破解，侵权行为、数据泄露、隐私保护、技术伦理等安全隐患普遍存在，数字经济法治环境建设相对滞后，数字化治理体系亟待加强。

五　结论与对策建议

本报告立足于数字经济影响中国城市经济高质量发展这一典型事实，基于创新、协调、绿色、开放、共享五大发展理念构建了数字经济影响经济高质量发展的理论框架，分析了数字经济推动经济实现高质量发展的作用机制，并基于山东半岛城市群、中原城市群、关中平原城市群、山西中部城市群、呼包鄂榆城市群、宁夏沿黄城市群和兰西城市群等黄河流域沿线七大城市群分析了数字经济指数与经济高质量发展指数、创新发展指数、协调发展指数、绿色发展指数、开放发展指数和共享发展指数之间的相关关系。研究发现，数字经济发展与城市经济高质量发展存在关联关系，而且具有空间异质性。此外，数字经济对城市经济高质量发展的作用路径存在较大的空间异质性，数字经济发展与宁夏沿黄城市群创新发展相关性最为突出，与关中平原城市群的协调发展相关性最为显著，与呼包鄂榆城市群的绿色发展相关性最为明显，与关中平原城市群的开放发展的相关性最为明显，与兰西城市群的共享发展相关性最大。

除了上述一系列经验证据以外，本报告的结论还具有以下政策启示。

第一，在创新发展方面，应继续加大包容性数字技术投入，强化基础研究，引导全社会尤其是企业加大对关键核心技术的研发创新，鼓励与低碳、减碳相关的数字技术方面的研发创新，同时提升企业对基础研究成果的承接吸收能力，充分发挥数字经济给城市经济高质量发展带来的“红利”优势。特别是宁夏沿黄城市群应尤其注重数字经济发展的创新问题，充分发挥其在气候、环境、能源等方面具备的优势，加快发展数据中心集群，打造面向全国的算力保障基地。

第二，在协调发展方面，依托各地区气候、环境、能源、高端要素资源等优势特色，构建错位数字经济发展格局，同时加大对欠发达地区数字经济领域的投入，以激励制度引导和鼓励企业落户欠发达地区、弱势地区。同时推动农业信息化重大关键技术创新，加快农业、工业数字经济主体培育。考虑到关中平原城市群数字经济与协调发展的强关联性，建议加大关中平原城市群省会城市、重要节点城市的数字经济发展力度，充分借助数字经济的网络外部性（空间溢出效应），加强与周边城市的经济联系，辐射带动城市群整体发展，同时注重新型基础设施建设，提高基础设施的互联互通水平，强化其承东启西、连接南北的作用，推动中西部一体化。

第三，在绿色发展方面，在大力推动数字经济发展的同时，应特别重视新型基础设施建设的能耗问题，统筹推进数据中心在西部资源富集、气候适宜地区建设布局，同时鼓励支持5G基础设施共建共享，强化资源的统筹。此外，在数字技术赋能传统产业转型发展方面，不能只专注于能源利用效率，应加强对能源消耗强度的重视程度，关注其可能带来的杰文斯悖论中的反弹效应，同时强化基础研究，探索数字技术对化石能源的替代，通过数字化提升清洁能源占比，优化能源消耗结构，从根本上促进各大城市群的碳减排。

第四，在开放发展方面，推动数字经济和制造业融合发展，提升生产制造环节的战略地位，实现全球价值链攀升。培育壮大集成电路、关键软件、人工智能等数字产业，推进数字经济领域国际合作项目落地，重点吸引数字经济领域龙头企业、国际组织入驻，打造具有国际竞争力的数字产业生态。抓住数字贸易发展机遇，提升贸易流通周转速度，扩大贸易规模、拓展贸易领域。强化新型基础设施建设，构建数字化平台，促进中小企业的数字化转型，使其充分享受到数字红利，积极参与国际竞争与合作。突出市场主体内生动力，对标国际标准，探索制定数字领域国际经贸规则，实施具有国际竞争力的开放政策，构建数字经济产业发展制度优势。

第五，在共享发展方面，坚持有效市场和有为政府的有机结合，重点围绕传统的治理体系、机制与规则难以解决的平台经济市场垄断、税收侵蚀、数据安全、伦理道德和数据确权等问题，建立健全高质量数字经济治理体系。加快开展数字技术标准、数据流通标准的制定等相关方面工作，鼓励支持领军型数字企业参与到数字标准的建设中来。持续推进数字技术领域“放管服”改革，进一步破除科研人员的束缚，为科研人员营造宽松环境。持续推进数据要素市场化改革，打通跨区域、跨行业、跨部门的数据流动壁垒，实现数据资源价值的快速释放。

参考文献

陈楠、蔡跃洲：《数字技术对中国制造业增长速度及质量的影响——基于专利应用分类与行业异质性的实证分析》，《产业经济评论》2021 年第 6 期。

程文先、钱学锋：《数字经济与中国工业绿色全要素生产率增长》，《经济问题探索》2021 年第 8 期。

李晓华：《数字经济新特征与数字经济新动能的形成机制》，《改革》2019 年第 11 期。

谢云飞：《数字经济对区域碳排放强度的影响效应及作用机制》，《当代经济管理》2022 年第 2 期。

徐维祥、周建平、刘程军：《数字经济发展对城市碳排放影响的空间效应》，《地理研究》2022 年第 1 期。

徐翔、赵墨非：《数据资本与经济增长路径》，《经济研究》2020 年第 10 期。

B.8
黄河流域城市群绿色转型时空演化及动力机制研究*

谢伟伟**

摘　要： 立足黄河流域生态文明建设目标要求，探讨黄河流域城市群绿色转型面临的发展与减排对抗性困境及动力机制具有重要的理论及现实意义。报告首先将"水"要素、温室气体污染排放、大气污染物排放和水污染排放纳入SBM方向性距离函数测算黄河流域绿色转型绩效；其次，建立面板门槛模型对低碳治理和创新活动能否驱动黄河流域城市群绿色转型进行实证检验。研究发现：第一，黄河流域城市群已出现鲜明的绿色转型轨迹，中原城市群、关中平原城市群和黄河"几"字弯都市圈绿色转型步伐相对较快。第二，低碳治理、创新人力资本和创新物质资本能够显著促进黄河流域绿色转型，但在各城市群呈现鲜明的差别化影响。第三，基于城市发展水平异质性的研究发现，低碳治理和创新活动对经济水平较高的城市群的绿色转型具有促进作用。本研究最后从合理利用环境规制工具、加强绿色技术创新密度与质量和引才、留才、用才等方面提出了加快黄河流域城市群绿色转型的对策建议。

关键词： 黄河流域　绿色转型　低碳治理　创新人力资本　创新物质资本

---

* 本报告受国家社会科学基金重点项目"基于人与自然耦合系统的黄河流域城市群高质量发展研究"（项目编号：21AZD043）、中国社会科学院博士后创新项目"中国区域碳减排效率提升的机理、演化与空间互动——基于技术进步视角"资助。

** 谢伟伟，经济学博士，中国社会科学院生态文明研究所博士后，主要研究方向为城市经济与区域创新。

一　引言

党的十九届五中全会首次提出“促进经济社会发展全面绿色转型”的任务要求，推动区域绿色转型是一项系统性的长期议题，是推动生态文明建设的重要内容。其中，流域是推进生态文明建设的重要空间载体，流域生态文明建设是践行习近平总书记“绿水青山就是金山银山”理论和新发展理念的应有之义。2019 年 9 月，习近平总书记在黄河流域生态保护和高质量发展座谈会上将黄河流域生态保护和高质量发展确定为我国重大国家战略。黄河发源于青藏高原，全长 5464 公里，是我国仅次于长江的第二长河，流域沿线聚集着山东半岛城市群、中原城市群、关中平原城市群、兰西城市群，以及 2020 年首次提出的黄河“几”字弯都市圈等国家级城市群，在我国经济社会发展和生态安全方面具有十分重要的地位。然而，当前黄河流域绿色经济水平相对滞后，具体表现在流域人口占全国 27%以上、流域 GDP 仅占全国 21%，却集聚了全国 33%以上的二氧化碳排放量，同时全流域 GDP 占全国份额逐年下降而碳排放量和生产经营用水量占全国比重却逐年上升（见图 1）。特别是山西省、内蒙古自治区、宁夏回族自治区等沿黄省份，经济发展处于中等水平，碳排放强度却远远高于全国平均水平，因此推动黄河流域绿色转型迫在眉睫。需要特别注意的是，黄河流域绿色转型面临着发展和减排的对抗性困境，主要表现在三个方面。一是 2004～2019 年全流域第二产业增加值占比持续下降但第二产业碳排放占比持续增加；二是第二产业增加值占比下降速度加快的同时，第二产业碳排放占比增长速度不降反升；三是研究时段内第二产业发展与碳排放趋势呈现非线性特征（见图 1）。为找出黄河流域绿色转型呈对抗性特征的内在机理，本报告首先对黄河流域城市群绿色转型进行测度；其次，从理论层面识别驱动绿色转型发展的动能机制，并构建回归模型对黄河流域城市群绿色转型困境的驱动机制予以检验；最后提出促进黄河流域城市群绿色转型的对策建议。

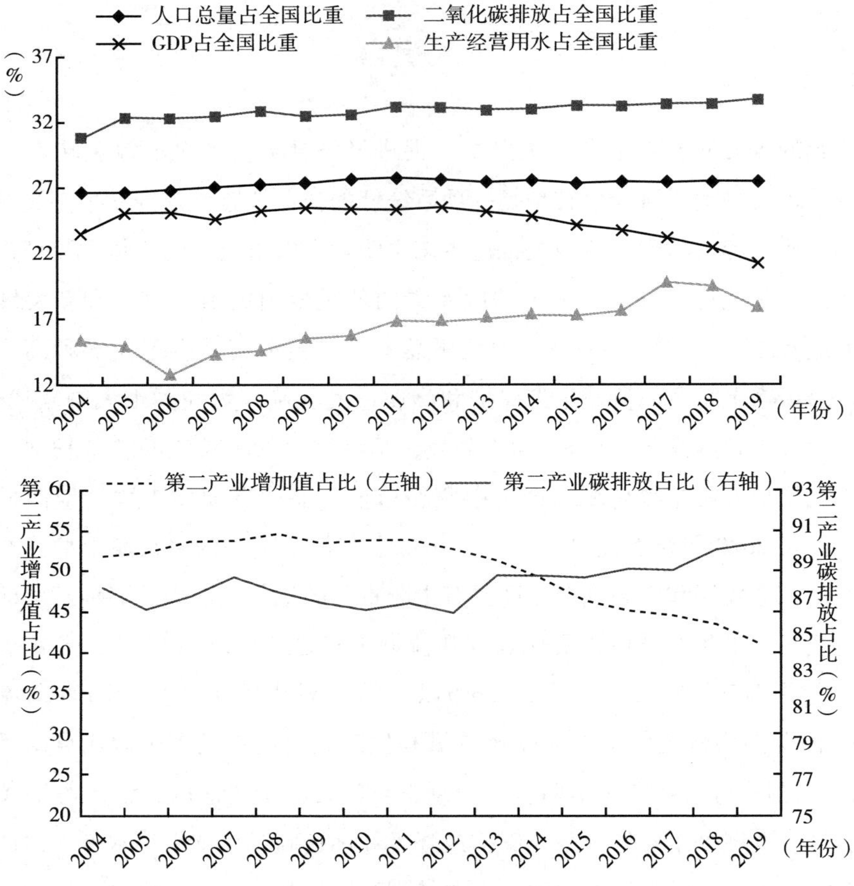

人口总量占全国比重
二氧化碳排放占全国比重
GDP占全国比重
生产经营用水占全国比重
（%）
（年份）

第二产业增加值占比（左轴）
第二产业碳排放占比（右轴）
第二产业增加值占比（%）
第二产业碳排放占比（%）
（年份）

图1　2004~2019年黄河流域经济社会发展与碳排放趋势

二　黄河流域城市群绿色低碳转型时空演进

（一）研究区域

本报告以黄河流域城市群为研究对象，根据《黄河年鉴》《黄河流域生态保护和高质量发展规划纲要》等资料，以黄河流经的山东、河南、山西、内蒙古、陕西、宁夏、甘肃、青海、四川九省区的地级市，以及安徽和河北部分城市为研究区域，最终选取黄河流域 87 个地级市，并分为山东半岛城市群、中原城市群、关中平原城市群、黄河“几”字弯都市圈以及兰西城市群等五个城市群。其中，黄河“几”字弯都市圈是 2020 年 1 月在中央财经委员会第六次会议研究黄河流域生态保护和高质量发展问题时正式提出的，不仅有利于构建黄河“几”字弯战略经济区，而且对推动“一带一路”国际合作具有重要战略意义，有利于畅通国内国际双循环。因此，本报告将黄河“几”字弯都市圈划分为黄河流域重点城市群之一。由于甘肃省（甘南藏族自治州、临夏回族自治州）、四川省（甘孜藏族自治州、阿坝藏族羌族自治州）、青海省（海东市、果洛藏族自治州、海北藏族自治州、海南藏族自治州、海西蒙古族藏族自治州、玉树藏族自治州）和内蒙古自治区（阿拉山盟）等 11 个地区缺少生态、经济社会相关数据，最终选择如下 5 个城市群作为研究范围（见表 1）。

表 1　黄河流域城市群范围界定

城市群	范围
山东半岛城市群	山东省：济南、青岛、烟台、威海、日照、东营、潍坊、淄博、枣庄、济宁、泰安、莱芜、临沂、德州、滨州、聊城、菏泽
中原城市群	河南省：郑州、开封、洛阳、南阳、安阳、商丘、新乡、平顶山、许昌、焦作、周口、信阳、驻马店、鹤壁、濮阳、漯河、三门峡、济源
	山西省：长治、晋城、运城
	山东省：聊城、菏泽
	河北省：邢台、邯郸
	安徽省：淮北、蚌埠、宿州、阜阳、亳州
关中平原城市群	陕西省：西安、宝鸡、咸阳、铜川、渭南、商洛
	山西省：运城、临汾
	甘肃省：天水、平凉、庆阳
黄河“几”字弯都市圈	山西省：太原、朔州、忻州、吕梁
	宁夏回族自治区：银川、中卫、吴忠
	内蒙古自治区：呼和浩特、包头、乌海、巴彦淖尔、鄂尔多斯
	陕西省：榆林
兰西城市群	甘肃省：兰州、白银、定西
	青海省：西宁

（二）黄河流域绿色转型测度方法及指标选择

中国城市群快速增长伴随着巨大的生态代价，同时生态承载压力也制约着城市群的可持续发展，因此中国城市群绿色转型研究逐步成为国内学者研究的重点。在可持续发展目标下，能源和环境同时作为经济增长的内生变量和刚性约束，是科学判断地区绿色转型质量的重要依托。研究表明，中国未纳入环境因素的全要素生产率（GTFP）年均增长超过5%，而将环境因素纳入后年均增长率仅为2.29%，因而忽略环境因素计算的全要素生产率可能被大大高估。

过往研究主要以绿色全要素生产率测算绿色转型，具体以劳动力、资本、能源作为投入要素，以经济产出和工业“三废”（二氧化硫、废水、烟尘）等工业污染排放作为产出要素。本报告考虑到“水”这一自然要素对黄河流域的特殊性和重要性，将水资源禀赋作为资源投入要素，污水排放总量作为“水”环境的非期望产出。同时，为顺应“双碳”目标，考虑到大气污染是环境污染的重要组成部分，选择二氧化碳排放量和PM2.5作为非期望产出，从而更加合理精准地刻画绿色转型。需要说明的是，区域二氧化碳排放来源于CEADs数据库基于DMSP/OLS和VIIRS/NPP夜间灯光数据模拟反演的1997~2017年中国县域碳排放数据集，并进一步对各市辖区的县域碳排放量进行加总，其中2018年和2019年数据根据近五年各城市碳排放占全省碳排放比例反演外推而来。报告将包含环境投入要素和非期望产出的SBM方向性距离函数测算Malmquist-Luenberger（ML）生产率指数，以表征黄河流域城市群绿色转型绩效。研究时段为2003~2019年，具体测算指标如表2所示。

表2　绿色全要素生产率测算指标说明

维度	指标名称	指标选择	数据来源
投入	劳动力	年末单位从业人员数	《中国城市统计年鉴》
	资本	固定资产投资	《中国城市统计年鉴》
	能源	全社会用电量	《中国城市统计年鉴》
	水资源	供水总量	《中国城乡建设统计年鉴》

续表

维度	指标名称	指标选择	数据来源
期望产出	经济产出	地区生产总值	《中国城市统计年鉴》
非期望产出	温室气体污染	二氧化碳排放	CEADs 数据库
	大气污染	PM2. 5	达尔豪斯大学大气成分分析组
	水污染	污水排放总量	《中国城市统计年鉴》

（三）黄河流域城市群绿色转型测算结果及分析

基于非期望产出的 DEA-SBM 模型对黄河流域城市群的绿色全要素生产率进行测算，主要有以下结论。

第一，从城市群总体上看（见图 2），黄河流域城市群绿色全要素生产率由 2004 年的 0. 987 提升至 2019 年的 1. 009，经济发展和绿色低碳发展初现齐头并进的趋势。其中，2004~2008 年绿色全要素生产率快速上升，这一阶段对应我国的要素驱动阶段，主要依靠大量的劳动力、资本等要素投入拉动经济增长。随着 2008 年全球金融危机的出现，经济整体下行，加之前期由高投入引发的环境后果，粗放型外延式的高碳发展方式导致绿色全要素增长率不断下降。虽然 2012 年出现短暂高幅度拉升，并带动 2013~2015 年出

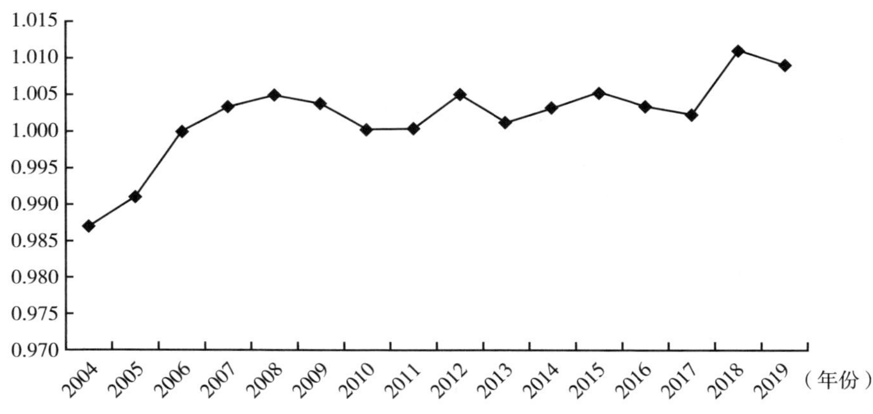

图 2　2004~2019 年黄河流域城市群平均绿色全要素生产率（GTFP）趋势

现了连续时间段的效率提升，但 2015 年后仍然出现了效率下降的趋势。由此反映出，虽然黄河流域城市群的绿色全要素生产率有显著提高，但在“双碳”背景下以高质量发展为导向的绿色低碳转型任务依然严峻，由此也验证了本报告提出的黄河流域绿色转型面临发展和减排的对抗性困境。

第二，分别从中原城市群、关中平原城市群、黄河“几”字弯都市圈、山东半岛城市群和兰西城市群的时序变化看（见表 3）：黄河“几”字弯都市圈 GTFP 均值最高，其次是山东半岛城市群、中原城市群、兰西城市群，关中平原城市群最低。具体来看，①黄河“几”字弯都市圈总体上绿色转型程度最高，但同时具备两个特点，一是绿色转型程度起步阶段低，2004 年其 GTFP 为 0.9781，在五大城市群中处于最低水平；二是绿色转型变化幅度也较高，2004~2019 年标准差次高，为 0.0095，因此黄河“几”字弯都市圈绿色转型速度最快、转型程度最高。②山东半岛城市群 GTFP 的变化幅度最低，虽然 2019 年较 2004 年没有明显提升，但在初始研究时点 GTFP 已经处于相对较高的位置，可见山东省的绿色低碳循环发展走在前列。③中原城市群除 2004 年和 2005 年，其余年份 GTFP 值均高于 1，中原城市群的绿色转型程度稳步提升。④兰西城市群的 GTFP 整体水平不高的同时标准差最高，说明兰西城市群绿色转型动力不足，无法支撑城市群保持长期稳定转型。⑤关中平原城市群 GTFP 均值仅为 0.9999，在五个城市群中绿色转型最为滞后。

表 3　黄河流域城市群绿色转型测度结果

年份	中原城市群	兰西城市群	关中平原城市群	黄河“几”字弯都市圈	山东半岛城市群
2004	0.9787	0.9787	0.9852	0.9781	0.9979
2005	0.9880	0.9764	0.9912	1.0097	0.9885
2006	1.0038	0.9814	0.9811	1.0004	1.0080
2007	1.0034	1.0109	1.0002	1.0101	1.0105
2008	1.0107	0.9973	1.0019	1.0073	1.0029
2009	1.0017	1.0104	1.0036	1.0136	1.0018
2010	1.0044	0.9946	0.9963	0.9999	1.0048

续表

年份	中原城市群	兰西城市群	关中平原城市群	黄河“几”字弯都市圈	山东半岛城市群
2011	1.0008	0.9904	1.0011	0.9988	1.0010
2012	1.0037	1.0135	1.0081	1.0020	1.0054
2013	1.0026	0.9928	1.0067	1.0048	1.0019
2014	1.0066	1.0039	1.0053	1.0016	1.0032
2015	1.0043	1.0178	1.0116	1.0079	0.9999
2016	1.0037	1.0187	0.9949	1.0063	1.0026
2017	1.0039	1.0015	1.0001	0.9899	1.0092
2018	1.0067	1.0032	1.0068	1.0217	1.0091
2019	1.0055	1.0311	1.0050	1.0066	0.9961
均值	1.0018	1.0014	0.9999	1.0037	1.0027
标准差	0.0075	0.0149	0.0081	0.0095	0.0054

第三，对比2004年和2009年黄河流域各城市群内部城市均衡性分布情况（见图3），2019年中原城市群、黄河“几”字弯都市圈和兰西城市群GTFP箱型图极小值和极大值均有较大提升，中位点处GTFP均高于1且四分位距离大幅降低，这充分说明以上三个城市群内部城市较大比例处于均值靠上的水平，绿色低碳转型成效显著，其中中原城市群2004年初始阶段GTFP极小

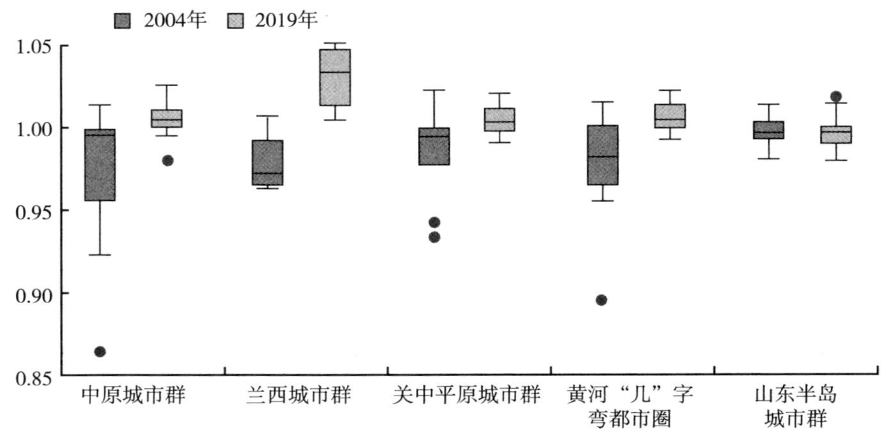

图3 黄河流域城市群绿色转型箱线示意

值在五个城市群中最低，其四分位点和中位点之间的城市数量占比极高，而其2019年的箱型图显示城市分布更为平均，且GTFP平均水平赶超其他城市群，绿色全要素生产率得到了较大程度的提高。2019年城市群间的横向比较结果显示，关中平原城市群和黄河“几”字弯都市圈内部的城市分布更为均衡，山东半岛城市群的GTFP不仅相对其他城市群更低，且极大值和极小值的跨度最大，虽然其绿色转型意识超前，但后发力量不足，行动相对滞后。

三　黄河流域城市群绿色转型动力机制分析与检验

（一）动力机制分析

国内学者已对流域、城市群等区域开展绿色转型研究，着重分析了特定区域绿色经济效率的驱动因素等问题。在驱动绿色转型的因素中，低碳治理无疑是缓解环境问题的有效手段，但低碳治理能否实现环境保护和经济增长的共赢显然是需要重点讨论的议题。早在20世纪90年代Grossman和Krueger就已经开启了环境质量与经济发展之间的关系研究，提出了著名的“倒U”形库兹涅茨曲线。国内学者从企业、工业、禀赋差异型城市、黄河流域等多个研究视角研究了低碳治理可能对绿色经济增长产生的影响，普遍的认识是低碳治理虽然短期可能对绿色全要素生产率产生抑制作用，但随着低碳治理强度的提升，长期来看能够实现环境保护和经济增长的双赢。

在我国进入以信息为基础的创新驱动发展新阶段后，与低碳治理相伴而生的创新活动是决定绿色转型的关键动因。虽然已有将低碳治理和技术创新纳入统一框架的相关研究，但是其共同特点是对创新活动的刻画多强调单一产出，忽略了创新人力资本和创新物质资本与绿色转型的紧密关联。本报告充分考虑到创新活动的丰富内涵，将创新人力资本、创新物质资本投入与低碳治理相结合，共同检验其对黄河流域城市群绿色转型的可能影响，并聚焦城市发展水平进行进一步分析（见图4）。

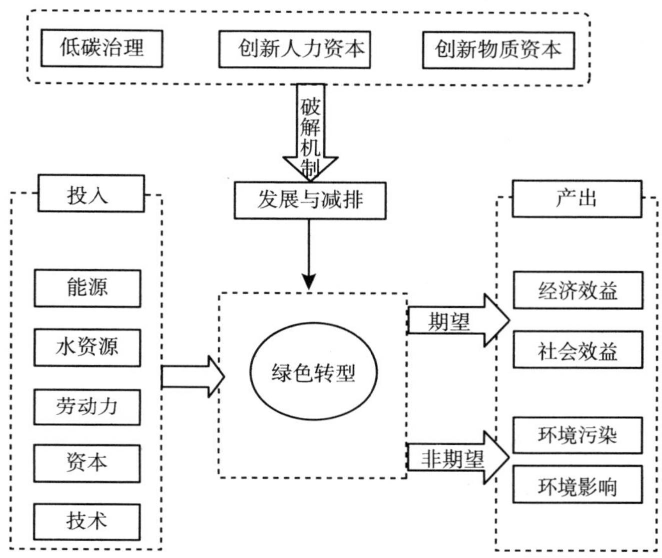

图 4　黄河流域城市群绿色转型动力机制研究框架

（二）方法与数据

为检验上述低碳治理、创新人力资本和创新物质资本投入对绿色转型的研究假设，本报告首先构建如下的基准计量模型。

$$GTFP_{it} = \alpha_0 + \alpha_1 ER_{it} + \alpha_2 human\_e_{it} + \alpha_3 patent\_e_{it} + \lambda \sum X_{it} + u_i + \varepsilon_{it} \qquad (1)$$

其中，i 代表省份，t 代表年份，$GTFP$ 为绿色全要素生产率，ER 为低碳治理，$human\_e$ 和 $patent\_e$ 分别代表创新人力资本和创新物质资本，为系列创新活动，X 为系列控制变量，u_i 表示个体效应，ε_{it} 为随机项。

核心解释变量设置如下。

（1）低碳治理变量。多数文献选择（工业）环境污染投资总额或 SO_2 去除率、烟尘去除率、工业固体废物综合利用率、生活污水处理率、工业污水处理率等复合指标作为环境治理的替代指标。本报告以碳强度降低率指标作为低碳治理效果的代理变量，检验低碳治理对绿色低碳转型的影响。

（2）创新活动包括创新人力资本投入和创新物质资本投入。其中，创新人力资本水平反映了劳动力模仿技术、吸收知识和创新创造的能力，是衡量劳动力技能水平较为合适的代理指标。在各行业中，信息传输、计算机服务和软件业，以及科学研究、技术服务和地质勘探业是服务于研究与发展（R&D）部门的两大关键行业，因此本报告选择科学研究、技术服务和地质勘探业从业人员数和信息传输、计算机服务和软件业从业人员数作为创新人力资本（$human\_e$）的代理变量，用以估计创新人力资本变动的绿色增长弹性；创新物质资本（$patent\_e$）通过单位专利申请所消耗的科技财政经费测算。

（3）控制变量。为了缓解模型可能存在的遗漏变量对模型估计结果产生的偏误，需设定可能对城市绿色全要素生产率产生影响的控制变量。通过相关文献梳理发现，影响绿色全要素生产率的因素还包括政府干预、外资水平、人口密度等变量。具体如下：财政压力（*Fina*），用财政支出与财政收入的比重表示；外资水平（*FDI*），用外商投资总额占 GDP 的比重表示；人口密度（*pd*），用城市人口密度表示。其中，为弱化量纲差距和样本异方差对回归结果的影响，将创新物质资本、财政压力和人口密度数据作取对数处理（见表4）。

表4　原始数据的描述性统计

变量	样本量	均值	方差	最小值	最大值
GTFP	1392	1.002	0.022	0.838	1.214
ER	1392	0.048	0.132	-3.306	0.761
human_e	1392	1.19	2.309	0.03	29
patent_e	1392	27.18	44.33	0.676	755.25
Fina	1392	311.277	235.705	100.36	1839.854
FDI	1392	1.362	1.651	0.001	19.783
pd	1392	425.29	311.431	4.7	1440.371

（三）动力机制检验

从总体样本的估计结果看，低碳治理（ER）的估计系数为 0.013 且通过了 1%的显著性检验，这说明总体上黄河流域低碳治理有显著成效，起到了助推流域绿色转型的关键作用。从创新活动方面的两个核心解释变量看，创新人力资本（*human_e*）和创新物质资本（*patent_e*）的系数均显著为正，说明创新人力资本和创新物质资本投入越大，绿色全要素生产率越高。创新人力资本和创新物质资本作为推动技术进步的关键性因素，具有增加消化吸收和应用现有技术能力的关键作用，对黄河流域绿色低碳转型意义重大。

从低碳治理的估计结果看：①低碳治理变量仅对中原城市群 GTFP 的影响积极且显著，可见中原城市群积极响应政府环境治理政策，环境规制对于加速中原城市群的绿色转型至关重要。②低碳治理对黄河“几”字弯都市圈的绿色转型产生了负向影响，可能的原因是构成黄河“几”字弯都市圈的内蒙古、宁夏和陕西部分地区基本都是西部经济发展相对落后地区，在面对更高强度的低碳治理时没有足够的创新人力资本和降碳技术加以支撑，不仅导致企业效益不高，治理效果也不明显。

从创新人力资本的估计结果来看：创新人力资本在兰西城市群和山东半岛城市群表现出积极的促进作用，其系数分别为 0.010 和 0.0004。兰西城市群创新人力资本的系数远高于山东半岛城市群，其主要原因是兰西城市群样本量相对较少，其中包括了省会城市兰州和西宁，因此创新人力资本平均水平相对于山东半岛城市群更高。因此，总体而言黄河流域创新人力资本的作用相当滞后，从创新人力资本投入到生产率提高存在相当程度上的背离，这也是中国目前陷入创新困境的一个重要原因。

从创新物质资本的估计结果来看：从五个城市群的回归结果发现创新物质资本投入在中原城市群、山东半岛城市群和关中平原城市群对绿色全要素生产率的影响均是积极显著的，且创新物质资本投入的作用普遍高于创新人力资本投入的作用，说明当前黄河流域多数城市群的绿色转型主要依赖于创新物质资本投入驱动。然而，当前我国已由投资驱动阶段转向创新驱动发展阶段，人才成为地区发展的关键因素，因此黄河流域城市群亟须加强创新人才资本以驱动绿色转型（见表5）。

表5 基于城市群层面的估计结果

变量	总体样本	中原城市群	黄河“几”字弯都市圈	山东半岛城市群	关中平原城市群	兰西城市群
ER	0.013** (2.49)	0.004* (0.33)	-0.007** (-0.20)	-0.010 (-0.83)	0.012 (0.90)	0.014 (0.59)
human_e	0.001** (1.85)	-0.0002 (-0.14)	0.001 (0.26)	0.0004* (0.82)	0.001 (0.95)	0.010* (1.81)
patent_e	0.002** (2.36)	0.004*** (3.69)	0.001 (0.38)	0.002** (2.61)	0.005*** (2.80)	0.006 (1.06)
C	0.821*** (11.57)	0.690*** (6.95)	1.01*** (6.44)	0.967*** (7.64)	0.53** (2.20)	0.643* (1.85)
控制变量	是	是	是	是	是	是
N	1392	464	208	272	176	64
R2	0.185	0.438	0.178	0.126	0.103	0.208
F值	4.89***	8.75***	0.56***	3.02***	3.50***	2.36**

注：括号中为*t*值，*、**、***分别表示显著性水平为0.1、0.05、0.01。

黄河流域城市群的绿色转型进程差别较大，城市发展水平的差异是决定绿色转型动力机制差异化的主要因素，本报告聚焦城市发展水平，并进一步探讨了低碳治理和创新活动在不同城市发展阶段特征下对绿色转型的影响。具体而言，以人均GDP（dev）作为黄河流域城市群发展水平的门槛变量代理指标，建立面板门槛模型以体现差别化影响。计量结果表明面板门槛模型仅存在一个门槛值，为8.9。从表6的结果可以看出，随着人均GDP跨过门槛值，低碳治理、创新人力资本和创新物质资本对GTFP的显著性都由不显著转为在1%水平下显著。这一结果说明在发展水平较低的城市，加大政府低碳治理力度，丰富创新活动并不能有效地推动GTFP提升，只有当城市达到一定发展水平时，低碳治理和创新活动的绿色发展效应才能充分展现。从空间上看，在高于门槛值的区间中，山东半岛城市群高于门槛值的城市占比接近100%，黄河“几”字弯都市圈和中原城市群的城市占比均高于90%，意味着黄河流域大多数地区空间发展都处于较高门槛值状态。然而，位于黄河流域上游段的关中平原城市群和兰西城市群高于空间门槛值的城市占比相对较低。可见从空间发展来看，依靠低碳治理和创新活动推动上游地区绿色转型的前提是要缩小与其他地区的经济发展差距。

表6 面板门槛回归结果

变量	系数	变量	系数
ER(dev<8.9)	-0.034(-1.32)	ER(dev>8.9)	0.015***(2.86)
human_e(dev<8.9)	-0.001(-0.14)	human_e(dev>8.9)	0.001***(1.88)
patent_e(dev<8.9)	-0.001(-1.00)	patent_e(dev>8.9)	0.002***(2.67)
C	0.879*(12.22)	控制变量	是
N	1392	F值	6.44***
城市群	高于门槛值城市占比(%)	城市群	高于门槛值城市占比(%)
关中平原城市群	88	山东半岛城市群	99
兰西城市群	31	黄河“几”字弯都市圈	96
中原城市群	91		

注：括号内为回归系数对应的 t 统计量，***、**、* 分别表示在显著性水平为0.01、0.05、0.1。

四 政策建议

本报告根据研究结论从以下方面提出对策建议。

第一，针对低碳治理在黄河流域城市群的差异化影响，首先，应避免低碳治理规制对黄河“几”字弯都市圈绿色转型的消极影响持续扩大，同时有效推进环境治理在关中平原和山东半岛两大城市群的绿色转型驱动，合理高效利用环境规制工具，尤其是以低碳偏向性治理原则为核心抓手，结合黄河流域经济发展的历史路径和现状，消除环境规制工具在内部企业产生的负向挤出效应，从而扭曲低碳治理的行为初衷，阻碍绿色转型。其次，探索构建区域协同高效的环境规制政策，黄河流域以水为核心要素，应制定区域协同的水环境、大气环境及低碳治理政策，避免因经济竞争而导致的环境治理空间不协同，提高黄河流域上中下游、城市群间环境规制政策的协同效率和发展效益。

第二，从黄河流域绿色转型较大程度由创新物质资本投入驱动，而创新人力资本驱动较弱的现实证据出发，建议进一步提高创新人力资本水平并增强绿色技术创新密度和质量。一是加大绿色技术创新研发力度，重视自主创新，提升绿色技术进步；二是加大对绿色技术的宣传力度，呼吁推广和使用绿色技术，从根源上节约资源、保护环境，实现经济绿色创新增长；三是充分激发创新人力资本尤其是创新人才的创新产出，提升科研人员相对报酬，将技术成果转化率与奖励挂钩，从而增强创新活力。

第三，面对城市发展水平对黄河流域绿色转型驱动机制的差别化影响，应着力缩小上游与中下游城市的绿色经济发展差距，尤其是对于位置偏远的上游地区要进一步最大限度激发留才、引才和用才的原生动力，建立市场化引才、用才制度。人才的流入对于发挥创新人力资本提升绿色经济增长具有关键作用。一方面拓展人才全产业链支持服务，保障引进人才生活品质；另一方面提高城市公共服务和社会服务、住房、生态环境等不可贸易品的可及性，系统性自上而下、由内及外将引才与留才政策落到实处。

参考文献

陈明华、岳海珺、郝云飞等：《黄河流域生态效率的空间差异、动态演进及驱动因素》，《数量经济技术经济研究》2021 年第 9 期。

陈诗一：《中国的绿色工业革命：基于环境全要素生产率视角的解释（1980—2008）》，《经济研究》2010 年第 11 期。

戴魁早、骆莙函：《环境规制、政府科技支持与工业绿色全要素生产率》，《统计研究》2022 年第 4 期。

范丹、孙晓婷：《环境规制、绿色技术创新与绿色经济增长》，《中国人口·资源与环境》2020 年第 6 期。

宰胜阻、吴华君、吴沁沁等：《创新驱动与核心技术突破是高质量发展的基石》，《中国软科学》2018 年第 10 期。

郭付友、高思齐、佟连军等：《黄河流域绿色发展效率的时空演变特征与影响因素》，《地理研究》2022 年第 1 期。

纪雯雯、赖德胜：《人力资本配置与中国创新绩效》，《经济学动态》2018 年第 11 期。

李虹、邹庆：《环境规制、资源禀赋与城市产业转型研究——基于资源型城市与非资源型城市的对比分析》，《经济研究》2018 年第 11 期。

林伯强、谭睿鹏：《中国经济集聚与绿色经济效率》，《经济研究》2019 年第 2 期。

刘华军、乔列成、石印：《重大国家战略区域视角下长江经济带与黄河流域生态效率比较研究》，《中国软科学》2021 年第 10 期。

罗能生、王玉泽：《财政分权、环境规制与区域生态效率——基于动态空间杜宾模型的实证研究》，《中国人口・资源与环境》2017 年第 4 期。

上官绪明、葛斌华：《科技创新、环境规制与经济高质量发展——来自中国 278 个地级及以上城市的经验证据》，《中国人口・资源与环境》2020 年第 6 期。

沈坤荣、金刚、方娴：《环境规制引起了污染就近转移吗?》，《经济研究》2017 年第 5 期。

汪晓文、陈明月、陈南旭：《环境规制、引致创新与黄河流域经济增长》，《经济问题》2021 年第 5 期。

王兵、刘光天：《节能减排与中国绿色经济增长——基于全要素生产率的视角》，《中国工业经济》2015 年第 5 期。

王兵、吴延瑞、颜鹏飞：《中国区域环境效率与环境全要素生产率增长》，《经济研究》2010 年第 5 期。

杨开忠、单菁菁、彭文英等：《加快推进流域的生态文明建设》，《今日国土》2020 年第 8 期。

杨开忠、范博凯、董亚宁：《空间品质、创新活力与中国城市生产率》，《经济管理》2022 年第 1 期。

岳立、薛丹：《黄河流域沿线城市绿色发展效率时空演变及其影响因素》，《资源科学》2020 年第 12 期。

张成、陆旸、郭路、于同申：《环境规制强度和生产技术进步》，《经济研究》2011 年第 2 期。

B.9

京津冀城市群协同发展与绿色转型研究

石 丁 陈雨思 张卓群*

摘 要： 京津冀城市群建设是重大的国家战略，是拉动我国经济发展特别是北方地区发展的重要举措。在其实施过程中，协同发展与绿色转型是相互促进的关系，绿色转型是协同发展的目标之一，协同发展是实现绿色转型的有力保障。本报告探讨了京津冀城市群实现绿色转型的特殊必要性，并从总结京津冀城市群协同发展与绿色转型的成效入手，指出其面临的问题与挑战，并提出了在协同发展中实现绿色转型的对策。

关键词： 京津冀城市群 协同发展 绿色转型

京津冀城市群是我国三大经济增长极中的重要一极，京津冀协同发展是我国的重大经济发展战略之一，其目标是通过区域发展体制的创新，推动城市的经济社会发展，完善城市布局和形态，建设集经济发展与生态文明于一体的样板式城市群，依托城市地域间的协同发展，加快提升北方腹地的发展水平，打造一个互利共赢、绿色科学的经济发展集合体。为此，如何促进京津冀城市群的协同发展，使之更符合国家整体发展布局的需要；如何在协同发展的过程中实现产业结构和经济社会发展的优化和绿色转型，就成为亟待研究的问题。

---

* 石丁，河北经贸大学财政税务学院教授，海南科技职业大学会计学院院长，硕士生导师，主要研究方向为财税理论与政策；陈雨思，海南科技职业大学会计学院教师，主要研究方向为经济法与地方经济；张卓群，经济学博士，中国社会科学院生态文明研究所助理研究员，主要研究方向为城市与环境经济学、数量经济与大数据科学。

一　京津冀城市群的发展与定位

从历史发展的角度来看，京津冀地区在地理位置上相互关联本为一家，各地区人员相互往来甚为亲厚，因此无论是从地域还是文化传承上都一脉相连，凭借这层深厚的历史渊源，京津冀各地之间的经济和文化交汇融合、相互促进、协同发展具有良好基础。

（一）京津冀城市群的概念提出

20 世纪 50 年代，河北省省会城市保定市凭借其传统历史地位，率先与北京市、天津市形成"京津保"三角区域；随后京津分别向东延伸经济触角至唐山等城市，出现了"京津唐"新三角区域。1999 年，吴良镛首次提出了"大北京"概念，其包含了"京津保"与"京津唐"两个三角区域，一般认为是真正意义的京津冀一体化概念的开端。此后，又延伸出"京津石"三角区域概念，并出现了以"京津唐保石"有效带动其周边的"环京津贫困带"及"冀中南贫困带"城市发展的提法。到"十一五"期间形成了以京津为核心，石家庄、秦皇岛、唐山、廊坊、保定等河北省 8 个地市在内的"2+8"京津冀都市群。2014 年，京津冀城市群协同发展体系已包含京津及河北省在内的 11 个城市。以环京津城市带动冀中南城市、面积由小及大、距离由近及远为发展模式的城市体系基本形成。2015 年 4 月，中共中央政治局审议通过了《京津冀协同发展规划纲要》，提出在未来发展中将逐步形成"一核、双城、三轴、四区、多节点"的城市群空间格局。

（二）京津冀城市群的基本定位

京津冀城市群概念提出后，一开始多是学者们的学术探讨和呼吁，以及相关地方政府的有限推动。但到 2014 年，情况发生了根本性变化。

2014 年 2 月，习近平总书记在听取京津冀协同发展工作汇报时强调：

实现京津冀协同发展，是面向未来打造新的首都经济圈、推进区域发展体制机制创新的需要，是探索完善城市布局和形态、为优化开发区域发展提供示范和样板的需要，是探索生态文明建设有效路径、促进人口经济资源环境相协调的需要，是实现京津冀优势互补、促进环渤海经济区发展、带动北方腹地发展的需要，是一个重大国家战略，要坚持优势互补、互利共赢、扎实推进，加快走出一条科学持续的协同发展路子来。

2015 年，中共中央政治局审议通过了《京津冀协同发展规划纲要》（以下简称《规划纲要》），为京津冀地区协同发展确定了明确的目标。《规划纲要》中明确规定，京津冀城市群的整体定位是“以首都为核心的世界级城市群、区域整体协同发展改革引领区、全国创新驱动经济增长新引擎、生态修复环境改善示范区”。

《规划纲要》的出台代表京津冀地区形成了资源共享、政策互动的发展架构，统一规划产业布局和生态结构，逐步形成了市场一体化的发展趋势。由此，京津冀城市群进入了蓬勃发展的新时期。

为了达成《规划纲要》所设立的目标，京津冀三省市在功能分化上各有分工。北京市是京津冀城市群的核心，主要功能为全国的政治中心、文化中心、国际交往中心、科技创新中心；天津市的功能定位则是全国先进制造研发基地、北方国际航运核心区、金融创新运营示范区、改革开放先行区；河北省的功能定位为全国现代商贸物流重要基地、产业转型升级试验区、新型城镇化与城乡统筹示范区、京津冀生态环境支撑区。

（三）京津冀城市群绿色转型的特殊必要性

所谓绿色转型有狭义和广义之分。狭义的绿色转型是指产业绿色转型，包括建立环保产业、扩大无污染产业，以及对污染产业的改造重塑，通过使用新技术实现低消耗和低排放的清洁生产。广义的绿色转型则是指包括产业在内的整个经济社会的全面转型，既包含生产方式的转型，也包含消费方式从传统方式向低碳、节能、少排的现代方式转变，是以建设资源节约型和环境友好型社会为导向，不断迈向生态文明发展的新阶段。

党的十八大之后，生态文明建设作为国家重大决策部署，被写入宪法、党章，被纳入国家“五位一体”总体布局。习近平总书记提出“绿水青山就是金山银山”的科学论断，生动地表达了推进生态文明建设的必要性。要尊重、顺应、保护自然，节约自然资源，将生态文明融入经济建设的各个方面，坚持人与自然和谐共存、推进可持续发展，建立健全绿色低碳循环的经济发展体系，通过产业以至整个社会的绿色转型，实现绿色发展。

京津冀地区人口集中，横亘西部的太行山阻隔了空气流通，加之产业重型化和大量企业生产技术的落后，造成了比较严重的大气和河流污染，曾是全国雾霾最为严重的地区之一。京津冀城市群作为中国重要的经济增长极，必须走好生态文明发展道路，以绿色转型促进协同发展已经成为必然选择。

第一，作为中国三个经济增长极中的重要一极，京津冀应在加快发展的同时实现绿色转型发展。国家之所以将京津冀协同发展上升为国家战略，就是为了在其建设过程中发挥辐射、带动和示范作用，而低碳绿色的现代发展方式已经成为全人类的共识。因此，京津冀城市群的协同发展必须是绿色发展，在绿色转型中实现快速发展和进步。

第二，京津冀城市群的核心城市北京是中国的首都，作为首善之区必须是绿色城市，其发展模式必须是绿色发展，为此整个京津冀地区也只有实现绿色发展和转型才是可行的选择，并且强调协同发展的本意之一就是要确保绿色和可持续发展。

第三，京津冀地区位于华北的太行山以东，只有张承坝上地区相对地广人稀，其他大部分区域人口高度集中，环境承载能力趋弱，环保的回旋空间很小，只有加快绿色转型的步伐，才能在资源环境的紧约束下实现可持续发展。

二　京津冀城市群协同发展及绿色转型的成效

近年来，京津冀城市群协同发展已取得丰硕成果，逐渐发展为中国北方经济规模最大、最具商业潜力和活力的地区。在构筑协同发展格局的过程中，不应仅注重经济上的发展，而应更加注重绿色转型和创新，即如何在减少环境污染和能源消耗的前提下发展经济，如何通过区域协同减少区域间的发展落差，已成为现下京津冀城市群发展必须思考的问题。

（一）市场主体数量明显增加，区域绿色转型效果显著

随着京津冀协同发展的稳步推进，市场主体获得了比以往更加广阔和有利的发展空间，从 2014 年京津冀协同发展战略开始，京津冀三地新增的注册企业数量明显增多，并且从 2017 年开始，天津市年新增注册企业的数量开始超过北京市，2020 年河北省新增注册企业数量更是突破了 130 万家，在政策的引导下，各地的新增企业数量快速增加。

京津冀协同发展从战略制定到部署实施，通过推动交通、生态、产业和公共服务的协同发展，促进区域绿色转型进程进一步加快，绿色发展成效显著。国家统计局数据显示，2020 年京津冀区域绿色发展指数达到 140. 81，与 2014 年相比，年均提高 6. 8 点，在节能减排和空气质量改善等方面效果显著。区域能源消耗持续下降，2020 年京津冀三地单位 GDP 按可比价格计算能耗对比 2014 年分别下降了 28. 7%、25. 0%与 26. 1%。空气质量显著改善，2020 年区域 PM2. 5 年均浓度对比 2012 年下降 51%，降至 44 微克每立方米，区域内 13 个城市空气质量二级以上天数占全年的 72. 4%。

（二）北京非首都核心功能持续疏解，空间布局和经济结构逐步优化

京津冀城市群协同发展的最核心需求是疏解北京非首都核心功能，力求解决因城市人口过度密集和承载过多功能所带来的资源过载、交通拥堵、环境污染严重等问题，调整北京的空间结构和经济结构。为此，严格控制和审批北京市域范围内的投资项目，按照“能不增则不增、能少增则少增”的要求，实行更加严格的产业准入标准，将一定的企业投资项目引流至北京以外的地区。在严格把控增量的同时，推动如区域性批发市场、学校、一般制造业、医院等非首都核心功能向京外疏解，或由市中心转移至京郊区域。

北京非首都核心功能疏解成效主要体现在以下几个方面。第一，企业、

学校、医院的大规模外迁。自 2014 年以来，北京城区已有 20 多所学校和医院，约 3000 家一般制造企业和 1000 个物流中心、批发市场将业务转移至京郊，有效缓解了北京城区因人员过多和企业过多等引起的一系列“大城市病”的问题。第二，北京城市副中心的建设进程加快。累计有市级机关 35 个部门 1.2 万人搬入北京城市副中心进行工作和办公，北京非首都核心功能疏解正在有序推进。第三，“腾笼换鸟”预留发展空间。为了优化北京市人口规模和经济结构，北京非首都核心功能疏解为“高精尖”产业，如科技、信息等技术产业创造了合理有效的发展空间。通过多重措施开展疏解工作，2020 年北京市常住人口为 2189.3 万人，圆满达成控制常住人口规模在 2300 万人以下的目标。

（三）创新驱动战略深入推进，城市群创新能力持续增强

随着创新驱动战略的逐步实施，京津冀在创新领域不断涌现新的研发成果，质量也逐渐提升。根据国家统计局发布的数据，自京津冀协同发展战略出台后，京津冀地区创新发展指数的上升趋势十分明显，2020 年为 131.87，与 2014 年相比，年均提高 5.31 点。在与创新相关的产业的投入方面，2020 年区域研发经费投入强度比 2014 年提高了 0.51 个百分点，2020 年京津冀三地的研发经费投入强度为 3.68：1.97：1（以河北省为 1），对比 2014 年的 4.46：3.52：1，能够看出随着时间的推移，政策逐步完善，河北省在研发经费投入上与北京市和天津市的差距正在逐渐缩小。对比 2014 年，2020 年京津冀区域内创新产出和创新效率有明显的增长趋势，其中区域内常住人口发明专利拥有量为每万人 37 件，技术市场成交额为 7987.8 亿元，每亿元研发经费所产生的专利授权量为 95.8 件。

在“高精尖”产业发展方面，2021 年前三季度北京市高技术产业增加值同比增长 21.1%，战略性新兴产业同比增长 19.1%，工业机器人、智能手机和集成电路等细分领域也出现显著增长，分别上涨 67.1%、24.7%和 27.8%；天津市则在高技术制造业和战略新兴产业上加大投入，其增长率分别为 15.6%和 26.3%；河北省在新能源汽车、工业机器人、太阳能电池等方面也实

现大幅增长，产量同比分别增长110%、52.6%和70.8%。在京津冀协同发展战略实施的八年里，北京市、天津市、河北省三地不断加快协同创新的步伐，各自分工发展不同领域的创新产业，逐步形成了创新链、产业链、资金链和政策链有效结合的新布局，优化了京津冀地区的协同创新环境。

（四）区域协同能力有所增强，基本公共服务共建共享取得实质进展

基本公共服务主要包括基础教育、基本医疗、就业与社会保障服务、公共文化设施等。目前取得的成果主要如下。第一，推动京津优质中小学、幼儿园与河北省开展跨省域合作办学，截至2020年底，三地之间累计开展教育帮扶项目60余项，签署帮扶合作协议13项，建成5个职业教育平台，成立10个跨区域特色职教集团（联盟），组建“京津冀协同创新联盟”12个。第二，北京17家医院与河北省20家医院建立合作关系，33项临床检验结果在区域内296家医疗机构实现了互认，20项医学影像检查资料在155家医疗机构进行了共享。第三，在就业与社会保障服务上，人力资源地方服务标准基本统一，社会保险转移接续深入推进，跨省异地医疗住院费直接结算覆盖面继续扩大，异地医疗便利化程度不断提高。第四，成立了京津冀图书馆联盟等5个协同发展平台，在公共图书阅览、公共文化活动、公共艺术活动等领域实现了资源共享互通。

三　京津冀城市群协同发展及绿色转型面临的问题与挑战

虽然京津冀在协同发展和产业绿色转型方面建树颇丰，但是长期积累的问题绝非短期内可以解决，发展之路任重道远。以往累积下来的环境问题、不同地区收入差异问题、生产要素投入与产出不成正比且效率较低的问题，都是其区域协同和绿色转型过程中无法避免的难题。

（一）京津冀城市群的产业结构和发展方式仍需进一步优化

北京作为我国的首都，与深圳、上海均为我国经济发展最迅速的城市，

这些地域经济发达，吸引了大量的企业在此注册、生产、办公。京津冀地区面临的是过去企业生产和发展所带来的大量环境污染问题和未来如何实现绿色发展的双重困境。在京津冀地区产业发展中，存在成本和收益严重失衡的情况，河北省明显承担了过大的环保和经济发展压力。根据北京非首都核心功能疏解的政策需要，京津等大城市也在逐渐将涉及污染的产业向外部转移，如石油加工业、核燃料加工业、食品制造业等，河北省承接了大部分来自北京市、天津市等地区的污染产业，虽然在一定程度上给河北省带来了经济利益，但是其承担的环境治理压力也与日俱增，短期内很难找到完美的解决途径。

对比于北京市，天津市、河北省在高新技术产业与环保产业的投入与建设上仍有明显不足，绿色产业在京津冀地区产业的整体占比仍然较低，各地区发展存在较大差异，在京津冀地区内北京市高新技术产业与环保产业发展较好且数量较多，而天津市和河北省的同类产业发展则相差甚远。以互联网平台企业为例，2020 年，北京市企业注册资本接近天津市与河北省的总和（见图 1），由此可见，针对绿色产业的发展，京津冀城市群内部需要进行大范围的产业结构调整优化。

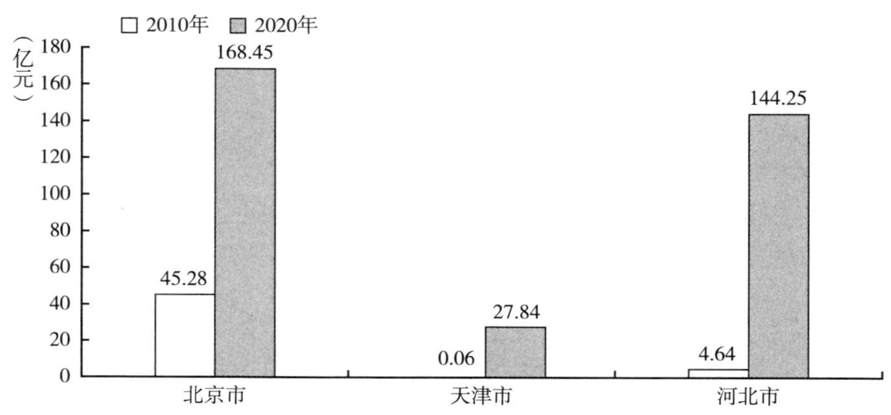

图 1　2020 年京津冀城市群互联网平台注册资本

资料来源：叶堂林、李国荣等主编《京津冀发展报告（2022）——数字经济助推区域协同发展》，社会科学文献出版社，2022。

（二）京津冀三地经济与社会发展不同步

京津冀城市群内部的发展显然是不同步的，对比北京市、天津市两个区域，河北省无论从社会保障制度、公共服务、基础设施投入还是从分配关系上来看，与北京市、天津市仍存在着较大的差距（见表1），想要实现京津冀区域协同发展，就必须解决三地发展不同步的问题。虽然京津冀城市群是一个地域相接、文化相近的区域整体，各地政府都在制定和实施由国家提出的协同发展战略，但是因为行政区域格局的划分，京津冀城市群很难实现整体同步推进实施的策略，更常见的是各地政府根据政策需求各自为政，这就无法实现全区域全方位综合协同的目标，在政策的实施上会损失效率。在技术、人才、资金、生产方面，京津冀城市群内部各地方政府大多是只将资源用于本地区，无法做到资源有效整合和统筹运用，这就使得其他区域在需要相关资源的时候，无法互补互助，实现资源运用的快速对接。

表1　2021年京津冀城市群公共服务及基础设施建设对比

指标		北京市	天津市	河北省
常住人口(万人)		2188.6	1373	7448
人均可支配收入(元)		75002	47449	29383
教育	研究生占常住人口比重(%)	2.9	1	0.15
	本专科生占常住人口比重(%)	4.1	6.5	3.5
每万人病床数量(张)		0.33	0.31	0.32
每万人博物馆数量(家)		0.09	0.05	0.02
职工基本养老保险参保人数占常住人口比重(%)		83.4	55.7	19.8

资料来源：北京市、天津市、河北省《2021年国民经济和社会发展统计公报》。

（三）基于京津冀整体范围的生态补偿机制尚待完善

建立有效的生态补偿机制是平衡地区内各方利益、实现区域生态环境改善的根本之策，也是长久之策。近年来这方面的实践一直在尝试，并取得了一些实在的成果。例如：天津市、河北省人民政府签署《关于引滦入津上下游横向生态补偿的协议（第二期）》，天津市向河北省每年提供补偿金 1 亿元，专用于引滦工程上游的污染治理和生态保护。京冀就密云水库上游潮白河流域水源涵养区的横向生态保护补偿达成协议，北京市为此每年安排 3 亿元专项补偿资金。但总的来说，这些补偿还不具有普遍性，是地方政府间通过一对一谈判进行的横向补偿，补偿的力度、覆盖的范围以及提供补偿的政府级次都有待提高。此外，除了政府直接补偿外，也没有引入市场补偿机制。

（四）京津冀地区环保规制缺乏统一的判断标准

由于京津冀地区的产业结构不协调，三地的经济发展水平存在差异，产业分配不均也使得环境污染程度存在差异，三地在环保立法和执行上会根据自己区域的实际情况做出有差异的判断，这会影响环境立法协同的执行效率和最终目标的实现。

虽然三地已经开展过多次联合执法行动，但是在立法方面的原则性规定始终未能达成一致，例如针对污水治理，北京市和河北省以预防为主，而天津市则优先选择保护资源；在大气污染治理方面，北京市侧重于严防严治，以环境为优先，天津市则以预防为主，坚持保护优先，而河北省则是规划先行，从源头治理大气污染。从各地区针对同一污染事项的不同解决方式可以看出不同地区对环境污染治理的侧重点是不同的，无论是主攻方向还是治理力度，都会根据本地政策做出相应的调整。因此面对污染的无差别性，治理力度的畸轻畸重和判断标准的不一致，必然会影响到京津冀地区对于环境治理的整体效果。

四　京津冀城市群协同发展中实现绿色转型的对策

为了能够更好地推进京津冀城市群的协同发展和绿色转型，需要在构建绿色产业体系、增强企业和社会创新活力、完善生态补偿机制、加快协同立法进程等方面形成合力，实现绿色转型与协同发展相互耦合，统筹推进京津冀城市群迈向高质量发展。

（一）构建绿色产业体系，推动产业结构转型升级

推进京津冀城市群绿色转型发展最关键的一步就是加快传统制造业向绿色产业转型。最常见的传统制造业如钢铁和有色金属冶炼、造纸与木材加工、机械制造、化工等，这些产业在生产过程中都会消耗巨大的能源和原材料，并不可避免地产生较多的各类废弃物，任由其排放进自然环境中会对生态环境造成严重损坏。为此，一要根据新的产业规划和城市定位，通过各城市和各地方的协同合作，有序完成其生产地点的迁移转移；二要引入最新的技术和工艺改造传统制造业，完成其向现代制造业的转型；三要利用京津冀智力资源优势，继续加快发展数字经济和现代服务业等新产业、新业态。国家层面需要加大对企业转型的推进力度，促使企业在追求生产利润的同时能够自主学习新的技术，采用新的环保型资源，如北京冬奥会期间所使用的氢能源汽车，可以有效地减少燃油排放的二氧化碳对空气的污染，降低雾霾产生的可能。

（二）增强企业和社会创新活力，提升人才流动配给效率

为了推动京津冀绿色产业的可持续发展，各级政府需要发挥更强的引领作用，以财税政策为杠杆，辅之以其他配套性政策，激发企业的创新动力，提高制造业的创新能力。鼓励企业创新开发，推广绿色设备和技术，降低能源消耗，提高资源的利用水平。积极开发和使用替代性新材料、新能源，并通过提高管理能力和生产能力，有效降低单位产量污染物排放，实现更高水平的节能减排。

此外，实现绿色创新的根本在于人才。京津冀城市群要大力培养和吸引创新型人才，充分发挥人才在实现绿色转型中的重要作用。北京作为国家首都，凭借其特有地位和优势，有利于吸引到更多的创新型人才，但其他地区特别是河北省在人才吸引力方面则往往处于劣势，尽快改变这一状况，显然也是京津冀协同发展的题中应有之义。应破除地区壁垒、促进地区间在享有公共服务上的公平化和一体化，通过加强京津冀三地之间的相互合作，建立

一体化的公共服务体系并实现真正意义的共享。目前来看，医疗服务的共享已有了明显进展，但教育服务特别是高等教育服务的地区门槛还很高，这甚至成为人才非正常流动的一个重要原因。完全破除这一门槛，当前看各方阻力和困难很大，可能并不现实，但可以逐步降低这一门槛，例如北京高校向雄安新区外迁就有可能为破除教育服务壁垒提供契机。

（三）建立科学有效、兼顾各方的常规化生态补偿机制

生态补偿的原理来自经济学的“外部性理论”，其含义是人们的经济活动有时会产生“外部收益”，而外部收益是一种经济行为主体无法通过市场获得的额外收益。其结果是，一旦外部收益产生，其就对行为主体构成负激励，使其减少或停止产生外部收益的行为，从而市场就失去了效率。解决市场外部性导致的无效率，一个可行的方法就是政府补偿。在经济活动中，生态环境保护行为就具有“外部性”，如不对其进行足够补偿，就会导致环境保护的缺失。

生态环境的政府补偿机制从财政角度就是转移支付机制。从当前看，京津冀的生态补偿机制依赖同级政府间的横向转移支付，而横向转移支付往往是外部性事件发生时，通过政府间协商谈判、达成协议后实施，且囿于地方利益考量，实践中可能出现转移支付不足的情况。河北省作为京津冀环保压力的主要承载方和环保行为主体，如不能获得足够补偿，是无法有效履行好环保责任的。基于京津冀协同发展的国家战略定位，应该建立中央对地方的纵向转移支付制度，即中央主导的常规性生态保护补偿机制，由河北省专项使用并接受中央监督。此外，在完整的生态补偿机制中的微观层面，还可以考虑谁受益、谁补偿的市场机制的运用。

（四）加快协同立法进程，加强城市群各区域间的协作

为促进京津冀绿色产业协同发展，需要进一步完善区域协作机制，切实了解民众需求后，在可行的范围内，尽量做到产业和环境技术标准的统一。进一步加强京津冀各地方政府之间的协同立法和有效合作应是未来发展的重

点，发挥北京首都的功能，聚集相关的专家、各管理部门和环境研究机构，共同研究制定京津冀环境协同发展的统一专业标准。同时，针对京津冀地域内产业、生态环境、经济发展等不同的情况，可以在统一标准上设置一定的浮动范围，在基本标准不变的情况下根据不同地区的情况进行小范围的调整。同时，建立针对环境污染的实时监控机制，随时对环境污染指数进行监控，并追本溯源，实现信息技术对环保监测的有效支撑。通过构建区域协同一体的环保法规、标准体系，为京津冀城市群生态环境的不断优化奠定制度基础。

参考文献

安树伟：《京津冀协同发展战略的调整与政策完善》，《河北学刊》2022 年第 2 期。

陈艳春：《河北省节点城市发展绿色产业的绩效与路径》，《河北大学学报》（哲学社会科学版）2020 年第 5 期。

付梅臣、邸梦雅：《经济转型下的京津冀城市群协同发展研究》，载潘家华、单菁菁主编《中国城市发展报告 No. 12》，社会科学文献出版社，2019。

李国平：《京津冀产业协同发展的战略定位及空间格局》，《前线》2017 年第 12 期。

李珒：《协同治理中的“合力困境”及其破解——以京津冀大气污染协同治理实践为例》，《行政论坛》2020 年第 5 期。

李丽芳、尤秀斌、王海明：《申奥背景下环京津地区绿色产业发展研究》，《合作经济与科技》2015 年第 8 期。

孙久文、王邹：《新时期京津冀协同发展的现状、难点与路径》，《河北学刊》2022 年第 3 期。

王利敏、王东波：《新发展格局下的京津冀协同发展》，《商展经济》2022 年第 7 期。

王伟：《借奥运东风 京津冀氢能产业乘势而上》，《新能源科技》2022 年第 2 期。

武义青、冷宣荣：《京津冀协同发展八年回顾与展望》，《经济与管理》2022 年第 2 期。

尤秀斌、李长泉：《以绿色产业发展为引领推动 全面建设高质量财政》，《预算管理与会计》2018 年第 9 期。

赵霄伟：《京津冀产业协同发展：多重困境与韧性应对》，《区域经济评论》2020 年第 6 期。

生态保护篇

Ecological Protection Chapters

B.10
推动长三角建设全球碳中和科技创新中心*

陈洪波　杨开忠　李　萌**

摘　要： 碳中和相关技术是当前世界各国追逐的焦点，也是未来经济增长的新动能，建设全球碳中和科技创新中心对我国相关领域的技术突破、集成创新和全方位引领具有重要意义。长三角地区科研资源雄厚，碳中和技术研发和产业应用全国领先，建有大批高水平的国际科技合作平台，具备建设全球碳中和科技创新中心的良好基础。建设全球碳中和科技创新中心，一方面，需要打造一批具有世界领先水平的碳中和科技创新平台、组织开展重大科技攻关工作、构建面向全球的碳中和科技创新网络；另一方面，需要从

* 本报告是中国社会科学院-上海市人民政府上海研究院政策决策咨询项目“生态文明建设促进长三角一体化发展对策研究”（项目编号：2020jb018）的阶段性成果。

** 陈洪波，经济学博士，中国社会科学院大学应用经济学院副院长、教授，主要研究方向为气候变化的经济分析与政策研究、新能源经济、生态经济理论；杨开忠，经济学博士，国际欧亚科学院院士，中国社会科学院生态文明研究所党委书记、研究员，中国社会科学院大学应用经济学院院长、教授、博士生导师，主要研究方向为区域科学、空间经济学、经济地理学和可持续发展；李萌，经济学博士，中国社会科学院生态文明研究所副研究员，主要研究方向为可持续发展经济学。

国家层面和长三角地区，对全球碳中和科技创新中心的战略定位、发展目标、建设内容和合作机制予以明确，对基础研究、前沿技术研发等给予专项支持，对国际科技合作、国外高端人才引进给予重点扶持。

关键词： 长三角地区　碳中和　科技创新中心

2020 年 9 月 22 日，习近平主席在第七十五届联合国大会一般性辩论上向世界宣布我国“二氧化碳排放力争于 2030 年前达到峰值，努力争取 2060 年前实现碳中和”。实现碳达峰碳中和目标将对我国经济社会发展的方方面面产生系统性影响，要实现碳达峰碳中和目标，科技须先行。2021 年 9 月，中共中央、国务院印发的《关于完整准确全面贯彻新发展理念做好碳达峰碳中和工作的意见》明确指出，“培育一批节能降碳和新能源技术产品研发国家重点实验室、国家技术创新中心、重大科技创新平台。”科技创新需要引领和示范，长三角地区在低碳科技创新方面布局早，整体技术领先，且有良好的产业基础。为此，本报告认为，应推动长三角地区建设具有国际影响力的全球碳中和科技创新中心。

一　建设全球碳中和科技创新中心的背景与意义

我国正处在经济社会转型的关键期，经济由高速增长转向中高速增长，并不断探底，各种不确定因素叠加，经济下行的风险和压力加大。而气候变化的影响和风险日趋显著，2021 年底已有 136 个国家公布了碳中和目标，无论从国内需求还是国际环境来看，实现碳达峰碳中和都是不得不做，并且“等不得、也急不得”的国家大事，要协调推进碳达峰碳中目标的实现和经济高质量发展，必须在低碳科技关键技术方面取得突破，并能实现低成本全面推广。

（一）我国实现碳中和目标任务艰巨，必须依靠关键核心技术的重大突破和大规模推广应用

实现碳达峰碳中和目标，意味着我国将比发达国家在时间短得多、碳排放总量大得多、技术起点相对较低的情况下实现“净零排放”，任务十分艰巨。面临的主要难点是：第一，我国能源消费中占56%的煤炭消费将逐步退出，石油、天然气消费将大幅下降，而经济社会发展仍需要能源消费总量继续增长，其差额需要巨量的非化石能源予以弥补；第二，我国钢铁、水泥、石化、化工等重化工产业规模和产能存量巨大，要实现碳中和，这些行业需要全面绿色转型；第三，我国仍然是发展中国家，人均收入不高，保持适度的经济增长是刚性需求。要统筹好碳达峰碳中和目标的实现与经济社会发展，技术的先进性、经济性和规模化应用是关键。近年来，我国可再生能源和制造业技术虽然发展较快，但在可再生能源电力消纳、储能，新能源在钢铁、水泥等传统产业以及建筑、交通中的应用等关键领域仍然存在瓶颈制约，技术的经济性不高，需要颠覆性的技术创新和新材料、新装备、新工艺的技术集成耦合创新来打通技术堵点与降低应用成本。

（二）碳中和相关技术已成为世界各国技术创新的竞技场和制高点，是未来经济增长新动能的发动机

目前，主要发达国家都先后提出了碳中和目标，除了基于应对气候变化的考量外，他们更关注的是碳中和将带来的新能源、新材料、新装备的技术更新迭代，以及在工业、农业、交通、建筑等领域所引起的广泛的技术革命，由此将推动新一轮的经济增长。以氢能为例，欧洲23国政府于2020年12月发表了《开发欧洲氢技术和系统价值链的联合宣言》，明确提出以培育氢产业竞争力来确保欧洲技术的领先地位，允许欧洲企业具有进入各国氢市场的优先权。美国2020年发布的最新版本《美国能源部氢项目规划》，把氢产业作为21世纪提升其发展动力的引擎。韩国于2019年发布了《韩国氢经济路线图》，并成立了氢经济促进委员会，明确了氢经济战略目标是占据

世界燃料电池的最大份额。澳大利亚于 2019 年出台了《澳大利亚国家氢战略》，明确了发展氢产业的战略目标。

（三）建设全球碳中和科技创新中心有利于集中优势科研资源重点攻关突破、集成创新和全方位展示引领

碳中和技术涉及领域十分广泛，既包括新型能源技术，也包括工业深度减排技术，零碳建筑，零碳交通，碳捕获、利用与封存（CCUS）等，仅以能源技术为例，就有新一代核能技术，核聚变技术，绿氢的制取、储存、运输及氢安全技术，燃料电池技术，特高压输电技术、智能电网技术等，这些技术多属于世界性的前沿尖端技术，创新难度大。并且很多技术需要跨行业、跨领域、跨区域协同实践，有的需要大型科学装置支撑共享，有的需要多学科融合与多种技术集成耦合创新，有的需要科研机构与产业部门协同研发、实验与应用，有的需要与国外机构开展广泛的合作交流。因此，由国家统筹部署，选择基础科学实力雄厚、技术研发能力强、产业发展基础好、对外交流渠道畅通的地区，组建国家级的、面向全球的碳中和科技创新中心，集中国内优势科研资源，广泛招揽国际顶尖人才，开展基础研究并作前沿技术布局，强化关键核心技术集中攻关和技术集成创新，与产业界无缝对接。通过关键核心技术的突破和集成创新、先进适用技术综合示范和产业化应用，引领我国产业技术实现全面绿色低碳转型升级。

二　长三角地区具有建设全球碳中和科技创新中心的良好基础

长三角地区一直是我国经济发展动力最充足、创新效应最充分、对外开放程度最高的区域之一。自 20 世纪 80 年代以来，长三角地区相关省市不断打破条块分割，增强横向经济联系，探索推进长三角一体化进程。2018 年，长江三角洲区域一体化发展正式上升为国家战略。在发展战略的引导与政策的支持下，长三角在区域产业一体化、区域基础设施一体化、区域创新一体

化、区域协同发展等方面取得了巨大突破与显著成效，区域生态环境质量持续改善，地区经济总量占全国比重提升到 24.5%，经济社会发展对全国的贡献和引领作用进一步提高。长三角地区是我国区域协同创新的典范，科技部与长三角地区各省市政府共建了长三角科技创新共同体建设办公室，统筹长三角区域科技创新发展，贯彻并监督国家及地区对长三角科技创新发展的各项规划与任务；采用“揭榜挂帅”等方式促进科技联合攻关；支持龙头企业发展并引导龙头企业优化区域布局，从区域协同发展的角度整合区域资源；长三角企业家联盟积极推进产业链协同研究、供需对接、标准统一、政策协同等工作，推动组建了 9 个产业链联盟，当前长三角低碳技术研发整体处于全国领先水平，具备建设全球碳中和科技创新中心的基础条件。

（一）长三角科研资源雄厚，具备开展碳中和基础研究和前沿技术布局的智力资源和物质基础

长三角和京津冀地区是全国高等学校数量最多、综合水平最高、科研实力最强的两个地区。从学校和学生的数量来看，2019 年，全国有普通高等学校 2688 所，其中“双一流”建设高校 137 所，京津冀分别占总数的 10.0%和 29.0%；长三角分别占总数的 17.0%与 25.5%；全国高校本科在校生数为 17508204 人，其中，京津冀占总数的 9.8%，长三角占总数的 16.3%；全国研究生在校生数为 2834792 人，京津冀占总数的 18.6%，长三角占总数的 22.1%。从科研创新资源、成果和绩效来看，2019 年，全国高校 R&D 全时人员数为 267070 人年，其中，京津冀占比为 14.9%，长三角占比为 22.5%；全国高校 R&D 项目经费京津冀占比为 22.3%，长三角占比为 24.4%；全国高校共发表科技类学术论文 1026200 篇，京津冀占比为 14.5%，长三角占比为 23.3%；出版科技类专著京津冀占比为 11.6%，长三角占比为 16.9%；全国高校共与各大企业签订技术转让合同专利 11207 项，其中，京津冀占比为 11.5%，长三角占比为 39.7%；拥有专利申请数、专利授权数和专利出售数京津冀占比分别为 4.40%、9.90%和 4.30%，长三角占比分别为 20.5%、27.8%和 37.0%；高校获得国家科学技术奖（国家自

然科学奖、技术发明奖、科技进步奖）京津冀占比为 42.5%，长三角占比为 44.8%；我国高校作为主办方举行的国际学术会议京津冀占比为 14.1%，长三角占比为 32.9%。[①] 此外，长三角还拥有上海张江、合肥综合性国家科学中心和 57 个国家重点实验室，全国研究与试验发展经费投入超过千亿元的省市有 6 个，其中长三角占 3 个，分别为江苏省、浙江省和上海市，长三角经费投入占全国总数的 30.3%。综合来看，其科研资源比京津冀地区更胜一筹，储备了雄厚的科研资源，科研活动丰富，产学研结合更紧密。因此，长三角具备开展碳中和基础研究和前沿技术布局的智力资源和物质基础。

（二）长三角碳中和技术研发和产业应用在多领域处于全国领先地位

长三角地区在氢能、燃料电池汽车、核电、光伏，以及海上风电和能源互联网等诸多领域起步早，创新研发实力雄厚，产业发达，标杆企业众多，是我国碳中和技术产学研最活跃、最具实力的地区。

1. 长三角氢能及燃料电池汽车代表我国最高水平

上海始终是我国燃料电池汽车技术的领跑者。同济大学设有国家燃料电池汽车及动力系统工程技术研究中心和新能源汽车及动力系统国家工程实验室，代表国家参与国际合作，并承担了国际氢能经济和燃料电池伙伴计划联络工作；上海交通大学成立了中国第一家专业燃料电池研究机构，在燃料电池及再生燃料电池等多方面与企业开展联合研究，充分激发了校企联合的研究活力，并取得了丰富的研究成果。浙江大学、东南大学、杭州制氧机集团有限公司、上海舜华新能源系统有限公司、爱德曼氢能源装备有限公司等一批高校和企业，在膜电极、电堆、氢能汽车系统集成、燃料电池等领域研发和系统集成技术处于全国领先水平。上海于 2017 年成立了氢能基础设施投资建设运营平台，并于 2018 年启动《长三角氢走廊建设发展规划》，形成

---

① 卓泽林：《高等教育赋能区域发展战略的现状、挑战与对策——以京津冀、长三角、粤港澳大湾区为例》，《教育发展研究》2021 年第 21 期。

了一条发展动力十足的“氢高速网络”。目前，长三角聚集了大量氢能产业优势企业，如上游制氢的上海启元空分技术发展股份有限公司、苏州竞立制氢设备有限公司等，中游氢储运的上海浦江特种气体有限公司、张家港市富瑞特种装备股份有限公司、浙江巨化技术发展股份有限公司等，下游氢应用的上海重塑能源集团股份有限公司、宁波索福人能源技术有限公司等，氢能产业链齐全，技术水平领跑全国。

2. 长三角是国际知名的核电研发设计、设备制造和技术服务基地

上海在我国最早开始核电工程设计与核电建设服务，拥有上海电气集团股份有限公司等众多核电主设备、重要材料生产企业，已形成包括核电研发设计、工程承包、核电材料、设备制造及各类服务等完整的核电产业链，建成了上海三大核电产业基地。浙江海盐县是中国大陆核电发源地，1985 年开始建设的秦山核电站，2015 年核电总装机容量超过 654 万千瓦，占全国核电总装机总量的 1/4 以上。海盐核电小镇集聚了拥有顶尖技术的 40 余家优质核电关联企业，已建成核电服务、核电装备、核电文化、核电旅游相融合的关联产业基地，在国际上产生了广泛的影响力。南京建成了中国南京滨江核电装备科技产业园。安徽也启动了芜湖、安庆、宣城和池州四大核电项目。长三角已经成为国内领先、国际知名的核电研发设计、设备制造、技术服务及旅游等核电全产业链的综合示范基地。

3. 长三角海上风电和光伏产业全国领先

长三角光伏产业和海上风电产业在全国处于领先地位。2019 年底，全国海上风电累计装机 593 万千瓦，其中江苏省和上海市装机容量分别占总体的 70.4%和 9.1%，仅盐城一市海上风电装机容量就占全国 39%、占全球 10%[①]。江苏省分布式光伏装机 716 万千瓦，规模列全国第二。更重要的是，江苏省在风电和光伏全产业链发展上具有巨大优势，在风电装备产业链方面，风电整机领域的远景能源有限公司、风电叶片材料领域的江苏九鼎新材料股

① 吴新生:《面朝大海向未来 绿色转型作典范——盐城打造新能源产业发展高地》,《新华每日电讯》2021 年 11 月 12 日，第 11 版。

份有限公司等、主控系统领域国电南瑞科技股份有限公司等、风电铸件领域的江苏吉鑫风能科技股份有限公司等，都是我国具有引领地位的风电产业龙头企业。在光伏产业领域，更是“全球光伏看中国，中国光伏看江苏”。2019年3月，我国光伏领域专利申请量约88000件，其中江苏省的专利申请量超过20000件，远超其他省市专利申请数量。经过数十年的发展，江苏省已形成从硅料提取、硅锭制备、电池生产到系统应用的完整产业链，集聚了全国一半以上的重点光伏制造企业。2021年中国太阳能电池（光伏电池）产量为23405.41万千瓦，其中江苏省、浙江省和安徽省产量分别为7791.8万千瓦、5152.5万千瓦和2484.7万千瓦，分别占全国总产量的33.29%、22%和10.62%，位居全国前三，三省太阳能电池产量合计占全国总产量接近2/3。

4. 长三角在能源互联网等能源新业态发展上已展现勃勃生机

能源互联网是互联网与能源从生产到消费全产业链融合发展的产业，通过多能互补集成优化、新能源微电网、并网型微电网和储能技术创新，能够促进能效提升和可再生能源大规模利用。上海市政府、企业和研究机构较早启动了能源互联网技术研发，并已初步建成信息技术与可再生能源、储能技术融合发展的能源互联网生态圈。浙江省利用互联网和大数据技术全国领先优势，积极布局覆盖“云”“网”“端”的智慧电务、智慧光伏、能源双控、绿色用电多模块融合的能源互联网生态，率先探索多元融合的高弹性电网建设。江苏省制定了能源互联网“五化”（能源供应清洁化、能源消费电气化、能源配置智慧化、能源利用高效化、能源服务多元化）战略。安徽省建立了能源互联网安徽省工程技术研究中心，致力于解决能源互联网关键技术问题，研发能源互联网核心设备与软件，推动科研成果产业化。在国家首批能源互联网示范项目中，长三角共计17个项目入选，占全国的31%。

（三）长三角已建立起一大批高水平的国际科技合作平台

长三角是我国改革开放的前沿阵地，经济和科技的国际交流在全国处于领先水平。2020年，长三角对外贸易总额为16393.8亿美元，实际利用外资823.3亿美元，分别占全国的35.8%和59.0%。在国际科技合作领域，上海市作为我国科技创新国际合作前沿窗口积极参与和牵头国际合作，已与加拿大、英国等多个国家建立了政府间科技合作关系，特别是在能源、光子等领域建成了国际一流设施集群，建立起浦江创新论坛、世界顶尖科学家论坛等全球科技创新合作交流平台。长三角正在加快推进长三角区域科技创新一体化发展，已建成多个科技服务平台，并充分发挥了资源聚集作用。例如长三角科技资源共享服务平台聚集了区域内各类优质资源，推进资源区域共享。长三角拥有先进的创新平台和创新基础设施，截至2019年末，长三角共享网上大型科学仪器总数为31169台，仪器总价值超过300亿元，长三角以开放的态度鼓励设备与技术共享，其大型科学仪器共享率超过90%，沪苏浙皖三省一市共建国际科技合作平台已具备良好的基础，营造了积极的创新环境并产生了积极的技术溢出效应，加速实现了区域创新协同发展。

三　建设全球碳中和科技创新中心的构想和建议

建设全球碳中和科技创新中心，就是要立足于应对百年未有之大变局，破解资源、环境与经济增长之间的矛盾，促进我国经济社会全面实现高质量发展，加速推动构建人类命运共同体，积极探索人与自然和谐共生的新型现代化道路与新发展格局，其使命重大，应着眼高远，高起点、高标准布局，聚国家和长三角各省市之力共同打造。

（一）初步构想

1. 战略定位

紧盯碳中和世界科技前沿，紧跟国家应对气候变化重大战略需求，紧扣长三角及全国经济社会全面绿色转型面临的重大现实问题，充分发挥上海科技创新的引领作用，聚合强化苏浙皖碳中和科技及产业优势，集聚全球顶尖人才，协同推进“基础研究+技术创新+产业应用”和长三角科技创新一体化纵深发展，力争在若干项重大基础性科学问题和关键科学问题上取得突破，研发一批具有广阔产业发展前景的关键技术，培养一批具有世界影响力的中国科技企业，按照科学的发展规划逐步将长三角建成具有国际领先水准的碳中和科技创新策源地、原始创新成果高产地和世界低碳零碳产业引领地，提高中国在创新领域的国际话语权。

2. 打造一批具有世界领先水平的碳中和科技创新平台

以长三角全球碳中和科技创新中心为统领，部署建设一批世界一流的与碳中和及碳技术相关的国家级实验室与创新中心，聚集沪苏浙皖在碳中和基础研究、国际前沿技术、关键共性技术等领域的优势科研资源，实行一主多辅、多元主体、共建共享、风险共担的创新机制，打通横向阻隔，整体提升长三角碳中和协同创新能力。重点建设碳循环及其与气候变化的互馈机制、高效低碳燃气轮机试验装置、聚变堆主机关键系统综合研究设施等重大科技基础设施，增强攻克世界级重大科技难题、策动引领重大原始创新的基础研究能力。

3. 组织开展重大科技攻关

由长三角全球碳中和科技创新中心牵头，编制碳中和科学技术发展路线图，规划部署基础研究和国际前沿技术研究，面向全球设计和牵头发起国际大科学计划和大科学工程，组织实施国际重大科技攻关项目，协调长三角地区高等院校、科研机构和重点企业强强联合，开展低碳零碳产业先进适用技术联合攻关和综合示范。力争在绿氢制取与储运、燃料电池汽车、新一代核电、核聚变、海上风电、能源互联网、储能、氢冶金、低碳零碳制造等领域的关键核心技术及材料与装备技术上取得重大突破。推动自然科学、技术和人文社会科学的交叉融合研究，力争在气候变化风险与投资，实现碳中和路径选择，顶层战略及治理体系，实现碳中和的成本、效益、风险及激励约束机制，碳社会成本及碳定价机制等关键科学问题、战略与政策问题上取得显著进展。

4. 构建面向全球的碳中和科技创新网络

依托长三角全球碳中和科技创新中心，加强与美国、英国、德国等主要创新大国和瑞典、丹麦等关键小国的精准合作，构建一个具有主体多样、层次丰富、类别广阔等特色的中外科技合作交流网络，在长三角和海外布局建设一批具有世界领先水平的国际碳中和科技创新平台，鼓励长三角各类创新主体与国外知名大学、研发机构和跨国公司共建科研院所、重点实验室和大科学装置，主动融入全球创新网络；充分发挥科学基金的独特作用，面向全球设立大科学基金，设立全球性科技奖励，鼓励各国科学家申报研究；鼓励和支持国际组织和其他国家在长三角设立国际科学组织，鼓励长三角各类创新主体在国外设立碳中和实验室，鼓励长三角科学家到国际科学组织任职，促进科学家之间深度技术交流；建设世界顶尖科学家社区和国外人才社会保障体系，邀请外籍科学家在长三角研究机构任职，吸引全球智慧共谋中国创新发展，提升中国创新环境对国际人才的吸引力，多渠道提高长三角的全球资源配置能力和原始创新能力。长三角还要依托资源优势，积极承办国际顶尖论坛，推动全球碳中和领域的科技创新人才集聚并产生思想碰撞，同时，积极引导国际科技项目合作落地与技术转化，全面提高长三角的科技创新水平，产生更大的创新溢出效应。

（二）建议

建设全球碳中和科技创新中心是长三角区域一体化发展国家战略的重要组成部分，也是为我国实现碳达峰碳中和目标、构建人类命运共同体的有益探索，既需要长三角地区主动作为，也需要国家层面高度重视，大力支持，本报告分别对长三角地区和国家层面提出以下建议。

1. 对长三角地区层面的建议

第一，高起点、高标准谋划全球碳中和科技创新中心，建议由上海市政府牵头，苏、浙、皖省政府参与，共同编制《长三角全球碳中和科技创新中心建设规划》，进一步明确长三角战略定位、发展目标、建设内容和合作机制，尽早启动建设全球碳中和科技创新中心，为长三角区域科技创新发展提供更完善的保障和更充分的平台。

第二，进一步优化长三角一体化科技创新制度环境。建立长三角一体化碳中和科技创新沟通协调机制，加强碳中和科技创新目标、重点任务、资源配置、国际合作的分工协作机制，强化统筹推进措施，深化长三角一体化科技创新体制机制改革，鼓励人才、技术、资本、信息等创新要素自由流动，优化大科学装置和基础设施共建共享机制，建立科技成果利益共享、风险共担和知识产权保护机制，促进深度融合。

第三，设立长三角碳中和科技创新基金。建议由三省一市政府共同发起设立，重点支持碳中和基础研究、前沿技术研发、重大科学装置与重点实验室建设、国际合作和先进适用技术推广应用。

第四，建设长三角碳中和科技创新服务平台。设立碳中和各类主题专业平台，推动碳中和科技资源共享、信息交流、成果推广、投融资服务等领域的交流与合作。

2. 对国家层面的建议

第一，建议以国家名义设立长三角全球碳中和科技创新中心，将其定位为“综合性国家科学中心”，由国家发展改革委、科技部、工信部、生态环境部等部门指导沪苏浙皖编制建设规划，确定其战略定位和重点领域，并督促其实施。

第二，建议科技部、财政部等部门对长三角全球碳中和科技创新中心在基础研究与前沿技术研发等重大创新项目立项、重大科学装置和重点实验室建设、国际合作和先进适用技术推广应用等方面给予专项支持。

第三，建议外交部、商务部等部门对长三角全球碳中和科技创新中心的国际科技合作方面给予更宽松的政策环境，对于其与国外一流大学、科研机构、跨国公司等共建科技创新平台、引进国外高端人才等方面给予重点支持。

参考文献

陈洪波、王新春：《氢产业发展战略的国际比较及政策建议》，《企业经济》2021 年第 12 期。

刘轩、赵阳、孙然等：《江苏省新能源产业发展现状与经验分析》，《新型工业化》2020 年第 6 期。

马俊:《加快推进上海核电关联产业融合发展的思考与对策》,《科学发展》2017 年第 7 期。

上海市节能协会专家委员会:《上海氢能产业实践与发展研究》,《上海节能》2021 年第 8 期。

杨春蕾、赵越:《长三角区域开放型经济高质量发展水平的测度分析》,《改革与开放》2021 年第 11 期。

伍爱群:《上海引领长三角地区创新发展能源互联网合作路径研究》,《华东科技》2019 年第 9 期。

王恰:《中国风电产业 40 年发展成就与展望》,《中国能源》2020 年第 9 期。

朱松强、孙士恩、李想等:《"碳中和"目标下长三角氢能产业发展路径探析》,《现代化工》2021 年第 5 期。

周正柱、李瑶瑶、冯加浩:《协同创新背景下长三角区域科技创新一体化发展》,《科学发展》2020 年第 11 期。

B.11
气候宜居性：概念、政策内涵及主要城市群评价

丛晓男　熊 文　万赛楠*

摘　要： 气候宜居性是气候资源的重要属性，也是建设宜居城市的重要体现。鉴于城市群已成为我国新型城镇化的重要载体，评价各城市群气候宜居性并分析其对人口定居意愿的影响机制具有重要意义。本报告通过气候舒适性评价模型测算了我国各地级及以上城市（含直辖市4个和省直辖县级行政单位3个）的气候宜居性，并基于PSM模型分析了气候宜居性对人口定居意愿的影响。研究表明，气候宜居性对人口迁移具有显著影响，人口在进行定居选择时对气候舒适性有着较高的要求；我国主要城市群气候宜居性在全国大体处于中等水平，以春秋舒适型为主，冬季和夏季舒适型城市很少，纬度仍是影响城市气候宜居性的最主要因素。建设气候宜居型城市，应当立足于打造优质空间品质，积极应对气候变暖，采取基于自然的解决方案，严格控制城镇开发边界，保护各类生态用地，积极建设森林城市群，有效联通各城市生态廊道，营造良好的城市群气候宜居性。

关键词： 气候　舒适性　宜居性　城市群

一　引言

气候舒适性是气候资源的重要功能属性之一，能够对人类社会的生产、

---

* 丛晓男，博士，中国社会科学院生态文明研究所资源与环境经济研究室副主任、副研究员，主要研究方向为区域可持续发展；熊文，博士，北京工商大学文科实践中心执行主任、经济学院副教授，主要研究方向为宏观经济政策模拟；万赛楠，北京工商大学经济学院本科生。

生活等多方面产生影响。气候舒适性标识了人体对气候条件的感应，即在气温、相对湿度、风速、日照等多种气候因素的综合作用下，人体对客观气候环境是否舒适形成的主观评判。气候舒适性是气候资源对人类发挥影响力的重要途径，一定程度上决定了区域的宜居性。我国各地气候差异较大，自古就有诸多对气候宜居性的相关记载。《管子·度地篇》记有“大寒、大暑、大风、大雨，其至不时者，此谓四刑。或遇以死，或遇以生。君子避之，是亦伤人”，反映了极端天气对人类健康和生命的威胁；《史记·货殖列传》有“江南卑湿，丈夫早夭”的记录；《淮南子·地形训》记有“暑气多夭，寒气多寿”，“南方，阳气之所积，暑湿居之。其人……早壮而夭”；《隋书·地理志下》记载“自岭以南二十余郡，大率土地下湿，皆多瘴厉，人尤夭折”。如此记载，不一而足。“江南湿热”的观念在我国古代十分流行，古人普遍对南方的气候环境心存畏惧，此类观念虽含偏见甚至以讹传讹，但也充分反映了古人对气候宜居性的重视。现代医学研究发现，人类众多疾病与气候之间存在密切关系。除了失温、中暑等极端气候应激反应外，还存在多种由气压、气温、湿度和风速的急剧变化引起的“气象病”或“气候病”，例如，严寒、潮湿的气候是慢性支气管炎、哮喘等呼吸道疾病的重要诱因，心脑血管疾病易发生于气温骤降和风速骤变时。因此，气候是影响健康和宜居性的重要因素。

城市群是承载我国新型城镇化发展的主要载体。人口跨区域流动是我国新型城镇化进程的主要特征之一，且向城市群集聚趋势仍在延续。人口向城市群地区的流动，既有发达地区经济吸引力的作用，也有基本公共服务水平、环境宜居性等因素的作用，且后者的影响不断增大。我国大多数人口将生活在城市群地区，以京津冀、长三角、珠三角、长江中游、成渝五大城市群为例，2021 年其总面积、总人口和地区生产总值分别为 11.03 平方千米、6.57 亿人和 65.3 万亿元，以占全国 11.8%的面积承载了全国 45.7%的人口和贡献了 57.3%的经济总量。改善城市宜居性、建设宜居城市是建设以人为核心的新型城镇化战略的重要内容。进入新发展阶段后，要实现高质量发展就必须不断满足人民日益增长的需求，而良好的生态环境、舒适的气候条件是需求的重要方面。区域气候宜居性的差异是导致人口跨区域流动、推动特定区域人口集聚和创新发展的关键因素。随着人们收入水平的提高、个人需求的多样化，气候舒适条件、环境质量等逐渐成为影响个人定居选择的重要因素，这些因素被认为是空间品质的重要组成部分。相比于经济发展水平、基本公共服务水平等影响人口流动的基本因素，气候宜居性等空间品质因素可能成为区域新的特色资源，并为拥有较好气候条件的后发地区提供了集聚创新要素的新契机。气候宜居性是空间品质的重要组成部分，对人们的定居选择和推动区域人力资本合理配置具有重要的潜在影响。因此，深刻理解气候宜居性对我国城镇化和区域发展的重要作用，科学评价城市群地区气候宜居性，有针对性地提出改善城市群地区气候宜居性的对策建议具有重要的理论和现实意义。

二　气候宜居性的测算方法与数据

（一）测算方法

气候舒适性评价与测算问题由来已久。早在20世纪20年代，英国学者Houghton等就提出了有效温度这一概念。此后，相关研究特别是定量测算方法不断取得重要进展：Thom于1959年提出了不舒适指数（Discomfort Index，DI）的概念及评价方法；Terjung于1966年提出气候舒适性指数概念及相应的测算模型；Oliver基于温湿指数和风效指数分析了温度、湿度、风速和日照等因素对人体舒适性的影响；Gonzalez等于1974年提出了标准有效温度（Standard Effective Temperature，SET）概念及相应的测算方法；1979年，Freitas认为此前的气候舒适度模型仅考虑了人体皮肤裸露时的体感，由于人可以通过选择适当的衣物来调节气候对人体的影响，因此气候舒适性评判必须考虑衣着对体感的改善，由此提出著名的着衣指数测算模型。这些研究极大丰富了气候舒适性定量评价的方法体系。在上述研究的基础上，本报告采用温湿指数、风效指数和着衣指数三类指数对区域气候宜居性进行定量测算。

1. 温湿指数

人体与周围环境的热量交换和温度、湿度均有密切关系。高湿度与高温或低温叠加，会分别造成闷热或湿冷的体感。为反映湿度和温度综合作用下的气候舒适性，可基于温湿指数，即用相对湿度校正后的温度来评价人体感知，其计算方式是对有效温度方法的改进。

$$THI = (1.8t + 32) - 0.55(1 - f)(1.8t - 26) \quad (1)$$

其中，t 和 f 分别为温度（℃）和相对湿度（%）。

2. 风效指数

风速对人体体感具有显著影响，风效指数能够综合评价风速、气温、太阳辐射对裸露体表的影响，从而获得广泛应用。

$$K = -(10\sqrt{v} + 10.4 - v)(33 - t) + 8.55S \quad (2)$$

其中，K 为风效指数，v 为风速（m/s），S 为日照时数（h/d），t 为环境温度（℃）。当 $K>0$ 时，人体吸收热量，$K<0$，人体散失热量。

3. 着衣指数

人类为使体表温度保持基本恒定，抵御寒热产生的不适感，会根据需要增减衣物、改变衣着材料。基于这一考虑，Freitas 于 1979 年提出了着衣指数的概念和计算方法，以衣着类型和等级评价气候舒适性。

$$ICL = \frac{33 - t}{0.155\mathrm{H}} - \frac{\mathrm{H} + \mathrm{aR}\cos\alpha}{(0.62 + 1.9\sqrt{v})\mathrm{H}} \quad (3)$$

ICL 的物理意义是衣料的热阻尼值即克罗值（CLO）。1 克罗值的定义是，在室温 21℃、相对湿度小于 50%、风速不超过 0.1 米/秒的环境中，一个安静坐着或从事轻度脑力劳动的人为体感舒适而所穿衣服的热阻尼值。H 代表人体代谢率的 75%，一般取人体代谢率 116 W/m^2，对应的 H = 87W/m^2；a 表示人体对太阳辐射热量的吸收情况，与人体姿态、衣料反射率以及太阳的直接辐射、散射和反射成分有关，多数情况下取 0.06；R 表示垂直于太阳光线的单位面积所接受的太阳辐射，一般取太阳常数 1367W/m^2；α 是表

示太阳高度角，该值随季节变动。

上述三个指数的计算结果对应着不同的体感等级，通常将其划分为 e、d、c、b、A、B、C、D、E 共 9 个等级，区域气候宜居性是由上述三个指数共同决定的。具体等级标准如表 1 所示。

表 1　各气候宜居性指数的等级标准

温湿指数 THI			风效指数 K			着衣指数 ICL		
范围	体感	等级	范围	体感	等级	范围	着衣类型	等级
<40	极冷，极不舒适	e	<-1200	酷冷	e	>2.5	各种冬季羊毛运动衫	e
40~45	寒冷，不舒适	d	-1000~-1200	冷	d	1.8~2.5	常用便服加坚实外套和羊毛帽	d
45~55	偏冷，较不舒适	c	-800~-1000	冷凉	c	1.5~1.8	传统冬季常用服装	c
55~60	清凉，舒适	b	-600~-800	凉	b	1.3~1.5	配有棉布外套的典型常用便服	b
60~65	凉，非常舒适	A	-300~-600	舒适	A	0.7~1.3	配有衬衫和内衣的典型常用便服	A
65~70	暖，舒适	B	-200~-300	暖	B	0.5~0.7	轻便的夏装	B
70~75	偏热，不舒适	C	-50~-200	暖热	C	0.3~0.5	短式、短袖开领衫、凉鞋	C
75~80	闷热，不舒适	D	80~-50	热(t<32.8℃)	D	0.1~0.3	热带衣着	D
>80	极其闷热，极不舒适	E	>80	炎热(t>32.8℃)	E	<0.1	超短裙	E

资料来源：丛晓男、王铁：《中国城市旅游气候舒适度及时空演变分析》，《测绘科学》2015 年第 6 期。

（二）数据来源及处理

以月度为时间粒度计算气候舒适性，所需要的数据包括累年各月平均气温（0.1℃）、累年各月平均风速（0.1m/s）、累年各月平均相对湿度（1%）、累年各月日照时数（0.1h/d）等，上述数据来源于中国 707 个气象观测站 1971~2000 年的各月月均数据，由中国气象科学数据共享服务网整理。本报告对气候数据进行了进一步处理，基于气象台站点状数据进行克里金插值，得到各气候数据的栅格数据，克里金插值法是以变异函数理论及结构分析为基础，能够对区域化变量进行无偏、最优估计的一种空间局部插值法，适用于气候数据的空间插值。插值后，使用 ArcGIS 软件的“Zonal Statistics”工具来计算任意多边形矢量单元（本报告指全国各地级及以上行政区）内的气候数据均值，从而为评价模型提供完整数据。

三 气候宜居性对居民定居选择影响的实证研究

基于新空间经济学理论，重点关注气候宜居性对于人们定居选择的影响，检验“人们在进行定居选择时，对气候舒适性是否存在更高的要求”这一现实性问题。

在数据选取上，利用 2018 年中国流动人口动态监测调查数据（CMDS），将居民的搬迁意愿作为类别变量，问题设置为“如果您符合本地落户条件，您是否愿意把户口迁入本地”，对于该问题的回答有愿意、不愿意和没想好三类结果，分别有 45055 个、40454 个、30883 个样本量。根据倾向得分匹配研究需要将其搬迁意愿结果合并为两类：处理组为愿意迁入本地的居民，赋值为 1；控制组为不愿意迁入及暂时没想好是否迁入本地的居民，赋值为 0。目标变量为温湿指数、风效指数、着衣指数、气候舒适性指数四个变量，控制变量则选取了包括收入情况、家乡/本地生活情况和地区歧视程度在内的个人行为特征变量和从城市的经济、文化、医疗和教育四方面考虑的宏观经济因素变量，共获得包含 339 个地级及以上行政单元的数据。气候舒适性指数的计算方法是，按照刘清春等的方法①分别计算温湿指数、风效指数和着衣指数的偏离度，再将 0~1 标准化处理后的各偏离度按等权重加权。

选用倾向评分匹配（Propensity Score Matching，PSM）模型分析气候条

① 刘清春、王铮、许世远：《中国城市旅游气候舒适性分析》，《资源科学》2007 年第 1 期。

件对人们定居选择的影响，对匹配结果进行了相关检验，考察气候条件和定居选择之间的影响机制。表 2 和图 1 展示了匹配前后平衡性检验和 PSM 匹配前后核密度分布结果，平衡性检验显示匹配后 MeanBias 值显著降低，表明样本控制组和处理组在匹配后已不存在显著性差异。相比于匹配前的核密度图，匹配后的控制组和处理组的核密度曲线更加接近，表明处理组和控制组之间的个体差异已基本消除，变量满足平衡性要求，可以进行匹配回归。

表 2　匹配前后平衡性检验

状态	样本	Ps R^2	LR Chi^2	p>Chi^2	MeanBias	MedBias
匹配前	—	0.057	8811.68	0.000	23.7	23.6
匹配后	K 近邻匹配(k=1)	0.000	22.77	0.012	0.9	0.8
	K 近邻匹配(k=4)	0.000	21.90	0.016	0.7	0.4
	半径(卡尺)匹配	0.000	18.24	0.051	0.6	0.5
	核匹配	0.000	38.18	0.000	1.3	1.1

注：PsR^2 为伪 R 平方，LR Chi^2 为 LR 卡方检验，p>Chi^2 为卡方检验对应的 p 值。

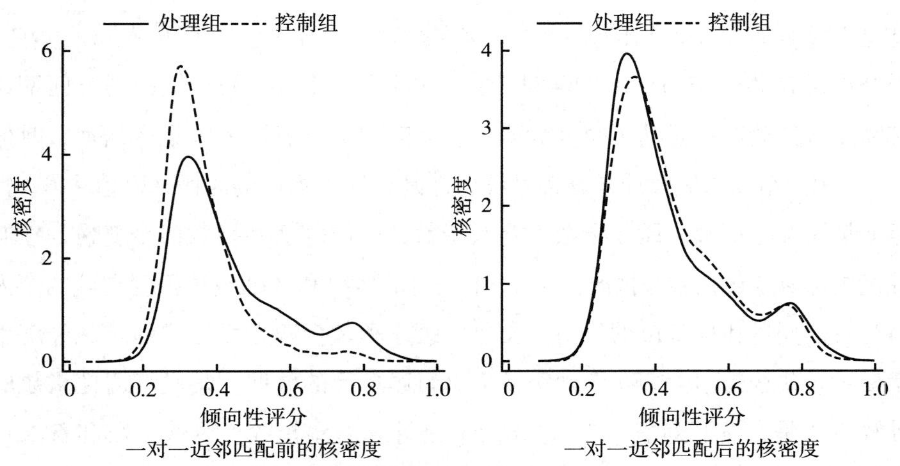

图 1　PSM 匹配前后核密度对比

针对包括着衣指数、温湿指数、风效指数和气候舒适性指数四方面在内的目标变量和是否愿意迁入本地的类别变量分别进行了 K 近邻匹配、半径匹配和核匹配分析并计算出定居选择对于气候条件要求的平均处理效应（ATT）值，匹配结果如表3所示。

表3　倾向匹配得分估计结果

目标变量	匹配方法	处理组	控制组	ATT值	标准误	T值
ICL（着衣指数）	匹配前	1.2111	-0.2027	1.4137***	0.0693	20.39
	K近邻匹配(k=1)	1.2111	0.7606	0.4505***	0.0930	4.84
	K近邻匹配(k=4)	1.2111	0.7202	0.4909***	0.0845	5.81
	半径匹配	1.1939	0.6718	0.5221***	0.0791	6.60
	核匹配	1.2111	0.6798	0.5313***	0.0776	6.85
THI（温湿指数）	匹配前	1.4600	0.1778	1.2822***	0.0603	21.28
	K近邻匹配(k=1)	1.4600	0.8151	0.6449***	0.0811	7.95
	K近邻匹配(k=4)	1.4600	0.7703	0.6897***	0.0736	9.37
	半径匹配	1.4493	0.7391	0.7101***	0.0690	10.30
	核匹配	1.4600	0.7396	0.7204***	0.0676	10.66
K（风效指数）	匹配前	-0.1401	-0.7221	0.5820***	0.0692	8.41
	K近邻匹配(k=1)	-0.1401	-0.8047	0.6646***	0.0944	7.04
	K近邻匹配(k=4)	-0.1401	-0.8461	0.7060***	0.0848	8.33
	半径匹配	-0.1560	-0.8866	0.7306***	0.0792	9.23
	核匹配	-0.1401	-0.8598	0.7197***	0.0776	9.27
CCDD（气候舒适性指数）	匹配前	0.9551	-0.1302	1.0853***	0.0594	18.25
	K近邻匹配(k=1)	0.9551	0.3237	0.6314***	0.0803	7.86
	K近邻匹配(k=4)	0.9551	0.2804	0.6747***	0.0728	9.26
	半径匹配	0.9422	0.2447	0.6974***	0.0682	10.23
	核匹配	0.9551	0.2538	0.7013***	0.0669	10.49

注：*** 显著性水平为0.01。

结果显示，无论是K近邻匹配、半径匹配还是核匹配，四种气候指标所报告的ATT值均在0.01的显著性水平上显著为正，并且，相比于不愿意迁移的人群，愿意迁移的人群对迁移地着衣指数的平均处理效应高出0.4505~0.5313、温湿指数的平均处理效应高出0.6449~0.7204、风效指数的平均处理效应高出0.6646~0.7306、气候舒适性指数的平均处理效应高出0.6314~0.7013，这表明迁入地的气候条件是影响人们定居选择的重要因素，迁入地的气候条件越好，对迁入人群的吸引力越大，人们在进行定居选择时，确实对气候舒适性存在着更高的要求。

研究还根据人群的性别、婚姻状况、学历和年龄四方面的特征对样本人群进行了切分，分析了气候条件对不同特征迁入人群的影响。实证结果表明，处于不同婚姻状况、年龄阶段、学历水平和性别特征的人群在进行定居选择时，均对定居地的气候条件有着不同的要求[①]，具体表现为以下四个方面：①受不同的家庭分工影响，女性对定居地气候条件的要求比男性更高；②相较于未婚人群，已婚人群倾向于追求更高的气候适宜程度，对气候条件的要求更高更稳健；③相较于高学历人群，低学历人群对定居地的气候条件的高要求更具有稳健性；④青年人群和中年人群在定居选择时对气候条件有一定的要求且稳健，而老年人则对气候条件不敏感，其结果并不稳健。

四　主要城市群气候宜居性分析

基于温湿指数、风效指数和着衣指数对京津冀、长三角、珠三角、长江中游、成渝等五大城市群的69个地级及以上行政单元（含直辖市4个和省直辖县行政单位3个，下同）的逐月气候宜居性给予定量评价。我国大部分地区的气候舒适性的特征是冬冷夏热、春秋相对舒适，但随纬度等因素变动，气候宜居性也有所不同。京津冀、长三角、珠三角、长江中游、成渝等五大城市群地区温湿指数和风效指数呈倒“U”形、着衣指数呈“U”形，峰值出现在7~8月，即夏季温度、湿度相对较高，体感炎热，冬季气温低、湿度较低，纬度较高的城市群体感寒冷，纬度较低的城市群则体感较为舒适。

（一）气候舒适性指数

1. 京津冀城市群

11月至次年3月共5个月的时间里，其温湿指数均低于45，1月、2月几乎全部城市低于35，处于“极冷，极不舒适”状态。风效指数和着衣指

① 篇幅所限，实证过程略去，有需要的读者可联系作者。

数的计算分级结果与温湿指数相近；春季（4 月、5 月）和秋季（9 月、10 月），京津冀城市群各城市温湿指数大多为 55~65，是一年当中气候舒适性最佳月份；夏季（6 月、7 月、8 月）最为闷热，温湿指数均高于 70，7 月甚至高于 75，达到“闷热，不舒适”的状态。一些沿海城市由于季节温差较小、风速较高，人体体表整体感觉比同纬度地区冬季更冷、夏季则相对舒适，以秦皇岛为例，1 月其温湿指数为 29.99、风效指数为-892.25、着衣指数为 2.89，均为京津冀地区最寒冷城市，而 7 月其温湿指数为 74.35、风效指数为-136.06、着衣指数为 0.57，在京津冀城市群内处中上水平。

2. 长三角城市群

相对于地处高纬度的京津冀城市群，长三角城市群各城市的温湿指数、风效指数绝对值整体较高，着衣指数有所下降，这意味着长三角城市群夏季气候更为炎热、冬季则相对更为温和。1 月气候最为寒冷，大多数城市的温湿指数接近甚至达到 40，尽管体感仍归于“寒冷，不舒适”一档，但相较京津冀城市群气候舒适性稍微提升。4 月、10 月、11 月，大多数城市温湿指数为 55~65、风效指数为-500~-300，是一年当中气候舒适性最好的时期。长三角城市群夏季温度较高、湿度较大，普遍具有较高的温湿指数、风效指数和较低的着衣指数。7 月、8 月，其温湿指数接近但尚未超过 80，处于“闷热，不舒适”的状态。

3. 珠三角城市群

珠三角城市群是五大城市群中纬度最低的一个，这直接决定了其气候舒适性的特征。珠三角城市群拥有更加炎热的夏季和最为舒适的冬季。1 月、2 月、12 月，除了肇庆市外，大部分城市的温湿指数为 55~60，归于“清凉，舒适”一档，3 月、4 月、11 月，其温湿指数升高至 63~72，体感较为舒适。5~9 月，温湿指数均大于 75，体感闷热，特别是 7 月、8 月，所有珠三角城市温湿指数均突破 80，是五大城市群里夏季温湿指数最高地区，即使以风效指数测算，7 月风效指数也达到-46~-42，体感为热。

4. 长江中游城市群

长江中游城市群所处纬度与长三角城市群相当，但其温湿指数、风效指数均高于后者，着衣指数低于后者，也即其各月体感偏暖，夏季则更为闷热。主要原因在于，长三角城市群毗邻海洋，季节温差相对较小，且沿海地区风速较大，有利于缓解夏季闷热体感。具体而言，长江中游城市群较长三角城市群全年温湿指数平均高出 1.92、风效指数高出 64.43、着衣指数低 0.1，按月度看，冬春季节温湿指数、风效指数高出幅度较大，着衣指数明显较低，这意味着长江流域冬春湿冷的气候特征在中游地区相对有所缓和。以 1 月、2 月、12 月为例，长江中游城市群各城市温湿指数均值分别达到 42.18、45.00 和 46.21，虽然仍偏寒冷，但相较长江下游有所缓解。与此同时，夏季特别是 7 月、8 月，长江中游城市群各城市温湿指数均值达到 79.77、79.10，整体逼近 80 这一“极其闷热”阈值。7 月，新余市、岳阳市、武汉市等地市温湿指数均超过 80，处于“极其闷热”状态，8 月份，虽没有城市的温湿指数超过 80，但岳阳市、新余市、咸宁市等城市仍近乎达到“极其闷热”阈值，闷热程度并未有效缓解。

5. 成渝城市群

相比于长三角城市群和长江中游城市群，地处上游的成渝城市群的气候适宜性相对更佳。主要表现为，冬春季节更为温和，夏季闷热程度也有所降低。1 月、2 月、12 月，城市群内各城市温湿指数均值分别为 43.89、46.74、46.40，体感较冷但较中下游城市有所缓解，如果以风效指数计，1 月、2 月、12 月其均值分别为-534.06、-512.58、-495.12，从风冷效果看反而大多数城市处于“舒适”状态，考虑到上述三个月着衣指数分别为 1.96、1.84 和 1.85，仍需穿着常用便服、坚实外套和羊毛帽以御寒。3 月、4 月、5 月、9 月、10 月、11 月气候虽有冷有暖，但大体处于舒适区范围。自 6 月始，除绵阳市、眉山市、乐山市外的大多数城市已进入偏热的夏季，7 月、8 月所有城市温湿指数均在 75~80 这一区间，气候闷热、不舒适，但仍较长江中下游两个城市群有所缓和。

综合对比各城市群分月气候宜居性指数，能够发现以下规律。一是气候宜居性具有明显的地带性规律，纬度因素是决定气候宜居性的主要因素，城市群所处纬度越高，其整体气候越偏冷，当然，这种偏冷的规律在不同季节将形成不同的气候宜居性：冬季更为寒冷、夏季则闷热状态有所缓解。此外，毗邻海洋对城市群的气候宜居性也具有一定影响。在同纬度条件下，靠近海洋将形成体感更佳的风效指数。二是不同城市群月度气候宜居性指数的极大

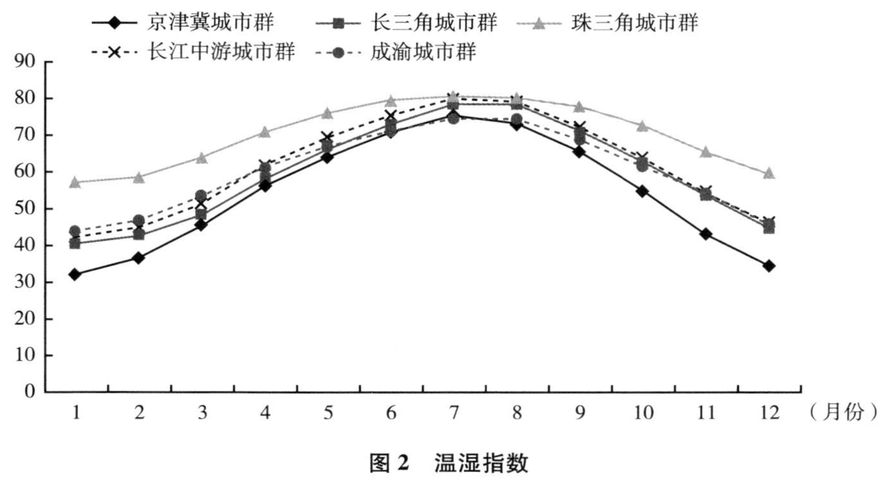

图 2　温湿指数

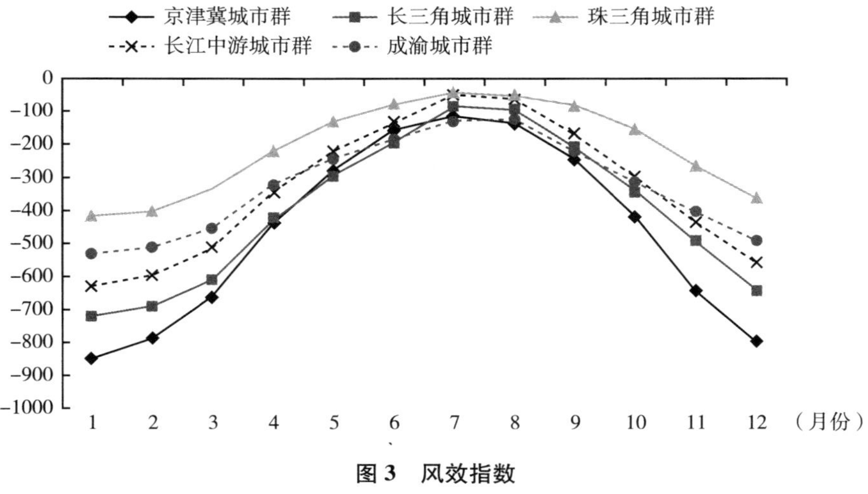

图 3　风效指数

值和极小值之差有所差异。各城市群温湿指数、风效指数极大值均出现在 7 月，极小值出现在 1 月，着衣指数极大值出现在 1 月，极小值出现在 7 月，但波动范围整体上按京津冀、长三角、长江中游、成渝、珠三角的顺序逐步减小，表明气候宜居性季节差异随纬度降低而缩小、同纬度情况下随与海洋距离的增大而缩小。不同城市群夏季气候宜居性虽有差异但非常接近（均表现为闷热、不舒适），而冬季气候宜居性的差异较大，这是造成 U 形曲线或倒 U

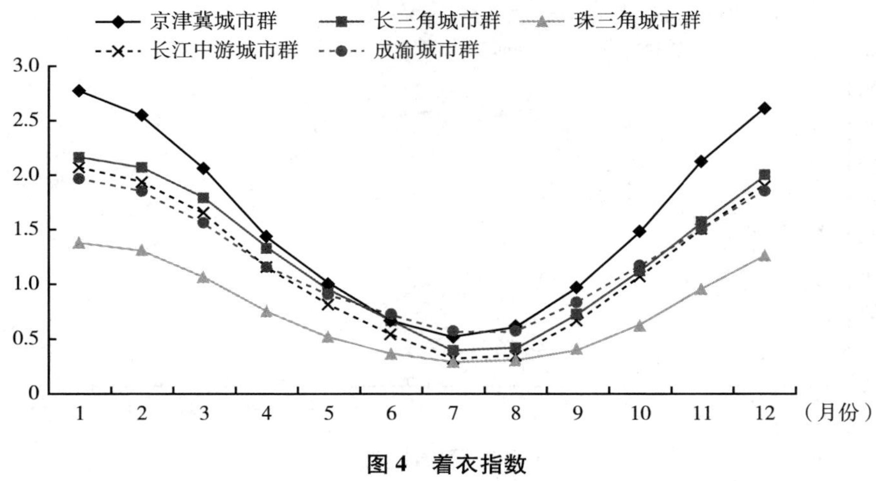

图 4　着衣指数

形曲线波动范围差异的主要原因。三是同一城市群内部各城市的气候宜居性趋同，珠三角城市群、长三角城市群内各城市气候舒适性曲线几乎重合，根源在于气候数据的空间自相关性。长江中游城市群和成渝城市群内各城市的气候宜居性差异相对较大，这与其较大的空间范围和多样化的地形地貌有密切关系。

（二）舒适期分布

气候舒适期是指一年当中气候较为舒适的月数，是气候宜居性的重要体现。此处采用刘清春等（2007）的辨别方法，即当一个区域的某一时段内温湿指数、风效指数和着衣指数三项指标都属于集合｛b，A，B，C｝时，则将该时段认定为舒适期（见表 4）。我国大部分地区的舒适期集中在春秋两季，夏季和冬季为舒适期的地区十分稀少，夏季气候较为舒适的地区主要集中在高纬度的东北北部及云南省、西藏自治区等地区，冬季较为舒适的地区主要集中在低纬度的广东省、广西壮族自治区、云南省南部等。在五大城市群里，只有珠三角城市群属于冬季舒适型地区，1~4 月及 11 月、12 月气候最为舒适，但其夏季也最为闷热；成渝城市群夏季气候舒适性相对较好，但严格意义上其夏季并不属于舒适期。我国整体舒适期长度介于 0~10 个月，各地州市平均为 4.77 个月，最短的如玉树藏族自治州、日喀则市、黄南藏族自治州、果洛藏族自治州等，全年几乎没有气候舒适期，舒适期最长的地区集中在西南地区的玉溪市、红河哈尼族彝族自治州、德宏傣族景颇族自治州、攀枝花市等地，除了冬季（1月、12月）外每年有长达10个月的气候舒适期。就五大城市群而言，气候舒适期长度介于3~7个月，京津冀、长三角、珠三角、长江中游、成渝各城市群内城市的平均舒适期长度分别为4.13、4.94、6.22、4.04、5.45个月。

表4　中国主要城市群气候舒适月份及年舒适期

城市群	地级及以上城市	1月	2月	3月	4月	5月	6月	7月	8月	9月	10月	11月	12月	气候舒适期（月）
京津冀城市群	唐山市	ecd	ebd	dbc	bAA	ABB	CCC	DCD	CCD	BBB	bAA	dbc	ecd	5
	石家庄市	ecd	ebd	cbc	bAA	ABA	BCC	CCD	CCC	ABB	cAA	dbc	ebd	5
	天津市	ecd	ebd	cbc	bAA	BBB	CCD	DCE	DCD	BBB	bAA	dbc	ebd	4
	廊坊市	ecd	ebd	cbc	bAA	BBB	CCD	DCE	CCD	BBB	bAA	dbc	ebd	4
	沧州市	ecd	ebd	cbc	bAA	BBB	CCD	DCE	DCD	BBB	bAA	cbc	ebd	4
	北京市	ecd	ebd	cbc	bAA	ABB	CCC	CCD	CCD	ABB	cAA	dbd	ecd	4
	保定市	ecd	ecd	dbd	cAA	ABA	BCC	CCD	CCC	ABA	cAA	dbd	ecd	4
	秦皇岛市	ece	ecd	dbd	cAA	AAA	BCC	CCD	CCD	ABB	cAA	dbd	ecd	3
长三角城市群	舟山市	dbc	cbc	cbb	bAA	BAB	CBC	DCD	DCE	CCC	BAB	bAA	cbb	6
	上海市	dbc	dbc	cbb	bAA	BAB	CBC	DCE	DCE	CCC	AAB	bAA	cbc	6
	宁波市	dbc	dbc	cbb	bAA	BAB	CBC	DCE	DCE	CBC	AAA	bAA	cbc	6
	无锡市	dbd	dbc	cbb	bAA	BBB	CCC	DCE	DCE	CBC	AAA	cAA	dbc	5
	泰州市	ebd	dbd	cbc	bAA	BBB	CCC	DCE	DCE	CBC	AAA	cAA	dbc	5
	台州市	dbd	dbc	cbb	bAA	AAB	CBC	DCD	DCD	BBB	AAA	cAA	dbc	5
	苏州市	dbd	dbc	cbb	bAA	BBB	CCC	DCE	DCE	CCC	AAA	cAA	cbc	5
	绍兴市	dbc	dbc	cAb	bAA	BBB	CCC	DCE	DCD	CBC	AAA	cAA	cbc	5
	南通市	dbd	dbc	cbc	bAA	BAB	CBC	DCE	DCE	CBC	AAA	cAA	dbc	5
	嘉兴市	dbc	dbc	cAb	bAA	BBB	CCC	DCE	DCE	CCC	AAA	cAA	cbc	5
	湖州市	ebd	dbd	cbc	bAA	BAB	CBC	DCD	DCD	BBB	bAA	cAb	dbc	5
	杭州市	ebd	dbc	cbc	bAA	BBB	CBC	DCD	DCD	BBB	AAA	cAb	dbc	5
	镇江市	ebd	dbc	cAb	bAA	BBB	CCD	DCE	DCE	CCC	AAA	cAA	dbc	4
	扬州市	ebd	dbd	cbc	bAA	BBB	CCD	DCE	DCE	CBC	AAA	cAb	dbc	4
	南京市	ebd	dbc	cAb	bAA	BBB	CCD	DCE	DCE	CCC	AAA	cAA	dbc	4
	常州市	ebd	dbc	cAb	bAA	BBB	CCD	DCE	DCE	CCC	AAA	cAA	dbc	4

续表

城市群	地级及以上城市	1月	2月	3月	4月	5月	6月	7月	8月	9月	10月	11月	12月	气候舒适期（月）
珠三角城市群	惠州市	bAA	bAA	AAA	CBC	DCD	DCE	EDE	ECE	DCE	CCC	BBB	bAA	7
	广州市	bAA	bAA	AAA	CBC	DCD	DCE	EDE	ECE	DCE	CCC	ABB	bAA	7
	珠海市	bAA	bAA	AAB	CBC	DCD	DCE	EDE	ECE	DCE	CCD	BBB	AAA	6
	中山市	bAA	bAA	AAB	CBC	DCD	DCE	EDE	ECE	DCE	CCD	BBB	AAA	6
	肇庆市	cAA	bAA	AAA	BBC	DCD	DCE	EDE	ECE	DCE	CCC	ABA	bAA	6
	深圳市	bAA	bAA	AAB	CBC	DCD	DCE	EDE	ECE	DCE	CCD	BBB	AAA	6
	江门市	bAA	bAA	AAA	CBC	DCD	DCE	EDE	ECE	DCE	CCD	BBB	AAA	6
	佛山市	bAA	bAA	AAA	CBC	DCD	DCE	EDE	ECE	DCE	CCD	BBB	bAA	6
	东莞市	bAA	bAA	AAB	CBC	DCD	DCE	EDE	ECE	DCE	CCD	BBB	bAA	6
长江中游城市群	萍乡市	dbc	cAc	cAA	AAA	BBC	DCD	DCE	DCE	CCC	ABB	bAA	cAb	5
	衡阳市	dbc	cAc	cAb	AAA	BBC	DCD	DCE	DCE	CCC	ABB	bAA	cAb	5
	株洲市	dbc	cAc	cAb	AAA	BBC	DCD	DCE	DCE	CCC	AAA	cAA	cAc	4
	长沙市	dbc	cAc	cAA	AAA	BBC	DCD	DDE	DCE	CCC	AAA	cAA	cAc	4
	岳阳市	dbc	cAc	cAA	AAA	BBC	DCD	EDE	DCE	CCC	AAB	cAA	cAc	4
	鹰潭市	dAc	cAb	cAA	AAA	BBC	CCD	DDE	DCE	CCD	BBB	bAA	cAb	4
	益阳市	dbc	dAc	cAb	AAA	BBC	CCD	DCE	DCE	CCC	AAA	cAA	cAc	4
	宜春市	dbc	cAc	cAA	AAA	CBC	DCD	EDE	DCE	CCD	ABB	bAA	cAc	4
	新余市	dbc	cAc	cAA	AAA	CBC	DCD	EDE	DDE	CCD	BBB	bAA	cAb	4
	孝感市	dbc	dbc	cAb	AAA	BBC	DCD	DCE	DCE	CCC	AAA	cAA	dAc	4
	湘潭市	dbc	dbc	cAb	bAA	BBB	CCD	DCE	DCE	CBC	AAA	cAA	dAc	4
	咸宁市	dbc	cAc	cAb	AAA	BBC	DCD	EDE	DCE	CCC	ABA	cAA	cAc	4
	仙桃市	dbc	dAc	cAb	AAA	BBC	DCD	EDE	DCE	CCC	AAA	cAA	cAc	4
	武汉市	dbc	dbc	cAb	AAA	BBC	DCD	EDE	DCE	CCC	AAA	cAA	cAc	4
	天门市	dbc	dbc	cAb	AAA	BBC	DCD	ECE	DCE	CCC	AAA	cAA	cAc	4
	潜江市	dbc	dAc	cAb	AAA	BBC	DCD	ECE	DCE	CCC	AAA	cAA	cAc	4
	南昌市	dbc	cAc	cAA	AAA	BBC	DCD	EDE	DCE	CCD	ABB	bAA	cAc	4
	娄底市	dbc	dbc	cAb	AAA	BBB	CCD	DCE	DCE	CCC	AAA	cAA	cAc	4
	九江市	dbc	dbc	cAb	bAA	BBC	CCD	DCE	DCE	CBC	AAA	cAA	cAc	4
	景德镇市	dbc	cbc	cAA	AAA	BBB	CCD	DCE	DCE	CCC	ABB	cAA	cAc	4
	黄石市	dbc	dbc	cAb	AAA	BBC	CCD	DCE	DCE	CCC	AAA	cAA	cAc	4
	黄冈市	dbc	dbc	cAb	AAA	BBC	CCD	DCE	DCE	CCC	AAA	cAA	cAc	4
	抚州市	dAc	cAb	cAA	AAB	CBC	DCD	EDE	DCE	CCD	BBB	bAA	cAb	4
	常德市	dbc	dAc	cAb	AAA	BBC	CCD	DCE	DCE	CCC	AAA	cAA	cAc	4
	鄂州市	dbc	cAc	cAA	AAA	BBC	DCD	EDE	DDE	CCD	ABB	cAA	cAc	3

续表

城市群	地级及以上城市	1月	2月	3月	4月	5月	6月	7月	8月	9月	10月	11月	12月	气候舒适期（月）
成渝城市群	乐山市	ebc	dbc	cAb	bAA	AAA	BBB	CCC	BCC	AAA	bAA	cAb	dAc	7
	自贡市	cAb	cAb	bAA	ABB	BBC	CCD	DCD	DCD	CCC	ABB	bAA	cAb	6
	资阳市	cAb	cAb	bAA	ABB	BBC	CCD	DCE	DCE	CCC	ABB	bAA	cAb	6
	宜宾市	cAb	cAb	cAA	AAA	BBB	CBC	CCD	CCD	BBC	AAA	bAA	cAb	6
	内江市	cAb	cAb	bAA	ABB	BBC	CCD	DCE	DCE	CCC	ABB	bAA	cAb	6
	绵阳市	dAc	cAc	cAA	AAA	BBB	BCC	CCD	CCD	BBB	bAA	cAA	dAc	5
	眉山市	dAc	dAc	cAb	bAA	BBB	BBC	CCD	CCD	BBB	bAA	cAA	cAc	5
	泸州市	dAb	cAb	cAA	AAA	BBB	CCC	DCD	DCD	BBC	AAA	cAA	cAb	5
	德阳市	dAb	cAb	cAA	AAA	BBB	CCC	DCD	CCD	BBC	AAA	cAA	cAb	5
	成都市	dAb	cAb	cAA	AAA	BBB	CBC	CCD	CCD	BBC	AAA	cAA	cAb	5
	重庆市	dAb	cAb	cAA	AAA	BBC	CCD	DCE	DCE	CCC	ABA	cAA	cAb	4

注：单元格中三个字母分别表示温湿指数、风效指数和着衣指数的等级。

五　结论与讨论

（一）主要结论

利用全国气象观测台站数据，采用克里金插值方法得到各地级及以上行政单元的各类气象数据，采用温湿指数、风效指数、着衣指数测度各地气候舒适性；利用 CMDS 2018 调查数据，将居民的定居意愿作为类别变量，迁入地与迁出地的气候舒适性差异作为目标变量，采用 PSM 模型分析了气候条件对居民选择定居地点的影响。本报告还详细分析了京津冀、长三角、珠三角、长江中游、成渝等五大城市群月度气候宜居性，研究得出以下结论。

1. 气候宜居性是居民选择定居地点的重要影响因素

PSM 实证分析表明，人们在进行定居选择时，对气候舒适性存在着较高的要求，气候对人口迁移具有显著影响；而对于不同特征人群，女性有着更

高的要求，已婚者的要求更高且更稳健，而低学历、青年和中年人则较与之相对的人群显示出更稳健的特征。近年来，人们在定居选择时对定居地气候条件提出了较高的要求，其原因可能在于中国经济已进入高质量发展阶段，人民生活水平逐步提高，包括吃穿住行在内的基础生活因素已不再成为人们关注的重点，而人民对美好生活品质的向往成为现阶段的现实需求。气候条件作为空间品质的重要组成部分，舒适宜居的气候条件逐步成为人们追求的目标。城市群是我国新型城镇化的主要载体，承载着大量的人口，营造良好的气候舒适条件对于提高居民福祉、吸引人才、发展创新型产业具有重要意义。

2. 我国城市群气候宜居性差异明显

整体上我国气候舒适性以春秋舒适型为主，冬季和夏季舒适型城市很少。在五大城市群中，珠三角城市群是唯一的冬季舒适型城市群，其余均为春秋舒适型。城市群所处纬度仍是影响其气候宜居性的最主要因素，与海洋的距离一定程度上也能够影响城市群的气候宜居性。就月度而言，我国城市群最为闷热的气候出现在 7、8 月，各城市群闷热程度依纬度递增而下降，但差异并不明显，各城市群月度气候宜居性差异主要体现在冬季。舒适期长度方面，我国各地级及以上城市年均气候舒适期为 4.77 个月，各城市群基本处于这一平均水平，互有长短。

（二）讨论

1. 气候变化对气候宜居性的影响及应对

一般认为，气候宜居性是外生的。但是，从较长时间尺度来看，全球变暖正在影响气候宜居性，并且这种影响机制具有复杂性，并不能以大气温度变化为唯一依据进行简单判断，因为在气温升高的同时，湿度、风速等都会产生一系列复杂变化。大多数研究认为，在全球变暖的背景下，暖热会成为一种常态。全球变暖，有效温度升高，将导致中国平均冷和寒冷日数以每 10 年 3.5 天的速度减少，同时热和炎热日数以每 10 年 0.7 天的速度增加，其中华南地区增幅最大。最近 10 年（2004~2014 年）同 20 世纪 60 年代比，中国平均冷日减少了 15 天，热日增加了 30%。这种气候舒适性的变化主要原因在于气温的升高和风速的降低，两者分别贡献了60%和40%左右的变化，而相对湿度贡献不大。

从长期看，中国气候舒适性似乎有过改善，但这种改善背后也隐藏着危机。首先，气候在数十年里的变动影响的并不只是人体对舒适性的感知，还将改变生物的栖息环境等，并造成一系列更严重的生态危害，因此，气候舒适性不过是气候变化带来的一种很小的正面收益。其次，气候变暖带来的舒适性改变在空间上并非均质，一些区域可能有所改善，另一些地区则可能更加恶劣。最后，气候变暖带来的舒适性改变在时间上并非平稳的，极端天气气候事件将呈现多发强发、广发、并发态势，从而危及人体健康和生态安全。

由于气候舒适性只是气候变化带来的附带效应，减缓气候变化的主要目的显然并非在于改善气候宜居性，因此，在本报告中讨论应对气候变化以维持或改善城市群气候舒适性没有实际意义。但是，鉴于气候变化将对生态环境带来一系列危害、对气候舒适性变化产生空间非均质性和时间非平稳性，本报告认为，即使气候变化总体上有利于我国改善气候舒适性，但仍需要控制气候舒适性的较快改变，改善气候舒适性应服从于应对气候变化总体战略。

2. 气候宜居性的局地改善

城市群和城市气候舒适性不仅受气候背景影响，也受局地气候条件影响。地形、建筑、水体、植被等是影响局地气候的重要因素。气候变化和快速城市化的双重影响使城市面临日益加剧的热岛效应，绿地、水体等能够有效改善城市热环境，从而在一定程度上改善城市气候宜居性。优化城市群和城市绿地布局，使有限面积的绿地发挥更大的降温效果，对营造良好的城市气候宜居性，具有重要价值。对于城市群而言，应当以打造城市优质空间品质为立足点，严格控制城镇开发边界，保护各类生态用地，采取基于自然的解决方案，建立生态宜居的新型城市，切实发挥气候条件在城市发展中的功能优势，进一步提升地区人才的吸引力。应发挥城市群森林规模化优势，有效联通各城市生态廊道，在有条件的城市群创建国家森林城市群，营造良好的城市群气候宜居性。

参考文献

丛晓男、王铁：《中国城市旅游气候舒适度及时空演变分析》，《测绘科学》2015 年第 6 期。

丁任重、张航：《社会主要矛盾》，《经济研究》2022 年第 2 期。

董亚宁、杨开忠、顾芸：《创新成本、空间分割与创新增长分异研究——基于空间经济增长理论》，《中国软科学》2021 年第 7 期。

焦敏、周伟奇、钱雨果等：《斑块面积对城市绿地降温效应的影响研究进展》，《生态学报》2021 年第 23 期。

彭彬、周艳莲、高苹等：《气温插值中不同空间插值方法的适用性分析——以江苏省为例》，《地球信息科学学报》2011 年第 4 期。

帅林茹、冯莉、阳少奇：《植被种植方式对城市微环境热舒适度影响的数值模拟研究》，《生态学杂志》2022 年第 8 期。

吴佳、高学杰、韩振宇等：《基于有效温度指数的云南舒适度变化分析》，《地球科学进展》2017 年第 2 期。

杨开忠、顾芸、董亚宁：《空间品质、人才区位与人力资本增长——基于新空间经济学》，《系统工程理论与实践》2021 年第 12 期。

詹秋萍、王勇：《“江南卑湿，丈夫早夭”观念的由来及其演变》，《山东农业大学学报（社会科学版）》2016 年第 3 期。

中国气象局国家气候中心：《2021 年中国气候公报》，2022。

中央宣传部、国家发展改革委：《习近平经济思想学习纲要》，人民出版社，2022。

De Freitas CR.，“Human climates of northern China”，*Atmospheric Environment 1*（1979）.

Gonzalez R，Nishi Y，Gagge A..“Experimental Evaluation of Standard Effective Temperature A New Biometeorological Index of Man's Thermal Discomfort”，*International Journal of Biometeorology* 1（1974）.

Oliver JE. *Climate and Man's Environment*：*an Introduction to Applied Climatology*，John Wiley & Sons，New York（1973）.

Terjung WH. “Annual Physioclimatic Stresses and Regimes in the United States” *Geographical Review* 2（1967）.

Thom EC. The Discomfort Index，*Weatherwise 2*（1959）.

Wu，Gao，et al. “Changes of Effective Temperature and Cold/hot Days in Late Decades over China Based on a High Resolution Gridded Observation Dataset” *International Journal of Climatology* 37（2017）.

B.12
气候变化背景下黄河流域城市群韧性发展研究

武占云　孙　劭　张双悦*

摘　要： 在气候变化和人类活动的双重影响下，黄河流域面临的气候变化风险日趋复杂和严峻，黄河流域生态保护和高质量发展必须注重气候变化风险的应对。本报告基于联合国政府间气候变化专门委员会（IPCC）“危险性—暴露度—脆弱性”的气候风险框架和“工程韧性—生态韧性—演化韧性”的韧性理论框架，构建黄河流域城市群气候风险及韧性评估模型，将样本城市划分为韧性城市、低风险城市、脆弱型城市和高风险城市。研究结果表明，2020 年黄河流域超过 80%的城市属于脆弱型和高风险城市，韧性城市占比仅为 2.5%；气候韧性水平具有明显的地域分布特征，上游和中游地区以脆弱型城市为主，下游地区的高风险城市占比较高，且四种城市类型在时间和空间维度均发生明显的跃迁和转变。报告建议应协同推进工程韧性—经济韧性—社会韧性—生态韧性，并建立基于演化韧性的流域一体化风险管理和应对机制，以期提升黄河流域城市群气候韧性和可持续发展能力。

关键词： 黄河流域　气候风险　城市韧性

* 武占云，应用经济学博士后，中国社会科学院生态文明研究所国土空间与生态安全研究室副主任，主要研究方向为城市与区域经济、国土空间规划与治理；孙劭，中国气候科学研究院副研究员，主要研究方向为气候影响与风险评估；张双悦，天津商业大学经济学院讲师，主要研究方向为区域经济学。

气候是人类和自然生态系统赖以生存和维持的基础自然条件，全球气候从 20 世纪 70 年代末到 80 年代初开始显著增暖，由此引发的气候变化风险受到科学界和国际社会的广泛关注和高度重视。黄河流域是中国重要的生态屏障和经济地带，黄河流域生态保护和高质量发展事关中华民族伟大复兴的千秋大计。伴随着快速的城镇化和工业化进程，黄河流域的城乡经济、社会和空间结构发生着深刻变化，已发育形成七大城市群。在全球气候变化影响下，黄河流域气候呈暖干化趋势，极端降水过程趋于增加。在气候变暖和人类活动的双重影响下，黄河流域面临的气候变化风险日趋复杂和严峻。鉴于黄河流域的自然生态特征和其面临的气候变化风险，黄河流域生态保护和高质量发展必须注重气候变化风险的应对，着力提升城市群发展韧性。

一　韧性理论内涵及分析框架

（一）韧性理论内涵

“韧性”一词源于物理学的概念，工程科学领域最早使用韧性来表示弹簧等材料的稳定性及其应对外部冲击的抵抗力和复原能力。20 世纪 70 年代，随着生态学思维的兴起，韧性理论开始引入生态学领域，用以定义生态系统受到外部扰动后维持、恢复原来稳定状态的能力。随后，韧性概念被广泛应用于自然灾害应对、社会经济系统调适等研究领域，经济韧性、社会韧性、演化韧性等多学科多领域的韧性理论和应用框架应运而生。

社会学家认为，社会结构是一个复杂的适应性系统，充满了难以预测的不确定性，将社会韧性视为“抵御对其社会基础设施的外部冲击的能力”。审议、协作、参与和治理被认为是构建社会韧性的重要内容，社会韧性的构建过程也是社会资本和社会关系的重构过程。经济韧性指城市、区域和国家等经济体面对外部冲击，通过适应、转型、创新发展调整原有发展模式，以及将外部危机转为发展机遇的能力。

工程韧性强调，系统在暂时受到扰动后恢复平衡或稳定状态的能力，并认为生态系统存在接近稳定的稳定状态。相比之下，生态韧性拒绝单一平衡的存在，它主张存在多重均衡，并强调远离任何稳定稳态的条件，其中不稳定性可以将系统转变为另一种状态。尽管存在以上差异，但工程韧性和生态韧性均强调系统中存在平衡，“无论是系统恢复到其原有状态，还是转换为一种新的系统状态”。

演化韧性挑战了平衡的概念，主张无论是否有外部干扰，城市系统的本质都有可能随着时间的推移而改变，进而将城市视为复杂适应系统，其基本特征是复杂、非线性和自组织，且充满了不确定性和不连续性，在遭受外来冲击后通常会显示出自我维系、自我组织和自我更新的系统特性，演化韧性认为城市的适应过程是一种复杂的反馈、涌现与自组织并存的非线性动态过程。这类观点不同于传统韧性理论强调的“稳定性”和“均衡性”，而是强调现实中韧性的“动态演化”和“非均衡性”。众多研究将社会经济系统受到外部干扰时表现的适应、创新和转化能力视为演化韧性的重要内容，进而形成了“工程韧性—生态韧性—演化韧性”的韧性理论分析框架及其演化进程（见表 1）。本报告将基于“工程韧性—生态韧性—演化韧性”的分析框架构建黄河流域城市群韧性评价模型。

表 1　韧性理论分析框架及其演化进程

概念演进	工程韧性 engineering resilience	生态韧性 ecological resilience	演化韧性 evolutionary resilience
时间阶段	1973 年以前	1973 年至 1990 年代末期	19 世纪 90 年代末期以后
平衡状态	单一稳态	多个稳态	持续稳态
韧性目标	恢复原稳态	塑造新稳态	适应循环稳态
支撑理念	工程学思维	生态学思维	系统论思维
系统特征	有序的，线性的	复杂的，非线性的	混沌的，不确定的
研究重点	稳态恢复力关注效率与稳定性	稳态塑造力关注吸纳和缓冲力	稳态适应力强调学习和创新性
扰动应对	扰动威胁论	扰动学习论	扰动适应论
概念图示	平衡状态E1	平衡状态E1 阈值 平衡状态E2	α K 潜力 重组阶段 保存阶段 利用阶段 释放阶段 r Ω 连结性→

资料来源：根据以下参考文献绘制：（1）Martin，P. Sunley，“On the notion of regional economic resilience：conceptualization and explanation”，*Journal of Economic Geography*，2015，15（1），pp. 1–42.（2）曾鹏：《韧性城市与城市韧性发展机制》，《人民论坛·学术前沿》2022 年第 1 期。

（二）分析框架

目前，关于黄河流域气候风险及韧性发展的研究主要集中在三个方面。一是关于气候韧性方面的研究，重点关注气候变化与韧性城市发展、气候变暖下的韧性城市建设等内容，且已经基本达成共识，即气候变化深刻影响城市发展安全，亟须加强面向气候变化的韧性城市规划与建设。二是在黄河流域气候风险方面，既有研究从干旱、高温或极端暴雨等单一灾害风险视角进行了分析，且重点研究了不同灾害风险的时空分异规律和区域差异特征。三是关于黄河流域韧性发展方面的研究，重点关注经济韧性与生态韧性。在经济韧性方面，研究表明黄河流域城市韧性受经济发展水平制约，在空间上呈现东高西低的分布态势，但总体来看，城市韧性建设呈现平衡发展的趋势。而从城市群的角度来看，黄河流域城市群韧性度呈现显著的空间聚类和空间关联特征，子系统的时空聚类区既有空间分异又有重叠交集。目前，生态韧性方面的研究较少，大多关注黄河流域生态安全体系的构建，抑或是从生态安全驱动力、生态安全压力指数、生态安全状态指数等维度考察黄河流域的生态状况，从而提出要构建以提高环境承载力为目标的生态安全韧性体系，弥补自然生态环境的先天劣势，防止沙漠化的继续扩张等。既有研究取得了丰硕成果，但仍存在以下研究空白：一是黄河流域经济社会和生态环境差异较大，分布着 7 个城市群，既有研究基本是全流域或针对个别城市群的分析，尚未对不同城市群面临的关键气候风险进行评估，亦缺少针对性的应对措施；二是缺少系统和科学的气候风险和韧性评估。

有鉴于此，本报告基于 IPCC“危险性—暴露度—脆弱性”的气候风险框架和“工程韧性—生态韧性—演化韧性”的韧性理论分析框架，构建黄河流域城市群气候风险及韧性评估模型，对黄河流域、上中下游、城市群等不同维度的气候韧性进行系统评估，进而提出风险管理和应对措施，以期为黄河流域提升气候韧性提供有益借鉴和科学支撑。

二　研究区域概况及数据来源

（一）研究区域概况

黄河流域地处30°N~45°N，95°E~120°E，流经青海省、四川省、甘肃省、宁夏回族自治区、内蒙古自治区、陕西省、山西省、河南省、山东省9个省区，流域总面积79.5万平方千米，流域内地势高低起伏显著，自西向东跨越青藏高原、内蒙古高原、黄土高原和黄淮海平原4个地貌单元，地形地貌差别较大，气候包含干旱、半干旱、半湿润等类型。为了研究黄河流域气候变化的区域特征，本报告从流域整体、上中下游3个区域和7个城市群等三个维度，对黄河流域气候风险和城市韧性进行评价。（1）流域维度：包括青海省、四川省、甘肃省、宁夏回族自治区、内蒙古自治区、陕西省、山西省、河南省、山东省9个省区80个地级市（州）（七大城市群覆盖58个城市）。（2）上中下游维度：按照水利部黄河水利委员会对黄河流域的划分标准，从河源到内蒙古托克托县河口镇为上游，选择代表气象站点309个；从河口镇到郑州附近的桃花峪为中游，选择代表气象站点208个；桃花峪以下为下游，选择代表气象站点242个。（3）城市群维度：《中华人民共和国国民经济和社会发展第十四个五年规划和2035年远景目标纲要》强调建设19大城市群，其中有7个城市群位于黄河流域范围，各城市群划分标准及所辖城市如表2所示。

表2　黄河流域城市群覆盖范围和划分标准

城市群名称	覆盖地级市(州)	划分标准
兰西城市群	兰州、白银、定西、西宁、海东	《国家发展改革委、住房城乡建设部关于印发兰州—西宁城市群发展规划的通知》发改规划〔2018〕423号
呼包鄂榆城市群	呼和浩特、包头、鄂尔多斯、榆林	《国家发展改革委关于印发呼包鄂榆城市群发展规划的通知》发改地区〔2018〕358号
宁夏沿黄城市群	银川、石嘴山、吴忠、中卫	《自治区人民政府办公厅关于印发宁夏回族自治区新型城镇化“十四五”规划的通知》宁政办发〔2021〕70号

续表

城市群名称	覆盖地级市(州)	划分标准
关中平原城市群	西安、宝鸡、咸阳、铜川、渭南、运城、临汾、天水、平凉、庆阳	《国家发展改革委 住房城乡建设部关于印发关中平原城市群发展规划的通知》发改规划〔2018〕220 号
山西中部城市群	太原、晋中、忻州、吕梁、阳泉	《山西省人民代表大会常务委员会关于支持和保障山西中部城市群高质量发展的决定》
中原城市群	郑州、开封、洛阳、平顶山、新乡、焦作、许昌、漯河、济源、鹤壁、商丘、周口、晋城、三门峡、南阳、信阳、驻马店、长治	《国家发展改革委关于印发中原城市群发展规划的通知》发改地区〔2016〕2817 号
山东半岛城市群	济南、青岛、烟台、潍坊、临沂、菏泽、淄博、泰安、聊城、德州、滨州、东营	《山东省人民政府关于印发山东半岛城市群发展规划的通知》鲁政发〔2021〕24 号

注：黄河流域城市群范围的选取以尽可能保证地级行政单元的完整性和便于计算比较为原则，除中原城市群和山东半岛城市群的范围为局部范围外，其他城市群的范围与规划文件确定的范围基本一致。

（二）数据来源

黄河流域 9 个省区 80 个地级市（州）的经济社会类数据是根据 2010~2021 年《中国城市统计年鉴》《中国城市建设统计年鉴》《中国水旱灾害公报》以及各地级市所在省的《水资源公报》《生态环境状况公报》等数据整理，个别城市个别指标缺失数据用城市所在省份数据代替，个别年份个别指标缺失数据采用均值法补充。温度、降水和干旱等气候数据根据国家气候中心提供的黄河流域 136 个站点共计 759 个气象站的数据计算获得。

三　黄河流域城市群气候变化特征

（一）黄河流域城市群气温变化特征

1991~2021 年，黄河流域年均气温为 9.8℃（见图 1），中游南部及下游地区年均气温达 12℃~16℃。近 30 年来，随着全球气候变暖，黄河流域呈整体升温趋势，大部分地区升温速率达 0.2℃~0.4℃/10 年，上游局部地区达 0.4℃~0.6℃/10 年，高温站数占比由 1991 年的 55.15%上升至 2021 年的 65.19%。从高温日数的空间分布来看（见图 2），中游东南部和下游地区是高温事件的高发区，平均每年高温日数有 10~18 天，局部地区超过 20 天。从城市群角度来看，位于下游的中原城市群的年均高温日数和年均干旱日数均居七大城市群首位，年均高温日数达到 18 天，其中焦作市 2021 年的高温事件频次最高，高达 25 天。山东半岛城市群和关中平原城市群的年均高温日数都在 11 天左右，年均干旱日数也分别达到 54 天和 42 天。整体而言，黄河中下游城市群是极端高温事件的高发区。

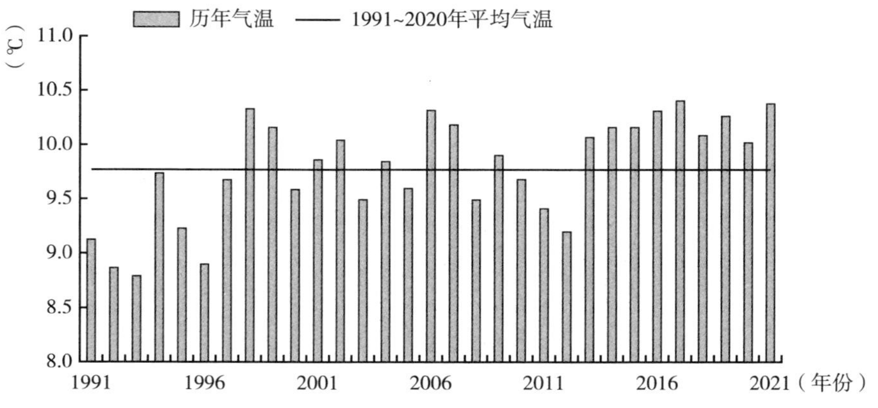

图 1　1991~2021 年黄河流域城市群年均气温情况

资料来源：根据国家气候中心提供数据计算。

受气候变化影响，黄河流域干旱防御形势依然严峻。《中国水旱灾害公报》显示，2006~2020 年，黄河流域因干旱作物受灾面积、作物成灾面积、作物绝收面积呈波动变化趋势（见图 3）。其中，作物受灾面积在 2009 年达到峰值，为 10677.7 千公顷，作物成灾面积于 2007 年达到峰值，为 5341.8 千公顷，作物绝收面积在 2009 年达到峰值，为 1285.3 千公顷。与此同时，从平均值与年均增长率来看，作物受灾面积的平均值远高于其他二者，三者分别为

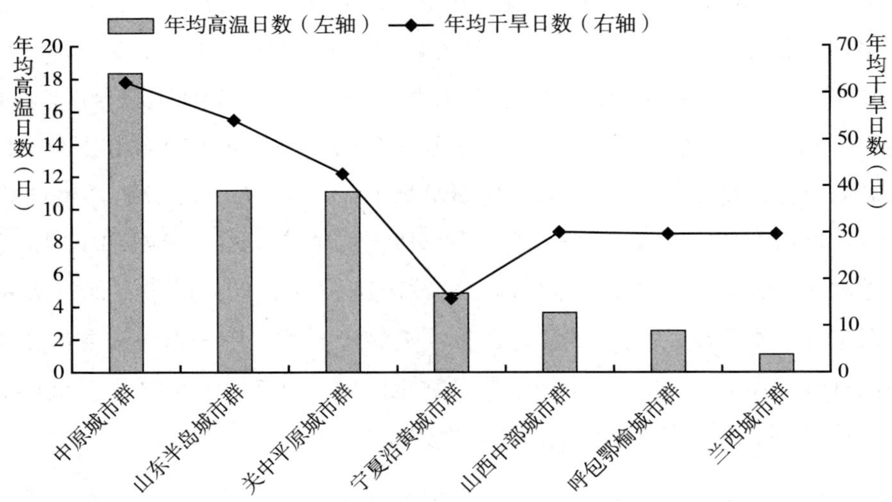

图 2　2021 年黄河流域七大城市群年均高温和干旱日数

资料来源：根据国家气候中心提供数据计算。

5169.23 千公顷、2708.40 千公顷、527.18 千公顷；三者的年均增长率分别为-5.58%、-8.04%、-9.78%。由此可见，黄河流域近年的干旱灾情虽然有所缓解，但仍需构建有效防范高温及干旱的长效机制。

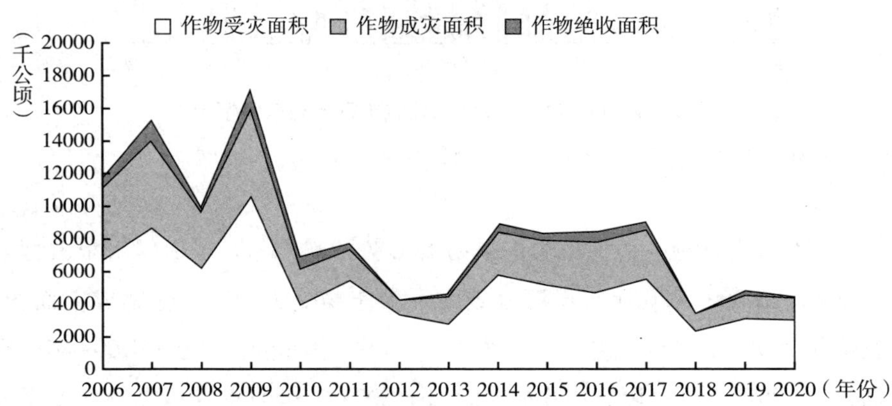

图 3　2006~2020 年黄河流域干旱受灾情况

资料来源：历年《中国水旱灾害公报》。

（二）黄河流域城市群降水变化特征

1991~2021 年，黄河流域平均降水量为 491 毫米（见图 4），大部分地区年降水量为 300~500 毫米，尤其受地形影响较大的秦岭山脉北坡，其降水量一般可达 600~800 毫米。近 30 年来，黄河流域大部地区降水量呈上升趋势，黄河中下游地区和黄河上游南部地区降水量上升速率超过 20 毫米/10 年，其中黄河中游南部降水量上升速率超过 50 毫米/10 年。同时，黄河流域极端降水频率和强度趋于增加，如图 5 所示，流域内的暴雨站数占比由 1991 年的 42%上升至 2021 年的 57%。国家气候中心提供的数据显示，2021 年黄河上中下游的年均暴雨日数分别为 0.32 天、1.05 天和 2.12 天，中游南部和下游地区是极端暴雨事件时常发生的区域。

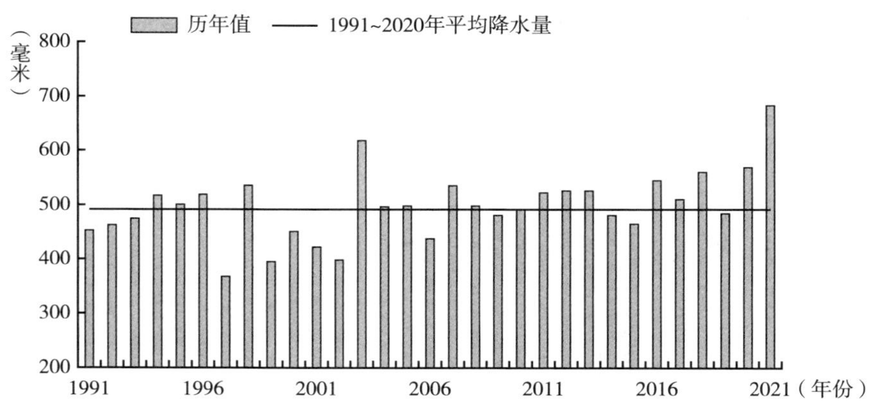

图 4　1991~2021 年黄河流域城市群年均降水量情况

资料来源：根据国家气候中心提供数据计算。

2006~2020 年，黄河流域洪涝受灾人口、死亡人口、直接经济损失呈波动变化趋势。其中，受灾人口与死亡人口在 2010 年达到峰值，分别为 4018.65 万人、1900 万人，与此同时，直接经济损失也在 2010 年达到峰值，为 640.75 亿元，之后于 2018 年再次达到一个峰值，为 516.13 亿元。从平均值与年均增长率来看，受灾人口、死亡人口与直接经济损失的平均

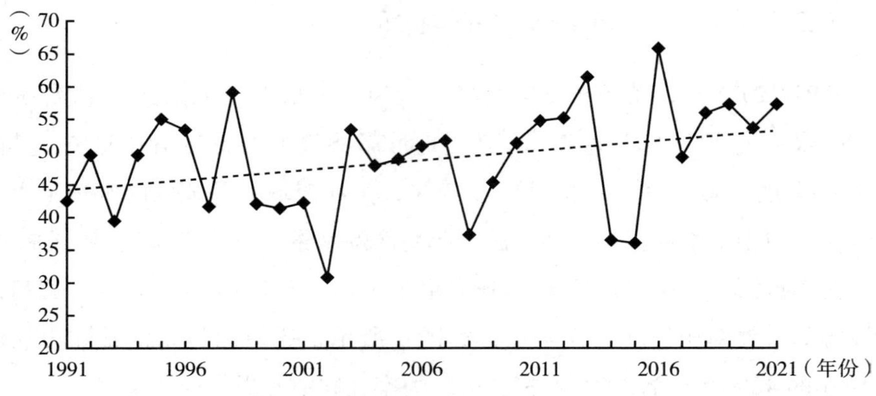

图 5　1991~2021 年黄河流域暴雨站数占比变化情况

资料来源：根据国家气候中心提供数据计算。

值分别为 1294.99 万人、216.84 万人、276.33 亿元，年均增长率分别为 1.04%、-7.65%、11.16%。因此，洪涝灾害仍严重威胁着黄河流域人民群众的生命和财产安全，亟须加大洪涝治理力度和提高防灾抗灾能力（见图 6）。

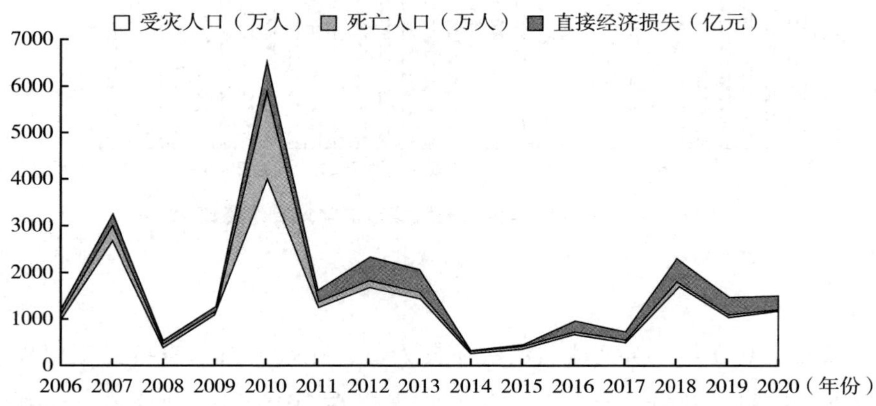

图 6　2006~2020 年黄河流域洪涝灾害情况

资料来源：历年《中国水旱灾害公报》。

四　黄河流域城市群气候风险及韧性评估

（一）黄河流域城市群气候风险及韧性评估框架

IPCC 报告指出，气候变化通过危险性、暴露度和脆弱性产生超过适应限度的影响和风险将导致人类社会、生态系统产生损失和损害。因此，气候灾害风险的升高不仅取决于极端天气气候事件致灾危险性的特征，人口结构、社会经济、基础设施等承灾体的暴露度和面对灾害的脆弱性亦同样重要。随着高温热浪和极端强降水威胁的不断上升，生态环境脆弱、气候敏感、人口与经济高度集中的黄河流域城市群正面临着更严峻的气候变化风险。本报告基于 IPCC 气候风险评估的经典框架“危险性（hazard）—暴露度（exposure）—脆弱性（vulnerability）”，构建黄河流域气候风险评估模型。

$$风险(R) = f\{危险性(H);暴露度(E);脆弱性(V)\} \tag{1}$$

$$R_j = H_j \times E_j \times V_j \tag{2}$$

$$H_j = \sum_{i=1}^{n}(h_i Q_i) \tag{3}$$

$$E_j = \sum_{i=1}^{n}(e_i Q_i) \tag{4}$$

$$V_j = \sum_{i=1}^{n}(v_i Q_i) \tag{5}$$

公式（2）为气候风险评估模型，R 表示气候风险程度，其值越大，则气候风险越大；H_j、E_j、V_j分别为黄河流域城市 j 的致灾危险性（极端高温和极端暴雨事件的发生频率和强度）、承灾体暴露度（暴露在危险中的人口、经济和社会财富）、孕灾环境脆弱性（暴露于某种危险之下表现出的敏感性或易损性）；式（3）（4）（5）中 h_i、e_i、v_i为第 i 种因子的致灾危险性、承灾体暴露度、孕灾环境脆弱性，Q_i为第 i 种因子的权重，采用层次分析法得到各因子对致灾危险性的贡献程度，赋予相应的权重，n 为因子数。为消除各分项指标量纲不同的影响，本报告对各项评价指标进行了极差标准化处理，将各项指标与其权重相乘，得到气候风险评估指数。致灾危险性、承灾体暴露度、孕灾环境脆弱性的指标选取如表 3 所示。

如前文所述，韧性理论经历了从工程韧性、生态韧性再到演化韧性的认知历程，演化韧性不仅强调城市自身的抵御能力，还强调复杂的经济社会系统响应外生冲击，进而适应压力及转型升级的能力，故本报告从工程韧性、生态韧性、经济韧性和社会韧性四个维度构建黄河流域城市韧性评估指标体系，公式如下。

$$UR_j = A_1 \times URS_j + A_2 \times URE_j + A_3 \times URT_j + A_4 \times URC_j \quad (6)$$

$$URS_j = \sum_{i=1}^{n} (W_i S_i) \quad (7)$$

$$URE_j = \sum_{i=1}^{n} (W_i E_i) \quad (8)$$

$$URT_j = \sum_{i=1}^{n} (W_i T_i) \quad (9)$$

$$URC_j = \sum_{i=1}^{n} (W_i C_i) \quad (10)$$

A_1、A_2、A_3和 A_4分别代表城市社会韧性、经济韧性、工程韧性和生态韧性的权重。UR_j 代表城市整体韧性水平，URS_j、URE_j、URT_j、URC_j分别代表城市 j 的社会韧性水平、经济韧性水平、工程韧性水平和生态韧性水平，W_i代表指标的权重，S_i、E_i、T_i、C_i分别代表社会韧性、经济韧性、工程韧性、生态韧性第 i 个指标的量化指标。四个维度的韧性指标选取如表 3 所示。

表 3　黄河流域城市群气候风险及韧性评估框架

气候风险评价指标		城市韧性评价指标	
致灾危险性	1. 年均高温持续日数① 2. 年均暴雨日数② 3. 年均干旱日数	工程韧性	1. 建成区排水管道密度 2. 建成区供水普及率
承灾体暴露度	1. 总人口 2. 地区生产总值 3. 农业占 GDP 比重	经济韧性	1. 人均 GDP 2. 人均财政收入 3. 科学技术支出占地方财政一般预算内支出比重

续表

气候风险评价指标		城市韧性评价指标	
孕灾环境脆弱性	1. 建设用地占比 2. 家庭抚养比	社会韧性	1. 千人医师数 2. 教育各阶段教师总数与教育各阶段学生总数之比 3. 失业率
		生态韧性	1. 绿地覆盖率 2. 人均水资源总量

注：①一年内日最高温度大于35℃的天数；②一年内日降水量大于50mm的天数。

（二）黄河流域城市群气候风险及韧性评估结果

1. 流域综合评估结果

依据理论和既有文献，取85百分位数对应的"气候风险指数""城市韧性指数"作为划分城市韧性水平的阈值标准（将两个指数得分均位于前15%的城市界定为韧性城市），依据气候风险和韧性水平将黄河流域城市划分为四种类型，如表4和表5所示。

表4　2010年基于"气候风险—城市韧性"分类的黄河流域地级及以上城市分类

单位：%

类型	特征	黄河流域	上游地区	中游地区	下游地区
韧性城市	高风险—高韧性	3.80	0.00	0.00	3.80
低风险城市	低风险—高韧性	15.19	2.53	6.33	6.33
脆弱型城市	低风险—低韧性	65.82	30.38	16.46	18.99
高风险城市	高风险—低韧性	15.19	0.00	2.53	12.66

资料来源：根据《中国城市统计年鉴》和国家气候中心数据计算。

表 5　2020 年基于“气候风险—城市韧性”分类的黄河流域地级及以上城市分类

单位：%

类型	特征	黄河流域	上游地区	中游地区	下游地区
韧性城市	高风险—高韧性	2.50	0.00	0.00	2.50
低风险城市	低风险—高韧性	15.00	3.75	2.50	8.75
脆弱型城市	低风险—低韧性	65.00	28.75	21.25	15.00
高风险城市	高风险—低韧性	17.50	0.00	2.50	15.00

资料来源：根据《中国城市统计年鉴》和国家气候中心数据计算。

（1）高风险—高韧性（韧性城市）：2020 年黄河流域韧性城市占比为 2.50%，这类城市的气候致灾风险较高，同时具有较高的经济韧性、完善的基础设施和保障城市正常运行的社会韧性，城市受到外来冲击后能够较快恢复至正常运行状态。由于长期加强了对暴雨、高温的基础设施投入、风险管理和城市建设，提升了这些城市应对气候灾害的韧性，灾害后的基础设施重建、风险管理的优化提升等，更好地促进了城市向优于原有的发展路径演进，进入更高水平的均衡发展。这类城市能够较好地抵御和缓解外生冲击，从而走上更高水平的均衡路径（见图 7-a）。但相比 2010 年，2020 年韧性城市占比下降了 1.3 个百分点，其主要原因在于随着全球气候变暖加剧，黄河流域极端高温和强降水事件呈现多发、重发的态势，对基础设施建设、经济支撑和社会保障提出了更加严峻的挑战。如下游地区的郑州市年均高温日数、干旱日数分别由 2010 年的 13 天、51.24 天上升至 2020 年的 19 天、74.86 天，由 2010 年的韧性城市转变为 2020 年的高风险城市。值得注意的是，韧性城市全部分布于下游地区，原因之一是上游和中游地区的气候风险指数和城市韧性指数均低于下游地区，未达到 15%阈值标准。

（2）低风险—高韧性（低风险城市）：2020 年黄河流域低风险城市占比为 15%。这类城市气候风险为中低水平，经济发展水平较高，绿地覆盖率、排水管网密度、人均拥有水资源量等基础设施和能源资源保障均高于流域平均水平，具有较强的应对气候灾害的能力。这类城市在受到气候灾害的外生冲击后，能够适应并逐渐恢复至其原有的均衡状态（见图 7-b）。低风险城市在上中下游地区均有分布，以下游地区分布为主（见图8），原因之一是下游地区的山东省、河南省经济发展水平相对较高，在社会韧性治理和雨洪基础设施建设等方面优于上中游地区，城市韧性水平相对较高。

（3）低风险—低韧性（脆弱型城市）：2020年黄河流域脆弱型城市占比为65%，在四类城市中占比最高。这类城市的气候致灾风险处于中低水平，但防洪排涝、人均水资源总量等适应性基础设施和资源能源保障水平以及经济发展水平低于流域平均水平，存在较大风险隐患。如果遭遇气候变化引发的强降雨、高温等极端天气气候事件，有转向高风险城市的可能性，进而偏离其长期均衡增长路径。如果随着经济社会发展水平的提升，同步强化基础设施建设、提升风险管理能力和社会保障水平，则可能成长为低风险城市，恢复至其原有均衡状态（见图7-c）。脆弱型城市主要分布在上游地区，如图8所示，2020年脆弱型城市占上游地区所有城市比重达到88.46%，原因之一是上游地区虽然气候风险不高，但经济韧性、工程韧性和社会韧性水平远低于中下游地区。值得注意的是，相比2010年，2020年中游地区的脆弱型城市占比上升了近5个百分点，亟须防范有更多的城市由低风险城市转变为脆弱型城市。

（4）高风险—低韧性（高风险城市）：2020年黄河流域高风险城市占比为17.5%。这类城市的气候致灾风险处于中高水平，但基础设施建设、经济韧性水平、资源能源保障和社会发展条件滞后，低于流域平均水平。这类城市在受到外来冲击后，由于韧性水平较低无法抵御并恢复至原有水平，进而偏离其长期均衡增长路径甚至低于原有发展水平（见图7-d）。高风险城市主要分布在下游地区，如图8所示，2020年高风险城市占下游地区所有城市比重达到36.36%，这类城市亟须在城市规划、风险管理中强化适应理念，避免气候变化等外生冲击给城市带来不可逆转的风险和影响。

2. 七大城市群评估结果

2010~2020年，黄河流域七大城市群的气候风险指数均有所上升，尤其是宁夏沿黄城市群、山西中部城市群和呼包鄂榆城市群上升得最为明显（见图9）。2020年，三座城市群的脆弱型城市占比分别达到100%、60%和

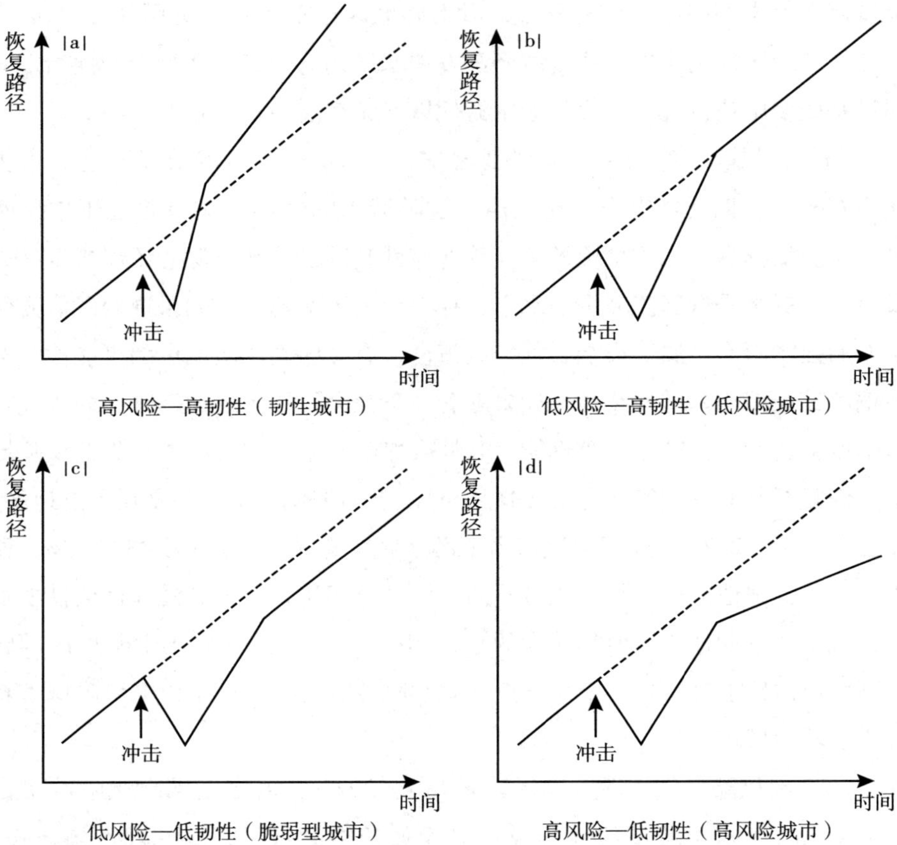

|a| 恢复路径 冲击 时间

高风险—高韧性（韧性城市）

|b| 恢复路径 冲击 时间

低风险—高韧性（低风险城市）

|c| 恢复路径 冲击 时间

低风险—低韧性（脆弱型城市）

|d| 恢复路径 冲击 时间

高风险—低韧性（高风险城市）

图 7　黄河流域四种类型“气候风险—城市韧性”城市及其恢复路径

资料来源：笔者自绘。

50%，面临着气候风险加剧和城市韧性能力亟待提升的双重压力。2010 年山东半岛城市群的气候风险指数和城市韧性指数均居第 1 位，并拥有 1 座高风险—高韧性城市（青岛市），2020 年山东半岛城市群气候风险指数下降至第 3 位，而城市韧性指数居第 1 位，韧性城市、低风险城市、脆弱型城市和高风险城市占比分别为 16.67%、41.67%、25%和 16.67%，表明该城市群面对日趋严峻的气候变化风险，通过提升经济韧性、工程韧性、社会韧性和生态韧性，自然灾害的应对能力和社会经济系统的调

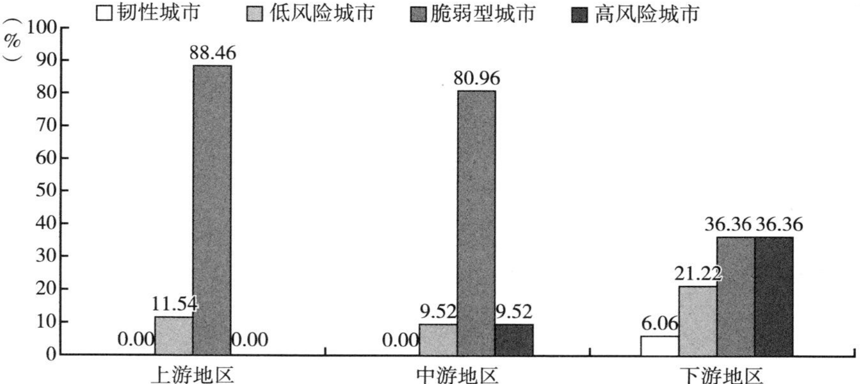

图 8　2020 年黄河流域上中下游城市“气候风险—城市韧性”类型占比

资料来源：根据《中国城市统计年鉴》和国家气候中心数据计算。

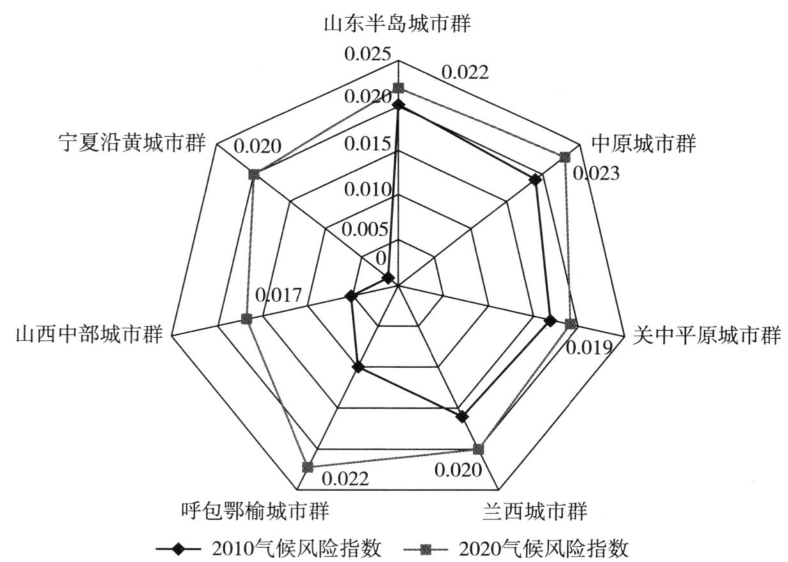

图 9　黄河流域七大城市群气候风险指数情况

资料来源：根据《中国城市统计年鉴》和国家气候中心数据计算。

适能力显著增强，但仍有 1/4 的城市属于脆弱型城市、1/6 的城市属于高风险城市。中原城市群的气候风险指数在 2020 年上升到第 1 位，城市韧性指数则降至第 4 位，脆弱型城市和高风险城市占比分别高达 52.63%和 47.37%，不仅极端高温和极端降雨日数增多，而且城市人口规模大、农业占比高，承灾体暴露度远高于其他城市群，保障经济平稳健康增长、加强韧性基础设施建设、完善韧性治理机制等提升城市韧性水平，是中原城市群未来一段时期内重要且紧迫的任务。

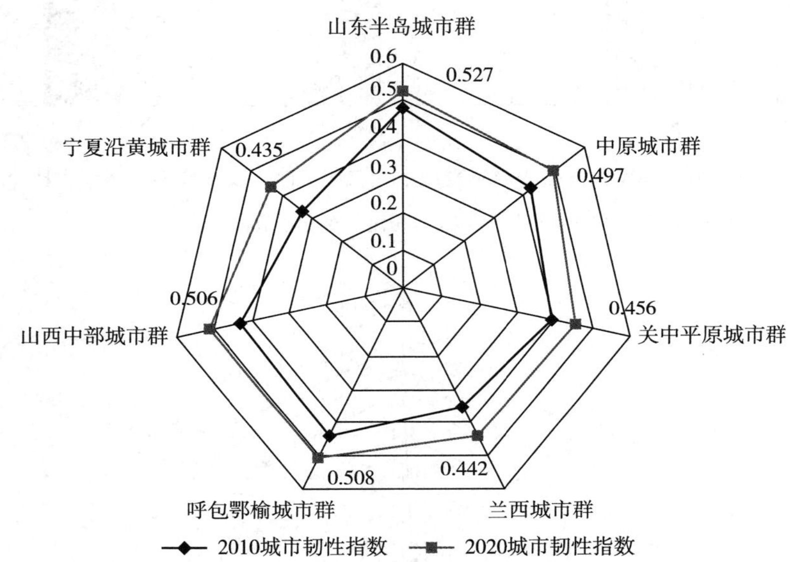

图 10　黄河流域七大城市群城市韧性指数情况

资料来源：根据《中国城市统计年鉴》和国家气候中心数据计算。

五　提升黄河流域城市群气候韧性的路径措施

（一）制定差异化的气候变化应对策略

本报告实证结果表明，黄河流域气候韧性水平具有明显的地域分布特征，上游、中游地区以脆弱型城市为主，下游地区的高风险城市占比较高。因此，因地制宜分类施策是提升黄河流域城市群气候韧性的首要措施。高风险—高韧性、低风险—高韧性城市已拥有相对完善的基础设施和较高的经济社会发展水平，可以以增量型适应为主提升应对极端高温和强降水事件的能力，即在城市系统现有基础上考虑新增气候风险所需的增量投入，超前布局韧性基础设施、完善风险管理机制。高风险—低韧性、低风险—低韧性城市的基础设施建设水平和经济支撑能力较为滞后，城市系统应对常规风险的能力和投入不足，在面对不确定性冲击时，存在由低风险城市转变为脆弱型城市或高风险城市的风险，应采取发展型适应对策，即协同考虑城市发展需求及潜在气候风险，提升其应对常规风险及新增气候风险的能力。

进一步从黄河流域上、中、下游的生态条件来看，上游地区平均气温不断升高，蒸发量总体呈现增加的趋势，目前仍是中国土地荒漠化的重灾区之一，也是中国荒漠化监测和治理工作的重点区域。中游地区生态保护与经济发展矛盾突出、生态保护形势严峻，且存在着生产生活污水排放、农业面源污染等环境问题。而下游地区水资源开发利用程度高，流域生态流量相对不足；且下游滩区人口多，农业面源污染和生活污染并存，区域生态问题依然突出，但总的来看，其气候韧性水平明显高于上、中游地区。有鉴于此，应对上、中、下游地区进行分类施策，共同坚持生态保护在黄河流域的优先地位，提高上、中、下游的经济韧性与生态韧性水平。其中，上游地区要以建设国家公园体制试点为重点，尽快推进堤防建设、河道整治、滩区治理、生态修复等重大工程建设，防范干旱等自然风险；中游地区要重点关注渭河的综合治理以及对黄土高原塬面的保护等问题；下游地区是极端高温和强降水事件的高发区域，应加快推进气候韧性基础设施的布局与建设，提升针对极端天气事件的风险预警、风险防范和应对能力。

（二）将适应气候变化纳入流域空间规划

空间规划是适应气候变化的重要政策工具之一，黄河流域地域空间差异性较大，需要结合国土空间规划，因地制宜加强城市气候适应规划，以增强粮食主产区、生态功能区和城镇化聚集区的气候适应能力，同时降低经济社会应对气候变化的脆弱性。一是强化黄河流域气候变化影响的机理和规律研究。已有研究表明，黄河流域气候总体上呈暖干变化趋势，但研究结论仍存在一定不确定性，不同区域在植被、气候、地形等方面存在较大差异，需要加快研制黄河流域气候、植被、冻土、积雪等长时间序列气候数据集，为气候变化的科学认知提供数据支撑。二是应将气候适应目标纳入黄河流域各级各类的空间规划。在综合评估黄河流域不同区域的气候容量和气候风险、资源环境承载能力和国土空间开发适宜性的基础上，科学划定黄河流域的“三区三线”；在重大建设和工程项目中实施水、土、气候、生态资源红线制度，协同推进生态红线管控、灾害风险管理和适应能力提升措施，提升黄河流域气候韧性。

（三）协同推进工程韧性—经济韧性—社会韧性—生态韧性

黄河流域生态环境脆弱，对全球气候变化尤为敏感，尤其是宁夏沿黄、山西中部和呼包鄂榆三大城市群的气候风险上升最为明显，提升流域气候适应能力对于协同推进黄河流域生态保护和高质量发展尤为关键。因此，应科学开展黄河流域的气候影响评估、脆弱性评估和风险评估，协同推进工程韧性、经济韧性、社会韧性和生态韧性建设。第一，在生态韧性方面，重视运用基于自然的解决方案，统筹推进山水林田湖草沙一体化保护和系统治理，加快提升上游水源涵养能力、加强中游水土保持和污染治理、支持保护修复下游湿地生态，提升黄河流域生态系统功能稳定性和气候恢复力。第二，在工程韧性方面，加快研制水源涵养区、荒漠化防治区、水土保持区、河口生态保护区、重点河湖水污染防治区等五大生态功能区的生态保护和修复技术方案；加大对黄淮海平原、汾渭平原和河套平原等粮食主产区的农业基础设施投入力度，合理实施高效节水灌溉土地的政策，推动农业适应气候变化技术广泛应用，增强农业发展韧性。第三，在社会韧性和经济韧性方面，要加快完善流域内上下游之间、不同城市群之间的生态补偿、财税转移、生态产品价值实现、自然资源产权交易等制度建设，加强对高风险—低韧性地区的科技、教育、健康、防灾减灾等方面的投入，尤其是要为提高高风险城市和脆弱型城市的适应能力提供制度保障。

（四）基于演化韧性建立流域一体化风险应对机制

本报告评估结果显示，黄河流域城市群呈现显著的演化韧性特征，即四种城市类型在时间和空间维度均发生着跃迁和转变，韧性城市有转化为高风险城市的可能，脆弱型城市亦有转化为低风险城市的可能。根据演化韧性的逻辑与内涵，一个具有韧性的城市应该能够抵御气候长期变化的压力和极端变化的冲击，并通过自我调整和转型，可以恢复乃至超越受到冲击前的发展水平。因此，面对全球气候变化的长期趋势以及极端天气事件频发的严峻挑战，黄河流域城市韧性发展的策略应从如何抵御外生冲击、如何维系或恢复原来状态逐步转向城市风险管理（预防、计划和管理），以增强自身应对危机的能力。此外，应系统谋划黄河流域气候适应能力和城市韧性水平提升的整体性战略，统筹考虑流域七大城市群和上中下游关系，打破流域内、城市群间的行政壁垒和市场分割，统一部署气候适应战略、经济韧性提升战略、基础设施共建共享及生态环境协同治理，协同提升黄河流域的气候韧性和可持续发展能力。

参考文献

胡晓辉、董柯、杨宇：《战略耦合演化视角下的区域经济韧性分析框架》，《地理研究》2021 年第 12 期。

韩兰英、张强、贾建英等：《气候变暖背景下中国干旱强度、频次和持续时间及其南北差异性》，《中国沙漠》2019 年第 5 期。

李连刚、张平宇、程钰等：《黄河流域经济韧性时空演变与影响因素研究》，《地理科学》2022 年第 4 期。

罗巍、黄志华、程遂营等：《黄河流域城市韧性与经济发展水平协调性研究》，《人民黄河》2022 年第 7 期。

马柱国、符淙斌、周天军等：《黄河流域气候与水文变化的现状及思考》，《中国科学院院刊》2020 年第 1 期。

潘家华、郑艳：《适应气候变化的分析框架及政策涵义》，《中国人口·资源与环境》2010 年第 10 期。

苏杭：《经济韧性问题研究进展》，《经济学动态》2015 年第 8 期。

唐任伍、李楚翘：《中国经济韧性的现实表征、动态演化与决定因素》，《北京师范大学学报》（社会科学版）2022 年第 1 期。

王永贵、高佳：《新冠疫情冲击、经济韧性与中国高质量发展》，《经济管理》2020 年第 5 期。

王璇、史佳璐、慈福义：《黄河流域城市群韧性度的时空演化特征》，《统计与决策》2022 年第 5 期。

袁媛、郑艳：《国内外水资源脆弱性研究进展与展望》，《干旱区资源与环境》2022 年第 7 期。

周姝天、翟国方、施益军等：《城市自然灾害风险评估研究综述》，《灾害学》2020 年第 4 期。

郑艳、翟建青、武占云等：《基于适应性周期的韧性城市分类评价——以我国海绵城市与气候适应型城市试点为例》，《中国人口·资源与环境》2018 年第 3 期。

Davoudi S., Shaw K., Haider LJ., "Resilience: A Bridging Concept or a Dead End?", *Planning Theory & Practice*, 2012, 13 (2), pp. 299-333.

FALLISA G., "Climate Change 2013", *The Physical Science Basis*, 2013.

Holling CS, "Resilience and Stability of Ecological Systems", *Annual Review of Ecology and Systematics*, 1973, 4, pp. 1-23.

Kim, D. and Lim, U., "Urban Resilience In Climate Change Adaptation: A Conceptual Framework", *Sustainability*, 2016, 8, p. 405.

Rose A., "Economic Resilience to Natural and Manmade Disasters: Multidisciplinary Origins and Contextual Dimensions", *Global Environmental Change Part B Environmental Hazards*, 2007, 7 (4), pp. 383-398.

B.13

环境约束下京津冀建设用地利用效率时空格局演变及对策建议*

耿 冰 单菁菁**

摘 要： 在生态文明建设的背景下，基于多源融合的开放数据，利用数据包络分析方法对2012~2020年京津冀地区建设用地利用效率进行评价，挖掘京津冀建设用地利用效率的时空格局演变规律，探讨在环境约束下京津冀国土空间利用效率提升途径。研究结果表明：京津冀建设用地综合效率偏低，用地投入规模不足，三地之间用地效率差异呈现扩大的趋势，中心城市对周边辐射带动作用减弱。建议在保护生态环境的前提下，加强京津冀国土空间开发和重要战略功能区的统筹布局，提高京津冀建设用地利用效率。

关键词： 建设用地利用效率 京津冀 时空格局 生态环境

一 引言

我国开启了全面建设社会主义现代化国家的新征程，作为国家重大战略

* 本报告受北京市社会科学院青年课题“京津冀国土空间利用效率时空分异特征及协同提升研究”（项目编号：2022B7134）资助。

** 耿冰，北京市社会科学院助理研究员，博士，应用经济学博士后，主要研究方向为城市与区域经济、国土空间规划与评价；单菁菁，中国社会科学院生态文明研究所研究员，博士生导师，主要研究方向为国土空间开发与生态安全、城市与区域可持续发展等。

的京津冀协同发展也面临着新使命与新要求。自 2014 年上升为国家战略以来，京津冀协同发展取得显著成效，有效缓解了“大城市病”带来的问题，进一步推动了交通一体化发展，区域环境污染联防联治取得明显成效，带动了津冀传统产业改造升级，初步形成了互利共赢的新局面。然而，在京津冀协同发展过程中也存在着一些问题与挑战，区域内发展不平衡问题进一步加剧、产业链呈现“多重低端锁定”状态、地方品质差距大、生态环境依然不容乐观。

提高国土空间的利用效率是解决以上问题的重要途径之一。作为经济、社会和环境的空间载体，国土空间利用效率直接影响区域的空间布局、社会经济发展以及人居环境建设。京津冀区域虽然地缘相接，但国土资源利用水平和利用效率差异极大。根据自然资源部开展的全国城市区域建设用地节约集约利用评价报告，北京的国土开发强度是河北的 2 倍，建设用地人口密度是天津和河北的 2 倍，地均 GDP 是河北的 6 倍，而单位 GDP 增长消耗新增建设用地量仅为河北的 1/7，单位固定资产投资消耗新增建设用地量不及河北的一半。北京、天津、河北三省市之间的建设用地利用效率水平极度不均衡，制约了产业布局和要素流动，阻碍了京津冀协同发展的进程。

在京津冀协同发展进入深化期的关键阶段，面对国内外社会经济形势的变化，总结京津冀协同发展战略实施以来国土空间利用特征，发掘国土空间利用效率变化的过程机理，探寻京津冀国土空间利用存在的问题，通过科学合理的国土空间利用效率评价来调整时空布局，优化利用结构，实现京津冀国土空间协调发展，从而提升区域综合实力和总体竞争力，对实现京津冀区域发展一体化格局具有重要的理论和现实意义。

既有研究已获得了较丰富的成果，本报告在此基础上，利用多源融合的开放数据和数据包络分析法对 2012～2020 年京津冀建设用地利用效率进行评价，探究国土空间利用效率的时空格局演变规律，提出在环境约束下新时期京津冀国土空间协调发展的对策建议。

二　数据与方法

（一）京津冀地区概况

京津冀地区包括北京、天津、河北三省市，2021 年末常住人口约 1.1 亿人，占全国的 7.8%，地区生产总值 9.64 万亿元，占全国的 8.4%，面积 21.6 万平方千米，占全国的 2.2%。京津冀国土资源分布不均衡，时空差距较大。相关统计数据显示，2010~2020 年，京津冀建设用地面积从 16676 平方千米增至 25311 平方千米，增长了约 1.5 倍。其中，北京增长幅度最大，十年增长了 1.6 倍；天津增长了 1.3 倍；河北增长了 1.5 倍。从人均土地面积来看，河北省人均土地面积最大，为 2516 平方米，高于京津冀平均值（1955 平方米）；天津略高于北京，为 815 平方米，北京人均土地面积最小，为 767 平方米。从近十年的变化来看，京津冀三地的人均土地面积均呈现减少的趋势。从建设用地开发强度来看，京津冀建设用地人口密度呈下降趋势，2020 年为 2992 人/平方千米，较 2010 年减少了 15.7%；建设用地地均 GDP 逐年增加，2020 年达到 34131 万元/平方千米，但地区间差距较大，北京建设用地地均 GDP 是天津的 1.8 倍，是河北的 5.3 倍，是京津冀均值的 1.7 倍。

综上所述，京津冀在我国新型城镇化布局和国家重大战略布局中处于重要地位，但三地在土地利用方面存在较大的差异，使土地利用效率差距悬殊，不仅影响了国土资源的有效利用，也对产业发展形成一定的掣肘，阻碍了京津冀地区的协同发展。

（二）指标构建与数据处理

土地利用效益是指单位面积土地投入与消耗在区域发展的社会、经济、生态和环境等方面所实现的物质产出或有效成果。对于城市而言，主要的土地利用类型为建设用地，所以常用经济指标来衡量用地的效率。但是，随着社会劳动生产方式的转变，城市建设用地产生的社会效益和生态效益也与日俱增，成为评价建设用地利用效率的重要指标。本报告选取了居住用地、工业用地、商业服务业设施用地和公共管理与公共服务用地 4 种建设用地功能区类型，基于投入—产出理论，选取了如下评价指标。

居住用地的投入指标包括建筑高度、住宅密度、住宅投资额，产出指标为人口密度；工业用地的投入指标包括第二产业固定资产投资、第二产业就业人数、工业建筑高度、工业企业密度，产出指标为第二产业 GDP；商业服务业设施用地投入指标包括第三产业固定资产投资、第三产业就业人数、商业建筑高度、商业企业密度，产出指标为第三产业 GDP；公共管理与公共服务用地投入指标包括科教设施密度、医疗保健设施密度、体育休闲设施密度，产出指标为人口密度。

本报告采用的多源数据包括：NPP-VIIRS 夜间灯光遥感数据、公里网格人口密度数据、高德地图建筑高程数据、百度地图开放平台 POI 数据、《中国统计年鉴》（2001~2021）、《北京统计年鉴》（2001~2021）、《天津统计年鉴》（2001~2021）、《河北统计年鉴》（2001~2021）。利用遥感影像反演社会经济空间数据，采用核密度等方法提取和识别各类型功能区，形成 1 公里网格的评价单元。

（三）研究方法

数据包络分析（Data Envelopment Analysis，DEA）是一种基于被评价对象间相对比较的非参数技术效率分析方法，是土地利用效率评价常用的方法之一。考虑到 DEA 在多投入与多产出效率评价方面的独特优势，本报告采用 DEA 的 BCC 模型对京津冀建设用地利用效率进行评价。假设有 n 个评价单元（DMU），每个 DMU 都有 m 种类型的投入和 s 种类型的产出，对于第 j 个 DMU 分别用向量 x_j 和 y_j 来表示：

$$x_j = (x_{1j}, x_{2j}, \cdots, x_{mj})^T, y_j = (y_{1j}, y_{2j}, \cdots, y_{sj})^T, j = 1,2,\cdots,n$$

则每个 DMU 效率值可以表达为公式（1）线性规划模型：

$$
\begin{aligned}
&\min_{\lambda-\theta}\theta \\
s.t.\ &\sum_{j=1}^{n} x_j \lambda_j \leqslant \theta x_0 \\
&\sum_{j=1}^{n} y_j \lambda_j \geqslant y_0 \\
&\sum_{j=1}^{n} \lambda_j = 1 \\
&\lambda_j \geqslant 0\ j = 1,2,\cdots,k,\cdots,n
\end{aligned}
\qquad \text{公式(1)}
$$

其中，x_0、y_0 为选定决策单元DMU_0的投入向量与产出向量；λ 是相对于DMU_0重新构造一个有效的 DMU 组合中 n 个决策单元的组合比例；θ 为DMU_0的投入相对于产出的有效利用程度，即效率值。本报告 DMU 为各功能区 1 公里网格，DMU 共计 93549 个，其中工业用地 1806 个，居住用地 12181 个，公共管理与公共服务用地 19270 个，商业服务业设施用地 60292 个。

三　京津冀地区建设用地利用效率时空格局演变

（一）京津冀建设用地综合效率时空变化

从综合效率评价结果来看，京津冀平均综合效率呈现先增后减的变化趋势，2012 年、2014 年、2016 年、2018 年、2020 年京津冀建设用地综合效率均值分别为 0. 7620、0. 7665、0. 7661、0. 7614、0. 5867，均未达到生产前沿面，整体利用水平有待提升。从北京、天津、河北三地的综合效率均值来看，北京与天津在京津冀平均值以上，河北未及平均值。北京的综合效率均值为 0. 8696、0. 8705、0. 8714、0. 8699、0. 7031；天津的综合效率均值为 0. 8585、0. 8659、0. 8632、0. 8550、0. 6849；河北的综合效率均值为 0. 7434、0. 7480、0. 7477、0. 7430、0. 5671。从京津冀三地的综合效率差值来看，三地之间差距逐年增大。北京与天津的比值从 2012 年的 1. 0129 扩大到 2020 年的 1. 0266；北京与河北的比值从 2012 年的 1. 1697 扩大到 2020 年的 1. 2398，天津与河北的比值从 2012 年的 1. 1548 扩大到 2020 年的 1. 2066（见图 1）。

从各城市的评分结果来看，综合效率最高的是北京和天津；廊坊连续 4

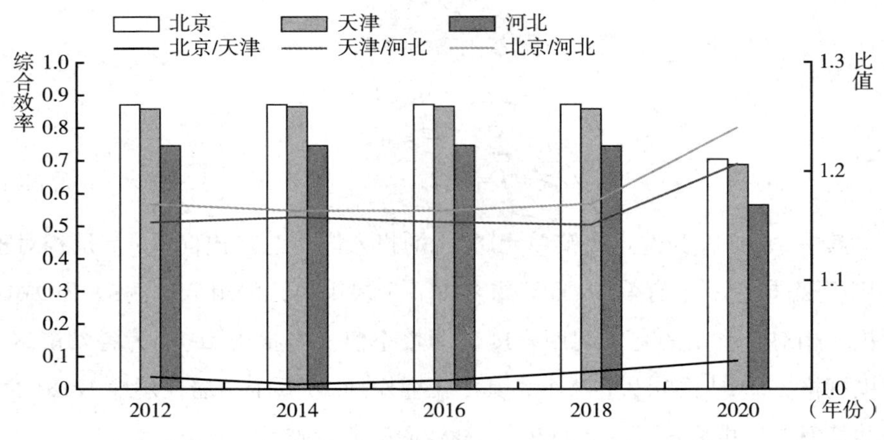

图 1　2012~2020 年京津冀建设用地综合效率及比值

年排名第 3，2020 年下降至第 6 名；唐山稳居第 4 名的位置；石家庄由第 5 名提高到了 2020 年的第 3 名；邯郸和邢台连续 4 年排名第 5 和第 7 位，2020 年邢台降至第 9 名；自 2016 年开始，保定排名逐年下降，至 2020 年已至第 10 位；秦皇岛连续 4 年排名第 10 位，2020 年提高至第 5 位；排名最末位的三个城市分别是沧州、承德和张家口。

从时空变化来看，地区间的建设用地综合效率差距逐渐拉大，空间不均衡性突出，在用地效率中出现了同经济产业发展类似的集聚效应。2012 年和 2014 年京津冀建设用地综合效率相对比较均衡，中小城市的用地效率与大城市的差距较小。2016 年开始，中小城市的综合效率逐渐降低，大城市的综合效率急剧增加。2020 年，京津冀建设用地综合效率值高度向北京、天津、保定、石家庄、唐山等城市中心集聚，形成了城市中心组团式发展格局，对周边地区的辐射带动作用显著减弱。

（二）京津冀建设用地规模效率时空变化

从京津冀总体的规模效率来看，规模效率整体水平不高，呈现逐年降低的趋势。2012 年、2014 年、2016 年、2018 年、2020 年京津冀建设用地利用规模效率分别为0.8873、0.8852、0.7661、0.7614、0.5867，八年间规模效率降低了34%。尽管在2020年受到全球经济衰退的影响，规模效率呈现较大幅度的降低，但是从总体的发展趋势来看，依然可以反映出京津冀建设用地投入规模有待提高的问题。随着京津冀协同发展的推进，城市建设用地空间结构不合理、土地要素投入不足，将成为制约建设用地综合效率的重要原因之一。

从北京、天津、河北三地的规模效率均值来看，北京与天津在京津冀地区的平均值以上，河北未及平均值。北京的规模效率均值为0.9598、0.9570、0.8715、0.8700、0.7032；天津的规模效率均值为0.9604、0.9576、0.8632、0.8550、0.6849；河北的规模效率均值为0.8741、0.8721、0.7477、0.7430、0.5672。从京津冀三地的规模效率比值来看，三地的差距逐年增大。北京与天津的规模效率比值从2012年的0.9994扩大到2020年的1.0267；天津与河北的规模效率比值从2012年1.0987扩大到2020年1.2075；北京与河北的规模效率比值从2012年的1.0980扩大到1.2398（见图2）。

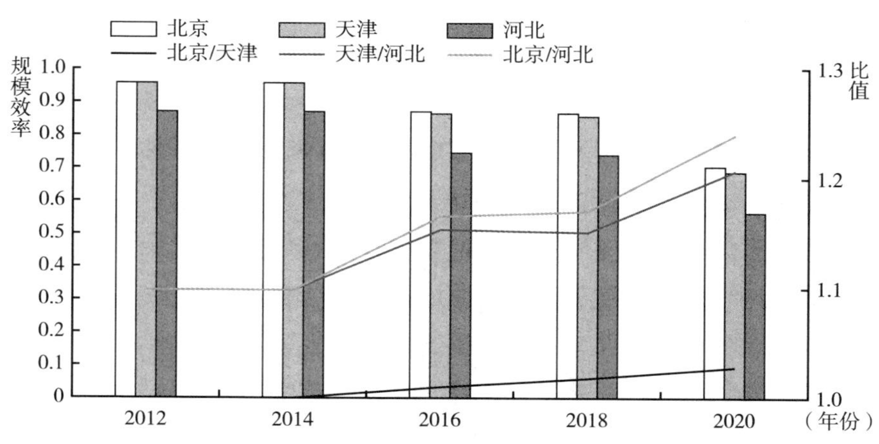

图2　2012~2020年京津冀建设用地利用规模效率及比值

从时空变化来看，京津冀建设用地利用规模效率呈现由均衡向不均衡发展的趋势。由结果可知，2012年和2014年京津冀建设用地的利用规模相对比较均衡，地区之间的差异较小。自 2016 年开始，京津冀建设用地利用的规模效率差距逐渐拉大，并向城市的中心城区集聚。出现了城市规模越大，规模效率越高；城市规模越小，规模效率越低的现象。该结果不仅反映出近年来京津冀地区经济和产业逐渐集聚的过程，也充分解释了京津冀地区资源要素投入大规模向北京、天津集聚的现象。

（三）京津冀建设用地纯技术效率时空变化

纯技术效率在本报告中指由于管理水平、规划水平、政策影响等因素的变化而导致的用地效率的变化。从结果来看，京津冀建设用地利用的纯技术效率水平较高，自 2016 年开始，京津冀三地的纯技术效率均达到了 1，也就是效率的最优值（见图 3）。该评价结果表明，自京津冀协同发展战略实施以来，京津冀地区建设用地的治理管理水平得到显著提升，公平均衡的政策和管理措施缩小了京津冀地区建设用地的利用水平差异，促进了京津冀地区建设用地利用效率的提升，推动了京津冀地区的协同发展。由此可见，京津冀协同发展战略实施在提高建设用地利用效率中起到了非常关键的作用。

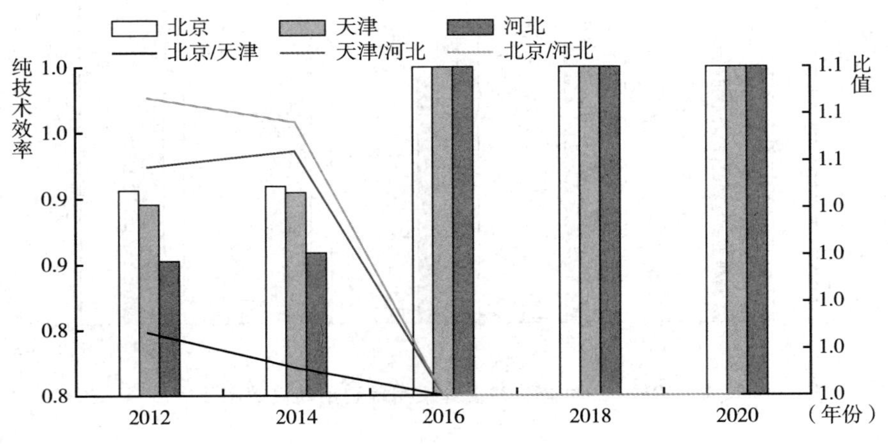

图 3　2012~2020 年京津冀建设用地利用纯技术效率及比值

从时空变化来看，尽管京津冀的纯技术效率均值达到最优，但依然存在纯技术效率水平较低区域，各城市的中心城区纯技术效率显著高于非中心城区，说明非中心城区在建设用地利用过程中，依然存在土地管理水平不高、土地政策制度需完善、土地利用的集约程度需提高等非规模性投入问题。

（四）京津冀建设用地规模报酬时空变化

规模报酬是指在其他条件不变的情况下，决策单元内部各种生产要素按相同比例变化时所带来的产量变化，可分为报酬递增、报酬不变和报酬递减三种情况。

根据评价结果可知，2012~2020 年京津冀建设用地利用效率均为报酬递增，局部地区为报酬不变，这些地区主要分布在北京和天津的中心城区，由土地报酬递减规律可知，这两个区域的建设用地利用效率达到了最集约的状态。而大部分建设用地仍处于报酬递增的阶段，说明京津冀建设用地仍有进一步挖掘的空间。

（五）各功能区建设用地利用效率时空变化

1. 居住用地

京津冀地区的居住用地综合效率呈现波动下降的趋势，整体水平偏低，均未达到最优值。2012 年、2014 年、2016 年、2018 年、2020 年京津冀居住用地综合效率分别为 0. 6650、0. 6626、0. 6723、0. 5080、0. 5044，表明京津冀地区的居住用地仍有较大的优化空间。从北京、天津、河北三地居住用地的综合效率值来看，河北与京津的差距逐步缩小，而天津与北京的差距正在扩大。北京与河北的综合效率比值从 2012 年的 1. 3009 缩小至 2020 年的 1. 1655；天津与河北的综合效率比值从 2012 年的 1. 2331 缩小至 2020 年的 1. 0555；而北京与天津的综合效率比值从 2012 年的 1. 0550 扩大到 2020 年的 1. 1042。由此可见，河北在居住用地利用效率上正在逐步缩小与北京和天津的差距，尤其是与天津的差距已小于北京与天津的差距。而天津作为直辖市，近年来居住用地的利用效率不仅有所下降，而且与北京的差距逐渐加大。

从时空分布来看，京津冀地区居住用地综合效率时空变化不大，京津冀协同发展战略实施前后对居住用地综合效率影响的空间差异较小。各城市中心区的居住用地综合效率较高，而离中心区越远，居住用地的利用效率越低。

2. 工业用地

工业用地的特点是占地面积大、厂房容积率低、土地利用集约程度不高。京津冀工业用地在所有用地类型中占地面积最少，土地综合效率水平在4个功能区类型中最低，整体发展比较平稳。2012~2020年工业用地综合效率分别为0.4915、0.4917、0.4915、0.4917、0.4913。从评价结果来看，京津冀工业用地利用方式依然较为粗放，仍有较大的用地挖掘空间。

京津冀三地之间的工业用地综合效率存在一定的差距。随着非首都功能疏解，天津和河北承接了北京的工业企业，因此京津冀的工业用地主要集中在天津和河北，但是从用地效率的角度来看，目前北京工业用地的利用效率依然是最高的。2012年、2014年、2016年、2018年、2020年北京工业用地综合效率均为0.5502；其次为天津，工业用地综合效率为0.5255、0.5227、0.5204、0.5189、0.4998；河北的工业用地综合效率最低，分别为0.4831、0.4836、0.4835、0.4830、0.5189。北京与天津的差距呈现逐渐增加的趋势，比值由2012年的1.0469增加至2020年的1.1381；天津与河北的差距呈现下降的趋势，比值由2012年的1.0879降至2020年的1.0733；北京与河北的差距最大，稳定在1.138左右。

从时空分布来看，工业用地综合效率的时空分布差异不大，零星分布在廊坊、天津、唐山、保定、石家庄、邢台、沧州、衡水等城市，利用效率整体水平较低，空间变化趋势不明显。

3. 商业服务业设施用地

商业服务业设施用地在京津冀建设用地中所占面积最大，土地利用综合效率最高。2012年、2014年、2016年、2018年、2020年京津冀商业服务业设施用地综合效率分别为0.7620、0.7665、0.7660、0.7612、0.5866。尽管综合效率略高于其他三类功能区，但商业服务业设施用地的综合效率依然未达到生产前沿面，整体水平仍有较大的提升空间。

从北京、天津、河北三地的商业服务业设施用地综合效率来看，北京与天津均高于均值，河北则在均值以下。根据评价结果来看，北京的综合效率最高，分别为 0. 8707、0. 8717、0. 8726、0. 8710、0. 7034；其次为天津，综合效率分别为 0. 8582、0. 8656、0. 8629、0. 8548、0. 6847；河北的综合效率最低，分别为 0. 7434、0. 7665、0. 7660、0. 7612、0. 5866。从三地的差距来看，北京与天津的商业服务业设施用地综合效率差距最小，两地的比值不超过 1. 02，但是自 2014 年起差距呈现增加的趋势。河北与京津的差距较大，并呈现扩大的趋势：2012 年、2014 年、2016 年、2018 年、2020 年北京与河北的比值为 1. 1712、1. 1654、1. 1674、1. 1726、1. 2405；天津与河北的比值为 1. 1544、1. 1573、1. 1545、1. 1508、1. 2075。

从时空分布来看，京津冀地区商业服务业设施用地综合效率的地区间差距加大。2012 年和 2014 年，京津冀地区之间的商业服务业设施用地综合效率空间分布较均衡，整体水平较高。自 2016 年开始，随着京津冀协同发展的实施，要素资源向人口密集地区集聚，加剧了城市之间的商业服务业设施用地综合效率差距，发展至 2020 年，北京、天津以及其他城市中心城区的商业用地综合效率显著高于其他地区，形成点状的空间形态。

4. 公共管理与公共服务用地

公共管理与公共服务用地的综合效率体现了地区公共管理和服务水平。京津冀城市群公共管理与公共服务用地综合效率水平偏低，变化幅度不大，2014 年以后呈现缓慢增加的趋势。2012 年、2014 年、2016 年、2018 年、2020 年京津冀公共管理与公共服务用地的综合效率分别为 0. 6522、0. 4999、0. 4969、0. 5006、0. 5002，说明京津冀公共管理与公共服务用地的投入要素明显不足，公共管理与服务的空间布局无法满足当地人口的需求。

从京津冀三地的差异来看，北京的公共管理与公共服务用地综合效率最高，2012 年、2014 年、2016 年、2018 年、2020 年分别为 0. 7686、0. 5754、0. 5754、0. 5837、0. 5787；其次为天津，分别为 0. 6970、0. 5224、0. 5173、0. 5236、0. 5227；河北的综合效率最低，分别为 0. 6375、0. 4910、0. 4879、

0.4909、0.4910。北京与河北的差距最大，比值为1.18；其次为北京与天津，比值为1.12；天津与河北的差距最小，比值为1.06。

从时空分布来看，京津冀地区公共管理与公共服务用地的综合效率差异不大，发展较为均衡。京津冀协同发展战略的实施既没有进一步提高河北的公共管理和服务水平，也没有如商业服务业用地一样形成空间上的集聚。

四 京津冀建设用地利用存在的问题

（一）京津冀建设用地利用效率水平偏低，城市间用地效率差异呈现扩大趋势

从综合效率评价结果来看，2020年京津冀建设用地综合效率为0.6，仅为有效值的3/5，建设用地利用效率整体水平偏低，仍处于规模报酬递增的低效用地阶段。通过进一步分析规模效率和纯技术效率发现，京津冀建设用地利用效率偏低的主要原因是投入规模不足。也就是说，京津冀建设用地在资金、土地、劳动力等要素投入方面仍有欠缺。作为我国重要的区域之一，京津冀所在的城市群功能定位为“以首都为核心的世界级城市群、区域整体协同发展改革引领区、全国创新驱动经济增长新引擎、生态修复环境改善示范区”。但就目前的建设用地利用效率来看，在土地利用方面仍未体现出引领作用。有学者对我国19个城市群土地利用效率进行了测度，京津冀城市群仅排第13名，不及西部的成渝、兰西城市群，与排名最前的长三角和珠三角城市群有较大的差距。本报告通过更精细的评价单元（1km×1km），发现京津冀建设用地利用效率整体分值偏低的另一个原因，是较大的地区之间差异。在参评的单元中，北京和天津城区存在极少评价单元的综合效率达到有效值1，而河北省存在较多评价单元效率极低值，因此整体拉低了评价分值。自2014年提出京津冀协同发展战略以来，京津冀建设用地的利用效率没有得到明显提升。尽管2020年综合效率的大幅降低在一定程度上受到疫情方面的影响，但从2014年、2016

年、2018 年的发展趋势来看，京津冀建设用地利用整体综合效率依然呈现下降的趋势。

三地之间的建设用地利用效率差距呈现扩大趋势。京津冀三地的资源禀赋和政策定位不同，在城市发展过程中产生了较大的差距。京津冀协同发展战略的实施目标是缩小三地之间的差距，形成功能互补、错位发展、相辅相成的发展格局。然而，从分析和评价结果来看，京津冀三地不仅在经济发展水平上差距逐渐加大，在建设用地利用效率方面差距也呈现加大的趋势。尤其是河北与京、津两地的差距在进一步加剧。从时空分布来看，“一核、双城”的京津建设用地利用效率急剧提升，“京保石”“京唐秦”两个轴线上的用地效率向中心城区集聚，其余节点城市的用地效率则明显下降。京津冀建设用地利用效率空间分布整体呈现由“连片状”向“点团状”的发展趋势。

（二）居住用地效率水平低，地区间差距逐渐缩小

京津冀居住用地利用效率的整体水平不高且在 2018 年开始出现了较大幅度的降低，该结果与北京人口疏解以及天津、河北人口的流失有较大的相关性。京津冀地区人口流动活跃、流动性强，外来人口成为京津冀中心城市发展的主要力量。在跨省流动人口中，河北是主要人口流出省份，北京是主要的人口流入地。在《京津冀协同发展规划纲要》中提出了要“严控增量、疏解存量、疏堵结合调控北京市人口规模”，然而随着京津冀一体化的推进，北京对人口的虹吸效应进一步增强，河北成为北京人口流入的主要省份之一，北京流出人口的主要迁移目的地不是河北和天津，而是经济发展更优的长三角和珠三角等其他城市群，因此京津冀整体呈人口流出的趋势。作为人口承载功能的居住用地也随之出现用地效率大幅下降的情况。而房地产市场趋于疲软，居住用地的资金投入放缓，也是居住用地利用效率大幅下降的原因之一。

京津冀居住用地利用效率的地区间差距逐渐缩小，尤其是河北与京津两地之间的差距显著缩小。河北省人口基数大，城镇化水平偏低，城镇人均建

设用地面积较大，从用地效率评价的角度来看极不集约。在京津冀协同发展战略推进的过程中，河北省通过增加居住用地的投入、调整居住用地结构和布局等方式缩小了与北京和天津的差距，尤其是与北京临近的廊坊以及保定、石家庄、唐山中心城区的居住用地利用效率提升显著。然而天津与北京的差距却在扩大，随着京津冀一体化进程的加快，京津城际交通更加便捷，加速了人口城际流动速度，也增加了"双城"生活的人口数量，从天津的住宅投资额可以看出，近年来天津大幅增加了对居住用地的投资，居住用地的开发强度明显增加，而人口却呈现流出的趋势，从而拉大了与北京的差距。

（三）工业用地利用效率低，土地利用方式依然粗放

大厂房、低密度、低容积率等用地特点决定了工业用地效率低于其他用地类型。我国在快速工业化进程中建设了大面积的工业园区，这些工业园区的土地利用方式粗放，单位土地面积上的经济效益低，造成了土地资源的极大浪费。同我国其他地区一样，京津冀工业用地也存在利用效率低下的问题。根据评价结果，京津冀工业用地在所有功能区类型中的利用效率最低，且历年变化幅度不大。一方面，京津冀工业产出逐年降低。随着产业结构的调整，第二产业在京津冀产业中所占比重逐渐下降，北京的第二产业仅占总产值的不到20%，占天津和河北的不到40%。为了达到生态环境支撑、实现"双碳"目标，河北关停大量的钢铁煤炭火电工厂，而保留下来的工业企业却也未达到转型升级的要求，产能依旧较低，因此京津冀工业用地的单位面积产出减少。另一方面，京津冀工业用地的投入没有减少，粗放的用地方式依旧没有发生改变，单位面积上的资金、土地、劳动力等生产要素投入依然较高，高投入、低产出的用地方式使京津冀工业用地的利用效率呈现较低的水平。

京津冀三地之间工业用地利用效率存在一定的差距。从用地变化可以看出，北京工业用地减少，大部分工业用地转至天津及河北地区。京津冀三地的产业布局和分工影响了工业用地利用效率：北京重点发展低能耗、高增

长、高产出的高精尖产业，京津冀协同发展战略实施以来，北京累计疏解了近3000家一般制造业企业，腾空大面积的工业用地，保留的工业用地以高新技术制造业为主，相对于传统的制造业而言固定资产投入少、单位面积产出高，土地利用效率高；天津重点发展先进制造研发产业，尽管工业用地面积大、强度低，但是产出的附加值高，拉高了用地效率；河北拥有较多的资源密集型和劳动密集型产业，尽管承接了部分北京转移的先进制造业和高科技产业，但事实上依然只负责生产部分，研发等关键部门保留在北京。河北工业用地占地面积大、固定资产投入高、劳动力投入多，但产出少，用地方式粗放。尽管差异化分工背景下京津冀各地的工业用地利用效率差距无法消除，但随着产业的升级，工业用地依然有较大的挖掘潜力。

（四）商业服务业加速集聚，中心城市对周边带动作用减弱

商业服务业设施用地在所有功能区中的综合效率最高。首先，商业服务业用地的产出水平较高。随着京津冀产业结构不断优化，第三产业成为京津冀区域发展的重要支撑，京津冀第三产业增加值占GDP的67%，第三产业法人单位所占比重达到82%，高于全国平均水平3.3个百分点。现代服务业逐渐成为投资的重点领域，批发零售、住宿和餐饮等传统服务业所占比重逐渐降低，租赁和商务服务业、科学研究和技术服务业、信息传输软件和信息技术服务业等现代服务业所占比重显著提高。其次，商业服务业用地的土地资源投入较少。与工业用地相比，商业服务业用地占地面积小，建筑容积率高，单位面积就业人口承载量大，单位面积的固定资产投资小。因此，商业服务业设施用地利用效率高于其他类型功能区。

京津冀三地之间的商业服务业设施用地利用效率差距呈增加的趋势。尽管三地的商业服务业发展较快，但由于各自功能定位不同，表现出不同的特点。北京市共疏解提升了约1000个区域性批发市场和物流中心，第三产业向高端化方向发展。第三产业法人单位占所有产业的93%，高于全国平均水平15个百分点，高于京津冀平均水平12个百分点，其中，“高精尖”产业新设市场主体占比约60%。2020年全市第三产业产值GDP达到30279亿

元，占 GDP 总值的 84%；天津服务业快速提升，第三产业 GDP 占总值的 64%，第三产业法人单位占全部的 80%，提升幅度高于北京和河北，尤其是高技术服务业增长速度较快；河北一方面承接了北京疏解出来的批发市场和物流中心，另一方面重点发展先进制造业的配套服务产业。2020 年河北第三产业 GDP 占总值的 52%，尽管现代服务业所占比重有所提升，但仍以传统服务业为主。由此可见，河北的第三产业发展水平与北京和天津有一定的差距，从用地投入和产出的角度来看，河北商业服务业设施用地的利用效率低于北京和天津。同时，从评价结果来看，三地之间的用地效率差距呈现扩大的趋势，这个差距主要表现在中心城市以外的经济水平欠缺地区，形成了地区之间用地效率不均衡的发展形态。

用地效率高度向中心城区集聚，对周边带动作用减弱。从评价结果来看，自 2016 年以来，京津冀商业服务业设施用地的利用效率逐渐向中心城区集聚，形成了中心城区效率越来越高、周边地区效率越来越低的态势，与产业的空间集聚趋势相吻合。但与产业的适度集聚不同，土地利用效率应向均衡化方向发展，以达到各自的最佳用地状态，显然目前京津冀商业服务业设施用地效率空间分布有待优化。

（五）公共管理与公共服务用地效率偏低，优质公共服务供给不足

京津冀公共管理和公共服务用地总体利用效率偏低。从公共服务设施空间分布来看，一方面，京津冀的公共服务设施密度与人口密度不匹配，公共服务设施投入规模偏小，用地的综合效率较低。京津冀协同发展战略实施以来，公共服务合作深入推进，取得了较大的进展，例如，实现了京津冀 60 家定点医疗机构跨省异地就医门诊费用直接结算、近 500 家医疗机构互认、建立京津冀高校联盟和中小学教师互派培养、部分北京高校向雄安疏解、京津冀交通一体化基本实现相邻城市间“1.5 小时交通圈”等，但公共服务设施的数量和质量并没有随着京津冀协同发展战略的推进得到提升，与长三角、珠三角等城市群相比，公共管理与公共服务用地效率依然偏低。另一方面，京津冀公共管理和公共服务用地利用效率空间分布比较均衡，没有出现

明显的集聚现象，也反映出北京优质公共服务资源向津、冀辐射带动不足的问题。

五　环境约束下京津冀建设用地利用效率提升的对策建议

（一）深入推进三地务实合作，统筹利用国土资源

产业用地是建设用地的重要组成部分，提高产业协同化水平，优化产业结构布局，才可有效地提高国土资源利用效率。首先，应积极推进三地规划协同化。建立京津冀规划协调委员会，以《京津冀协同发展规划纲要》为指引，从协同发展的高度对三地正在编制或实施的规划进行重新审视和评估，指导各地根据区域协同发展的需要对已有规划进行修订，对规划实施效果进行定期评估，研究提出需要三地协同合作的重大项目、议题和事项，并作为开展下一步行动的重要依据。其次，应强化区域功能配套和空间协同。加强京津冀国土空间开发和重要战略功能区的统筹布局，从目前以企业和项目疏解为主，转向产业链和功能布局优化，并建立基于主体功能区功能的政绩考核体系，逐步形成功能配套、空间协同的区域发展新格局。最后，应推动强核心、补短板双向发力。在继续推进非首都功能疏解和“一核两翼”建设的同时，加大对河北的投资建设力度，根据协同发展的需要在河北集中布局一批重大项目，抓好产业承接平台建设，推动河北更好地承接京津转移的产业和功能，尽快缩小发展差距。

（二）协同创新，在“双碳”目标下提高国土资源利用效率

在环境约束的背景下，通过产业转型升级可以有效地提升国土资源利用效率，同时实现土地集约利用的目标。首先，应加快构建具有国际竞争力的现代产业体系，促进区域产业结构智能化、高端化、绿色化，推动河北由总量去产能向结构性优化产能转变，大力发展“四新经济”，前瞻性布局人工

智能、量子信息、工业互联网、智能制造等用地强度较高的未来产业。其次，应加强区域协同创新。积极推进京津冀国家技术创新中心建设，采取“一区多园”“核心+外延”的模式构建京津冀科技创新共同体，结合国家战略及京津冀产业发展需要，开展核心技术、关键技术的协同攻关，实现用地的“化零为整”，提高用地的集约度。最后，促进“创新链、产业链、供应链、资本链”四链融合。以创新链带动产业链供应链，构建“万物互联”供应链金融生态圈，打造区域一体、辐射全国、面向全球的智慧供应链，促进产业链供应链自主可控、安全可靠和高质量发展。

（三）加快构建一体化要素市场，引导人口有序流动

建设用地包含了生产、生活、生态空间，加快推进三地资源要素一体化发展，将有助于引导“三生”空间的优化布局，促进要素的合理配置。首先，应积极推进金融市场一体化。推动成立京津冀投资银行，设立京津冀未来产业发展促进基金，积极争取允许三地金融机构跨区域提供金融服务，促进金融支付清算、票据流通、信息信用体系一体化。其次，应引导劳动力要素合理有序流动。进一步深化户籍制度改革，推进京津冀人才统一大市场建设。再次，应加快发展技术要素市场。搭建京津冀知识产权保护和交易平台，大力发展技术和知识产权交易市场，促进各类创新成果和知识产权的交易落地转化。最后，应破除阻碍资源要素自由流动的体制机制障碍。以协同发展为导向，对京津冀三地的政策进行全面梳理和修订，逐步实现三地政策标准一体化，促进资源要素自由流动和高效配置。

（四）共建共享，打造绿色健康安全宜居高品质空间

提高空间品质也是提升国土资源利用效率的目标之一。首先，应继续推进“轨道上的京津冀”建设，加强铁路站点与海陆空港之间、各类轨道交通之间、轨道交通与常规公交之间的有效衔接、便捷换乘和一卡通行。其次，巩固京津冀环境污染协同治理成果，进一步加大节能减排、环境污染综合治理和生态环境保护力度，倡导绿色低碳生产生活方式。最后，逐步提升

京津冀基本公共服务均等化水平，鼓励京津积极发挥优质资源辐射带动作用，采取教育联盟、医疗集团、开办分院/分校、对口建设、合作办学、委托管理等方式，将教育、医疗等优质公共服务资源向河北延伸，共建共享。

参考文献

陈威：《节约集约用地评价体系构建浅议》，《中国土地》2015 年第 5 期。

方创琳：《京津冀城市群一体化发展的战略选择》，《改革》2017 年第 5 期。

黄昱然、李志斌、孙平军：《新常态下中国经济核心区节约集约用地内涵与实现对策研究》，《干旱区地理》2018 年第 3 期。

王凯：《京津冀空间协同发展规划的创新思维》，《城市规划学刊》2016 年第 2 期。

周晓林：《土地节约集约利用的效益与维度分析》，《中国土地》2021 年第 10 期。

周伟、王秀兰：《节约和集约用地评价指标体系研究》，《安徽农业科学》2007 年第 2 期。

现代治理篇

Modern Governance Chapters

B.14
黄河流域城市群综合承载力评价研究*

张卓群**

摘　要： 黄河是中华民族的母亲河，孕育了古老而伟大的中华文明，保护黄河是事关中华民族伟大复兴的千秋大计。黄河流域内拥有我国重点发展的七大城市群，其综合承载力的提升，对持续推进以人为核心的城镇化、促进工业文明向生态文明跃迁具有重要作用。本报告对新中国成立以来黄河流域生态保护的历史展开回顾，基于生态文明视角，从资源环境和经济社会两大系统对黄河流域城市群综合承载力开展评价研究，明确了各个城市群的发展优势与现实短板。在此基础上，提出以人与自然和谐共生为引领统筹资源环境和经济社会协调发展，从系统治理角度出发促进黄河流域城市群综合承载力不断提升，整合宁、蒙、陕、晋地区力量建设

* 本报告受国家社会科学基金重点项目“基于人与自然耦合系统的黄河流域城市群高质量发展研究”（项目编号为21AZD043）资助。

** 张卓群，中国社会科学院生态文明研究所助理研究员，经济学博士，研究方向为城市与环境经济学、数量经济与大数据科学。

“几”字弯都市圈，不断开创黄河流域生态保护和高质量发展新局面的对策建议。

关键词： 黄河流域 城市群 生态文明 综合承载力

黄河是中华民族的母亲河，全长5464公里，其发源于青海省巴颜喀拉山脉，流经青海、四川、甘肃、宁夏、内蒙古、陕西、山西、河南、山东9个省区，最后汇入渤海。黄河流域面积超过75万平方千米，流域省份总人口占全国的3/10，地区生产总值约为全国的1/4。黄河流域历史悠久，有三千多年是全国政治、经济、文化核心区域；资源禀赋丰富，是国家重要的能源、化工、原材料和基础工业基地，为我国改革开放以来经济的快速发展做出了重要贡献。与此同时，黄河流域生态环境脆弱，面临着水土流失、生物多样性受到威胁、水资源过度开发利用等一系列不可持续发展的问题，阻碍着黄河流域高质量发展进程。

城市群作为一种城市经济、社会、生态集聚协同发展的高级形态，在推动黄河流域人与自然和谐共生发展的历史进程中扮演着重要角色。以增强城市群综合承载力为核心，持续推进以人为核心的城镇化，黄河流域发展就有可能跳出传统工业化进程不可持续的发展模式，进入人类尊重自然、顺应自然、保护自然的生态文明可持续发展新纪元。本报告在梳理黄河流域生态保护历史的基础上，从生态文明视角出发，构建黄河流域城市群综合承载力评价体系，对流域内七大城市群综合承载力进行测算，并对时间动态演进情况和分城市群评价情况进行分析，致力于为黄河流域迈向高质量发展提供量化支持和对策建议。

一　黄河流域生态保护的历史回顾

在中国历史上，黄河是一条著名的“害河”，以“善淤、善决、善徙”而著称，有“三年两决口，百年一改道”之说。自公元前602年以来，黄河下游河道决口多达1590余次，较大的改道有26次。此外，黄河旱灾多发，仅在近500年以来，就发生流域性大旱13次，区域性大旱69次。新中国成立以来，经过几代人的艰苦努力，黄河治理取得显著成效，生态环境出现明显好转，“害河”变为“利河”，成为造福人民的幸福河。

（一）新中国成立初期治理黄河的艰难探索（1949~1978年）

自新中国成立以来，中国共产党就把治理黄河列入治国理政的重要议程。1952年，毛泽东主席视察黄河发出“要把黄河的事情办好”的伟大号召，成为动员和激励几代人治理黄河的响亮口号。

1955年，第一届全国人民代表大会第二次会议通过了《关于根治黄河水害和开发黄河水利的综合规划的决议》，随后陕西、山西、甘肃等沿黄省份开展了大规模的植树造林运动和水土保持工程的修建，人民胜利渠、盐环定、景泰川等引黄灌溉工程逐步上马，三门峡、刘家峡、青铜峡等大型水利枢纽相继建成，为之后黄河治理和环境保护打下了坚实基础。

（二）改革开放之后由生态退化到着重保护的制度创新（1979~2011年）

改革开放之后，随着我国走上以经济建设为中心的发展道路，黄河流域的经济发展同步走上了快车道。但在改革开放初期，由于我国的经济发展水平较低、资本积累薄弱，亟须依靠增加生产要素投入扩大生产规模，实现经济增长。黄河流域作为能源和资源富集地区，适合发展重工业和基础工业，发展方式一度较为粗放，对生态环境造成了严重的破坏。至20世纪90年代初期，黄河流域水土流失面积达到43万平方千米，占流域总面积的六成左右，平均每年流入黄河的泥沙高达16亿吨，在世界各大江河中居首位；水资源过度开发，黄河下游连年发生断流，1997年地处河口段的利津水文站断流达226天；水污染状况严重，黄河水体中约有四成为Ⅳ类以上水质。

黄河流域生态环境的持续恶化引起了党和国家的高度重视。1994年9月，小浪底工程主体工程开工，2001年12月，主体工程建设全部完工，减淤、防洪、防凌、供水灌溉的能力显著增强。21 世纪初期，国务院先后批准《关于加快黄河治理开发若干重大问题的意见》和《黄河近期重点治理开发规划》，为推进黄河流域治理、加快水土流失的生态修复提供强有力的保障。2002 年 10 月 1 日，《中华人民共和国水法》正式施行，为黄河合理开发、利用、节约和保护水资源，防治水害，实现水资源的可持续利用，提供根本保障。2006 年 8 月 1 日，国家层面第一次为黄河专门制定的行政法规——《黄河水量调度条例》颁布实施，为进一步缓解黄河流域水资源供需矛盾、促进黄河流域及相关地区经济社会发展和生态环境的改善提供法律化、制度化依据。

（三）新时代实施生态保护和高质量发展的国家战略（2012年至今）

党的十八大以来，以习近平同志为核心的党中央站在全局和战略的高度，对生态文明建设提出一系列新理念、新思想、新战略，形成了习近平生态文明思想。习近平生态文明思想，以“绿水青山就是金山银山”为基本内核，深入阐明了“绿水青山”与“金山银山”的辩证统一关系，形成以公平分享为价值取向、以宜居环境为民生情怀、以山水林田湖草为系统思想、以人类命运共同体为责任担当、以目标责任为主要抓手、以生态文明制度为根本保障的生态文明体系。

在习近平生态文明思想的指导下，黄河流域生态保护和高质量发展上升为国家战略。2019 年 9 月，习近平总书记在黄河流域生态保护和高质量发展座谈会上的讲话指出，黄河流域构成我国重要的生态屏障、是我国重要的经济地带、是打赢脱贫攻坚战的重要区域，保护黄河是事关中华民族伟大复兴的千秋大计。要坚持绿水青山就是金山银山的理念，坚持生态优先、绿色发展，以水而定、量水而行，因地制宜、分类施策，上下游、干支流、左右岸统筹谋划，共同抓好大保护，协同推进大治理，着力加强生态保护治理、保障黄河长治久安、促进全流域高质量发展、改善人民群众生活、保护传承弘扬黄河文化，让黄河成为造福人民的幸福河。[①]

① 习近平：《在黄河流域生态保护和高质量发展座谈会上的讲话》，《求是》2019 年第 20 期。

经过多年持续不懈地努力，黄河流域生态环境已经出现明显好转。2020年，黄河干流主要水文站实测径流量与1987~2000年均值相比全部偏大，偏大幅度在74.2%~151.8%，花园口站出现1984年以来最大年天然径流量，黄河实现连续21年不断流；累计初步治理水土流失面积25.24万平方千米，其中修建梯田608.02万公顷、营造水土保持林1263.54万公顷、种草234.30万公顷、封禁治理418.35万公顷。在黄河流域所在省区（不包含四川）的82个国家级自然保护区中，生态系统的水源涵养、碳固定能力分别为区域平均水平的1.6倍和1.7倍，超过89%的国家级自然保护区内植被盖度保持稳定或有所提升，40.2%的保护区生物多样性状况改善明显。

"十四五"时期，黄河流域生态保护和高质量发展将继续坚持"以水定城、以水定地、以水定人、以水定产"原则，坚定不移走生态优先、绿色发展的现代化道路，确保黄河安澜，不断满足人民群众对拥有优质生态产品、优美生态环境的新期待。

二　黄河流域城市群综合承载力评价体系与方法

黄河流域城市群建设是黄河流域生态保护和高质量发展的重要基础。因此，在此构建黄河流域城市群综合承载力评价体系，采用科学方法进行测算，为开展黄河流域城市群综合承载力时间和空间上的比较提供科学依据。

（一）评价对象

对黄河流域城市群综合承载力开展评价，首先要确定黄河流域城市群的分布情况，以及每个城市群内所涵盖城市的范围。在此主要依据官方文件中的表述界定评价对象。一方面，2021年10月，中共中央、国务院印发的《黄河流域生态保护和高质量发展规划纲要》提出，规划范围为黄河干支流流经的青海、四川、甘肃、宁夏、内蒙古、山西、陕西、河南、山东9省区相关县级行政区；另一方面，《中华人民共和国国民经济和社会发展第十四个五年规划和2035年远景目标纲要》中强调建设19大城市群。结合两方面的表述，共有七大城市群属于黄河流域范围，各城市群划分标准及所辖城市见表 1。

表 1　黄河流域城市群覆盖范围和划分标准

城市群名称	覆盖范围	划分依据
兰西城市群	兰州、西宁、白银、定西	《兰州—西宁城市群发展规划》(发改规划〔2018〕423 号)
宁夏沿黄城市群	银川、石嘴山、吴忠	《宁夏回族自治区新型城镇化“十四五”规划》(宁政办发〔2021〕70 号)
呼包鄂榆城市群	呼和浩特、包头、鄂尔多斯、榆林	《呼包鄂榆城市群发展规划》(发改规划〔2018〕358 号)
关中平原城市群	西安、宝鸡、咸阳、铜川、商洛、运城、临汾、天水、平凉、庆阳	《关中平原城市群发展规划》(发改规划〔2018〕220 号)
山西中部城市群	太原、晋中、忻州、吕梁、阳泉	2022 年 3 月山西省第十三届人民代表大会常务委员会第三十四次会议通过《关于支持和保障山西中部城市群高质量发展的决定》
中原城市群	郑州、洛阳、开封、安阳、新乡、焦作、濮阳、三门峡、长治、晋城、菏泽	《中原城市群发展规划》(发改地区〔2016〕2817 号)
济南都市圈	济南、淄博、泰安、聊城、德州、滨州、东营	《山东半岛城市群发展规划》(鲁政发〔2021〕24 号)

注：限于黄河流域研究选定范围，部分城市群的覆盖范围与规划文件略有出入，例如海东数据缺失严重、宿州属于中原城市群但不在黄河流域范围未纳入分析等。此外，运城在关中平原城市群、中原城市群中同时出现，聊城在济南都市圈、中原城市群中同时出现，基于与城市群核心城市距离的考量，在此将运城划入关中平原城市群、聊城划入济南都市圈开展分析。

（二）评价体系

黄河流域城市群综合承载力评价体系构建遵循了以下几个原则：一是科学性，以习近平生态文明思想为指导，构建能够客观反映人与自然协调发展程度的城市群综合承载力评价体系；二是稳定性，基础指标选取需要具有连续、稳定的数据来源，保证指标体系能够定期更新；三是可操作性，在关注数据可统计性、可获得性的基础上，构建操作性较强、能够实际落地的指标体系；四是简洁性，指标数量不宜过多，选取具有代表性的指标，在简洁的基础上最大限度体现黄河流域生态保护和高质量发展情况。在以上原则的指导下，构建黄河流域城市群综合承载力评价体系（见表2）。

表2　黄河流域城市群综合承载力评价体系

系统层	目标层	指标层	计算方法	指标性质
资源环境系统	水系统	人均用水量	用水总量/户籍人口	负向指标
		工业废水排放强度	工业废水排放量/GDP	负向指标
		城市污水排放强度	城市污水排放量/GDP	负向指标
	大气系统	碳排放强度	二氧化碳排放量/GDP	负向指标
		工业二氧化硫排放强度	工业二氧化硫排放量/GDP	负向指标
		工业烟粉尘排放强度	工业烟粉尘排放量/GDP	负向指标
	土地系统	城市土地利用强度	建设用地面积/行政区域面积	正向指标
		居住用地占比	居住用地面积/建设用地面积	正向指标
		工业用地占比	工业用地面积/建设用地面积	正向指标
经济社会系统	经济系统	经济水平	地区人均 GDP	正向指标
		产业结构	第二产业增加值/GDP	负向指标
		金融规模	(年末金融机构存款余额+年末金融机构贷款余额)/GDP	正向指标
		创新能力	科学技术支出/地方财政一般预算内支出	正向指标
		开放程度	当年实际使用外资金额/GDP	正向指标
	社会系统	教育水平	教育各阶段教师总人数/教育各阶段学生总人数	正向指标
		医疗水平	医生、床位每万人拥有数标准化后等权平均	正向指标
		社会保险水平	养老、医疗、失业保险参保率标准化后等权平均	正向指标

注：黄河流域城市群综合承载力评价体系包括资源环境和经济社会两大系统，旨在刻画人类活动对自然影响的情况。其中资源环境系统包括水、大气、土地三个子目标层，经济社会系统包括经济、社会两个子目标层。

（三）数据来源与评价方法

为了保证黄河流域城市群综合承载力评价的科学性和准确性，原始指标中碳排放总量来源于中国碳核算数据库（Carbon Emission Accounts & Datasets），其他指标主要来源于历年《中国城市统计年鉴》、《中国城市建设统计年鉴》以及各省区《水资源公报》。考虑到数据质量，研究时间为2010～2019年，个别缺失数据采用插值法或趋势预测法予以补齐。

黄河流域城市群综合承载力评价体系具有较多的评价条目，指数计算方法选取综合评价指数法较为适当。综合评价指数法首先需要将所有的指标去量纲，计算出每个城市在每个指标上的得分，使不同单位的指标可比。去量纲的计算方法如下：

设有 N 个城市，M 个指标，T 年数据，若指标为正向指标，则第 i 个城市的第 j 个指标在 t 年的得分为

$$y_{ijt} = \frac{x_{ijt} - \min_{1 \leq i \leq N, 1 \leq t \leq T} x_{ijt}}{\max_{1 \leq i \leq N, 1 \leq t \leq T} x_{ijt} - \min_{1 \leq i \leq N, 1 \leq t \leq T} x_{ijt}} \times 100 \tag{1}$$

其中，y_{ijt} 为第 i 个城市第 j 个指标 x_{ijt} 在 t 年标准化得分，$\max_{1 \leq i \leq N,\ 1 \leq t \leq T} x_{ijt}$ 和 $\min_{1 \leq i \leq N,\ 1 \leq t \leq T} x_{ijt}$ 分别为 N 个城市中第 j 个指标在 T 年中的最大值和最小值。通过数据标准化，将各指标转化为0～100分的评分，便于进一步合成指数。若指标为负向指标，则标准化方式为

$$y_{ijt} = \frac{\max_{1 \leq i \leq N, 1 \leq t \leq T} x_{ijt} - x_{ijt}}{\max_{1 \leq i \leq N, 1 \leq t \leq T} x_{ijt} - \min_{1 \leq i \leq N, 1 \leq t \leq T} x_{ijt}} \times 100 \tag{2}$$

去量纲化后，就得到每个城市指标层中每个指标的具体评分。考虑到综合承载力的本质是为人类活动服务，在此基础上促进人与自然和谐共生，因此在城市群内部，以各年度各城市的年末总人口作为权重，加权计算得到城市群各年度的指标层中指标评分。随后采用等权重，对指标加权就可得到各个城市群目标层、系统层和综合承载力的评分。

三　黄河流域城市群综合承载力评价结果

使用上文提出的黄河流域城市群综合承载力评价体系，开展黄河流域七大城市群 2010~2019 年综合承载力评价，结果见表 3。

表 3　黄河流域城市群综合承载力评价结果

城市群名称	2010年	2011年	2012年	2013年	2014年	2015年	2016年	2017年	2018年	2019年
兰西城市群	40.59	43.90	45.87	46.52	47.99	49.17	51.11	51.24	51.63	52.14
宁夏沿黄城市群	31.61	34.08	38.50	37.83	41.42	41.67	44.90	45.54	46.86	47.88
呼包鄂榆城市群	47.57	48.13	48.95	49.70	52.52	49.68	50.79	50.67	51.31	51.58
关中平原城市群	42.29	44.42	44.47	46.12	48.01	47.95	48.98	49.82	50.61	52.67
山西中部城市群	45.50	47.28	49.60	48.57	50.92	50.21	50.61	51.80	51.66	53.21
中原城市群	42.27	43.15	44.56	46.34	47.67	47.38	48.76	49.62	50.67	51.35
济南都市圈	46.86	48.21	49.86	51.47	54.54	52.14	53.15	53.56	54.63	55.69
城市群均值	42.38	44.17	45.97	46.65	49.01	48.31	49.76	50.32	51.05	52.08

（一）时间动态演进情况

如图 1 所示，在黄河流域城市群综合承载力总体评价方面，七大城市群总体呈现上升趋势，由 2010 年的 42.38 分上升至 2019 年的 52.08 分，上升幅度达到 22.89%。各个城市群综合承载力也均呈现显著的上升趋势，期末与期初相比上升幅度位于 8.43%~51.47%。黄河流域城市群综合承载力的全面上升，是党的十八大以来，人与自然和谐共生、协同发展的具体体现。在“绿水青山就是金山银山”理念的指导下，黄河流域城市群的发展方式由粗放式增长向集约式增长转变、由资源消耗型向环境友好型转变，虽然各个城市群转型进度不一，但总体方向稳中向好。同时，随着黄河流域生态环境好转和资源利用效率的提升，生态保护和高质量发展工作初见成效。

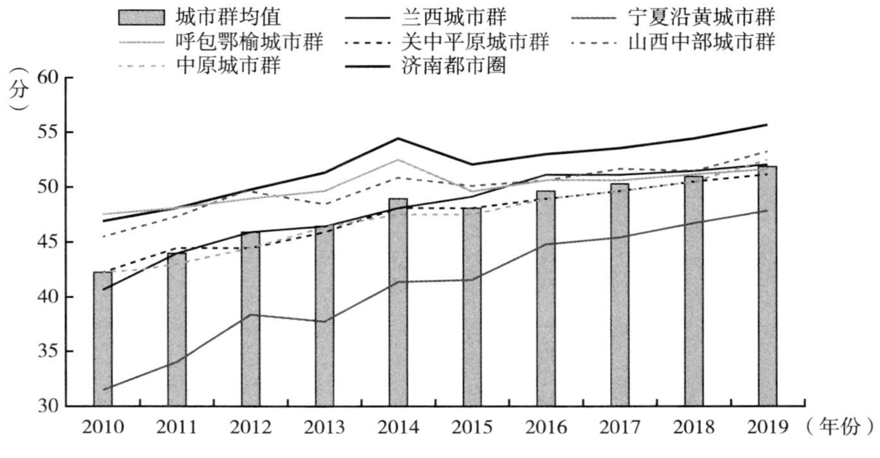

图 1　黄河流域城市群综合承载力时间动态演进

在黄河流域城市群资源环境系统评价方面，由 2010 年的 62. 03 分上升至 2019 年的 69. 29 分，上升幅度达到 11. 70%。其中大气系统表现最好，评分上升幅度达到 15. 83%；水系统次之，上升幅度为 13. 13%；土地系统表现不佳，评分下降 2. 12%（见图 2）。从指标体系可以看出，在资源环境系统中，水系统、大气系统较为偏重污染类指标，此类指标向好，证明黄河流域的污染防治攻坚战取得明显成效，通过开展雾霾治理，黄河流域

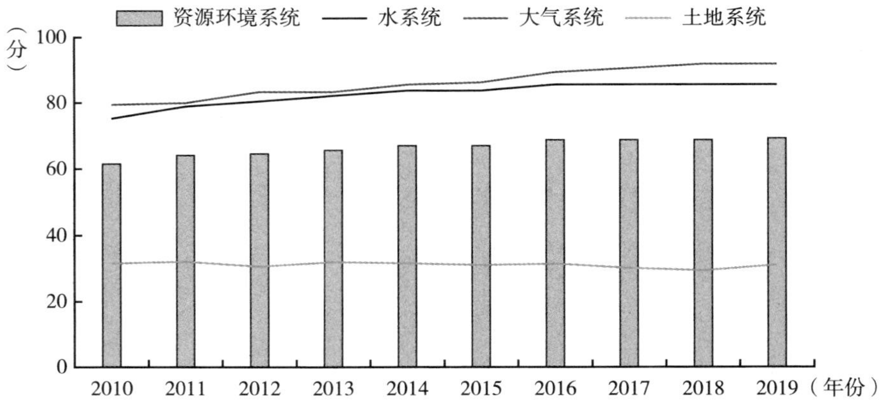

图 2　黄河流域城市群资源环境系统时间动态演进

城市群的重污染天气得到有效控制；通过严格落实“河长制”、开展黄河流域入河排污口排查整治、推进城市黑臭水体治理，黄河水质出现明显好转，城市群水环境得到显著改善。土地系统评分下降，也反映出黄河流域城市群的土地利用效率有待提升，这一方面与黄河流域前期高投入、高消耗、高排放的外延式经济增长模式驱动形成的土地粗放利用格局在短时间内难以优化有关；另一方面也受到黄河流域土地市场化水平不高、空间用途管制不健全的影响。

在黄河流域城市群经济社会系统评价方面，由 2010 年的 22.73 分上升至 2019 年的 34.86 分，上升幅度达到 53.37%。其中，经济系统和社会系统分别上升 55.89%和 51.74%，经济系统评分普遍低于社会系统评分（见图 3）。与资源环境系统相比，经济社会系统评分大幅度偏低，一方面说明黄河流域城市间的经济发展差异较大，这种差异既体现在城市群内部中心城市与周边城市之间，也体现在上、中、下游地区不同城市群之间；另一方面说明黄河流域内经济发展相对滞后的城市占大多数，经济社会系统虽然实现了超过 50%的高增长，但绝对水平仍然不高。黄河流域城市群经济发展水平偏低、传统工业占比偏重、对外开放程度不高、创新发展能力不强等问题亟须解决。

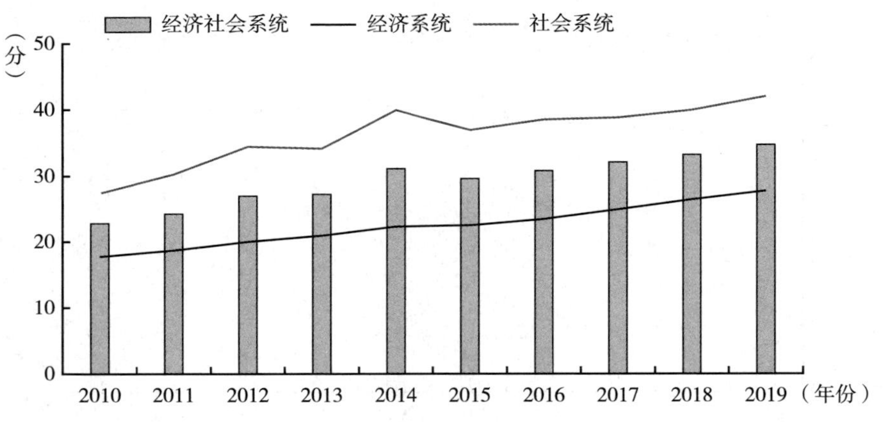

图 3　黄河流域城市群经济社会系统时间动态演进

（二）分城市群评价情况

兰西城市群综合承载力评分，由 2010 年的 40. 59 分上升至 2019 年的 52. 14 分，上升幅度达到 28. 46%。在评价时间段内，兰西城市群的总体排名基本稳定在第 3~4 位，居于中游水平。子系统方面，水系统居于第 6 位、大气系统居于第 5 位，土地系统在第 4 ~7 位，经济系统在第 1 ~4 位，社会系统在第 4~6 位。兰西城市群经济系统强、其他系统弱的状况，主要由于其是七大城市群中唯一的双省会（首府）城市群。兰西城市群中兰州、西宁以其政治和资源等优势吸引了绝大多数人口，推动了这两个地区城市化发展，城市化水平提高又反过来带动经济增长，形成兰西城市群经济发展的高地。但资源环境系统和社会系统水平偏低，暴露出来该城市群资源环境与经济发展不能有效协同的问题，经济发展的不可持续性，降低了综合承载力，也指明了兰西城市群下一步努力改革发展的方向（见图 4）。

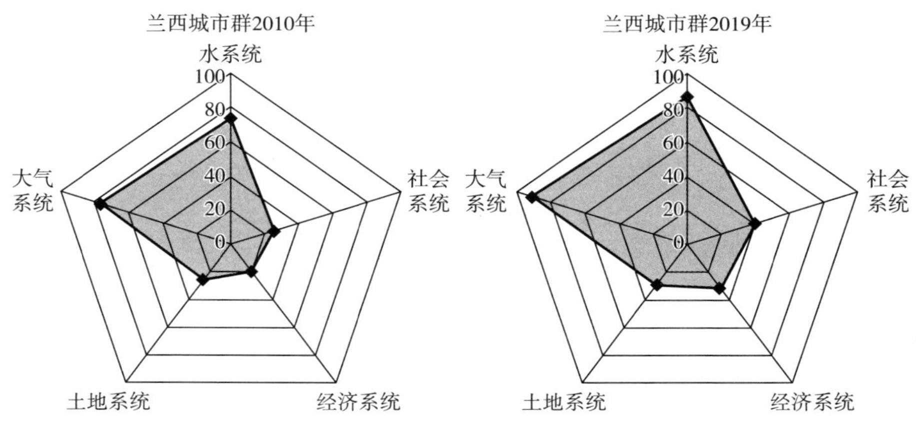

图 4　兰西城市群子系统评价情况

宁夏沿黄城市群综合承载力评分，由 2010 年的 31. 61 分上升至 2019 年的 47. 88 分，上升幅度达到 51. 47%，在七大城市群中升幅居首位。升幅虽然很高，但由于基年评分较低，在评价时间段内，宁夏沿黄城市群的总体排名始终处于末位。子系统方面，水系统、大气系统常年居末位，土地系统在第 4~7

位，经济系统在第 5~7 位，社会系统在第 1~4 位。资源环境系统整体表现不佳，说明宁夏沿黄城市群生态保护与资源利用工作相对滞后，对经济社会发展的支撑能力不强，在这一点上与兰西城市群相似，而其资源环境与经济社会发展的失调程度更甚。2022 年 3 月，中央第四生态环境保护督察组向宁夏反馈督察情况，指出宁夏未批先建、违规取水、生态破坏等问题较为突出。“十四五”时期，深入打好污染防治攻坚战，守好西北地区生态安全屏障，成为宁夏沿黄城市群需要重点开展的工作（见图 5）。

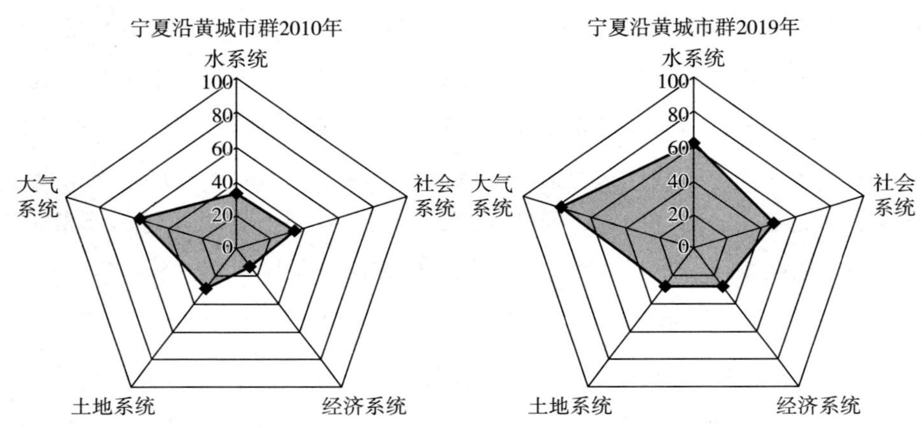

图 5　宁夏沿黄城市群子系统评价情况

呼包鄂榆城市群综合承载力评分，由 2010 年的 47.57 分上升至 2019 年的 51.58 分，上升幅度达到 8.43%，在七大城市群中升幅居末位。在评价时间段内，呼包鄂榆城市群的总体排名出现明显下降趋势，由 2010 年的第 1 位下降至 2019 年的第 5 位。子系统方面，水系统在第 1~5 位，大气系统居于中游，土地系统多数年份居于末位，经济系统由第 1 位下降至末两位，社会系统在第 1~3 位。呼包鄂榆城市群综合承载力排名呈现逐步下降的趋势，核心原因在于其具有“一煤独大”的产业结构。在煤炭价格上涨、资源紧俏时期，依靠煤炭产业带动经济快速增长，城市群内的鄂尔多斯连续多年居全国城市人均 GDP 排名榜首；而随着近年来经济进入下行阶段，煤炭产业转型困难拖累经济增长，其他新的经济增长点未能形成，促使该城市群综合承载力提升缓慢，逐步被其他城市群超越，呼包鄂榆城市群推动煤炭产业绿色转型迫在眉睫（见图6）。

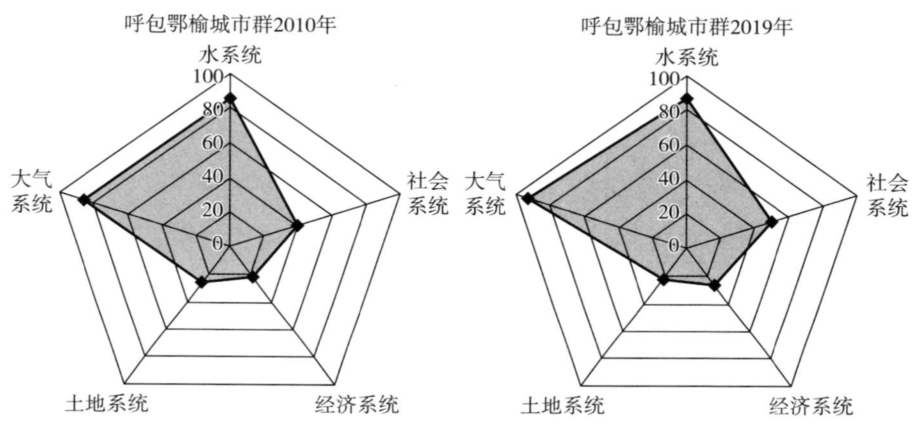

图6　呼包鄂榆城市群子系统评价情况

关中平原城市群综合承载力评分，由2010年的42.29分上升至2019年的52.67分，上升幅度达到24.54%。在评价时间段内，关中平原城市群的总体排名在第3~6位。子系统方面，水系统在第1~4位，大气系统居中游，土地系统在第4~7位，经济系统在第3~7位，社会系统在第2~5位。关中平原城市群排名之所以出现较大波动，主要原因可以归结为以西安为中心的关中平原城市群处于促进经济社会与资源环境协调转变的转型期。关中平原城市群具有黄河流域其他上、中游城市群的特点，即资源丰富、生态环境相对脆弱，早期发展以重工业和资源型产业为主。但在上、中游流域中，西安是转型升级步伐最快的区域中心城市，电子信息制造、汽车制造、航空航天、高端装备制造、新材料新能源、生物医药等一批绿色高端现代产业已经对经济形成强有力支撑，并辐射带动关中平原城市群，促进综合承载力上升至第3位。值得注意的是，关中平原城市群经济系统的稳定性有待进一步增强，土地集约利用效率有待进一步提高（见图7）。

山西中部城市群综合承载力评分，由2010年的45.50分上升至2019年的53.21分，上升幅度达到16.95%。在评价时间段内，山西中部城市群的

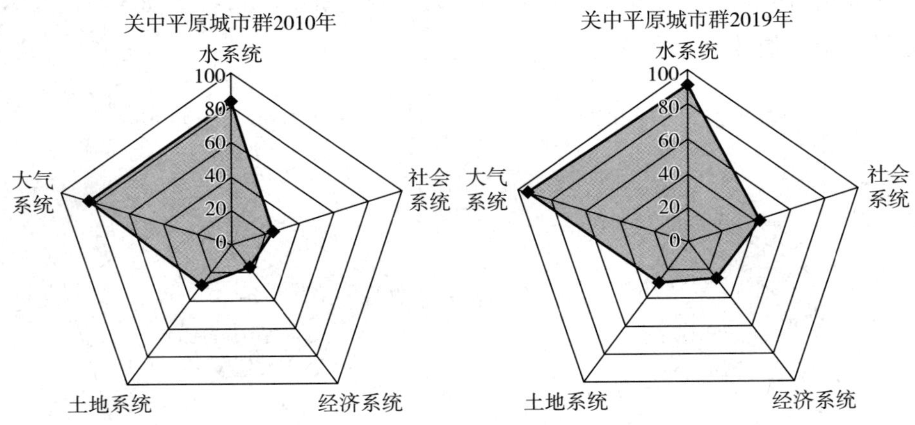

图 7 关中平原城市群子系统评价情况

总体排名在第 2~4 位。子系统方面，水系统在第 1~3 位，大气系统常年居第 6 位，土地系统居第二三位，经济系统在第 1~7 位大范围变动，社会系统居于中上游。山西中部城市群表现出两个特点，一是大气系统排位常年靠后，二是经济系统排名不稳定，且在近两年下降至第六七位。前一个特点的主要原因是山西中部作为煤炭的主产区，传统煤炭产业链高排放的特性对减排降碳形成较大压力，黄河上、中游其他城市群也在不同程度面临此方面的问题。[①] 后一个特点说明山西中部城市群的经济发展曲折颇多。2014~2016 年，全国 GDP 增速分别达到 8.4%、6.4%和 6.8%，同期山西仅为 4.9%、3.0%和 4.1%；这三年煤炭价格处于低位，山西经济整体表现不佳，山西中部城市群同样较为疲软。随后山西进入艰难的经济结构调整阶段，但化解高碳资产是一项系统工程，在短时间内效果难以显现（见图 8）。

中原城市群综合承载力评分，由 2010 年的 42.27 分上升至 2019 年的 51.35 分，上升幅度达到 21.48%。在评价时间段内，中原城市群的总体排名居第 5~6 位。子系统方面，水系统在第 2~5 位，大气系统居第 2 位，土

① 在大气系统排名中，黄河下游的济南都市圈、中原城市群占据第 1、2 位，黄河上、中游城市群中资源型城市较多，大气系统排名普遍靠后。

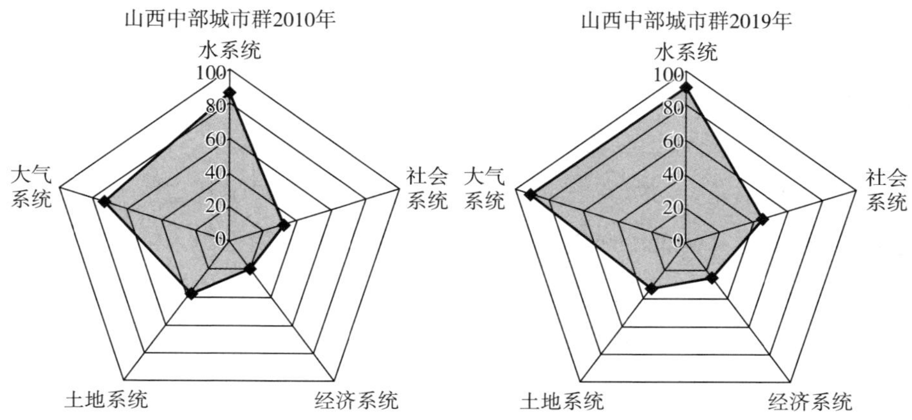

图 8　山西中部城市群子系统评价情况

地系统居第 2~3 位，经济系统在第 3~6 位，社会系统排名靠后。中原城市群资源环境系统强、经济社会系统弱的状况，一方面由于中原城市群地处黄河下游地区，自然资源条件较好，人口稠密，土地利用效率较高；另一方面由于中原城市群所涵盖的城市过多，郑州作为区域中心城市与周边城市的经济发展状况和社会服务水平差异较大，依靠单一省会城市，难以在大空间尺度拉动中原城市群整体经济社会发展（见图 9）。

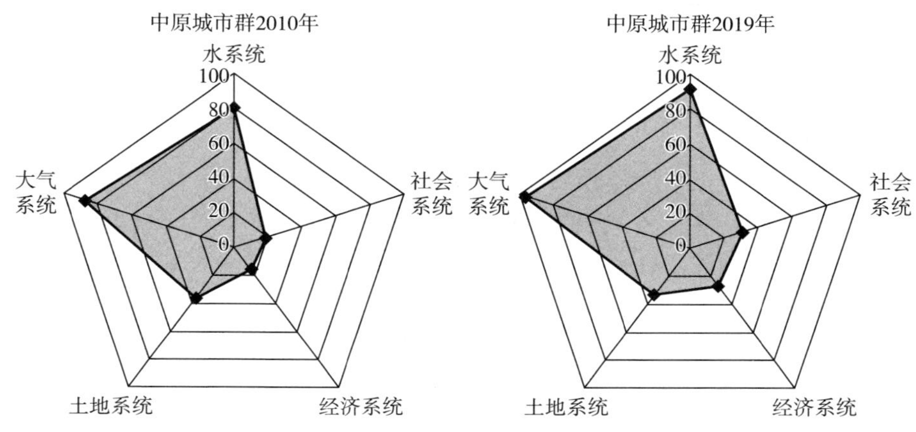

图 9　中原城市群子系统评价情况

济南都市圈综合承载力评分，由 2010 年的 46.86 分上升至 2019 年的 55.69 分，上升幅度达到 18.84%。在评价时间段内，济南都市圈的总体排名除了在 2010 年之外，常年居第 1 位。子系统方面，水系统基本在第 2~5 位，大气系统、土地系统基本居第 1 位，经济系统基本在第 2~4 位，社会系统常年居第 1 位。济南都市圈综合承载力突出，得益于其在各子系统中没有明显的短板。与相邻的中原城市群比较，在资源环境方面，二者具有相似的优势；在经济社会方面，济南都市圈除了济南之外，周边城市经济发展水平也相对较高，社会服务供给也相对较好。特别是在“十三五”时期，济南建成全国第一个水生态文明建设试点城市，在南部山区开展“共抓大保护、不搞大开发”，将“工业大块头”济钢钢铁生产线整体关停，通过着力推进治霾、治山、治水、治土、治脏促进生态环境整体好转，形成与经济社会的良好协调，对提升都市圈综合承载力形成重要支撑（见图 10）。

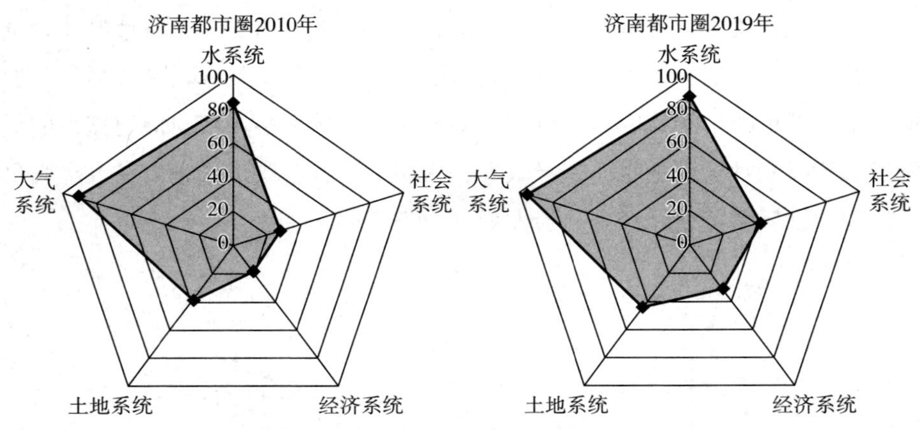

图 10　济南都市圈子系统评价情况

四　政策建议

推动黄河流域生态保护和高质量发展，具有深远历史意义和重大战略意义。要坚持习近平生态文明思想，践行“绿水青山就是金山银山”理念，持续提高黄河流域城市群综合承载力，不断提升人民群众获得感、幸福感、安全感，不断守护黄河安澜，推进中华民族伟大复兴。

第一，以人与自然和谐共生为引领，统筹资源环境与经济社会协调发展。黄河流域城市群开展生态保护和高质量发展工作，必须坚持“以人民为中心”的核心理念和价值取向，牢牢把握人民日益增长的美好生活需要和不平衡不充分的发展之间的矛盾，以城市群为单位，针对现阶段存在的显著短板，出台差异化的发展措施，促进资源环境与经济社会协调共进。对于黄河流域上、中游的城市群，要面对脆弱的生态环境这一自然基础，促进经济发展范式和产业结构升级的整体转型。特别是对于宁夏沿黄城市群、呼包鄂榆城市群、山西中部城市群，要以更大的力度和决心开展现代能源革命，大力发展新能源及其相关产业，形成新的经济增长极，逐步置换高碳资产、打破高碳发展路径依赖，实现能源集约利用和生态环境好转的“越保护、越发展”格局。对于黄河流域下游的中原城市群和济南都市圈，一方面要持续加强中心城市对周边城市的辐射带动作用，统筹考虑资源和要素配置，抑制中心城市的“虹吸效应”；另一方面要提升周边城市发展能级，形成周边城市支持中心城市、提升城市群综合承载力的空间格局。

第二，从系统治理角度出发，促进黄河流域城市群综合承载力不断提升。流域经济是以流域为地域依托、以河流为联系纽带的区域经济，其生态转型是基于流域的生态文明建设成败的关键。黄河流域作为一个生态整体、经济整体和社会整体，必须从流域治理的角度出发，统筹提升综合承载力，才能促进黄河流域生态保护和高质量发展工作发生历史性变革。在流域治理与生态保护方面，需要按照国家治理体系和治理能力现代化的部署及要求，加快形成跨行政区域的流域综合管理体系；要建立黄河流域的横向生态补偿机制，充分彰显优良生态产品的内在价值；要健全上下游用水权、排污权、碳排放权、用能权的分配和交易制度，进一步提升全流域的资源使用效率。在经济发展方面，要把握新一轮产业转移机遇，促进中、上游城市群按照资源禀赋和生态红线引进相对于本地区较为先进的产业转移，打造特色产业集群，加快由以煤炭为主的化石能源体系向新能源体系发展；鼓励绿色创新、绿色投资的配套转移，通过打造基于流域的科技创新走廊和绿色金融创新体系，着力增强全流域城市群的综合承载力。

第三，整合宁、蒙、陕、晋地区力量，建设“几”字弯都市圈。“几”字弯位于黄河上、中游流域，是我国主要的能源富集地区之一，也是黄河流域“一轴两区五极”发展动力格局中重要的一极，在促进全流域生态保护和高质量发展中居于战略要冲地位。现阶段，位于“几”字弯地区的城市群包括宁夏沿黄城市群、呼包鄂榆城市群和山西中部城市群，受行政区划约束各自为战，难以形成合力，且有相当一部分位于此区域的城市，不属于任何一个城市群，不利于构建提升综合承载力的区域协调发展格局。因此，要进一步突出“几”字弯地区的战略地位，统筹宁、蒙、陕、晋地区资源，加快出台“黄河‘几’字弯都市圈发展规划”，创新协作机制、整合区域资源，有效促进资源环境与经济社会发展相协调，以持续提升“几”字弯都市圈综合承载力，不断开创黄河流域生态保护和高质量发展新局面。

参考文献

陈静：《新中国成立以来党领导治黄事业的历程与经验》，《光明日报》2021 年 11 月 8 日。

胡春宏：《黄河水沙变化与治理方略研究》，《水力发电学报》2016 年第 10 期。

牛永生、崔树彬：《黄河水质现状评价及污染趋势和对策》，《环境保护》1995 年第 3 期。

沙万英、郭其蕴、沈建柱：《黄河流域大旱大涝演变特征及趋势预测》，《水土保持学报》1992 年第 2 期。

施韶宇：《黄河流域国家级保护区管理成效评估完成》，《黄河报》2022 年 4 月 9 日。

水利部黄河水利委员会：《黄河年鉴 1990》，中国环境科学出版社，1993。

宋欣怡、杨显明：《兰西城市群经济空间演变特征分析》，《青海科技》2021 年第 6 期。

武占云、王业强：《高质量发展视域下黄河流域土地利用效率提升研究》，《当代经济管理》2022 年第 1 期。

杨开忠、单菁菁、彭文英等：《加快推进流域的生态文明建设》，《今日国土》2020年第8期。

张卓群、陈楠：《黄河流域省会（首府）城市生态文明建设成效评价研究》，《青海社会科学》2021年第4期。

张卓群、冯冬发、侯宇恒：《基于Copula函数的黄河流域干旱特征研究》，《干旱区资源与环境》2022年第1期。

周宏春、江晓军：《习近平生态文明思想的主要来源、组成部分与实践指引》，《中国人口·资源与环境》2019年第1期。

B.15
基于人与自然耦合系统的黄河流域城市群高质量发展路径选择*

陈　瑶**

摘　要： 城市群是人与自然耦合系统的典型代表，构建城市群人与自然协调关系是认识人与自然和谐共生的重要内容，对揭示人类活动对生态环境的影响，指导城市生态发展具有重要意义。本报告首先以黄河流域七大城市群为研究对象，阐述黄河流域基于人与自然耦合系统的城市群高质量发展的逻辑，构建人与自然耦合系统分析框架；其次，从水资源开发强度、土地开发强度、水资源供给能力、环境污染物排放强度四个方面分析黄河流域七大城市群人与自然协调度特征；最后，提出基于人与自然耦合系统的黄河流域城市群高质量发展路径，为推进黄河流域城市群可持续发展提供参考与依据。

关键词： 黄河流域　城市群　人与自然耦合系统　高质量发展

一　引言

黄河流域是我国重要的生态保护区域与经济发展地带，其区位特殊性决定了黄河流域高质量发展对于巩固生态安全、稳定经济发展具有深刻意义。

---

* 本报告受中国社会科学院博士后创新项目“长江经济带生态文明建设与新型城镇化耦合协同推进机制及政策研究”资助。

** 陈瑶，中国社会科学院生态文明研究所博士后，博士，主要研究方向为区域经济学与新型城镇化。

中共中央、国务院于2021年10月印发的《黄河流域生态保护和高质量发展规划纲要》站在国家高度明确了黄河流域生态保护和高质量发展的战略定位。但当前黄河流域面临着自然环境与生态保护问题突出、区域发展不平衡不充分现象严重、上中下游城市群经济悬殊等问题，如何稳步协同推动经济社会发展与生态环境保护、如何构建人与自然和谐共生的关系一直受到政府高度重视。黄河流域的战略定位与生态特殊性决定了黄河流域无法照搬其他流域的发展模式与经验，黄河流域实现高质量发展需首要处理好人类活动与生态保护之间的矛盾，在人与自然和谐相处的基础上探索出具有区域特色的“生态、优先、绿色”发展道路。

城市群是带动区域协调发展的重要载体，其发挥着统筹区域协调发展的重要作用。黄河流域各省区受地理区位与资源禀赋差异的影响，城市之间的关联程度、产业协作水平、要素自由流动与协调发展水平均有较大提升空间，亟须通过发挥中心城市和城市群的辐射作用来实现流域内社会经济与生态保护的协同发展，加速实现整体区域协调发展。我国正逐步形成流域整体性生态保护布局，以城市群为区域突破口推进黄河流域生态保护和高质量发展能较好地处理流域内区域系统协调性与地方行政区域分割性的矛盾，促进要素区域流动，形成优势互补的流域格局。因此，以黄河流域城市群高质量发展来之支撑黄河流域高质量发展，充分发挥城市群的载体作用与带动作用，对于转变黄河流域发展方式、改善流域生态环境质量、构建人与自然和谐共生的生态体系、加速推进黄河流域生态保护和高质量发展重大战略落地扎根具有重要意义。

二　黄河流域基于人与自然耦合系统的城市群高质量发展逻辑

人类与自然环境在一定空间范围相互作用形成了人与自然耦合系统（Coupled Human and Natural Systems，CHANS），自然系统为人类提供资源，但人类对自然系统过度消耗会恶化自然系统，自然系统恶化又对人类适应性产生威胁，人类系统与自然系统有明显的耦合特征。人类系统主要包含的社会子系统为自然资源的价值转化提供空间载体及基础设施，其目的是更好地满足人类发展所需的生活和生产环境，并促进人类实现自身发展，促进人与自然关系协调。经济子系统的基本功能是经济主体利用要素资源进行生产，得到发展所需的经济成果，并不断提高资源利用效率，以及解决发展中产生的生态破坏问题，从而促进人与自然的耦合。黄河流域具有生物多样性，但其生态环境极其脆弱，水资源约束性强。可见，黄河流域需要在资源的约束下实现高质量发展。

其一，提高城市群中人与自然系统的要素耦合效率。人与自然耦合系统是相互嵌套的实体概念，在这个系统中，人与自然产生超越组织层次的相互影响并形成相互作用的嵌套网络关系。城市群中人与自然耦合的环境主要包括跨行政区域的社会经济环境和生态环境，生态环境是社会经济发展的基础，社会经济环境的发展离不开生态环境的支持。同时，社会经济发展中的污染物又在伤害生态环境，改变生态环境的质量。人与自然耦合系统是一个跨区域的整体系统，因此要在区域空间中优化配置各类资源要素，根据区域与整体发展目标把有限的资源要素集约高效地配置到能使其发挥最大价值的区域。具体体现在对区域进行合理分工，推动流域国土空间治理，优化黄河流域国土空间布局，使区域结构与空间布局更加合理。黄河流域城市群是整个黄河流域的经济发展中心，实现黄河流域城市群高质量发展是黄河流域国土空间治理中的关键节点。

其二，提高城市群中人与自然系统的耦合效率。城市群中人与自然的关系由两个系统形成，第一是低层次子系统内部耦合协调发展，即人类子系统内部耦合和自然子系统内部耦合，第二是高层次的人类子系统和自然子系统之间的耦合，低层次系统要素通过影响高层次系统要素来对综合系统产生作用。人类子系统通过劳动力、技术、资本、设施等要素在系统内流动影响城市群发展的效率和方式，自然子系统通过自然本底、生态资源、能源供给等在系统内部影响城市群发展的方向与模式。城市群高质量发展主要依靠子系统相互合作形成良性互补，城市群中的人与自然系统通过要素流动、资源流动、人才流动、人口流动、资本流动等多种要素关联方式来实现人与自然的耦合。城市群中人与自然的耦合系统功能是通过子系统相互协调来实现的，耦合系统的协调包括子系统内部多种协调，当某一子系统要素存在功能劣势或者功能发挥不足时，就会影响系统整体辐射效果。城市群中各子系统相互作用的耦合协调程度直接关乎城市群发展的质量与效率。因此不能简单地叠加两个系统，而是要促进系统相互适应、渗透和制约，促进耦合系统形成良性互动。

其三，依靠技术进步减少城市群对资源环境的依赖。科学技术在人与自然系统耦合过程中主要担任中介的角色，能通过影响城市群建设的未来方向、产业发展方向、居民生活方式、生态修复方式和资源利用效率来影响城市群中社会经济子系统、生态子系统在区域中的耦合程度。城市群是黄河流域产业聚集的核心区域，城市群中的产业绿色转型对整个流域的高质量发展起到支撑作用，特别是要通过科技创新转变资源利用方式、提高产业产品附加值、大力发展高新技术产业、升级有价值的传统产业、培育新型消费，形成支撑黄河流域高质量发展的现代产业体系。在多重约束下，推动黄河流域城市群产业发展模式绿色转型具有较大压力，但实现产业绿色转型是引领黄河流域高质量发展的必经之路。

其四，提高城市群中人与自然系统的时空耦合效率。人类活动的跨区域流动和自然资源的区域整体性特征决定了我们对人与自然关系的研究必须在更大的区域范围中进行。城市群中的人与自然耦合是跨越区域空间尺度的多重嵌套网络系统，是跨越行政边界的耦合。城市到城市群是人与自然耦合系统从局部到整体的扩展，城市群中的人与自然耦合系统是城市或者局部相互作用的积累，如局部生态资源破坏现象增多时会逐渐提高整体的耦合脆弱性，降低区域生态的恢复能力。城市群是人与自然在区域中相互作用的空间载体，人与自然的相互作用超越行政边界或者生态资源边界发生，在城市群中一个地区的市场和政府的行为很有可能对另一个地区的人类活动和生态系统产生影响。城市群中的人与自然耦合系统是一个跨行政区域的开放和综合性的结构，这种耦合系统集中了各个系统的优势并将内部系统黏合成统一体，离不开人口、物质、资源、信息、环境、价值在系统间的循环作用。因此，耦合系统中的生态平衡、信息流动、价值传递、物资转化、人口流动等

是人与自然耦合系统的主要功能，这些功能表现为总体耦合和系统内要素在时空中的耦合互补。

综上所述，集约高效的配置人与自然耦合系统中的各类资源与要素、建立人与自然和谐共生的关系，是关乎黄河流域发展质量的重要议题。在资源约束下，转变发展方式并通过技术创新提高资源利用效率才可能解决黄河流域传统发展方式下人与自然的矛盾，而黄河流域形成人与自然良性互动，实现生态保护与高质量发展最理想的空间载体应是城市群。

三　黄河流域城市群人与自然耦合系统协调度测度

（一）指标及方法

城市群发展依托于人类对资源的利用和对环境的改造，城市群中的人与自然系统是否能良性互动实现耦合协调取决于自然系统能否效承载人类活动。城市群发展需要从自然系统中获取资源并消耗资源，城市群发展不是完全不能破坏环境，而是在发展过程中尽最大可能地降低人类活动对自然系统的伤害。城市群中的人与自然耦合系统既要体现自然系统对城市群中人类社会经济活动的支撑，也应反映人类活动对自然系统的反馈情况。因此，本报告基于资源供给与消耗的视角来考察城市群中的人与自然耦合关系，反映城市群发展中人对自然的依赖与影响程度，评估不同城市群人与自然耦合的协调度。简单地理解，自然系统对人类的支撑作用越强或者人类活动对自然系统的破坏程度越低，则人与自然的关系越协调。水资源与土地资源是人类生存与发展的主要自然资源基础，决定了人口增长的极限和城市扩张的边界，因此城市群资源消耗主要关注水资源消耗和土地资源消耗。污染排放是人类经济社会活动的主要代谢产物，且对自然生态环境影响显著，本报告主要关注污水排放。参考既有研究构建 CHANS 协调度评价模型①，主要指标有水

① 刘晏冰、韩宝龙、刘晶茹等：《我国城市人与自然耦合系统的协调度》，《生态学报》2021 年第 14 期。

资源开发强度（WI）和土地开发强度（LI），这两项指标反映城市群中人类活动对自然资源的索取程度；水资源供给能力（WS）反映城市群自然系统对人类活动的支持能力；环境污染物排放强度（EI）反映自然系统对城市群中人类社会经济活动的承受情况。[①] 计算方法如下：

$$WI_i = S_i / W_i \tag{1}$$

$$LI_i = L_i / A_i \tag{2}$$

$$WS_i = \frac{S_i - T_i}{S_i} \times 100 \tag{3}$$

$$EI_i = D_i / A_i \tag{4}$$

其中，WI_i表示水资源开发强度，S_i表示供水总量，W_i表示水资源总量，LI_i表示城市土地开发强度，L_i表示城市建设用地面积，A_i表示城市面积，WS_i表示水资源供给能力，T_i表示城市供水水源中除本地拥有的地下水和地表水之外的其他水源供给总量，EI_i表示城市环境污染物排放强度，D_i表示污水排放总量。由于无法将不同单位的数据直接纳入评价测度模型中，必须对数据进行标准化处理使不同单位的数据具有可比性。以下公式给出了正向和负向数据进行标准化的方法：

$$\text{正向指标}: X_{ij}^{'} = \frac{X_{ij} - \mathrm{Min}\{X_{ij}, \cdots, X_{nj}\}}{\mathrm{Max}\{X_{ij}, \cdots, X_{nj}\} - \mathrm{Min}\{X_{1j}, \cdots, X_{nj}\}} \tag{5}$$

$$\text{负向指标}: X_{ij}^{'} = \frac{\mathrm{Max}\{X_{ij}, \cdots, X_{nj}\} - \mathrm{X}_{ij}}{\mathrm{Max}\{X_{ij}, \cdots, X_{nj}\} - \mathrm{Min}\{X_{1j}, \cdots, X_{nj}\}} \tag{6}$$

式中，X_{ij}为第 i 个指标第 j 个样本的原始数据，$X_{ij}^{'}$为其标准化后的值。标准化后采用以下方法将其指标值域从［0，1］调整为［1，99］，具体如下：

$$\bar{I} = (\bar{X}_{ij} \times 100 + 1) - (101 - 99) \times \bar{X}_{ij} \tag{7}$$

采用几何平均数的方法进行降维，H 为人与自然耦合协调度指数。

$$H = \sqrt[4]{\overline{WI} \times \overline{LI} \times \overline{WS} \times \overline{EI}} \tag{8}$$

① 任保平：《黄河流域生态环境保护与高质量发展的耦合协调》，《人民论坛·学术前沿》2022 年第 6 期。

（二）城市群范围及数据来源

《中华人民共和国国民经济和社会发展第十四个五年规划和2035年远景目标纲要》明确黄河流域有七大城市群，从西向东有兰西城市群、宁夏沿黄城市群、关中平原城市群、呼包鄂榆城市群、山西中部城市群、中原城市群和山东半岛城市群。其中上游城市群包括呼包鄂榆城市群、宁夏沿黄城市群和兰西城市群，中游城市群包括关中平原城市群和山西中部城市群，下游城市群包括中原城市群和山东半岛城市群，七大城市群涵盖了黄河流域的绝大多数区域，能够通过辐射作用带动整体流域的生态保护和经济发展。数据主要来源于2020年各省水资源公报与《中国城乡建设统计年鉴2021》。

（三）测算结果

表1给出了2020年黄河流域城市群人与自然耦合系统的协调度，2020年黄河流域城市群人与自然耦合协调度指数的平均值为78.82，整体而言，黄河流域城市群水资源开发强度与环境污染物排放强度这两项指标较好，但水资源供给能力不足，这是造成协调度偏低的主要原因。山西中部城市群协调度最低，呼包鄂榆城市群协调度最高，二者相差15.42，说明黄河流域城市群协调度存在差异。4项分指标中，水资源开发强度与水资源供给能力具有明显断层，宁夏沿黄城市群水资源开发强度与其余城市群差距显著，仅为59.20，其本地水资源保有量较高；关中平原城市群是水资源开发强度最大的城市群，达到98.17，其水资源开发量远超本地地下水和地表水拥有量，该城市群水资源供给能力较低。山西中部城市群水资源供给能力最低，仅为47.09，尽管其他三项指标较好，其协调指数总体偏低。中原城市群的土地开发强度和水资源供给能力相对其他两项指标而言偏低，这是造成其协调度偏低的主要原因。按照城市群所属地理区进行分级比较，城市群协调度自西向东排名依次是上游城市群（82.25）、下游城市群（80.93）和中游城市群（76.39），呈现出流域两端相对协调、中部相对失衡的区域特征。上游城市群拥有大量的保护区与禁止开发区，相较其他区域，其资源开放程度较低，中

游城市群污染排放程度相对最低。上中下游城市群的短板均是水资源供给能力，反映出黄河流域水资源供给压力较大，自然资源对城市群发展的支持能力不足的问题。中游城市群和下游城市群的水资源开发强度较大，上游城市群土地资源开发强度较大，反映了人类活动对自然资源的索取与依赖程度较高。

表 1　2020 年黄河流域城市群人与自然耦合系统的协调度

城市群名称	水资源开发强度(*WI*)	土地开发强度(*LI*)	水资源供给能力(*WS*)	环境污染物排放强度(*EI*)	协调度(*H*)
呼包鄂榆城市群	97.51	90.83	74.20	95.33	88.80
宁夏沿黄城市群	59.20	93.25	97.17	95.58	76.23
兰西城市群	96.29	83.93	65.12	89.18	81.71
关中平原城市群	98.17	87.17	66.07	87.10	79.71
山西中部城市群	98.16	87.35	47.09	91.11	73.38
中原城市群	97.14	71.75	69.77	83.92	76.08
山东半岛城市群	97.65	87.33	70.47	93.05	85.78
平均值	91.10	85.13	69.28	89.99	78.82
上游城市群	84.33	89.34	78.83	93.36	82.25
中游城市群	97.82	82.09	60.98	87.38	76.39
下游城市群	97.40	79.54	70.12	88.49	80.93

资料来源：作者测算。

黄河流域城市群的特征表现为以下三点。一是黄河流域整体上人与自然耦合协调度不高，区域失衡现象明显。二是黄河流域城市群表现出高需求高排放的特征。黄河流域城市群的水资源开发强度、土地开发强度与环境污染物排放强度指数整体较高，反映了黄河流域城市群对自然资源的需求较高。其中呼包鄂榆城市群和宁夏沿黄城市群的土地开发强度和环境污染物排放强度显著高于其他地区，反映该城市群发展对自然的依赖程度较高。三是生态环境承载力是影响城市群人与自然耦合协调度的重要因素。黄河流域的水资源禀赋对水资源开发强度和水资源供给能力有较大影响，整体表现出水资源供给能力不足的特征。

四　基于人与自然耦合系统推进黄河流域城市群高质量发展的思考

城市群是资源区域聚集并具有强空间溢出效应的特殊地域发展形态，其高质量发展覆盖了人类社会系统、经济系统与自然系统的多个维度。黄河流域城市群实现高质量发展需要重点处理好两个方面：第一，城市群要在保护生态系统的前提下实现区域绿色转型与区域协调发展；第二，要以城市群发展模式绿色转型为契机来增强黄河流域的发展动力，带动黄河流域的生态治理与保护。基于人与自然耦合系统的黄河流域城市群高质量发展思路应体现为“生态优先、绿色发展”的理念。

一是树立生态文明价值观，提升黄河流域城市群可持续发展能力。实现黄河流域城市群高质量发展首先要树立生态文明价值观念，用生态文明理念指导黄河流域发展范式。在黄河流域城市群发展进程中要把“生态优先、绿色发展”作为首要思维，以生态保护优先原则为取舍标准，大力推进生态文明建设、坚定绿色发展理念，积极探索和大胆尝试符合地域特点的发展模式，将生态文明理念实践于方方面面。从资源禀赋上对城市群进行分工，上游城市群应重点提升水源涵养能力；中游城市群要重点抓好水土保持工作，大力开展污染源治理工作，推动经济发展方式绿色转型；下游城市群要重点保护生态系统并提高生态承载能力，提高自然资源利用效率，利用地理优势对接京津冀和长三角城市群，在保护生态环境的前提下提升经济发展动力并带动流域整体能力提升。

二是坚持走低环境冲击与低资源消耗的绿色发展道路。黄河流域城市群人口高度聚集与区域性环境污染问题增加了黄河流域生态安全保护与发展方式转型的难度，这些现实压力要求黄河流域各城市群必须重视空间优化，建立低消耗高产出的绿色产业体系，培育社会大众形成低消耗的绿色生活方式。要以新发展理念为指引，优化区域生产力布局，对高消耗高排放高污染的传统产业进行绿色化改造，挖掘生态旅游观光、农业生态和文化教育等产业功能，依托美好自然资源建设一批“生态+康养”式的山水田园综合体，大力发展新型消费产业，努力走出一条动力充足的绿色低碳循环发展之路，为黄河流域城市群生态文明建设留下绿色资本。另外，要严格保护水资源总量和质量，依托黄河流域自然资源禀赋，对城市群的规模大小与发展方向、经济体系与产业结构、人口数量与人口结构进行科学合理的规划，根治水土流失等生态环境破坏现象，狠抓生态保护，推进黄河流域城市群实现全方位的绿色转型。

三是以技术创新为抓手，提高黄河流域资源利用效率。创新是引领发展的第一动力，加速推进发展方式由要素驱动向创新驱动转变。过去黄河流域城市群主要依赖资源要素投入，资源利用方式呈现高投入高消耗的特征，以牺牲生态环境为代价来实现经济增长。过去传统的发展模式已经让黄河流域生态系统变得十分脆弱，该流域实现可持续发展必须加大技术投入，通过技术创新提高资源的使用效率，并通过构建流域统一的要素市场促进资源要素在黄河流域内实现跨区域的自由流动和高效配置，让资源匹配发展所需。另外，要充分发挥城市群的资源聚集优势，对有竞争力的传统优势产业进行绿色升级，并借助互联网与大数据发展现代新兴产业，着力发展高新技术、节能环保等产业，创造流域内新型消费的需求并提升流域内新型消费供给能力，为黄河流域注入新的经济发展动力，以此提升整个流域的产业竞争力。

四是强化基于自然的城市群发展方案，建立基于流域的一体化机制。要在人与自然共生的理念下重视黄河流域的生态建设，树立保护自然、顺应自然、和谐共生的绿色发展理念，依靠自然规律解决环境问题。要基于人与自然视角，因地制宜地发展城市群。如在重点保护生态系统的前提下，依托自然资源优势提升关中平原城市群、兰西城市群和呼包鄂榆城市群的综合实力，形成生态旅游产业链；依托地理区位优势和自然资源禀赋构建以中原城市群、山东半岛城市群和宁夏沿黄城市群为主的生态型经济带，提升黄河流域经济中心的生态韧性与经济韧性，积极推动区域互动，形成黄河流域经济命运共同体，以此支撑黄河流域实现高质量发展。要对全流域进行资源整合，打破行政区划的限制，建立健全流域生态文明建设一体化机制与生态补偿机制，把基于流域的生态文明建设放在发展的主导位置，加快流域经济生态化转型，切实构建基于流域的区域一体化机制。

五 黄河流域城市群实现高质量发展的路径选择

一是以现实需求为牵引，完善支持黄河流域保护与发展的机制体制。生态资源的整体性和系统性决定了碎片化的生态治理模式很难从根本上解决当前生态建设面临的问题，政府必须从区域的视角来探索生态建设的路径和机制。要依据国家对黄河流域的战略定位进一步明确黄河流域的整体发展目标和各城市群的主体功能，明确黄河流域内各区域资源供给能力与现实需求，构建服从整体并具有区域特色的发展框架，重点着手制定区域绿色发展的政策，建立和完善政策激励机制，提高黄河流域城市群的基础设施建设现代化水平和政府治理水平等。以黄河流域现实需求为牵引、以区域绿色发展为主线不断进行制度创新，具体体现在构建区域联治协同发展机制、建立多元化生态保护补偿机制，充分发挥体制机制的激励引导作用，调整优化绿色发展追责惩戒机制。在黄河流域多元化生态保护补偿机制方面，要扩大补偿范围、创新补偿方式并提高补偿标准，特别要针对水资源跨区域流动的特征健全跨地区、跨流域的生态补偿机制。要坚守土地开发红线，以城市群为区域空间核心推进国土空间优化，明确主体功能区，加速推进重点区域发展模式绿色转型。

二是按地域条件特点制定差异化发展战略，以中心城市、都市圈建设为切入点构建城市群绿色发展空间格局。黄河流域城市规模与层次存在差异，在流域内呈现点状分散的特征，实现黄河流域高质量发展要根据各城市群的发育程度和条件，对不同地区与不同阶段的城市群实施差异化的发展战略，优化都市圈空间布局，形成城市群的增长极。山东半岛城市群要积极发挥其在黄河流域中的经济引领作用，合理布局产业体系，强化城市群内各城市的产业协作关系，依托区域优势聚集高级人力资源，加大技术创新投入，形成核心主导产业，以中心城市、都市圈建设为核心构筑空间新格局。中原城市群和关中平原城市群虽分别拥有郑州和西安这两个国家中心城市，但这两个中心城市对城市群的带动作用还没有充分体现，整体上这两个城市群的中小城市发展相对较弱，城市规模并不十分协调，经济动力不足，水资源短缺问题严重，城市群的发展较大程度受到资源的约束。因此，可采用以点带面的城市群发展模式，重点提升西安和郑州的城市能级，激发西安都市圈和郑州都市圈的带动作用，以此带动城市群整体发展。

三是大力开展流域资源保护、全面推进黄河流域城市群区域生态建设。黄河流域城市群生态建设是在利用生态系统自然规律的基础上，通过现代科学技术恢复或重建被破坏的生态系统，实现人与自然耦合协调。黄河流域资源综合开发利用实质上是把区域内自然资源系统与社会经济资源系统作为整体来探究要素与地区之间的联系，以找到实现区域社会、经济与生态最佳效益的资源开发利用方式。因此，战略实施者应充分把握城市群的优质资源、战略资源与稀缺资源的种类和分布情况，妥善处理资源利用与发展的矛盾，并探索集约高效低碳的资源利用模式，探索跨区域资源的循环利用模式，构建资源型的社会经济体系、促进经济集约稳定增长、降低污染物排放强度、积极发展生态农业等。另外，生态资源的非竞争性和非排他性又决定了城市群应采用整体治理模式，因此要积极探索城市群生态一体化治理模式，构建生态综合治理网络体系，解决各地政府之间和政府内部各部门之间组织结构和行政职能协同的障碍，推进城市群形成跨区域的政府、市场和公民协同治理模式。

四是培育人与自然和谐关系意识，推行绿色生活方式。意识形态能影响城市群的发展方式和居民的生活方式，构建黄河流域人与自然耦合协调关系需要政府部门、生产主体和居民个人树立人与自然和谐共生理念，引导绿色生态文化与绿色发展理念成为流域内的主流价值观。要推进黄河流域城市群以建立绿色生活方式为目标，形成资源节约与生态保护的意识，并改变资源利用方式。绿色生活方式包含了人们对于美好生活的物质需求和精神需求两个方面，且对生态产品以及美好环境的需求不断提高。黄河流域城市群要不断提高优质生态产品的供给能力、提高公共产品供给能力来满足人们新的需求，如公共出行、生态旅游、康养产品等，并在培育居民形成绿色生活方式的过程中强化居民的生态环境保护和绿色发展意识。另外，还需要加大对环境破坏的惩罚力度来约束企业生产行为，完善奖励机制来引导流域内企业形成绿色生产方式，推动财政政策、税收政策与金融政策共同发力来解决黄河流域的生态问题。多视角、多方案、多路径为黄河流域城市群高质量发展奠定坚实的社会基础。

参考文献

董会忠、韩沅刚：《复合生态系统下城市高质量发展时空演化及驱动因素研究——以黄河流域 7 大城市群为例》，《人文地理》2021 年第 6 期。

樊杰、王亚飞、王怡轩：《基于地理单元的区域高质量发展研究——兼论黄河流域同长江流域发展的条件差异及重点》，《经济地理》2020 年第 1 期。

刘建国、Thomas Dietz、Stephen R. Carpenter 等：《人类与自然耦合系统》，《AMBIO-人类环境杂志》2007 年第 8 期。

秦华、任保平：《黄河流域城市群高质量发展的目标及其实现路径》，《经济与管理评论》2021 年第 6 期。

盛广耀：《黄河流域城市群高质量发展的基本逻辑与推进策略》，《中州学刊》2020 年第 7 期。

张贡生：《黄河流域生态保护和高质量发展：内涵与路径》，《哈尔滨工业大学学报》（社会科学版）2020 年第 5 期。

中共中央宣传部：《习近平总书记系列重要讲话读本》，人民出版社，2014。

B.16
松嫩平原山水林田湖草沙一体化保护和修复
——以黑龙江省西部都市区为例

储诚山　王新春　苏　航*

摘　要： 松嫩平原黑土地资源丰富，沼泽湿地面积广，草场集中，畜牧业发达。位于松嫩平原西部的黑龙江省齐齐哈尔市和大庆市，占松嫩平原总面积的35.79%，该区域目前存在黑土地质量持续下降、耕地水土流失严重、水环境质量不稳、历史遗留废弃矿山多、湿地面积锐减等生态环境问题。通过采取黑土地资源保护、林草保护和修复、水资源保护和综合利用、水环境治理和水生态修复工程、矿山生态修复、生物多样性保护、能力建设和体制机制创新等七大类技术措施，布局相应的工程项目，对该区域实施山水林田湖草沙一体化保护和修复，可为松嫩平原开展相关生态保护修复工作提供样板和典范。

关键词： 松嫩平原　生态保护　黑龙江省

松嫩平原位于大、小兴安岭与长白山脉及松辽分水岭之间的松辽盆地的中部区域，由松花江和嫩江冲积而成，面积约18万平方千米，占东北平原面积一半以上。松嫩平原有耕地5.59万平方千米，土质肥沃，典型黑土、

* 储诚山，天津社会科学院城市经济研究所、天津市中国特色社会主义理论体系研究中心天津社会科学院基地副研究员，博士，主要研究方向为应用经济学和生态环境；王新春，中国城市经济学会教授级高级工程师，主要研究方向为生态保护修复；苏航，建筑材料工业技术情报研究所助理工程师，主要研究方向为水污染治理。

黑钙土占60%以上，是我国东北黑土地的主要分布区。同时，松嫩平原沼泽湿地面积广，嫩江下游尤其普遍，肇州、安达、杜尔伯特之间为大片湿地分布区，南北长 170~180 千米，东西宽 50~60 千米，其他各处也有湿地零星分布。此外，松嫩平原草场集中，畜牧业发达，地下石油资源丰富。

松嫩平原在黑龙江省境内面积约 10.3 万平方千米，占全省总面积的 21.6%。松嫩平原在黑龙江省西部区域主要包括齐齐哈尔市和大庆市两大都市区，该区域生态功能非常重要：一是作为国家级农产品提供区和国家商品粮基地，黑土地资源丰富，拥有黑龙江省 1/6 的典型黑土耕地资源，粮食产量占黑龙江省的 1/5，占全国的 1/50，对保障我国粮食安全具有“压舱石”和“稳压器”作用；二是其属于松嫩平原生物多样性保护与洪水调蓄功能区和生物多样性保护优先区域，有蜚声中外的扎龙湿地，是国际候鸟迁徙地和丹顶鹤的故乡；三是处于半干旱与半湿润的过渡区，是欧亚草原的最东缘，是阻挡科尔沁沙地和呼伦贝尔沙地东侵的前沿，对保障东北地区生态安全具有十分重要的战略地位；四是作为我国重要的能源基地，截至 2021 年底，大庆油田为我国累计贡献了 24.63 亿吨石油，占我国陆上同期石油产量的近 40%。

然而，该区域黑土地耕地利用规模超出生态保护容量，出现持续退化问题，侵蚀沟等水土流失问题居全国商品粮基地之最，且土地沙化、盐渍化威胁仍在；同时，在过去 30 多年里，天然草原、天然湿地平均每年减少 18312 公顷和 3359 公顷，区域生态功能退化严重，威胁国家粮食安全和生态安全，迫切需要开展山水林田湖草沙一体化保护修复和治理。

一　黑龙江省松嫩平原西部都市区基本概况

黑龙江省松嫩平原西部都市区为齐齐哈尔市和大庆市，该区域黑土地和湿地资源丰富，是我国重要的商品粮基地和农产品提供区、生物多样性保护区和重要的能源基地。该区域面积占全省的 13.62%，地区生产总值占全省的 25.84%，在全省具有重要的社会和经济地位。

（一）社会和经济地位重要

黑龙江省松嫩平原西部都市区包括齐齐哈尔市（又称鹤城）和大庆市两个地级市。其中，齐齐哈尔市辖16个县（市、区），即龙沙区、建华区、铁锋区、昂昂溪区、富拉尔基区、碾子山区、梅里斯达斡尔族区、讷河市、龙江县、依安县、泰来县、甘南县、富裕县、克山县、克东县、拜泉县，总面积42256平方千米，常住人口总数407万人，2021年地区生产总值为1225亿元；大庆市辖5区4县，分别是萨尔图区、龙凤区、让胡路区、红岗区、大同区、肇州县、肇源县、林甸县、杜尔伯特蒙古族自治县，总面积22161平方千米，常住人口总数278万人，2021年地区生产总值为2620亿元。

齐齐哈尔和大庆两地市总面积64417平方千米，占全省总面积的13.62%，占松嫩平原总面积的35.79%；两地市常住人口685万人，占全省总人口的21.92%；两地市2021年地区生产总值为3845亿元，占全省地区生产总值的25.84%。该区域在全省具有重要的社会和经济地位。

（二）水资源时空分布不均

本区域属于嫩江流域，嫩江主流纵贯南北，河流水系众多。境内嫩江右岸支流发源于大兴安岭东侧，水系发达，水量较大，主要河流有诺敏河、阿伦河、音河、雅鲁河、绰尔河，嫩江左岸支流发源于小兴安岭西侧，少而且较短，水量也较小，主要有讷谟尔河、乌裕尔河、双阳河。嫩江干流左岸南部地区多汇聚于各自集水区内形成闭流集水区，乌裕尔河和双阳河下游成为无尾河，漫流至平原中部和南部地区，形成以扎龙湿地为主体、星罗棋布的泡沼群，湖泡主要集中于杜蒙县，以连环湖、大龙虎泡闻名。

本区域水资源总量为59亿立方米，水资源空间、时间分布不均，径流年内年际分配差异较大，冬季封冻期长达4~6个月，7~9月河川径流占全年径流量的60%~80%，年际丰枯水变幅也较大，并具有连丰连枯、丰枯交替出现的特点。

（三）黑土地资源丰富

黑土地是本区域特有的资源禀赋和特色亮点。“中国黑土在龙江，龙江黑土看鹤城。”本区域地处东北黑土区的核心区域（讷河市、拜泉县、克东县、克山县、依安县、富裕县为主要黑土分布区），拥有153.33万公顷典型黑土、黑钙土宜农耕作区域，粮食综合生产能力稳定在250亿斤以上，粮食产量占黑龙江省的1/5，占全国的1/50，是名副其实的粮食安全的“压舱石”，乡村振兴的“硬支撑”。

（四）湿地资源富集

本区域湿地资源富集，湿地类型多样。湿地主要分布在松嫩平原的西南部、嫩江沿岸及乌裕尔河下游地区，是鹤类等珍稀水禽重要的繁殖栖息地和迁徙停歇地。其中，扎龙自然保护区是世界上最大的丹顶鹤繁殖地，也是世界上最大的芦苇湿地，被列入中国首批“国际重要湿地名录”。扎龙自然保护区有高等植物67科468种，草本植物占绝大多数；有鱼类46种、两栖类6种、爬行类2种、兽类21种、鸟类269种，以鹤的种类多、数量多为突出特色，占全世界鹤类种类的40%，丹顶鹤种群数量占世界丹顶鹤野外总数的1/5。

二　黑龙江省松嫩平原西部都市区存在的生态环境问题

该区域自然湿地保护面临全国共性和典型性问题，突出表现为湿地上游坡耕地严重的水土流失，湿地周边遭围垦，水资源被侵占，农业面源污染和水环境污染等，致使自然湿地缩减，湿地功能显著退化，生物多样性减少和流失严重，威胁区域生态安全和粮食安全。

（一）黑土地质量持续下降，生态功能退化

本区域有4600万亩黑土地耕地，其中，中厚层黏壤质典型黑土和黑钙

土耕地面积2300万亩，占黑龙江省典型黑土耕地面积的1/6。但由于不合理的开发和耕作模式，耕地长期高强度、超负荷利用，农田生态和土壤生态功能退化，脆弱性严重，不得不依靠增大农业投入品施用量，才能维持稳产高产。突出表现在以下两个方面：一是变薄变瘦，地力持续下降。耕作层变薄，同垦殖初期相比，耕层厚度平均下降10~20厘米；土壤养分失衡，土壤有机质含量大幅减少，黑土地有机质含量由5%~7%平均下降到2%~3%，降幅达50%~60%。二是变硬变僵，农药和化肥的过量使用，造成土壤板结；土壤生态系统受损，自我康复能力变差；土壤团粒结构遭到破坏，土壤物理性能逆向发展，透水性、蓄水性能差，土壤"水库"的"库容"变小，少雨时不抗旱、多雨时不抗涝。

（二）耕地水土流失严重，侵蚀沟问题突出

根据《2019年黑龙江省水土保持公报》，本区域水土流失总面积为18722平方千米，水土流失率为34.84%，其中克东县和拜泉县黑土核心区水土流失面积为4092平方千米，水土流失率为46.15%，与国际先进水平相差近40个百分点。近几十年以来，主要受人类不合理生产经营活动的影响，加之土壤、气候、地形地貌等自然因素影响，水蚀、重力侵蚀和冻融侵蚀的复合作用，加剧了侵蚀沟发展，东北黑土地地区成为我国粮食主产区中水土流失最为严重的地区。

侵蚀沟是东北黑土区水土流失的集中表现形式之一，齐齐哈尔市侵蚀沟主要分布在东北黑土地核心区的克山县、克东县、拜泉县、依安县和讷河市等低山丘陵和漫川漫岗地区，分布广、数量多，规模以上（长度100~5000米）侵蚀沟共16298条，占地面积2022平方千米，占我国东北地区黑土地侵蚀沟总面积的55.64%。过度开垦坡地、砍伐森林、采石、开挖等基建活动及城市用地面积增加、土地超载等，是造成沟蚀的重要原因。随着人口不断增加和粮食需求的增长，耕地迅速向陡坡扩展，坡面植被的破坏加剧，具有拦蓄涵养水源作用的林地面积急剧减少，造成耕地侵蚀沟问题加剧。耕地侵蚀情况参见图1。

图1　漫川漫岗坡耕地侵蚀沟

（三）次生盐渍化问题突出，荒漠化威胁尚在

松嫩平原地处半干旱区与半湿润过渡区，拥有中国面积最大的苏打盐碱地，是世界三大苏打盐碱地分布区之一。本区域西部地区盐渍化和沙化威胁仍比较严重。低海拔平原内，盐渍化土地主要分布在肇源、杜蒙和林甸等县的耕地和草地上，同时，在泰来沙地、杜蒙沙地等沙地中间的风蚀洼地上也有分布，总面积为3.73万公顷。双阳河、乌裕尔河下游洪泛区沼泽湿地属于典型的内陆盐碱沼泽湿地类型，面积达1万平方千米，另外，在泰来县和杜尔伯特蒙古族自治县还存在南山泡、连环湖、大龙虎泡等8处及单个面积超过10平方千米、总面积共812平方千米的微盐水湖泡水域。

（四）水污染物排放大，水环境质量不稳定

“十三五”期间，本区域在水质提升方面做了很多工作。但目前，嫩江干流部分断面不能稳定达标，丰水期存在高锰酸盐指数超标情况；扎龙湿地上游的乌裕尔河、双阳河水质长期达不到水功能区要求，在枯水期易出现劣V类；扎龙湿地目前水质为地表水V类标准，超标的污染物有高锰酸钾指数、五日生化需氧量和总磷等指标，水体普遍呈富营养化。2020年区域内国控断面水质情况如图2所示。

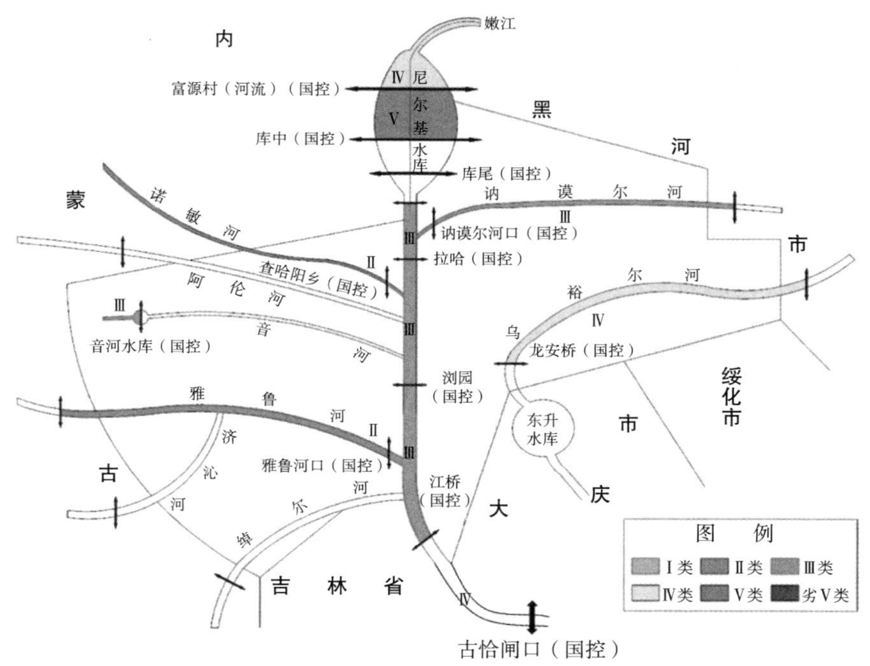

图2　2020年区域内地表水国控监测断面及水体水质类别示意

影响本地区水环境不能稳定达标的主要原因有以下几方面。一是农业面源污染严重。农业种植过程中会使用大量农药、化肥，而流域降水量高度集中在6~9月，与农业生产活动具有同期性，加大了农田径流污染负荷量。二是城镇污水收集和处理设施存在短板。齐齐哈尔市污水处理能力为43.5万吨/日，随着

城市发展和污水收集能力的逐步提升，中心城区、讷河市等部分城市污水处理能力和处理深度逐显不足。三是农村生活污水处理尚处于起步阶段。本地区内大部分乡镇和农村都没有污水处理设施，污水还处于原位处理阶段。

（五）历史遗留废弃矿山点多面广，治理难度大

本区域历史遗留的废弃矿山点多面广，仅在齐齐哈尔市就有 895 座。与全国其他地区类似，本区域矿产开发总体上比较传统粗放，土地损毁、生态破坏降低了区域水源涵养能力，矿山开采造成的生态破坏点多、量大、面广，生态修复任务非常重。

（六）自然湿地面积锐减，湿地管护能力弱

湿地作为“地球之肾”，受周边过度围垦、水土流失、生产和生活源污染的严重影响。仅齐齐哈尔市，自 1986 年以来自然湿地面积减少 1142 平方千米，同时现有自然湿地面临补水不足，上游水土流失造成湿地淤塞、周边农业面源污染汇聚等，严重威胁湿地生态环境和生物多样性。

自然湿地监测监管体系不健全，湿地保护率仅为 45%，低于全国平均水平。湿地管护能力弱主要表现在以下三个方面：一是在湿地管理方面，湿地保护管理层级不高，长期处于边缘化地位，缺乏有效的统筹协调机制，管理体系碎片化严重；二是监测体系建设薄弱，监测管理方式仍停留在“人防”阶段，缺乏现代化生态监测执法手段；三是自然资源基础数据库及统计分析平台缺失，自然湿地资源、植被、气候、生态、土壤等保护区本底资源数据自 1976 年调查以后一直没有更新，由于家底不清和资源动态变化不能及时掌握，干扰了保护方向的确定，不利于全面保护、分区施策的保护措施的实施。

三　生态保护修复技术路线与工程布局

（一）技术路线

针对黑龙江省西部松嫩平原存在的突出生态环境问题，按照以节约优

先、保护优先、自然恢复为主的方针，因地制宜，采取黑土地资源保护、林草保护和修复、水资源保护和综合利用、水环境治理和水生态修复、矿山生态修复、生物多样性保护、能力建设和体制机制创新等七大类技术措施，并布局相应的子项目开展一体化保护和修复。

1. 黑土地资源保护

以黑土地不退化、不减少和永续利用为目标，开展黑土地质量提升、侵蚀沟治理、盐渍化土地防治和风蚀土地防治，探索建立工程措施、生物措施和社会措施结合的综合防治体系，促进全域协同推进工作，坚决遏制黑土地有机质减量、侵蚀沟和荒漠化发展，筑牢黑土地保护根基。

第一，综合治理侵蚀沟。根据地形地貌特点和侵蚀特性，分区布防，分类防治，全沟治理，加强运维管护和技术支撑，开展群防群治和体制机制创新，重点治理正处于发展阶段的侵蚀沟。

第二，提升黑土地质量。按照工程与生物、农机与农艺、用地与养地、保护与利用相结合的原则，结合水土流失综合治理，采用秸秆还田、深松整地、增施有机肥、轮作轮耕等关键技术措施，打通畜禽养殖资源化的“最后一千米”，改善黑土地耕地内在质量、设施条件和生态环境，探索黑土地有效保护模式，打造土壤肥沃、生态良好、设施配套、信息智能、产能稳定的黑土地保护示范商品粮基地。

第三，治理修复盐渍化土地。盐碱土资源应以发展牧业为宜，适当安排一定面积的农业生产基地和林业用地，中、重度盐碱耕地有计划的退耕还草，发展牧业。对不能退耕还草的耕地，以防治土壤次生盐渍化为重点，坚持以治理为主、防治结合的原则，以水利措施为主，因害设防，因地施治。

第四，防治风蚀沙化土地。根据风蚀程度开展治理。对风蚀程度严重的地区，坚持以治理为主、防治结合的原则，以植物措施为主、农业技术措施与水利措施并举，增加林草覆盖率，大力营造防风固沙林，灌溉草原和农田，保持土壤湿度，减少风蚀。对风蚀程度中度地区，采取以预防为主、防治结合的原则，以植物与农业技术措施为主、水利措施为辅，严禁滥垦草原和开垦沙荒；保护改良天然草场；营造防护林带和薪炭林，防风固土；深松耕，增肥改土，增强抗蚀能力。

2. 林草保护和修复

坚持保护和利用相结合，按照宜林则林、宜灌则灌、宜草则草原则，提高林草覆盖率和生态服务功能，推进草场保护和生态修复。

第一，开展森林带和生态廊道建设。重点开展天然林、天然草原保护及生态公益林建设，结合“三北防护林六期”和“东北森林带保护”任务，优化完善防风林网，构筑典型黑土区保护修复单元讷河市-富裕县森林生态廊道。改良林分结构，提高森林和草原生态功能。完善主要道路、河道两侧、田间的生态廊道，采用多样复合的绿化模式建设乔、灌、草立体复层的生态林带，提高林带对农用地的生态服务功能。

第二，推进草原保护和退化草场修复。发展畜牧业要坚持以草定畜，根据草场承载能力适度放牧，禁止过度放牧，推进草场轮牧制度，对轮牧期内的草场实施禁牧。对具有重要生态功能的草原，采取禁垦、禁采、禁牧，实行严格保护，对已经开发利用的要退耕退牧，开展人工育草。建立完善的排灌体系，抑制草原碱化、退化。

3. 水资源保护和综合利用

以提高水资源承载力为目标，按照节约优先的原则，合理配置水资源，加强河湖泡库连通骨干工程建设，保障盐碱区生态供水和排水安全、粮食生产区供水安全，保障湿地和草原生态用水量，改善黑土地盐渍化状况，提高黑土地生态功能，保障天然湿地生态用水安全。

第一，强化饮用水水源地保护措施。对嫩江沿线污水处理设施提高管网覆盖率和提标改造。设立保护区标志、拆迁违法建筑等，强化乡镇村饮用水水源保护措施，提高饮用水水源水质达标率，对集中式饮用水源保护区内的居民进行生态移民搬迁，对迁出地进行生态恢复。

第二，营造水源涵养林。在水源地保护区、水源涵养区营造水源涵养林，提高水源涵养能力。在江、河岸边建设岸坡防护林带，构建生态屏障，阻隔污染物进入江河水体，在河道漫滩区，恢复滩涂植被，提高水净化能力。最终形成江河沿岸生态屏障，提高水源的涵养能力、自净化能力，恢复水域生态系统功能。

第三，推进河湖泡库水系连通。有序推进“河、湖、泡、库”水系连通，优化配置区域内水资源，改善水环境，修复连环湖、南部水库、胖头泡、八家河、安肇新河、松花江生态渠道，打通河、湖、水泡、湿地连通通道，发挥涝区水利措施对土地盐碱地治理功能，建立自然湿地补水生态廊道。对淤塞严重的渠道和湖库进行生态清淤，畅通引水和排水渠道，提高湖库蓄水能力，使水存得住、排得出。

第四，加强江河湖库水量调度管理。完善水量调度方案，采取闸坝联合调度、生态补水等措施，合理安排下泄水量和泄流时段，维持河湖基本生态用水需求，逐步加强乌裕尔河、双阳河等河流枯水期生态基流保障。

第五，建设完善生态护岸。综合考虑河道水文特性、生态、地形条件等因素，留足行洪断面，因地制宜采用复合式、宽浅式、斜坡式等断面型式，尽可能采取植物护坡，护坡植被优先选用本地物种。改造硬质护岸，将不合理的硬质护岸改造成生态护岸。

4. 水环境治理和水生态修复

以保护嫩江以及乌裕尔河和双阳河等主要支流水质安全为目标，按照“源头减排、过程控制、末端治理”原则，加强水环境治理，加强工业、农业、城乡生活等污染源控制，提高城镇污水、垃圾处理水平，严格控制入河、湖排污总量，落实污染物达标排放；开展水污染综合整治和水生态修复，重点改善乌裕尔河流域水环境质量，保证扎龙湿地和饮用水的水质安全。

第一，推进城镇、农村生活污水治理。开展老城区污水管网改造，优先推进城中村和城乡接合部污水截流、收集、纳管。实施市、县城区的雨污合流制管网分流改造，分设雨水和污水两个管渠系统。加强城镇污水收集处理设施建设，完成已建污水处理厂扩建、升级改造，确保城区、各乡镇、园区污水处理设施的全覆盖，污水厂尾水排放标准基本稳定为一级 A；远期结合国家相关政策的要求，适时启动污水厂的提标改造，对尾水进行深度处理，削减污染物排放量，满足嫩江水源水质保护要求。推进排污口综合整治，按照“一口一策、分类处置”的方法，对偷设、私设的排污口和暗管进行封堵。农村生活污水收集处理，以县级行政区域为单元，实行农村污水处理统一规划、统一建设、统一管理，对城镇周边重点村、有条件的地区积极推进城镇污水处理设施和服务向农村延伸。

第二，优化城镇、农村垃圾集中处理。优化生活垃圾的处理处置方式，在村镇推广垃圾焚烧的处置技术，形成以垃圾焚烧发电为主、卫生填埋为辅的垃圾处理工艺技术路线。合理布局垃圾处理设施，建设城镇垃圾中转站、垃圾填埋场，垃圾填埋场必须配套污水处理设施，强化对于渗滤液的收集处理。落实“以奖促治”“以奖代补”政策，实施农村清洁工程，科学确定不同地区农村垃圾收集、转运和处理模式，因地制宜推行卫生填埋、焚烧、堆肥或沼气处理等方式，建立农村垃圾收集处理体系。

第三，加强畜禽养殖污染治理。按照“预防为主、防治结合、统筹规划、合理布局、综合利用”的原则，进一步加强规模化畜禽养殖场污染治理工作，保障生态环境安全和畜禽养殖业健康发展。对规模以下养殖场（户），禁止粪污未经资源化、无害化处理后直接排放，积极开展畜禽养殖污染物治理，削减污染物排放总量，实现全处理、资源化利用。因地制宜推广畜禽粪污综合利用技术模式，规范和引导畜禽养殖场做好养殖废弃物资源化利用，推进畜禽养殖业主与种植业主之间的有效链接。支持鼓励农业企业、服务组织采取市场化机制牵头开展县域有机肥加工、养殖粪污资源化利用。

第四，增强污染水体治理及生态修复。以污染严重的河段为重点，主要采取截污控源、内源治理、生态修复等综合性措施，实施污染水体修复，解决区内城乡黑臭水体污染问题。对河道沿岸排污口开展集中整治，统一截污纳管，从源头切断污染源。采用植物与工程措施相结合的方法构建生态护岸和岸坡生态植被缓冲带，在满足安全防护功能的前提下，通过生态植被缓冲带净化水体，增强河道自净能力。

5. 矿山生态修复

按照“一矿一案”和近自然修复原则，综合治理历史遗留矿山，通过开展地形地貌重塑、生态植被重建，推进矿山生态环境恢复，逐步恢复矿区所在地生态系统服务功能，对新设立和现有矿山执行绿色矿山标准建设，提高区域西部山地丘陵区防沙屏障功能。

矿山生态修复措施主要针对渣堆压占损毁土地、破坏耕地、水土污染、次生灾害等，根据“宜耕则耕、宜林则林、宜园则园、宜水则水”的原则，因地制宜，恢复生态环境。对区内历史遗留无主矿山（采石场）采取工程与生物措施相结合的方式恢复损毁土地使用功能，实现对土地资源的再利用。同时在矿山修复过程中，与周边生态环境相结合，对有条件的区域考虑与后期规划相衔接，实现废弃矿山资源化。

6. 生物多样性保护

重点围绕松嫩平原生物多样性保护优先区域，构筑生物多样性保护网络，共建万物和谐的美丽世界。

第一，加强湿地保护和修复。重点加强自然湿地、国家和地方重要湿地的保护与修复，积极推进退耕还湿、退耕还草，湿地保护区核心区逐步实现退出生产活动，生态红线以内的被开垦土地全部实施退耕还湿。模拟自然生态水系的周期变化，修复河湖连通性，使湿地保持较好的水质，形成水流内部水循环系统，提高水质的交换能力。对阻水严重或影响湿地水流的公路、乡道要采取改建措施，扩大或增加桥涵，打通湿地内阻碍水流或大型湖泊修建的堤坝围堰等，保护鱼类资源，修复水禽食物链。

第二，加大已批复的自然保护区（小区）管理和建设力度。完善保护区的结构和布局，使生物栖息地和物种得到全面的保护。重点建设一批森林公园、天然林保护区、生物多样性保育区，强化野生动植物保护，维持和改善物种栖息地生态环境，保护生物多样性，提高生态系统稳定性。

第三，建立全域生物多样性保护体系。重点加强国家重点保护和珍稀濒危野生动植物及其栖息地的保护修复，开展扎龙湿地、林甸县连环湖、肇源胖头泡、肇源嫩江—松花江沿江湿地、龙沙区氧化塘等湿地生态系统保护修复工程，整体提高湿地保护率。健全湿地保护区体系，落实湿地面积总量管控，确保湿地面积不减少。完善湿地和生物多样性资源调查监测、科普宣教和技术培训体系，构建湿地和生物多样性监测、评估和预警平台。

第四，完善生物多样性保护机制，构建协同推进工作格局。重点围绕扎龙

国家级湿地开展跨市、跨县区湿地保护修复合作。构建部门间生物多样性协同保护推进机制，落实林业、农业农村、水利、自然资源、生态环境等部门主体责任。鼓励和支持企业积极关注并参与保护生物多样性的行动，探索企业进行生物多样性友好型生产经营活动的办法与途径，引导企业参与生物多样性保护，推动企业的绿色发展转型，从多个渠道减缓物种与生态系统的压力和风险。

7. 能力建设和体制机制创新

围绕湿地面积不减少、湿地保护率和生态功能稳定提高的要求，开展自然湿地保护、生物多样性调查、生态状况监测、全域黑土地整治等四大能力建设和体制机制创新体系。

第一，推动自然湿地保护能力建设。一是加强分类分级保护，推动以扎龙为主的松嫩鹤乡国家公园建设，推动省级重要湿地升级为国家级，推动一般湿地升级为省级重要湿地或湿地自然公园。二是重点围绕扎龙国家级湿地、乌裕尔河国家级湿地，开展上下游跨县区湿地保护修复合作，协调治理水土流失、农村污水防治、养殖、农业面源污染和生态补水，提高湿地保护修复的系统性和整体性。三是围绕湿地周边，按照“人防”+“技防”的结合模式，在人类活动胁迫交界地区开展周边勘界立标和巡护，建设“数字林草”大数据系统，提高现代化保护能力，筑牢湿地周边防护圈。四是研究建立湿地管理委员会/中心，进一步加强组织保障、人员保障和经费保障，统筹各类型湿地及周边的综合管理。

第二，开展嫩江流域生物多样性调查、观测和评估。一是开展嫩江流域维管束植物、脊椎动物和主要真菌、昆虫等物种多样性的调查和观测，建立物种标本数据库和编目系统。二是开展嫩江流域森林、湿地、草原和沙地生态系统多样性调查和观测，以及其生态系统结构、生态功能与生态服务跟踪监测，建立生态系统数据库和编目系统。三是开展嫩江流域重要经济、生态物种基因多样性调查，建立重点物种遗传资源数据库和信息系统。四是开展嫩江流域生物多样性评估，结合卫星遥感和无人机技术，建设嫩江流域生物多样性观测和预警信息平台，分析生物多样性保护现状及存在的问题，发布综合评估报告，并提出生物多样性保护的对策建议。

第三，实施生态安全调查评价与生态保护修复效果监测评估。一是开展松嫩平原西部区域的生态环境调查，掌握区域生态功能定位、自然生态地理状况、社会经济状况等。二是进行区域生态问题的识别诊断，对区域生态环境安全性进行评价。三是开展黑土区耕地数量、质量调查和监测，对黑土耕地利用现状、数量质量生态变化情况和发展趋势进行科学评估，完善土地调查监测体系和耕地质量监测网络，建立统一的黑土区耕地大数据平台和监测监管平台，实现黑土耕地的动态监测、可视化管理和智能化决策。四是利用遥感、自动监测、实地调查、公众访谈等方式开展生态保护修复工程全过程动态监测和生态风险评估。

第四，创新黑土地生态保护和修复长效机制建设。围绕黑土地不减少、不退化、永续利用目标，保障生态安全和粮食安全的双重功能，开展国土综合整治，优化森林草原湿地生态空间格局和质量数量，稳步扩大国家重点生态功能区范围和提高质量。留足农田生态空间，健全耕地休耕轮作制度，统筹推进黑土区生态保护修复、绿色农业生产和水资源开发利用，遏制超规模、超强度的不合理开发，确定黑土耕地“数量+质量+生态保护”目标任务，科学设定黑土耕地开发利用“阈值”。建立黑土资源保护补偿基金，加大保护性投入，完善用地养地机制，支持水土流失防治和土壤质量保护，加快形成黑土区高质量发展、国土空间开发保护新格局。

（二）工程布局

根据本区域面临的生态环境问题和主要危害，以相对完整的自然地理单元为基础，结合行政区域，根据现状调查、问题识别与分析结果、制定的保护修复目标，将工程区划分为 5 个保护修复单元，即扎龙湿地上游漫川漫岗区保护修复单元、扎龙湿地上游平原区保护修复单元、中南部平原嫩江干流水生态和水环境保护修复单元、西部低山丘陵林草湿保护修复单元、北部讷谟尔河流域保护修复单元。

按照自然恢复为主、节约优先、保护优先的原则，因地制宜采取七大类主要技术措施，在五大单元内实施 24 个子项目，总投资为 23 亿元，主要工程绩效为：生态保护修复 116868 公顷，生态修复矿山 570 公顷，湿地修复面积 370 公顷，河道岸堤修复长度 83 千米，水环境治理面积 43996 公顷，退化草地修复面积 314 公顷，土地综合整治面积 800 公顷，治理侵蚀沟 1894 条，耕地质量提升面积 16000 公顷。

四 结语与展望

黑龙江省松嫩平原西部都市区的自然资源特征、生态服务功能以及存在的生态环境问题，是整个松嫩平原的典型代表。对该区域山水林田湖草沙一体化保护修复和治理的技术路线，可为松嫩平原其他区域开展相关工作提供样板和示范作用。在该区域开展生态保护修复工程，是构筑生态屏障和粮食安全的重要保障，有效遏制了区域生态功能退化，是区域经济可持续发展和绿色转型的重要推动力。

该区域实施水林田湖草沙一体化保护和修复后，将进一步完善由湿地、森林、草原、水体构成的生态防护体系，改善湿地、草地和林地生态环境，促进生态系统生态功能恢复。嫩江、乌裕尔河和双阳河水质进一步好转，流域水环境质量将得到显著改善，境内考核断面水质达标率稳步提升，乌裕尔河龙安桥断面水质由现状Ⅴ~Ⅳ类逐步改善到Ⅳ~Ⅲ类，河流生态系统退化得到有效控制并逐步恢复其生态功能。野生动植物栖息、繁衍生存环境将进一步得到改善，生态多样性、生物物种多样性、遗传多样性将得到有效保护。耕地土壤有机质含量年平均提高 0.3 个百分点以上，土壤有机质恢复提升明显，土壤稳产保水保肥抗灾能力显著提高，有效遏制黑土地退化，改善黑土区生态环境，并实现以绿色发展引领乡村振兴。

参考文献

储诚山、刘伯霞：《陕西黄土高原生态环境问题及生态保护修复》，《研究开发》

2019 年第 5 期。

《齐齐哈尔市（本级）退牧还草工程建设总体规划（2016~2025 年）》，齐齐哈尔市林业和草原局，2016。

储诚山、侯小菲：《城市黑臭水体治理及运行维护的长效机制研究》，《经济研究导刊》2019 年第 29 期。

于成龙、刘丹：《扎龙湿地研究进展》，《湿地科学与管理》2019 年第 3 期。

社会文化篇

Social Culture Chapters

B.17

以城市群建设为抓手统筹缩小三大差距，扎实推动共同富裕

公丕萍*

摘　要： 共同富裕是中国特色社会主义的本质要求，是中国式现代化的重要特征。城市群作为区域经济发展的动力引擎、新型城镇化的主体形态和扩大中等收入人口规模的重要载体，在缩小地区差距、城乡差距和收入差距方面可发挥重要作用。未来，应加快破解城市群建设面临的突出瓶颈问题，做好城市群一体化发展、优化城市群空间布局、提升城镇化质量、强化城乡融合发展带动、加强试点示范和城市群协同联动等五方面工作，以城市群建设为抓手有效统筹缩小三大差距，加快推动实现共同富裕目标。

关键词： 城市群　共同富裕　三大差距

---

* 公丕萍，国家发展改革委国土开发与地区经济研究所（区域发展战略研究中心）副研究员，博士，主要研究方向为区域发展战略、“一带一路”建设。

共同富裕是中国特色社会主义的本质要求，是中国式现代化的重要特征。但当前，我国发展不平衡、不充分问题仍然突出，城乡区域发展和收入分配差距较大，这成为扎实推动共同富裕亟须解决的重点和难点问题。而我国幅员辽阔、人口众多，且不同地区之间、城乡之间推动共同富裕的基础和条件不尽相同，找准统筹缩小地区差距、城乡差距、收入差距的关键抓手，对于更快更好推动实现共同富裕具有重大意义。随着我国经济发展的空间结构发生深刻变化，中心城市和城市群作为承载发展要素的主要空间形式、城乡区域高质量发展的重要增长引擎，是统筹缩小三大差距、扎实有序推动共同富裕的关键着力点。

一 城市群建设在推进共同富裕中的地位及作用

缩小地区差距、城乡差距、收入差距，是扎实推动实现共同富裕的三大主攻方向，三者相互关联、相互交织、相互影响，须统筹谋划、系统推动。而城市群是区域经济发展的增长引擎、新型城镇化发展的主体形态以及扩大中等收入人口的前沿阵地，是有效兼顾效率与公平、统筹推动缩小三大差距的关键着力点，在促进实现共同富裕中占据重要地位。

（一）地区差距：城市群是区域经济发展重要增长极，对于做大区域经济发展“蛋糕”、最终缩小地区差距发挥重要作用

一直以来，我国区域发展不平衡、不充分问题突出，特别是四大板块地区发展差距明显，再叠加近年来南北经济发展差距有所扩大，成为我国高质量发展和实现共同富裕的瓶颈问题。而城市群作为重要增长极，是促进区域经济发展、优化区域经济布局、缩小区域发展差距的关键抓手。

从人均 GDP、人均一般公共财政收入等指标分析来看，近年来我国四大板块之间和东部地区内部省份之间差距依然较大，是全国省域经济整体发展差异的主要构成部分（见图 1）。从人均 GDP 来看，2001~2020 年，我国四大板块之间人均 GDP 差距对全国省际差距贡献度先增后降，大致维持在

48.0%左右，最高为2011年54.5%，至2020年为47.7%；东部地区内部人均GDP差距对全国省际差距贡献度先降后增，至2020年达到45.4%。从人均一般公共财政预算收入来看，2001~2020年，东部地区内部省份之间人均地方一般财政预算收入差距对全国省际差距贡献度始终高于56%，且2010年以来贡献度有所增加，至2020年为57.8%；四大板块之间差距贡献度普遍维持在32.5%~40.0%，对全国省域之间人均地方一般财政预算收入差距贡献也较高。与此同时，近年来我国经济发展总体呈现“南升北降”“南强北弱”发展态势，特别是在东部、西部地区内部表现尤为明显。东部地区的南北分化最为明显，近20年来东南片区无论是人均GDP的绝对值还是增速都优于东北片区；而西南片区随着交通这一主要限制因素得到改善，发展潜力加快释放，近10年人均GDP增长率高出西北片区4.5个百分点；南北方的差距同样体现在城市群层面，京津冀城市群在经济总量及增速、人均指标等方面明显落后于长三角、珠三角城市群。

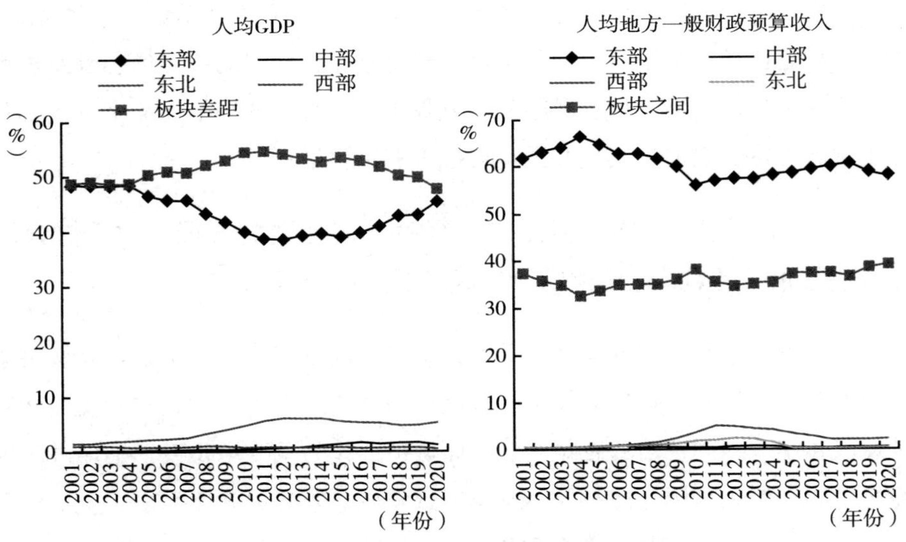

图1　2001~2020年四大板块之间及其内部省域之间人均GDP、人均地方一般财政预算收入差距贡献度

资料来源：根据国家统计局网站数据计算绘制。

地区差距在制约共同富裕的几类差距中占据基础性地位，其破解的根本路径是通过发展来提升整体区域发展水平，以此为基础有效兼顾缩小区域之间发展差距。2021 年 12 月 18 日，习近平总书记在中央经济工作会议上强调，实现共同富裕的目标，首先要通过全国人民共同奋斗把“蛋糕”做大做好，然后通过合理的制度安排正确处理增长和分配的关系，把“蛋糕”切好分好。而随着中心城市及城市群日益成为承载发展要素的主要空间形式，理应推动产业和人口向优势区域集中，形成以城市群为主要形态的增长动力源，进而带动经济总体效率提升。未来，应以城市群作为促进共同富裕的先行载体，通过强化城市群增长极作用，推动城市群内超大特大中心城市加快从极化阶段走向扩散阶段，有效辐射带动城市群内中小城市和县城发展，推动优化城市群生产、生活、生态空间布局，逐步形成多领域高度协调发展的区域经济体，最终实现全体人民共同富裕。

（二）城乡差距：城市群是推进城镇化发展的主体形态，是优化城镇化空间格局、促进城乡融合发展、缩小城乡收入差距的重要抓手

受城乡二元结构影响，我国城乡发展不平衡问题一直存在，城乡差距更是推动实现共同富裕亟须破解的重大难题。而城市群作为城镇化发展的主体形态，其高质量发展有助于优化城镇发展体系、促进城乡融合发展，在缩小城乡差距、促进城乡共同富裕方面能够发挥重要带动作用。

随着国家脱贫攻坚和农业农村改革发展的深入推进，近年来我国城乡居民相对收入差距持续缩小，但与国际水平相比仍处于较高水平，距离实现共同富裕的要求有较大差距。2002~2009 年，我国城乡居民人均可支配收入比一直维持在 3.0 以上的较高水平；2009 年以来，我国城乡居民人均可支配收入比开始逐年下降，2021 年为 2.50，较 2009 年降低 0.61，但总体仍与国际上 2.0 的标准存在一定差距（见图 2）。不同省域城乡居民收入差距存在明显不同，且经济发展落后地区城乡居民收入差距也较大。2021 年，甘肃、贵州、云南、青海、陕西、西藏 6 省区城乡居民收入比分别为 3.17、3.05、2.88、2.77、2.76、2.75，尚不及全国平均水平（见表 1）。从国际经验来

看，美、日、韩等发达国家城乡收入差距均经历了一个先扩大再缩小的过程，目前已经在较低水平趋向稳定；大多数发达国家的城乡居民收入比在1.25以下，部分发达国家城乡居民收入比小于1.0。通过对比可以发现，我国城乡居民收入差距依然远远高于发达国家一般水平，加快缩小城乡差距、促进城乡融合发展是当前扎实推动实现共同富裕目标的重要工作。

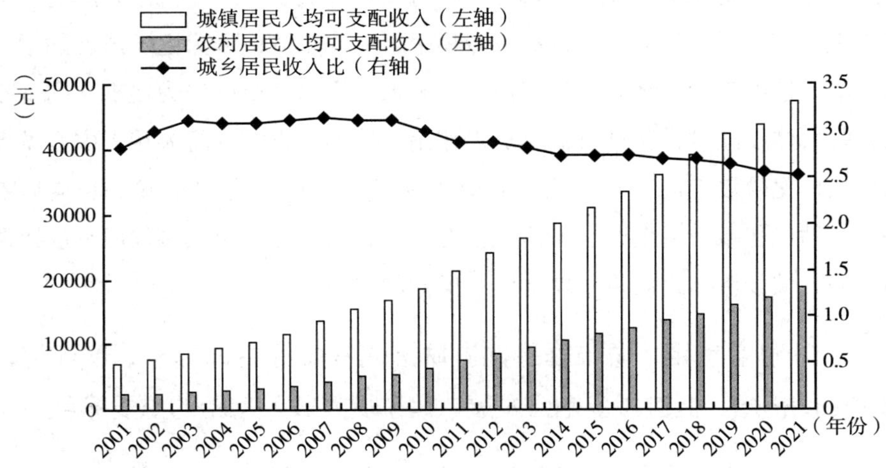

图2　2001~2021年城镇及农村居民收入和城乡居民收入比变化

资料来源：国家统计数据库。

表1　2021年全国及31个省区市城镇、农村居民收入和城乡居民收入比

地区	城镇居民人均可支配收入(元)	农村居民人均可支配收入(元)	城乡居民收入比	地区	城镇居民人均可支配收入(元)	农村居民人均可支配收入(元)	城乡居民收入比
北京	81518	33303	2.45	湖北	40278	18259	2.21
天津	51486	27955	1.84	湖南	44866	18295	2.45
河北	39791	18179	2.19	广东	54854	22306	2.46
山西	37433	15308	2.45	广西	38530	16363	2.35
内蒙古	44377	18337	2.42	海南	40213	18076	2.22
辽宁	43051	19217	2.24	重庆	43503	18100	2.40
吉林	35646	17642	2.02	四川	41444	17575	2.36

续表

地区	城镇居民人均可支配收入(元)	农村居民人均可支配收入(元)	城乡居民收入比	地区	城镇居民人均可支配收入(元)	农村居民人均可支配收入(元)	城乡居民收入比
黑龙江	33646	17889	1.88	贵州	39211	12856	3.05
上海	82429	38521	2.14	云南	40905	14197	2.88
江苏	57744	26791	2.16	西藏	46503	16932	2.75
浙江	68487	35247	1.94	陕西	40713	14745	2.76
安徽	43009	18372	2.34	甘肃	36187	11433	3.17
福建	51141	23229	2.20	青海	37745	13604	2.77
江西	41684	18684	2.23	宁夏	38291	15337	2.50
山东	47066	20794	2.26	新疆	37642	15575	2.42
河南	37095	17533	2.12	全国	47412	18931	2.50

资料来源：国家统计数据库。

而城市群日益成为新型城镇化的主体形态，在推动乡村振兴发展、促进城乡融合发展等方面发挥重要作用。相关研究表明，推进城镇化是改善城乡收入差距的重要途径，而提高城镇化质量的关键在于实现城乡协调发展。城市群作为城镇化高级发展阶段的空间形态，其本质是推动形成产业梯度体系和区域经济一体化。特别是在我国东部地区，部分城市群发展明显促进了区县经济发展，在提高经济发展水平的同时，也有助于缩小城乡差距。因此，为有效促进城乡融合发展、加快缩小城乡收入差距，应基于各地区比较优势，加快推动构建起大中小城市、小城镇协调发展的城镇化空间格局，重点强化城市群对城乡区域发展的带动作用，推动促进公共服务均等化，夯实城乡居民共同富裕基础。

（三）收入差距：城市群作为当前和未来我国人口特别是农业转移人口的主要载体，在扩大中等收入群体规模、缩小收入差距中占据重要地位

扩大中等收入群体规模和占比，有利于改善收入分配格局、缩小收入差距，是促进社会稳定发展、推动共同富裕取得实质性进展的重要手段。而城

市群集聚了全国绝大多数城镇常住人口，是扩大中等收入群体的主阵地，对实现共同富裕具有重大意义。

一方面，城市群集聚了绝大多数人口，其高质量发展可以直接有效推动中等收入群体规模扩大。国家“十四五”规划提出建设的19个城市群，以31.08%的国土面积集聚了全国80.48%的常住人口（2020年数据）、91.28%的GDP（2019年数据）。促进城市群产业转型升级，提升城市群发展质量，可以直接有效推动提高城市群部分人口收入，壮大中等收入群体规模。

另一方面，进城农民工、新市民等是中等收入群体的重要来源，加快推动这些群体迈入中等收入群体行列，是推动实现共同富裕的必要举措。2021年末，全国常住人口城镇化率达到64.72%、户籍人口城镇化率提高到46.7%，两者相差18个百分点，意味着我国仍有2.6亿农业转移人口、新市民等。结合人口流动规律可以判断，这些农业转移人口、新市民等有很大比例集中在城市群。此外，根据相关研究预测，到2035年、2050年我国城镇化水平有望达到75%~80%，其间新增城镇人口1.5亿~2亿人①，其中约80%将分布在19个城市群②。由于受户籍制度等因素限制，这些群体正在或将面临住房支出成本占比较高、各类保障条件不足、发展预期不稳定等突出问题，这极大地限制了上述群体的收入水平。未来，通过加快深化户籍制度改革，推进农业转移人口市民化，可以有效推动上述低收入群体迈进中等收入群体行列，是推动实现共同富裕目标的有效路径。

二　当前城市群在促进共同富裕方面面临四大瓶颈

我国城市群发展面临总体空间布局及发展不均衡、部分地区人口经济承

① 《城镇化下半程，县域空间巨大》，https：//baijiahao.baidu.com/s？id=1735357604550352401&wfr=spider&for=pc，最后检索时间：2022年7月29日。

② 《未来中国80%以上人口将分布在19个城市群》，https：//www.sohu.com/a/204130167_114731，最后检索时间：2022年7月29日。

载力不足、一体化发展体制机制不完善、城镇化质量不高等突出问题，直接制约并降低了城市群在推动缩小三大差距方面的功能和作用，对促进共同富裕的支撑带动作用有待进一步加强。

（一）全国层面城市群布局发展不完善，对缩小区域发展差距支撑带动不足

当前，我国城市群空间布局较不均衡，且不同板块地区城市群发展差异较大，限制了城市群建设对缩小区域发展差距作用的发挥。从空间布局来看，2019 年，在 19 个城市群中 GDP 占比超过 5%的有 8 个，其中 7 个分布在东中部地区，珠三角、长三角、长江中游 3 个城市群 GDP 占比更是高达 10%以上；而西部地区 GDP 占比超过 5%以上的只有成渝城市群，其余 8 个城市群的 GDP 及东北地区的辽中南、哈长城市群的 GDP 占比均不足 3%。从发展水平来看，19 个城市群的人口和经济承载力空间分布严重不均衡，从东部到中部、再到西部呈现依次递减的格局。长三角、珠三角等东部地区城市群发展水平要明显优于宁夏沿黄、辽中南等中西部及东北地区城市群发展水平。城市群创新能力差异更是显著，2019 年，61. 39%的专利产出来自长三角、珠三角、京津冀三大城市群。此外，由于缺乏有效统筹，不同城市群之间在功能定位、产业分工等方面也存在重复等问题，不利于城市群之间加强联动合作，限制了对区域经济发展的带动。

（二）部分城市群综合承载力偏低，对周边地区及城乡引擎带动作用不足

当前，我国城市群普遍存在人口密度不高、人均产出水平较低等问题，与世界级城市群差距明显。特别是，中西部和东北地区城市群人口和经济发展基础薄弱，城市群对区县经济发展的促进作用仍较弱，严重制约了对周边地区发展的辐射带动能力，难以有效带动城乡区域均衡发展。2020 年，黔中、关中平原、北部湾等 13 个城市群人口密度不足 500 人/平方千米，山西中部、滇中、哈长等 7 个城市群人口密度不足 300 人/平方千米，呼包鄂榆、

天山北部 2 个城市群更是不足 100 人/平方千米，且粤闽浙沿海、北部湾、山西中部、黔中、呼包鄂榆、兰西、宁夏沿黄、天山北坡等 8 个城市群没有特大城市，在吸引集聚资源方面存在明显不足。

（三）城市群一体化发展体制机制尚不健全，城市群内部差距亟待解决

当前，国内城市群普遍存在区域内发展不平衡，基础设施、生态环境、公共服务一体化发展水平和产业发展协同性偏低，节点城市之间相互联系不足，区域联动发展机制不健全等问题。以京津冀城市群为例，由于北京、天津与河北经济落差大，且受资源环境约束偏紧等影响，加大了三地之间产业转移合作的难度，该地区尚未形成一体化产业体系。同时，受行政力量干预等因素影响，部分城市群内部的不同城市之间产业结构同构化问题突出，不同城市之间特别是跨省的资源配置面临行政边界壁垒制约，如基础设施边界效应突出、招商引资政策不一致等。此外，还有部分城市群内中心城市、大城市行政等级较高，区位和资源优势突出，虹吸效应远远大于扩散效应，加剧了处于城市群底部及边缘的中小城市和乡村的资源要素流失，加大了城市群内部地区差距和城乡差距。

（四）总体城镇化质量不高，农业转移人口市民化动力不强制约中等收入群体发展

受我国户籍制度改革及其配套政策尚未全面落实的影响，当前部分地区城镇基本公共服务尚未覆盖全部常住人口，特别是兜底性政策仍存在一些薄弱环节，这导致农业转移人口和新市民面临住房、子女教育等突出问题，进而降低了部分地区城镇化意愿和动力，阻碍了农业转移人口市民化进度。同时，农民工横向流动性较强、就业不稳定性大、体制保障偏弱，加大了农民工收入波动性。与此同时，该部分群体更容易受到疫情灾害、经济波动及人工智能发展下“机器替换”等因素冲击，抗风险能力脆弱，收入易受到影响，这也导致大部分农民工徘徊于中等收入群体边缘。

三　以城市群建设为抓手推进共同富裕的对策建议

统筹效率与公平、当前与长远，紧扣共同富裕内涵，瞄准破解地区、城乡、收入三大差距，积极把握城市群和城乡区域发展的客观规律，处理好城市群内部、城市群之间、城市群与周边地区之间的关系，优化城市群内部结构和功能分工，完善城市群建设布局，强化对周边地区发展的辐射带动能力，健全城市群互动合作机制，探索城乡区域视角下以城市群为重点推动实现共同富裕的科学路径。

（一）促进城市群内部一体化、均等化发展，率先促进城市群内部实现共同富裕

一是不断增强中心城市资源配置能力和核心功能。进一步巩固提升中心城市核心竞争优势，努力打造一流营商环境，强化对高端人才、科技创新等资源集聚化水平，优化提升要素配置枢纽、科创引领、综合服务等核心功能，强化中心城市对整个城市群及周边地区的辐射功能，培育壮大城市群共同富裕的动力引擎。

二是有效发挥中心城市对周边地区的辐射带动作用。适当加大向城市群底部中小城市布局建设基础设施、布局基本公共服务资源等，着力增强中小城市内生发展动力，优化城市群结构和功能。合理引导中心城市向周边城市及地区疏解部分非核心功能，弱化虹吸挤压效应，推动与周边城市的合理分工与协作。推进中心城市特别是超特大城市公共服务资源与周边城市共享，引导不同城市居民生活水平差距保持在合理范围之内。加快推动中心城市与周边城市之间探索开展“双向飞地”等模式，巩固产业链联系，建立完善成本共担、利益共享机制，促进城市群实现共同富裕。

三是建立完善城市群一体化协调发展机制。加快提升基础设施一体化建设水平，强化城市群内部跨区域特别是跨省界政策协调，促进城市群内部市场一体化建设，畅通城市群内部生产要素流通渠道。优化完善行政考核体

系，在对城市群地区政府官员行政考核中考虑增加一体化或融合发展指标，降低要素流动的行政壁垒。

（二）优化城市群空间布局和差异化发展路径，推动缩小区域发展差距

一是优化完善以城市群带动区域协调发展的模式格局，努力缩小区域发展差距。以区域重大战略实施为引领，提升中心城市和城市群内部共同富裕水平，同时不断增强发展轴的连接作用，在更大区域范围内紧密联系不同城市群，促进这些城市群协同联动发展，强化城市群与周边地区经济联系，推动拓展形成经济区，构建“中心城市—城市群—发展轴—经济区”区域经济发展格局，推动经济区内部和经济区之间空间结构优化、功能互补和分工协作，最终实现统筹东中西、协调南北方的区域共同富裕。引导人口向城市群地区集聚，扩大城市群共同富裕建设成效和人口覆盖范围。

二是促进不同地区不同类型城市群差异化发展。坚持优化提升东部、东北地区城市群，发展壮大中部城市群，培育发展西部地区城市群，强化对区域协调发展的支撑。重点巩固提升京津冀、长三角、珠三角城市群国际科技创新中心引领地位，以创新驱动高质量发展，在高质量发展中促进共同富裕。加快相对欠发达地区和城乡区域发展不平衡地区城市群建设，优化提升重大开发开放平台能级和营商环境，吸引更多人口和资源流向欠发达地区核心区域，提升区域经济发展效率。优化城市群边界划定，提高城市群规划科学性。

（三）加快推进城市群农业转移人口市民化，培育壮大中等收入群体规模

一是深入推进户籍制度改革。有序放开放宽大城市落户限制，探索实行城市群内户口通迁、居住证互认制度。推动按照社保缴纳年限和实际居住年限来作为积分落户的主要标准，支持符合条件的城市群率先探索实现积分异地累计互认，鼓励城市群内人口自由流动。试行以经常居住地登记户口制

度，支持建立以身份证为标识的人口管理服务制度。

二是推进常住人口基本公共服务均等化。依托常住地户口登记制度改革，推动以常住人口或实际服务管理人口规模取代城市行政等级作为标准来配置公共资源，有序扩大城镇基本公共服务覆盖范围。逐步健全以居住证为载体、与居住年限等挂钩的城镇基本公共服务提供机制。加强对短期居留人员基本需求摸底，探索对交通、居住、医疗、教育等公共资源进行差异化分类配置，推动按照实际管理服务人口进行公共资源规划布局，促进基本公共服务均等化和精准投放。

三是加大住房等重点领域保障力度。以超特大城市及人口密度较高的城市群为重点，加快建立多主体供给、多渠道保障、租购并举的住房制度。积极探索通过购房补贴、贷款贴息、租房券等方式，加大购买或租赁住房保障支持，降低落户成本，有计划有步骤地促进有条件有意愿的农民工进城落户。配合居住证制度改革，着力扩大保障性住房覆盖面，落实基本住房保障服务。有序推动长租房市场发展。

四是加强土地、财政等领域与户籍制度改革配套的政策落实。进一步建立完善财政转移支付和城镇新增建设用地与农业转移人口市民化挂钩政策，探索推进以人定地、钱随人走等制度优化落地，促进人口、土地及财政资源相匹配，稳定住房价格，缩小地区及城乡居民收入差距。

（四）强化城市群发展对城乡融合发展带动作用，促进城乡共同富裕

一是加快建设城乡融合型城市群。强化城市发展对乡村振兴带动作用，推动城镇基本公共服务向周边农村地区延伸，加快推进城乡基本公共服务标准统一、制度并轨，破除城乡要素流通的行政制度障碍，促进城乡要素双向自由流动。鼓励中小城市和小城镇发展，促进以县城为载体的城镇化，提高对农村富余劳动力的就业吸纳能力，有序推动城市群规模扩容提质。

二是探索城乡一体化发展新模式。积极支持具备条件的城市群探索闲置宅基地特别是城中村宅基地城乡共建共享新模式，鼓励探索农村闲置宅基地

盘活利用机制，推动利用闲置宅基地发展民宿、文旅、绿色、电商等特色产业，助力乡村振兴和提升农民收入水平。稳妥有序推进城市群地区农村集体经营性建设用地入市，提高城乡建设用地统筹利用水平。开辟农村工业用地市场，探索集体工业用地作价入股、合伙经营模式，促进形成农村资源与城市资金相结合的长效机制。探索采用公私合营等方式加强城市群内部及周边农村公共服务供给水平，缩小城乡基本公共服务差距。

（五）加强试点示范和城市群及区域间协作，强化共同富裕的制度保障

一是强化城市群共同富裕建设试点示范。统筹考虑地区、城乡及收入差距水平，研究选取部分发展基础好的城市群率先开展共同富裕试点示范，推动实施中等收入群体倍增计划，先行探索共同富裕政策制度安排，为其他城市群提供经验借鉴。同时，选取在三大差距特定维度具有较强代表性的城市群，支持围绕区域一体化建设、城乡融合发展、要素市场化改革等领域率先突破制约促进共同富裕的瓶颈，在缩小地区、城乡发展差距上探索有效路径。

二是建立完善先富带后富帮扶机制。切实推动建立健全省域区域协调发展机制，探索共建园区、飞地经济等利益共享机制及模式，加快完善先富带后富的帮扶机制和制度设计。引导发达地区与欠发达地区城市群加强互动合作，鼓励欠发达地区城市群积极承接发达地区产业转移，完善跨区域及内部合作帮扶机制，不断缩小区域发展差距。

三是促进城市群之间要素交流和分工合作。加强城市群之间交通干线特别是高铁建设，强化全国层面对养老保险等制度统筹力度，推动医疗、教育、社保等实现制度统一和区域间互助共济，促进城市群之间人口等要素交流互动。引导城市群之间加强科技创新和产业分工协作，强化对沿线地区辐射带动能力，扩大发展共享范围。重点提升黄河流域与长江流域城市群之间互联互通水平，扩大人流、物流及信息流等流动汇聚，夯实南北方共同富裕基础。

参考文献

蔡昉：《改变半截子城镇化让农民工成为新市民》，《中国乡村发现》2022年第1期。

蔡悦灵、林汉川：《中国城市群城市化对城乡居民收入差距影响的实证检验》，《统计与决策》2018年第23期。

蔡之兵、石柱、郭启光：《共同富裕导向下的区域协调发展战略完善思路研究》，《农村金融研究》2022年第1期。

陈斌开、林毅夫：《发展战略、城市化与中国城乡收入差距》，《中国社会科学》2013年第4期。

樊杰、赵浩、郭锐：《我国区域发展差距变化的新趋势与应对策略》，《经济地理》2022年第1期。

郭燕、李家家、杜志雄：《城乡居民收入差距的演变趋势：国际经验及其对中国的启示》，《世界农业》2022年第6期。

李国平、崔丹：《我国城市群人口和经济承载力及其提升策略》，《改革》2022年第7期。

李彦军、叶裕民、倪稞：《城市群内城乡统筹的理论基础与现实依据》，《中国人口·资源与环境》2008年第5期。

刘军：《城市群战略能否缩小城乡收入差距？——基于PSM-DID的实证检验》，《新疆农垦经济》2020年第11期。

欧阳慧、李沛霖、李智：《城乡区域视角下促进共同富裕的战略路径研究》，《区域经济评论》2022年第4期。

庞丹、边悦玲、张晓峰：《共同富裕视域下中国区域协调发展的现实困境与创新路径》，《新疆社会科学》2022年第3期。

孙久文、蒋治、胡俊彦：《新时代中国城市高质量发展的时空演进格局与驱动因素》，《地理研究》2022年第7期。

习近平：《推动形成优势互补高质量发展的区域经济布局》，《求是》2019年第24期。

肖金成、张燕、公丕萍：《京津冀与环渤海经济区的耦合发展——兼论“点轴—群区”发展模式》，《开放导报》2022年第3期。

肖若石：《“十四五”我国培育中等收入群体面临的风险与挑战及应对之策》，《中国经贸导刊》2021年第19期。

曾刚、胡森林：《百年未有之大变局下中国区域发展格局演变》，《经济地理》2021

年第 10 期。

张佰发、李晶晶、胡志强等：《自然禀赋与政区类型对中国县域经济发展的影响》，《地理研究》2021 年第 9 期。

张耀军、张玮：《共同富裕与区域经济协调发展》，《区域经济评论》2022 年第 4 期。

B.18

以公园城市建设引领成渝地区双城经济圈生态文化高质量发展

王小红*

摘　要： 成渝地区双城经济圈位于我国长江经济带上游地区，其城镇化发展具有较高潜力，在西部地区的经济和社会发展中有着至关重要的作用。一直以来所说的巴蜀文化以“巴”（重庆）和“蜀”（成都）为核心，具有丰富的生态资源和文化本底，尤其具有深厚的生态文化积淀，强调人与自然的和谐发展，是区域生态发展道路的重要保障。随着生态文明思想在国内形成共识，成渝两地的生态文明建设发展有目共睹，再次展示出成渝地区文化的默契和一致性。成都有“建设国家级公园城市示范区”的切实实践和宏伟目标，重庆有建设“森林重庆”的战略构想和重要举措。未来，成渝地区双城经济圈一体化发展可借助公园城市建设经验，以公园城市建设引领成渝地区双城经济圈生态文化高质量发展，并为长江经济带和“一带一路”绿色与高质量发展贡献成渝力量。

关键词： 成渝地区双城经济圈　公园城市　生态文化　高质量发展

一　引言

成渝地区双城经济圈位于长江上游，地处四川盆地，贯穿和连接西中东部

* 王小红，成都大学旅游与文化产业学院教授，成都生态文明研究院副院长，博士，主要研究方向为生态经济、资源保护与开发。

地区的作用明显，是我国城镇化发展优势明显、西部发展水平最高的重要区域，是推进“一带一路”倡议、推动区域经济协同发展的重要板块。2021 年 10 月，中共中央、国务院印发的《成渝地区双城经济圈建设规划纲要》中指出，成渝地区双城经济圈要树立一体化发展理念，在推进长江经济带绿色发展中发挥示范作用。2022 年 3 月成都发布的《成都建设践行新发展理念的公园城市示范区总体方案》中指出，成都生态本底良好、经济发展强劲，在公园城市建设方面积极探索、形成初步成果，具备进一步深化示范的坚实基础和独特优势。

成渝地区双城经济圈是我国经济增长第四极，在国家战略布局中占据重要地位，党和政府发布的建设纲要，明确提出成渝地区双城经济圈一体化发展要将“在推进长江经济带绿色发展中发挥示范作用”作为未来发展方向和目标。“生态兴则文明兴”，经济的发展依赖优良的环境和生态本底，生态文明、生态文化既是推进区域绿色发展的重要推动力和基础保障，又是成渝地区双城经济圈绿色高水平发展的灵魂和压舱石。

历史上，以成都和重庆为核心的巴蜀文化，不但具有较好的生态文化积淀和生态文明思想基础，而且注重人与自然的和谐统一发展，为西南地区生态环境发展奠定了良好基础。近年来，成渝两地更是注重对传统生态文化的发扬，成都有“建设国家级公园城市示范区”的切实实践和宏伟目标，重庆有建设“森林重庆”的战略构想和重要举措，巴蜀在生态文化领域再次达成高度默契与一致。从目前情况看，如何将生态文化作为凝聚和促进成渝一体化的重要推手，充分发扬成渝两地的生态文化优势，不仅将成渝两地的生态建设范围扩大到成渝地区双城经济圈的所有地域空间，而且提升其生态文化层次，将对从横纵多维角度切实推动成渝地区双城经济圈的绿色发展，实现党和国家对成渝地区双城经济圈的建设目标具有重要意义。

二　成渝地区双城经济圈生态文化建设背景与成效

（一）生态文化概念与内涵

在人类发展的历史进程中，人类一方面在与环境交互中不断促进文化的积累和发展，另一方面也在不断改造环境以有利于文明的发展。从发展过程来看，人类文化可以划分为三种类型，一是以自然为中心的“原始文化”，二是以人为中心的“人本文化”，三是以人与自然和谐共处为中心的“生态文化”。生态文化是人类文明进入新阶段的全新文化，其内涵具有独特多样特征，可视作能够促进生态环境保护和自然资源持续发展的新型文化形式。

生态文化包括两个层次。一是从内涵看，生态文化是社会经济发展与生态环境之间、自然资源之间等关系的体现。生态文化从两个主要方面构筑深厚的人文精神和内涵，一是促进人类社会向生态文明的转化，二是推动人类道德品质、思想观念的提升。我国在生态文明建设进程中，生态文化在城市规划建设、营商环境打造等各领域都有体现，极大地推动了社会和谐发展。二是从价值观基础看，生态文化是人与人、社会、自然等方面的主要载体。第一，在人与人方面，具体有价值观、道德、伦理等，强调的是人的行为及精神生活规范；第二，在人与社会方面，强调整个社会中的人际利益关系配置、社会活动中的协调合作以及思想观念的交互等；第三，在人与自然方面，在一个统一的生态系统中来观察人与自然的关系，注重人与自然的和谐发展，强调自然的整体性价值与实现人的主观性价值的统一。总的来看，生态文化是人类认知、文化习俗、社会哲学等精神财富与作为人类生存自然基础的生态环境相互融合发展形成的文化类型。

（二）成都的“公园城市示范区”建设

“成都”一名取自周太王的“一年成聚，二年成邑，三年成都”，建城距今已有 2300 多年。成都历史上的建设发展历程，是“顺应、利用、改造”环境的过程，是城市环境的发展历程，既反映出各个历史时期城市形态的变迁，也反映出地域特征是自然环境与人文的发展过程。先秦时期的成都平原森林密布、河渠纵横；自隋唐以来，遵循城市与园林同时建构，考虑津流径通、春松华茂的整体形胜；晚唐时，以大城为中心修建了罗城；后蜀时，又修建了羊马城，形成了两江环抱城市、双重城墙围绕的格局；明朝时，确立了正南北的中轴，注重以文化城，实现了山水秩序与人文特质的整体交融；清朝时，建造了满城，朝向与外围大城一致，形成了“两条江水穿插，三套道路网络”的城市格局（见图1）。因此，成都的城市发展史充分体现出“人与自然和谐共处”的生态意识和生态文化。

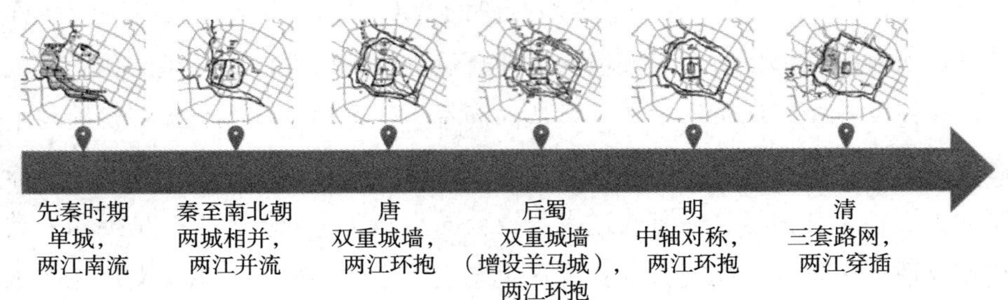

图1　成都城市历史形态的演变

1. 成都生态文化历史发展及留存

（1）都江堰水利工程。公元267年，李冰任蜀郡太守，开始了都江堰水利工程的修建，这一大型水利工程遵循了“道法自然”的生态文化基因，2000多年来一直发挥着灌溉防洪、安邦定国的功能，使成都平原逐步成为“天府之国”。

（2）西蜀园林。西蜀园林是巴蜀地区最具代表性的地方园林，是我国古典园林的重要分支。其以川西平原为中心，深受川西地区文化和自然因素的影响与熏陶，在表现形式和特征上以纪念名人为主。在功能类型上，以祠宇、寺庙和衙署园林为主，以陵寝和宅院园林为辅。西蜀园林在建造过程中往往依托自然条件，利用天然环境打造自然景观，充分考虑气候水文条件、地形地貌等，体现了天然质朴的园林特质和“天人合一”的自然生态思想观。

（3）川西林盘。川西林盘是成都盆地“天府之国”最重要的聚落居住形式，又被称为“川西林盘聚落”，其一直跟随着古蜀文化的产生而产生、发展而发展。早在古蜀文明时期就已经出现，逐步发展并成型于移民时期，是成都深厚文化底蕴和生态文明习俗的重要体现。川西林盘以“林、田、水、院”为最重要的构成元素，往往以家族为单位依水而居，院落坐落在农田核心，宅前屋后又以竹类和高大乔木与农田相隔，生活、生产、居住非常便利，是川西农耕文化的重要载体。既是古蜀先民朴素务实的生态思想、人与自然和谐共处的生态文化的标志，又是维护成都平原生态环境的重要因素，是成都平原传统农耕方式、农耕条件以及居住生活互相融合的结果。①

从某种程度上说，正是传承千年、根植于蜀地的这种林盘聚落形式成就了成都公园城市发展模式。成都坐落于川西林盘的核心地带，在几千年的发展过程中深受林盘这一聚落形式的影响和浸染，注重生产、生活和生态的相依、互促和共荣，在发展进程中构建起以生态为核心的“人类—自然—社会”循环体系，既是成都城市生态发展理念的核心，又是成都公园城市发展模式的基础。

2. 成都公园城市建设经验

2018 年 2 月，习近平总书记在成都考察调研时提出“要突出公园城市特点，把生态价值考虑进去”，由此开始了成都公园城市建设和发展。2022 年 1 月，国务院批复同意成都建设践行新发展理念的公园城市示范区，同年 3 月《成都建设践行新发展理念的公园城市示范区总体方案》正式对外公布，明确提出“支持成都建设践行新发展理念的公园城市示范区，探索山水人城和谐相融新实践和超大特大城市转型发展新路径”。

成都公园城市发展模式源于悠久的生态文明、文化的积累，更是成都未来城市发展的战略目标。近几年来，成都持续地将传统生态文化与现代城市治理理念进行有机融合，使得成都的生态环境质量不断改善，城市生态文明治理体系不断完善，公园城市建设取得了明显效果。截至目前，成都公园城市生态治理和建设取得了令人瞩目的成绩，主要包括以下几个方面。

一是抓好顶层设计。（1）理念先行。明确了加快建设美丽宜居公园城市的奋斗目标，中共中央、国务院印发了《关于全面加强生态环境保护 坚决打好污染防治攻坚战的意见》；召开公园城市论坛发布成都共识，科学编

① 资料来源于百度百科：https：//baike. baidu. com/item/%E5%B7%9D%E8%A5%BF%E6%9E%97%E7%9B%98/3418364？fr=aladdin。

制公园城市规划建设导则、行动方案和指标体系。（2）制度设计。推进构建“1+N”法规体系，修订《成都市园林绿化条例》《成都市公园条例》，制定了《成都市环城生态区保护条例》，并明确了 20 余项改革任务，印发了《成都市生态文明体制改革方案》。（3）统筹推进。实施生态环境保护工作“一个贯通、五个打通”机制，组建或改组了市公园城市局、市生态环境局、市规划和自然资源局等；深入开展公园城市的战略和理论研究，组建全国首个公园城市研究院；大幅提高生态环境保护年度考核指标的分值，全面落实“党政同责、一岗双责”；聚焦生态环境的难点热点问题，强力实施中央生态环境保护督察问题整改和“回头看”。

二是提升发展能级。（1）重塑布局。推行“东进、南拓、西控、北改、中优”的发展布局以充分响应国家功能区战略规划要求，构建“两山、两网、两环、六片”的市域生态安全格局，到 2020 年，生态、农业空间占比达到 78%。（2）优化产业。调整 66 个产业功能区、优化 14 个产业生态圈规划，2019 年五大先进制造业营业收入超 2 万亿元，五大现代服务业增加值增长 9%。（3）调控结构。动态整治“散乱污”企业 1.4 万余家，2019 年全市单位 GDP 能耗降低 1.04%。（4）完善交通。确立国际门户枢纽城市定位，构建空、陆、海联运的立体通道网络，建设成都国际铁路港、天府国际机场。2020 年上半年，双流国际机场旅客吞吐量全国第一，5~6 月航班起降架次连续居全球第一。

三是改善生态环境。（1）铁腕治霾。推进大气污染防治“650”工程、实施成都“治霾十条”，2019 年成都全市全年空气质量优良天数比例高达 78.6%，并且《成都大气污染防治五年行动计划》入选 C40 城市气候领导联盟《100 城》案例。①（2）重拳治水。通过“成都治水十条”和水污染防治“626”工程等的实施治水成效显著，其中 2019 年成都市域的 107 个地表水断面优良比例达到 90.7%；县级以上城市、乡镇集中式饮用水水源地水质达标率分别为 100%、97.7%。（3）科学治堵。实施成都“治堵十条”，

① 《100 城》，即 C40 在全球评选 100 个最具示范意义的项目，旨在突出城市作为领导力量在应对气候变化中所起的关键作用，包括空气质量、可持续交通、可持续资金、废弃物利用、清洁能源、公众参与等 12 个主题。

推进城市轨道、公交和慢行“三网”融合，轨道交通运营里程将达 581 公里，提升公交出行分担率至 57%，骑行减排量居全球 12 个样板城市第 3 位。（4）全域增绿。建设龙泉山城市森林公园等工程，天府绿道已达 4081 公里，森林覆盖率达到 39.9%。

四是提高治理能力。（1）科技引领。一是通过自主研发空气质量预报系统，极大地提高了空气质量预测准确率；二是组建大气复合污染研究与防控院士（专家）工作站，成功争取了国家机动车污染控制与模拟重点实验室成都基地以及中国环境科学研究院成都创新研究院等科研工作站的落地；三是成功举办成都科技治霾国际峰会、中国环博会成都展等多项“主场活动”。（2）信息支撑。建成 571 个环境空气质量和 208 个水质水量监测站，增加空气子站监测密度；开发运用污染源电子地图，打造数智环境成都模式。（3）提升效能。创新环评审批“承诺制”“备案制”，完成第二次全国污染源普查任务，环境信用评价已覆盖 1593 余家企业。（4）着力创新。积极探索生态价值转化途径，制定实施“西控”区域生态价值转化二十条等措施，构建面向“一带一路”、服务西南的生态产业平台；创新实施“碳惠天府”计划，深入开展国家低碳城市建设和环境与健康管理试点，6 个区（市）县已成功创建为国家生态文明建设示范区。

（三）重庆的“森林重庆”建设

重庆是我国最年轻的直辖市，在国家的经济和社会发展中占据重要地位，其地理构成集大城市、大农村、大山区、大库区于一体，呈现多能级、多维度的城市生态空间和资源本底条件。重庆地貌类型多变、海拔高差跨度大、动植物资源丰富，再加上浓郁的文化底蕴，为城市生态建设带来了诸多可能。2008 年 7 月，重庆市提出 10 年内投资 500 亿元，改造和新增 146.67 万公顷森林，建设“森林重庆”的宏伟目标。2010 年，重庆市政府正式将“森林重庆”建设作为十大民生工程之一，提出了包括三年内森林覆盖率和城区绿化率分别达到 40% 和 35%，以及建成国家森林城市、生态园林城市、环保模范城市等发展目标。

结合已有成果，重庆市近年来持续以“打造宜居之城、开发致富之山”的主题，启动“绿化长江·重庆行动”“我植一棵树，共建一片林”等项目。实施“行车有绿”“身边增林”等工程，采取“规划建绿”“拆围现绿”与“见缝插绿”等方式，推进提升宜居指数等行动。在推进森林建设的同时，通过郊区森林社区、森林生态镇、森林生态村“三林并举”，中梁山、铜锣山、缙云山、明月山“四山围城”，嘉陵江、长江“两江四岸”林水相依等系列活动，在全市范围内开展系统性植树造林活动。截至2021年底，建成80多个市级以上森林公园、20多个市级以上自然保护区、20多个市级以上湿地公园。

从发展理念和建设层次来看，“森林重庆”的发展目标比较简单，内容也比较局限，其生态建设目标和对象仅限于森林和树木，而没有着眼于整个城市系统，缺少城市居民、产业和空间之间关系的考量。相对于成都的“公园城市示范区”来说，缺乏对城市整体空间和人文社会生态系统的全局性、多层次规划和打造。特别是成都作为目前中国首个也是唯一一个公园城市示范区建设城市，既要解决好城市社会经济发展与生态环境保护之间的关系，也要解决好“山水人城和谐相融新实践”发展道路问题，更要解决好“人”这一发展主体与“山水”这一资源本底和“城”这一建设对象之间的发展关系问题。强调成都公园城市建设中对“人”“城”“境”“业”的关注，体现了从科学观、发展观、生态观和全局观的角度对未来城市发展更富有创新性的规划和设计理念。如果成渝地区双城经济圈一体化建设需要选择一种生态文化类型和生态环境模式来引领未来都市圈城市群的发展，那无疑应该是成都公园城市发展模式。

三　以公园城市建设引领成渝地区双城经济圈生态文化高质量发展的思路建议

（一）加强成渝地区双城经济圈生态文化建设

成渝地区双城经济圈生态文化发展首先必须确定正确的规划理念，努力推进科学创新和一体化发展，在整个区域内稳扎稳打，以成都公园城市建设先进理念和经验为指导，在成渝地区双城经济圈全域内逐步构建起科学的公园城市建设理论、规划和工作体系。

一是加强公园城市生态文化理论研究。成渝地区双城经济圈虽然有巴蜀文化的基础，但面对国内、国际生态经济的新形势，特别是全球气候变化导致的能源革命，新时期高质量发展面临诸多挑战和机遇，亟须进行理论突破与创新指导。因此，首先是完成公园城市研究智库和专家库的组建；其次，设立成渝地区双城经济圈公园城市研究院，推进成渝地区双城经济圈公园城市生态消费场景、生态价值、生活品质、品牌价值等研究，建设成渝地区双城经济圈公园城市的理论体系。

二是加快编制公园城市规划。借鉴雄安新区经验，根据全球化、国际化、时代化等要求，编制《成渝地区双城经济圈公园城市规划》，力争2025年将符合条件的成渝地区双城经济圈城市纳入公园城市建设范畴，在成渝地区双城经济圈内初步建成公园城市示范区。

三是完善公园城市建设推进机制。成渝地区双城经济圈的高质量发展必须建立在全局性领导机构的高效领导之下，而且需要进行统筹规划、统一布局。当务之急是为成渝地区建立专门的公园城市建设领导小组，组建相应的公园城市建设管理局，为推动都市圈公园城市规划建设提供切实可行的方案并提出生态环境质量考核机制。公园管理局要借鉴学习成都公园城市建设的模式，以成都和重庆为中心逐步向周边地区扩展，改变传统的通过出让土地进行企业招引，再用土地收益弥补公共设施短板的建设逻辑，转化为“筑境—聚人—营城—兴业”的发展新逻辑；先建设公共服务设施、重大功能设施、公园和绿道，以完善的环境和配套设施来吸引人才，提升周边商业、产业和住宅等业态的整体价值，不断提升城市发展效益，达到“先公园后城市，先生活后生产”。

（二）优化成渝地区双城经济圈城市空间形态

要在成渝地区双城经济圈中交融自然与人文、统筹生态生活和生产空间，形成“城中有园、园中建城、城园相融、人城和谐”的公园城市形态。

一是秉持统筹、持续、协调发展的基本原则构建城市格局。规划建设高质量成渝地区双城经济圈，改善区域空间城市经济结构，重塑地区城市群格局。确定一体化发展的生态格局，坚决守住城市生态底线；统筹各个产业功能区的布局，促进要素分配、人口分布、产业分工和资源配置，促进环境条件之间匹配，建设产业与城市、产业与住宅均衡相合的现代化城市群。

二是建设绿色、清爽、交融发展的城市景观。贯彻“景区化与景观化、可进入与可参与”的理念，统筹布局以大熊猫国家公园为代表的各类园区、小绿地、微游园等，打造生态水网体系，让人静下来、慢下来、悦生活、近自然。

三是建设体现秀丽大气、巴蜀雅韵的城市形象。以文化为“魂”，传承城市文化精髓，创新巴蜀生态与文化的发展，建立以生态价值观念为标准的生态文化体系。保护历史文化名镇（村）、世界文化遗产等资源，彰显“包容、创新、友善、时尚”的城市气质。

（三）创新成渝地区双城经济圈营城模式

公园城市规划应当以人的幸福感、获得感为基准，重点在多样化服务、多种功能设施的建设，注重多元化、多层次场景空间的营造，做到共治、共商、共享、共建、共融。深入践行“绿水青山就是金山银山”理念，积极探索公园城市的价值和功能转换载体的建设新模式，提升城市可持续核心竞争力。

一是推动文体旅商加速融合。以“生态产业化、产业生态化”为主体发展思路，统筹布局文体旅商设施，不断提升成渝地区双城经济圈特色商业街区和商圈文化价值，前瞻培育体育运动、生活美学、生态体验、文化创意等，使新业态与公园城市良性互动发展。

二是叠加多维场景。把城市街区公园、产业社区公园、山水生态公园和人文公园等叠加培育，把公园城市发展与人文、生活、生态和消费等场景相结合，把新消费培育、新经济发展、新服务植入等相叠加，使新场景嵌入公园城市的发展。

三是创新运营模式。始终坚持以政府为主导，以市场主体为核心，以商业化为基本逻辑，探索 COT 等政府与社会合作共营模式，促进公园城市发展生态项目建设，建立兼顾公益性、经济性的城市及市场化运营体系。

（四）建设多元生态价值典范区

坚持“绿水青山就是金山银山”的发展理念，立足成渝地区双城经济圈优良生态本底，以推动绿色低碳发展为根本，以降碳减污为抓手，健全碳中和、碳达峰的政策和路径体系，促进经济社会全面绿色转型。通过与推进城乡融合发展、乡村振兴的有效衔接，持续拓展成渝地区双城经济圈生态价值转化路径、案例和场景，形成以生态典范为导向的制度政策体系。围绕如何将生态优势转化为发展优势这一核心问题，探索建立社会和企业参与、政府主导、可持续、市场化的生态产业化价值转化机制，以建设典型的生态价值转化示范区。

四　总结与展望

面向新发展格局和新发展理念下的中国经济增长，成渝地区肩负着推动中西部地区融入世界经济体系的重大使命。建设公园城市示范区作为贯彻落实新发展理念的重大实践，要坚持统筹生态、生活、经济、安全需要，以新发展理念为“魂”、以公园城市为“形”，以绿色为普遍形态，以协调为内生特点，以创新为首要动力，以开放为必由之路，重点在城市发展方式的转变，推动实现更有效率、更高质量、更加公平、更可持续的发展。

在成渝一体化发展过程中，要积极推进文化传承一盘棋，把成渝地区双城经济圈建设成高品质生活的文化走廊。一直以来，成渝两地在人文、教育和科技等领域密不可分，特别是文化领域，存在着大量经过两地深度交往、融合而成的优质资源，主要集中在成渝两地的城区范围。而位于成渝之间的众多地域有着众多特色禀赋，应将其作为成渝地区双城经济圈建设的重要组成部分。

在公园城市的发展建设中，重视人、资源和城市共融发展的理念与实践经验，应当作为成渝地区双城经济圈生态文化发展的重要依据。成渝地区双城经济圈未来发展要高度重视各类历史生态文化遗产，既要把它建设成拥有优良生态本底的生态屏障，又要发展成具有高品质生活的文化走廊，更要把它建设成高质量发展的经济带。在这一进程中，不但要让巴蜀文化更加璀璨夺目，让生态文化更加深入人心，而且要让成渝地区双城经济圈的经济发展、文化传承和生态建设交相辉映，互促互荣，最终将整个成渝地区双城经济圈建设成我国的公园城市群示范区，从而为长江经济带和“一带一路”的绿色与高质量发展贡献成渝力量。

参考文献

杨鹏：《促进区域协调发展迈向更高质量　总书记这样部署》，《华商报》2021 年 10 月 21 日。

《成渝地区双城经济圈建设规划纲要》，《人民日报》2021 年 10 月 21 日。

清华大学国情研究院、成都高质量发展研究院联合课题组：《示范超大城市转型发展　探索新发展理念践行新路》，《先锋》2022 年第 3 期。

王允武、李剑：《民族法学理论与热点问题研究》，法律出版社，2017。

谷啸川：《西南山地城市生态基础理论与案例研究——西南山地城市生态文化形态研究》，重庆大学硕士学位论文，2012。

余谋昌：《生态文化：21 世纪人类新文化》，《新视野》2003 年第 4 期。

王玉德：《生态文化与文化生态辨析》，《生态文化》2003 年第 1 期。

王兴为：《城市规划中生态文化的融入研究》，《文化产业》2022 年第 4 期。

贺素雯：《谈生态文明建设对促进社会和谐发展重要性》，《农业科技与信息》2008 年第 16 期。

李旭、曾寒梅：《成都城市形态演变及历史地域特征研究》，《西部人居环境学刊》2015 年第 5 期。

郭树杰：《西蜀园林的文艺美学特征初探》，《开封教育学院学报》2017 年第 11 期。

张军：《面向绿色发展的超大城市生态文明治理体系与治理能力现代化的成都样本》，《环境与可持续发展》2020 年第 2 期。

李妮斯、邹思源：《让生态成为美丽宜居公园城市的最美底色》，《环境教育》2019

年第 9 期。

吴亚飞：《消除全年重污染天气，是如何做到的?》，《四川日报》2020 年 2 月 5 日。

张静、刘洋海：《特大城市怎么打造新的增长极？建设公园城市的成都样本》，《中国生态文明》2021 年第 4 期。

唐艳梅、龙裕贤：《台湾森林生态文化建设对重庆森林建设的启示》，《园艺与种苗》2022 年第 2 期。

孙凡：《重庆市生态文明建设探析》，《西南农业大学学报》（社科版）2011 年第 9 期。

重庆市人民政府发展研究中心：《重庆蓝皮书 2010 年行业发展报告》，重庆出版社，2010。

曾九利、唐鹏、彭耕等：《成都规划建设公园城市的探索与实践》，《城市规划》2020 年第 8 期。

刘源隆：《四川成都：绿道串起公共服务网》，《中国文化报》2021 年第 12 期。

王金南、刘桂环：《完善生态产品保护补偿机制　促进生态产品价值实现》，《中国经贸导刊》2021 年第 6 期。

张珺、颜若雯、王亚同等：《唱好成渝高质量发展“双城记”》，《重庆日报》2022 年 3 月 9 日。

吴林静：《成都市发改委：锚定目标　久久为功　全面推进践行新发展理念的公园城市示范区建设》，《成都日报》2022 年 4 月 1 日。

国际经验篇

International Experience Chapters

B.19
东京首都圈建设对京津冀绿色发展的启示

丁红卫　张瑞雪　李国庆*

摘　要： 随着东京圈经济的不断发展，日本通过新建副都心、新都心来分担东京大城市功能，逐步建立起分散型网络构造的首都圈，并形成保护绿地、农地、原生自然的功能性分圈。在推进首都圈一体化发展进程中，确立了首都圈绿色发展的方针，修复自然环境，保护城市公园绿地，构筑人与自然和谐共生的绿色首都圈。在城市建设方面，通过建设紧凑型城市、发展低碳交通、推广新能源等方式削减城市碳排，构建了多核多圈、与环境共生的首都圈。日本首都圈绿色低碳发展对推动京津冀城市群绿色发展具有重要的借鉴意义。

关键词： 空间创造　绿地保护　自然环境再生　低碳城市　东京首都圈

---

* 丁红卫，北京外国语大学北京日本学研究中心教授，博士，全国日本经济学会理事，日本全球区域研究中心理事，主要研究方向为日本经济、环境问题、中日经贸关系等；张瑞雪，北京外国语大学北京日本学研究中心硕士研究生，主要研究方向为日本经济；李国庆（通讯作者），中央民族大学民族学与社会学学院教授，博士，主要研究方向为社会学、日本社会等。

日本首都圈包含东京都、埼玉县、千叶县、神奈川县、茨城县、枥木县、山梨县及群马县1都7县，集中了政治、行政、经济等核心功能。日本于1955年进入经济高速增长时期，首都圈经历了人口和多元功能显著向东京集中的过程，形成了对东京中心部高度依赖的巨大都市圈。各种城市功能的集中引发首都圈人口过密、交通拥堵、通勤时间长、住房紧张、环境污染、近郊绿地减少等诸多问题，给居住者和企业带来了巨大负担，同时也阻碍了城市的进一步发展。1956年，日本政府制定了《首都圈整备法》，旨在促进首都圈全面、有序发展，建设适合作为日本政治、经济、文化中心的首都圈。

日本国土交通省先后制定了5次《首都圈整备基本计划》（以下简称基本计划）。本报告梳理日本通过5次基本计划构建多核多圈层分散型网络首都圈的过程。在绿色发展方面，伴随东京首都圈一体化的不断发展逐渐形成了内层保护绿地、中间层保护农地、外层保护原生自然的功能性分圈。[①] 在首都圈的治理过程中，日本政府在保护自然环境、建设人与自然和谐共生首都圈的同时，确立了建设低碳城市的发展方针，通过创建优美舒适的居住环境，实现国土、都市、地域空间的绿色发展。

一　东京首都圈的空间创造与利用

1956年日本政府颁布的《首都圈整备法》明确了日本的首都圈包括东京都、神奈川县、埼玉县、千叶县的全部地区及茨城县、枥木县、群马县的部分指定区域，覆盖以东京都为中心半径100千米的范围。第二次基本计划将其扩展为东京都、神奈川县、埼玉县、千叶县、茨城县、枥木县、群马县及山梨县的1都7县区域。而日常生活中所谓的东京圈并非相关法律明确界定的概念，一般指的是东京都、神奈川县、埼玉县和千叶县构成

---

① 『首都圏広域地方計画~対流がもたらす活力社会の再構築~』，国土交通省2016年3月，https：//www. ktr. mlit. go. jp/ktr_ content/content/000643635. pdf，最后检索时间2022年7月15日。

的区域。2016 年日本国土交通省发布的《首都圈整备计划》中，特别说明了东京圈的具体范围为上文所提的 1 都 3 县。虽然日本政府最初的构想是推进东京都及周边县市的一体化综合发展，但伴随经济的高速发展和人口膨胀，在具体的建设过程中还是优先将重点放在了促进东京都及近邻 3 县——“东京圈”的发展。伴随东京一极集中、少子高龄化及地方活力不断下降等问题，日本政府在强化东京都国际大都市功能的同时，不断向周边地区扩展城市空间，形成了从“东京都”到“东京圈”再到“首都圈”的多圈层构造。

（一）建设副都心，保护绿地空间

作为首都圈的功能核心区，东京都心是集国际金融贸易和日本国内政治经济功能于一体的城市空间，环绕皇宫及东京站的大手町、丸之内、有乐町是东京都的代名词，其所在的千代田区、港区及中央区被称为“都心三区”，是首都功能核心区。[①] 进入经济高速增长期后，地方人口和产业开始向东京圈集中，工业发展造成了严重的城市公害，人口密度过高造成交通拥挤和城市污染，东京单中心结构明显已经无法承载经济高速增长带来的巨大发展压力。为此，在 1956 年颁布的《首都圈整备法》中，日本提出新建新宿、涩谷、池袋三个副都心以便分担东京都心的压力，消除人口与经济活动在空间上向东京一极集中的弊端。通过疏解经济功能、控制人口规模、合理利用土地等措施布局区域经济活动和社会活动空间，转移国内商务管理功能，确保各副都心转型升级为国际商务活动中心。该法令中特别强调保护城市公园和绿地空间的重要性，以防止城市街区的无序扩张。

首都圈内的绿地规划最早始于 1939 年的《东京绿地计划》，该计划提出在东京周围设置环状绿化带，抑制东京过大化发展。战后，伴随人口和产业逐渐向大城市集中，日本政府于 1956 年颁布了《城市公园法》，规定了

① 李国庆：《东京圈多中心结构及其对京津冀发展的启示》，《东北亚学刊》2017 年第 2 期，第 52~59 页。

城市公园的标准、绿地面积及管理标准等，用以保护城市绿地。同年，《首都圈整备法》提出在近郊设置绿化带抑制城市化的扩张。伴随近郊绿化带规划和城市公园计划的同步推进，仅在20世纪50年代末60年代初，首都圈内就新增了9所公园。1966年，日本政府制定了《首都圈近郊绿地保全法》，在《首都圈整备法》规定的近郊整备地带的基础上，划定近郊绿地保全区域，为居民创造良好的自然环境，防止市区的无序扩张及公害问题的发生。之后，国土交通省在近郊绿地保护的基础上又制定了《近郊绿地特别保全地区都市计划》，划定近郊绿地特别保全地区以保持首都及周边地区居民的身心健康，加强本地区防灾能力，创造良好的自然环境。

在计划之初，绿地的功能是抑制城区的无序扩张。[①] 但随着城市热岛效应、生物多样化减少等问题逐渐显现出来，城市公园、绿地吸收二氧化碳，减缓城市热岛效应的作用日渐突出，成为首都圈城市绿色发展的核心，且在保护生物多样化、提高城市防灾功能、保护历史文化资源等方面发挥了重要作用。

（二）近郊整备，保护农业用地

《首都圈整备法》提出了整治既成市区近郊整备地带和城市开发区疏解都心功能等方案，但经过前两次规划后，人口过密和东京一极集中仍是一个大问题。1976年，《第三次首都圈基本计划》提出建设新都心，培育具有地域核心性的核心城市，构筑对地震等自然灾害具有防御能力的区域结构，形成由功能核心城市构成的多极结构的城市复合体。基于第三次基本计划以及后来的《第三次全国综合开发计划》，1985年公布的《首都改造计划》首次提出了培育功能核心城市和自立都市圈的规划，将埼玉、千叶、神奈川、多摩、茨城市南部定为五个自立都市圈，各“功能核心城市”则是自立都市圈的核心。第三次、第四次基本计划在转移东京都的商

---

① 竹内智子，石川幹子，“東京周辺区部における1950～60年代の緑地施策に関する研究，” *Journal of the City Planning Institute of Japan*（2008）：pp. 199–204.

业服务、文化、教育科研等功能，以及推进中核都市圈中心城市功能集聚的同时，持续强化对城市绿地的管理保护，并提出着重保护近郊地区农业发展的理念。

合理规划利用城市用地、农业用地、自然土地一直是国土利用和首都圈土地规划的重点，第一、第二次基本计划的重点主要集中在东京都心及靠近都心部分近郊地区的土地规划和利用上，但随着东京圈成为世界级大都市圈，在全球化的时代背景下，建设面向 21 世纪的国际化大都市圈成为日本首都圈建设的重点课题。第三、第四次基本计划延续了前两次基本计划消除东京一极集中问题的基本思路，提出推进以中核都市圈为中心的功能集聚，整治开发近郊周边地区的农山渔村，保护农业、林业用地，保障农林水产品的供应。相较都心区域，首都圈近郊地区有更丰富的自然资源和土地资源，靠近都心的区域在分担东京大城市功能方面、近郊绿地和公园在环境保护方面都发挥着重要作用。在相对远离都心的近郊外围区域有利根川、荒川等水系和大片农地，可保障核心城市的水、能源、粮食等供应，为城市提供农业保障和生态服务。

首都圈近郊农林用地的主要功能不仅是保障粮食供应，田园风光也为都市周边地区增添了丰富的自然魅力。同时，农地和林地周围也涵盖了森林、水源、湖沼等丰富的自然资源，保护农林用地是在近郊绿地保全的基础上推进首都圈绿色发展的又一重要举措。

（三）广域连结，保护自然环境

20 世纪 90 年代，日本开始由经济成长时代向成熟时代过渡，虽然经历了 4 次首都圈基本计划，但东京一极集中的问题仍未解决。为消除东京都心人口过密产生的一系列问题，推进首都圈协调发展，1999 年公布的第五次基本计划提出要以各地的据点城市为中心形成高度自立区域，构建既可分散功能又能互联互通的“分散式网络结构”。这意味着首都圈内各地在保持自身社会、经济和居住价值的同时，相互之间形成高密度的水平网状地域构造，通过各个据点城市间分工、交流、合作形成“环状枢纽城市群”。① 在关东北部和东部、内陆西部地区实现土地的有效利用，谋求环形方向的地域合作，形成“首都圈大环状合作轴”，推进向多核多圈层构造转换。在形成高度自立区域的过程中，业务核心城市通过聚集部分城市功能修正东京中心区的一极集中问题。第五次基本计划中表示要把首都圈建设成“面向 21 世纪的工作、生活、自然相互平衡的世界级大都市圈”，首次提出建设与环境共生的首都圈，明确了首都圈绿色发展的方向。

第五次基本计划将首都圈划分为东京都市圈、关东北部地区、关东东部地区、内陆西部地区和岛屿地区。东京都市圈包括东京都心区和近郊地区，承担了国际金融功能和日本国内经济、政治及文化等核心功能，自然土地较少，近郊绿地保护依然是城市绿色发展的主要方式。其他四个区域内含有农地、森林、河川、海洋等丰富的自然资源，是首都圈自然环境保护的重点区域。近郊外围地区的农地可防止城市的无序扩张，为周边市区提供稳定的食品和能源。位于城市和农村交界的里山地带则兼备城市活力和田园魅力。首都圈外围的山梨县、群马县、枥木县和茨城县拥有山岳、丘陵、高原等多样的地形，以及森林、河川等丰富的自然资源，千叶县南部沿海地区则拥有丰富的海洋资源，保护好原生自然，结合当地的特色带动相关产业的发展是这一地区绿色发展的主要目标，也是建设共生首都圈的关键一步。

（四）形成多核多圈网络，发挥环保综合效应

在首都圈多圈层结构形成的过程中，各地域承担的功能不同，其环境保护的目标也有所差异。首都圈可分为内层、中间层和外层三个圈层，分别对应的范围为东京中心区、近郊地区和外围中核都市圈，形成了“紧凑+分散网络”的共生首都圈。② 内层是都心区，人口密集、功能聚集，是紧凑型城市群的核心。这部分在确保生活圈功能的同时，通过创造绿地空间，美化城

① 『第 5 次首都圏基本計画』，国土庁（国土交通省的前身） 1999 年 3 月，https：//www. mlit. go. jp/common/001116836. pdf，最后检索时间：2022 年 7 月 15 日。

② 『首都圏整備計画』，国土交通省 2016 年 3 月，https：//www. mlit. go. jp/common/001128802. pdf，最后检索时间：2022 年 7 月 15 日。

市环境，缓解城市热岛效应。中间层的大部分是近郊地带，分担东京大城市功能，保障资源供给，融合城市和“二次自然”的功能，构筑兼备城市功能和田园风光的高质量城市。外层主要包括北关东和山梨等地，自然环境优美，在涵养水源、吸收二氧化碳、保护生物多样性等方面发挥重要作用。

绿地政策一直是首都圈城市发展规划的重要部分，是东京都市圈中心地区绿色发展的主要方式。中心区主要承担国际金融和大公司总部的功能，缺乏自然资源，需要依靠城市公园、绿地及屋顶墙面绿化来增加城市绿色空间，吸收二氧化碳，缓解城市热岛效应。第一、第二次基本计划的重点之一便是对城市公园和绿地的保护，到第三、第四次基本计划进一步加强和完善绿地保护相关措施，第五次基本计划再次强调“促进近郊绿地保全，有计划地推动历史风土的保护”，重视绿地在涵养水源、加固泥沙、缓解城市热岛效应等环保方面的作用。东京都中心部的实测调查显示，明治神宫和新宿御苑等绿地集中区与周边市区相比温度明显降低，新宿御苑林地平均温度比市区平均温度低 5℃，新宿御苑内的清凉空气也会向周边地区扩散形成“冷岛效应”。[①] 2005 年，环境省也提出要活用城市绿地，改善“热环境”，利用新宿御苑降低周围街区的气温，创造舒适的居住和生活环境。

相较东京中心区，近郊地区有较大面积的绿地、农地、河流等可为人类提供生态服务的“二次自然”，该区域为中心区提供能源、水和粮食，同时和城市之间形成人才、资源、资金的对流。在保护好自然环境的前提下，发展当地特色产业、带动周边农山渔村的发展是构筑人与自然和谐共生首都圈的重要方式。

关东东部和北部地区、内陆西部和岛屿地区是首都圈的外围区域，也是首都圈内原生自然资源最丰富的地区，承担了涵养水源、调节温度、保护环境等重要公共功能，是首都圈绿色发展不可替代的部分。关东东部地区即太平洋沿岸地区的海洋资源丰富，保护海洋环境和海洋生物多样性是该地区治

---

① 『「環境の世紀」における公園緑地の取り組み』，国土交通省 2004 年 11 月，https://www.mlit.go.jp/common/001341499.pdf，最后检索时间：2022 年 7 月 15 日。

理的重要课题。关东平原土地肥沃，农牧业兴旺，域内有利根川水系和那须、上信越高原等宝贵的森林资源，是推进与环境共生首都圈的最佳区域。内陆西部地区主要是以甲府为中心的山梨县地区，有雄伟的山岳和丰富的森林资源，在保护生物多样性方面发挥着重要作用。

二　首都圈自然环境的保护与治理

通过绿地保护和创造，东京中心区的自然环境保护取得了一定的成效，但随着城市化的推进，城市空间吞食了周边地区的自然空间，自然环境逐渐减少。1999 年，第五次基本计划提出构建“绿色回廊”的生态网络及广域的水和绿色网络，保护生物多样性和人与自然相处的空间。2004 年，以都市再生项目“大城市圈都市环境基础设施再生”为基础，日本政府提出了“首都圈都市环境基础设施的总体设计——在首都圈建立水、绿色和生物的网络”。以水和绿色为基本轴，注重生物多样性的保护，与首都圈整备计划协同推进，治理既成市区和近郊整备地带及沿海岸的自然环境（以东京都为中心 50 千米范围），依据不同地区的特点分别采取不同的保护措施，面向未来建设与自然和谐共生的首都圈。①

东京都心是高度城市化地区，自然景观少，要着重保护市区内已有的神田川、鹤见川等河流及其流域的自然环境，保护明治神宫和新宿御苑等城市大规模绿地。同时，以开发城市公园和种植行道树的方式增加城市绿地面积。此外，还要保护城市内已有的农地、农场等生产绿地，活用相关政策推进私人用地和公共绿地的开发，促进屋顶和墙面绿化。

首都圈外侧地区主要指千叶中部及沿海地区、埼玉县中部、东京都中部和神奈川县中东部地区，与东京都心相比其有更丰富的自然资源，有以农地绿地为中心的良好的自然环境。这些区域在支持农业发展的基础上，保护和

---

① 『首都圏都市環境インフラのグランドデザイン～首都圏に水と緑と生き物の環を～』，自然環境の総点検等に関する協議会 2004 年 3 月，https：//www.mlit.go.jp/kisha/kisha04/02/020315/02.pdf，最后检索时间：2022 年 7 月 15 日。

再生农地周边的树林、池塘、河流等自然环境。同时，充分利用绿地保全制度，培育优美的田园景观和具有地方历史文化特色的自然环境。

首都圈外东部地区包含茨城县南部、埼玉县东部和千叶县的大部分区域，有河流、湖泊、耕地、树林等丰富的自然景观，对保护生物多样性意义重大。这些区域在扩大及保护自然公园和绿地的同时，积极推行环保教育，形成与自然环境共生的理念。加强对湖泊河流等自然环境的维持和管理，严格惩治倾倒产业垃圾和非法丢弃的行为以保护自然环境。

首都圈外西部地区主要包括埼玉县西部、东京都西部、神奈川县西部的地区，有多摩川、相模川等河流以及多摩丘陵、奥多摩森林地带、三浦半岛等多样的自然地理环境，多摩丘陵和三浦半岛构成了绿色首都圈的基本框架，是构筑水和绿色网络的关键点。

沿海地域主要有东京湾、相模湾海域、葛西海浜公园等，这里的重点是保护好海洋生态环境，维护海洋生物多样性，创建美丽大海和魅力东京湾。

在保护和创造绿地的同时，首都圈也逐步加强绿色基础设施建设。绿色基础设施是在社会资本整备和土地利用等软、硬件方面，充分利用自然环境所具有的多种功能，推进可持续发展的国土、城市、区域建设的措施。国土交通省于 2019 年 7 月公布了《绿色基础设施推进战略》，之后又于 2020 年提出绿色基础设施的基本构想，通过“先导形成绿色基础设施支持项目”等表彰推进绿色基础设施的优秀举措并设立“绿色基础设施大奖”。在 22 个获奖项目中，首都圈有 10 件获得优秀奖（其中 3 件获得国土交通大臣奖）。

伴随城市公园的治理和绿地保护相关法律的推进，首都圈的绿地保护和绿化措施也逐步得以完善。截至 2020 年底，首都圈公园面积达到了 29728 公顷，较 2010 年增加了约 2660 公顷，约增加了 10%。绿地数量也由 3.054 块增加至近 3.5 万块，增长了近 15%，同期，首都圈人均城市公园面积增至 6.8 平方米。城市公园绿地在保护环境方面发挥重要作用的同时，还为民众提供了休闲娱乐场所，在防灾和搞活地域经济方面也有所贡献。为提高公园的魅力、促进其与城市建设融为一体，首都圈将进一步推进公开招募设置管理制度（Park-PFI）和公园设施设置管理协定制度。

首都圈从自然环境保护的量和质两方面着手，在增加公园绿地面积和自然空间的同时，也积极进行维护和管理工作，截至 2020 年 3 月末，在首都圈内各大国立公园、国定公园、都县立自然公园的面积中占比最多的为东京都，高达 36%；神奈川县的大规模天然森林等指定保护区面积也增至 11236 公顷，为历史新高。

三　低碳城市建设和发展

1997 年《京都议定书》签署后，日本在节能减排、建设绿色低碳城市方面的努力取得了成效。2019 年，首都圈的碳排放量为 2.92 亿吨，占日本碳排放总量的 30%。其中 60%以上来自产业部门、运输部门和家庭，为削减碳排放量，抑制温室效应，首都圈采取了一系列低碳城市建设与发展措施。

（一）建设紧凑型城市，合理规划城市功能

相关研究表明，城市结构对二氧化碳排放量具有很大影响。大城市人口密度高，城市功能分散导致通勤距离长、私家车利用率高、能源消耗高、城市绿地空间被挤占，这必然导致交通、产业和家庭部门的二氧化碳排放量增加且无法得到有效吸收。[①] 对此，东京首都圈通过推进紧凑型城市建设，鼓励人们居住在更靠近工作地点和生活必需的服务设施附近，提高公共交通利用率，减少能源消耗和碳排放。

从首都圈整体范围看，不断完善在东京都心的各种生活服务功能和公共交通系统，提高生活的便利性有利于减少碳排放。此外，需要建立以各个核心城市和据点城市为中心的生活圈，形成各自独立又互联互通的分散型网络结构。这些都以保护自然环境、建设与环境共生的地域自立圈为基础。以枥

① 李国庆、丁红卫：《地方城市低碳发展：日本实践与经验镜鉴》，《福建行政学院学报》2019 年第 6 期，第 98~110 页。

木县的宇都宫市为例，宇都宫市于2008 年发表了“协作/集约型网络型紧凑城市”（NCC）的构想，后在 2017 年制定了在中心城区和车站周边划定城市功能引导区域的选址合理化计划，推进 NCC 构想的实现。以宇都宫站东口的“城市据点”为中心，推进周边约 2.6 公顷范围内的广场、复合设施（商业、办公楼、酒店）、住宅等的整治，通过集聚城市功能、提高公共交通利用率、减少私家车的使用，预计一年可减少 6499 吨的碳排放量。

（二）利用可再生能源，改善能源结构

众所周知，日本是一个资源小国、人口大国，对能源的需求量巨大，而低碳能源是建设低碳城市的基本保证。首都圈的能源消耗量自 2007 年开始呈下降趋势，这与首都圈采取的各种节能减排的措施密不可分。第一，居家办公增加有利于降低环境负荷。居家办公减少了私家车的出行量，自然可以减少 CO_2 的排放量，配合大力推广新能源汽车等措施，可进一步削减碳排放量。此外，居家办公还减少了办公大楼的使用，减少了办公楼维护、使用空调和照明设备等产生的能源消耗，降低了对城市环境的负荷。第二，完善城市规划和土地利用实现低碳目标。通过建设“紧凑型”城市，将城市功能和居住功能高度集中，缩短通勤距离，减少车辆使用频率可减少能源消耗。活用开放空间，自产自销可再生能源，广泛建设充电设备，以便推广电动汽车和共享汽车的使用。第三，增加绿地面积，吸收 CO_2 缓解城市热岛效应。第四，积极导入可再生能源，大力推广水力发电、太阳能发电和生物质发电等；活用节能设备和未利用的热能，减少总体能源消耗。此外，日本政府采取固定价格购买制（FIT），即电力公司以固定价格在一定时间内收购使用可再生能源发电的电力，而可再生能源收购费用由电力公司以征收金的形式从用户处回收。政府用这种方式鼓励电气企业采用可再生能源发电。2019 年的首都圈能源消耗总量为 3.915 万焦耳，每千人能源消耗量已低于全国平均水平，而能源利用率则逐年升高，远超全国平均水平。此外，截至 2020 年，首都圈可再生能源发电量超过 167 亿千瓦，较上年增加 0.3%，连续 5 年稳步增长；其中，东京圈

周围4县（茨城县、栃木县、群马县、山梨县）的可再生能源发电量已经占到首都圈可再生能源总发电量的80%。

（三）完善公共交通，普及新能源汽车

一方面，交通部门的碳排放量约占日本碳排放总量的20%，其中90%以上来自汽车尾气排放，完善公共交通、减轻交通领域的环境负荷是城市低碳发展的重要课题。1963年，日本政府首次提出了《城际高速公路发展构想》，从“整顿城市内交通体系”和“整顿城际交通体系”两个方面考虑，构筑首都圈“3环状9放射”的交通网络，这也成为首都圈道路交通整顿的基本框架，合理化“放射+环状”的立体交通网络，提升了交通便利性与效率、消除了交通拥堵。城际轨道交通的完善让远距离通勤成为可能，有效缓解了东京都心的居住和生活压力。在中央环状线、外环道、圈央道“3环状”的基础上，首都圈还强化港口和机场的整治，增加交通手段多样化，建立起高效率货运物流网络，引导公民低碳出行。东京中心区的铁轨和车站密度在世界级的大城市里也是绝无仅有的，未来计划在首都圈的大部分地区都建立起“车站步行圈”，进一步提高公共交通的利用率。此外，以东京奥运会的举办为契机，日本政府进一步整治首都圈交通系统，通过交通需求管理（TDM）和交通管制、提高私家车使用费等方法，计划削减首都高速路30%的交通量。

另一方面，混合动力、氢能源汽车等新能源汽车的发展越来越受瞩目。东京都推出相关政策，从2009年度起消费者购买纯电动汽车或插电式混合动力车，可享受全额免除汽车购置税和车辆使用税。此外，东京还根据环境绩效对电动轻型车（含燃料电池轻型车）、天然气轻型车（符合2018年尾气标准或2009年尾气标准 NO_2 降低10%）实行免税优惠。截至2020年，首都圈新能源汽车占比高达20%，相比2010年的3%增加了17个百分点。

（四）调整产业结构，鼓励绿色科技创新

在一定的技术条件下，产业结构对城市污染排放量有决定性影响。建设

低碳城市、解决城市环境污染的重要途径之一便是调整、升级产业结构，推动第三产业的发展。东京于 20 世纪 60 年代就开始将各类产业分散外迁到周围的神奈川县和千叶县，都内只保留精密机械制造和电子制造等技术含量高、附加价值高、占地面积小的工业，这使工业污染得到一定的控制。与此同时，商贸、物流、金融服务以及生活服务等第三产业功能快速发展，加之许多大企业都将总部设在东京，生产服务业逐渐成为东京的支柱产业。而东京周边地区主要为满足城市日常供给，承担农业和工业生产功能。随着全球化的发展，日本逐渐将一些技术含量低的日用品生产转移到国外，国内负责研发和生产附加价值高的产品，主导产业从制造业到传统服务业再到现代服务业的转变也是由高能耗向绿色低碳转型的过程。2009 年，东京首都圈的第三产业占比就超过了 70%。此外，日本政府鼓励科技创新助力环保，很多企业都实现了绿色生产。2022 年 7 月日本前 100 名环保企业排行榜中，首都圈内有 48 家科研环保企业上榜。

（五）国家财政支持地方发展，地方扶持企业

保证各区域、街道按照政府各项规划推进建设，需要大规模的财政投入作为支持，这对各地方政府而言无疑是较大负担。为保证低碳城市建设以及市区街道建设等，日本政府于 1966 年制定了《关于完善首都圈、近畿圈及中部圈近郊整备地带国家财政特别措施的相关法律》，提高都道府县发行相关地方债的占比和利息补贴，并提高国家对市町村等行政区域的补贴标准。本制度对地方政府完善城市圈和绿色基础设施建设提供了重要的财政支持，1979 财年国家对市町村的财政补贴达到 489 亿日元的历史最高值。随着城市建设的不断完善，市町村所需国家财政补贴逐年减少，到 2006 年仅需国家补贴 3 亿日元，该财政特别制度于 2007 年停用。

此外，对于产业分散转移等工厂园区建设以及开发区的建设，日本实行税费优惠减免等措施予以支持。地方政府负责建设开发区以及制造园区、周边道路等，对提供土地的居民实施 5000 万日元的特别免税扣除以及对园区建设相关用地实施免税等措施。因此造成的地方财政空缺在满足一定条件的

前提下，通过增加地方交付税由国家补给地方。该制度在首都圈相关产业用地规划确定后五年间持续实施，其他地区则持续至 2011 财年末。

四 东京首都圈建设对我国京津冀绿色发展的启示

（一）发挥市场功能，强调城市间协同发展

城市群的统一规划发展受行政区域划分的影响大，因此，日本在最初就将首都圈作为一个整体来规划和建设，与之同步的还有近畿圈和中部圈的发展规划，在三大都市圈内建立起了良好的区域协调和处理机制，打破了行政区域的限制，保障计划的有效施行。日本经验表明，我们应在明确京津冀城市群发展的核心战略是缓解北京的非首都核心功能这一前提下，充分发挥各地区的地域和经济优势，配合其他地区发展的战略部署，有效利用市场的资源配置功能，建立协作机制。京津冀三地在产业、交通、环境等很多领域都有明显的地区差异，这导致各地的发展目标和利益诉求难以形成有效的统一意见。在推进京津冀城市群一体化进程中，应打破行政区域的束缚，利用各地区优势产业，有效推进各地区协同发展，提升京津冀地区的国际竞争力。

（二）创新城市空间，形成多核多圈层网络结构

日本政府通过规划城市空间，在东京大都市圈内划定承担特定功能的城市空间，创新多个承担核心功能的“心脏地区”，分担都心的经济、行政中枢管理功能。后又进一步建立广域首都圈概念，在分散东京圈大城市压力的同时，为地方经济注入活力，建立具有特色文化的地方自立圈，构筑了多中心空间结构。在创新城市空间的基础上，合理规划工业用地、农业用地、城市绿地，打造环境优美舒适的居住环境。京津冀在协同发展的过程中也应重视构筑区域发展网络。以北京为核心，向外围扩散非首都核心功能，合理利用土地资源，保护好农业用地和城市绿地，建立“核心—外围”的绿色经济格局。

（三）调整产业结构，引导形成合理城市圈结构

日本通过分散首都圈产业用地、建设产业园区和住宅等方式合理规划城市空间，1965~1990年，日本首都圈近郊地带的第二产业增长明显超过既有街区，住宅供给和从业人口的居住地也不断向近郊地区集中并于20世纪90年代末超过既有街区，在住宅条件得以改善的同时，城市公园等绿色基础设施不断完善，逐渐形成紧凑合理的城市布局。同时，连接既有街区以及东京都心的公共铁路网与物流体系，有效解决了通勤问题，缓解了城市中心的拥堵。日本经验告诉我们，通过合理调整产业结构能够引导人口向周边城市疏散，公共交通设施与物流网络的建设若能及时改善，将有利于形成集约、紧凑、合理的首都城市圈。

（四）完善政策法规，注重规划的科学性和连续性

法治化是城市发展的基本保障。日本首都圈的发展是在不断完善相关政策、法律法规体系的基础上实现的，这对推动城市群的发展和建设具有重要意义。日本的首都圈建设历经五次基本计划，每次计划都是对当下及未来发展出现的问题做出的政策调整。依据每次基本计划，东京首都圈在交通、产业、绿地、环境等方面制定具体计划，并在相关法律的保障下有效实施。京津冀在发展过程中也应做好长期规划，确保总体发展战略和各地区、各部门之间的关联性及协调性，注重规划的可持续性和细化落实。

（五）国家财政支持，各地协同实现绿色发展

日本政府通过财政手段以国家支持地方、地方负责建设并帮助企业迁移等方式实现了首都圈周边产业集聚与城市间协同发展，有效地避免了地区财力不同导致的区域间产业园区建设差距，进而实现了首都圈绿色协同发展。国家的财政支持不仅能够有效地消除区域隔阂，也有助于各地形成自己的发展特色，在丰富城市圈多样性的同时，吸引有创造力的人才和企业，为首都圈的高效发展打下基础。京津冀城市圈作为国家战略之一，应采取有效的财

政调节手段，不断强化广域绿色基础设施建设，为建成具有国际竞争力的绿色大城市圈提供支持。

参考文献

宫元克己，「首都圏近郊における緑地帯構想の展開に関する二．三の考察」，『ランドスケープ研究』(1994) 年58巻5号。

国土交通省，『三圏計画の改定について』，2016年2月，https://www.mlit.go.jp/common/001119894.pdf，最后检索时间：2022年7月15日。

国土交通省，『首都圏整備に関する年次報告要旨』，2021年6月，https://www.mlit.go.jp/report/press/content/001484874.pdf，最后检索时间：2022年7月15日。

刘瑞、伍琴：《首都经济圈八大经济形态的比较与启示：伦敦、巴黎、东京、首尔与北京》，《经济理论与经济管理》2015年第1期。

平力群：《日本平衡首都圈规划建设五大关系的启示》，《东北亚学刊》2020年第2期。

孙宝林：《东京都：环境问题与对策》，《城市问题》1997年第3期。

张婉璐、曾云敏：《东京的低碳城市发展：经验与启示》，《经济发展方式转变与自主创新——第十二届中国科学技术协会年会（第1卷）》，2010年。

B.20 美国东北部大西洋沿岸城市群生产性服务业绿色转型发展经验与借鉴

张 涛　司秋利　侯宇恒*

摘　要： 随着信息技术革命、现代管理方式变革和知识经济的兴起，美国逐步从工业经济时代转向服务经济时代，以知识和技术密集型的生产性服务业为主导产业的美国东北部大西洋沿岸城市群处在全球价值链的高端，已经成为具有世界影响力和经济竞争力的城市群。本报告在分析美国东北部大西洋沿岸城市群生产性服务业发展现状的基础上，从区域协调、内生动力、市场环境、财税支持、国际贸易等方面全面总结了其生产性服务业绿色转型发展的主要经验，为"十四五"时期我国城市群生产性服务业绿色转型发展提供借鉴。

关键词： 美国东北部大西洋沿岸城市群　生产性服务业　绿色转型发展

一　引言

1961年，Gottmann在其著作《城市群：城市化的美国东北部海岸》一书中研究美国东北部海岸大都市连绵区的发展历史、地理位置和经济联系，并首次用城市群的概念来描述大都市连绵区。1976年，Gottmann在《全球城市群体系》

---

* 张涛，经济学博士，中国社会科学院大学经济学院执行院长，研究员，博士研究生导师，主要研究方向为大数据与经济模型、宏观经济政策；司秋利（通讯作者），经济学博士，中国劳动关系学院经济管理学院讲师，主要研究方向为产业集聚与经济发展；侯宇恒，中国社会科学院大学应用经济学院博士研究生，主要研究方向为大数据与经济模型、资源与环境经济学。

一书中认为世界上有六大城市群，美国东北部大西洋沿岸城市群是六大城市群之一。城市群是以特大城市和大城市为核心，构成经济联系紧密的一体化的城市联合体，是区域经济的高级空间组织形式，实现从企业集聚到产业集聚、到城市集聚的过程，能够在更大范围内实现资源有效配置。全球经济一体化发展和产业分工的不断细化加深城市之间的经济联系，促进经济要素的不断集聚发展，经济发展模式从单个城市向城市群集聚发展转变，全球竞争已经从单个城市的竞争转变为城市群的竞争。随着信息技术革命、现代管理方式变革和知识经济的兴起，美国逐步从工业经济时代转向服务经济时代，具有知识、技术、信息、人才密集型的生产性服务业呈现显著的大城市空间集聚和快速发展的趋势，成为美国城市的支柱产业和区域经济发展的新动力，而制造业呈现向城市郊区和城市群外围转移的趋势特征。2020 年，Waiengnier 等指出，先进生产性服务公司越来越集中在大都市，以生产性服务业集聚为显著特征的城市群处在全球价值链的高端，通过跨国公司和总部管理对全球实行战略指挥和控制职能。

从 1992 年到 2002 年的联合国可持续发展世界首脑会议，制定并执行《21 世纪议程》，强调在发展经济的同时加强环境保护，积极推进全球的可持续发展。2015 年，联合国可持续发展峰会通过了《变革我们的世界：2030 年可持续发展议程》，制定了可持续发展的具体目标。2015 年，第 21 届联合国气候变化大会通过《巴黎协定》，全球为应对气候变化做出了统一安排。绿色发展是对可持续发展的继承，其思想是一脉相承的。“绿色”虽然没有明确统一的定义，但多数学者认同绿色发展的内涵包括节约资源和能源、环境友好、可循环、可持续发展。当前，全球经济发展面临资源节约和环境保护的双重约束，同时全球气候变化加剧，以效率、和谐、持续为目标的绿色发展成为重要趋势，产业的绿色转型发展也迫在眉睫。

对于生产性服务业绿色转型发展，其内涵包含三个维度。第一，生产性服务业本行业发展的绿色化，即利用信息技术促使生产性服务业发展过程中的载体、配件和方式符合资源节约、环境保护和低碳的要求。比如现代物流行业快速发展的同时，也带来了包装废弃物、大气污染和交通拥堵等资源环境问题，需要充分利用先进物流技术和新能源等减少物流发展对于生态环境的破坏。第二，服务于绿色生产和发展的生产性服务业。这类生产性服务业多数处于微笑曲线的两端，具有高知识、高技术和高附加值的特点，其本身发展促进产业结构高级化，提升制造业生产效率，减少资源能源的消耗，同时也有助于催生节能环保服务的专业化发展，为区域整体绿色转型发展提供了重要动力。第三，对绿色发展行为引导和鼓励的生产性服务业。这类生产性服务业可以通过相关制度设计来落地绿色环保理念，降低交易成本，促进其他行业的绿色转型发展，比如绿色金融服务、绿色金融产品、碳排放交易和排污指标交易等发挥了对绿色发展行为的引导和鼓励作用。

生产性服务具有知识和技术密集型的特点，是用来生产其他产品和服务的中间投入，是将人力资本和知识资本引入生产的重要途径。生产性服务业作为区域经济增长的新动能，其绿色转型发展不仅是生产性服务本行业的绿色转型发展，同时通过产业关联效应促进工业尤其是制造业的绿色转型发展。因此，生产性服务业绿色转型发展是引导城市群绿色转型发展的重要驱动力。当前，美国东北部大西洋沿岸城市群是世界相对最成熟、最具有代表性的城市群之一，是美国工业经济和现代服务经济的发源地和中心之一。本报告以美国东北部大西洋沿岸城市群为例研究生产性服务业绿色转型发展的经验，为我国城市群生产性服务业的绿色转型发展提供借鉴。

二　美国东北部大西洋沿岸城市群生产性服务业发展现状

美国东北部大西洋沿岸城市群，又名波士顿—华盛顿城市群（Boston-Washington），是以波士顿、纽约、费城、巴尔的摩、华盛顿五大中心城市为主，周边 40 多个中小城市组成的城市网络，呈现金字塔结构的城市体系。2021 年，美国东北部大西洋沿岸城市群实际 GDP 为 4.77 万亿美元，占美国实际 GDP 比重达到 24.54%，以占全美约 1.5%的面积集聚约 20%的美国人口，城市化水平达到 90%以上，是美国人口密度最高的区域，世界公认的全美政治、经济、文化、社会中心，同时也是美国最大的生产基地、商贸中心和金融中心。20 世纪 70 年代，美国制造业开始向国外转移，逐步进入服务经济时代，服务业尤其是生产性服务业呈现在大城市空间集聚并快速增长的趋势特征，成为推动东北部大西洋沿岸城市群经济发展的新动能。

（一）生产性服务业总体发展规模分析

为分析美国东北部大西洋沿岸城市群生产性服务业发展的现状，首先要对其包含州域进行界定。东北部大西洋沿岸城市群主要包括新英格兰地区的缅因州（Maine）、新罕布什尔州（New Hampshire）、佛蒙特州（Vermont）、马萨诸塞州（Massachusetts）、罗得岛州（Rhode Island）、康涅狄格州（Connecticut），中部地区的纽约州（New York）、宾夕法尼亚州（Pennsylvania）、新泽西州（New Jersey）、特拉华州（Delaware）、马里兰州（Maryland）、华盛顿特区（Washington，D. C.）共计 12 个州。生产性服务业的行业主要包括批发零售贸易业，运输和仓储业，信息业，金融、保险、房地产及租赁业，专业和商业服务（包括专业、科学和技术服务，公司与企业管理，行政和支持以及废物管理与补救服务）。根据美国经济分析局（Bureau of Economic Analysis，BEA）的统计数据，分别计算美国和东北部大西洋沿岸城市群生产性服务业增加值占各自区域 GDP 的比重，绘制图 1 分析各区域生产性服务业对于其经济增长的贡献。

从整体发展趋势来看，2008 年全球金融危机之前，生产性服务业发展规模呈现较为平稳的波动趋势；2009~2018 年，生产性服务业发展规模呈现较为缓慢但稳定的上升趋势；2019 年后，生产性服务业发展规模呈现较为迅速的上升趋势，东北部大西洋沿岸城市群生产性服务业发展规模比美国平均水平高约 5%。20 世纪 90 年代后，以知识技术密集型为主的生产性服务业呈现飞速发展趋势，美国生产性服务业占全美 GDP 比重从 2005 年 50. 33%增加到 2021 年的 55. 13%，生产性服务业创造的 GDP 占据美国 GDP 的一半以上。凭借资本、知识和技术上的优势，美国生产性服务业具有较强的跨国别服务贸易的趋势，生产性服务贸易差额始终保持顺差，处于世界较为领先地位[①]。基

① 李佐智：《全球价值链视角下中美生产性服务贸易比较研究》，吉林大学博士学位论文，2021。

于获取全球市场、靠近客户、知识溢出以及信息搜集便利等需求，生产性服务业倾向于集聚在大都市和城市群。东北部大西洋沿岸城市群生产性服务业占本区域 GDP 比重从 2005 年 55.63%增加到 2021 年的 61.62%，对区域经济增长的贡献达到了 60%以上。相较同时期美国生产性服务业占 GDP 比重，东北部大西洋沿岸城市群生产性服务业占其 GDP 比重从 2005 年高 5.30 个百分点增加到 2021 年高 6.49 个百分点，其差距呈现扩大的趋势特征，说明东北部大西洋沿岸城市群生产性服务业空间集聚更具有比较优势。

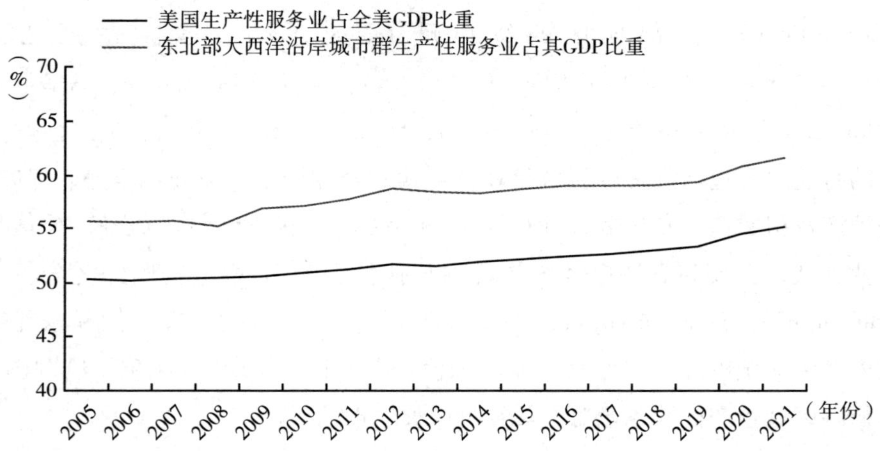

图 1　美国和东北部大西洋沿岸城市群生产性服务业发展规模比较

资料来源：美国经济分析局，下同。

（二）生产性服务业总体发展结构分析

为分析美国东北部大西洋沿岸城市群生产性服务业发展结构，借鉴郭淑芬等学者对生产性服务业的划分，将信息业，金融、保险、房地产及租赁业，专业和商业服务划分为高端生产性服务业，将批发贸易业、零售贸易业、运输和仓储业划分为中低端生产性服务业。[①] 根据美国经济分析局的行业统计数

① 郭淑芬、裴耀琳、吴延瑞：《生产性服务业发展的产业结构调整升级效应研究——来自中国 267 个城市的经验数据》，《数量经济技术经济研究》2020 年第 10 期。

据，分别计算美国和东北部大西洋沿岸城市群高端和中低端生产性服务业占各自区域 GDP 的比重，绘制图 2 分析各区域生产性服务业发展结构。

从整体发展趋势来看，知识、技术和信息密集型的高端生产性服务业对经济发展贡献呈现显著增加的趋势，中低端生产性服务业对经济发展贡献呈现较为缓慢减少的趋势，高端生产性服务业对经济发展贡献是中低端的 2 倍以上，两者对经济发展贡献差距呈现逐年扩大的趋势。比较美国和东北部大西洋沿岸城市群，美国高端生产性服务业对经济发展贡献从 2005 年 34.34%增加到 2021 年的 41.07%，增幅达到 6.73 个百分点，中低端生产性服务业对经济发展贡献从 2005 年 15.99%减少到 2021 年的 14.06%，降幅为 1.93 个百分点；东北部大西洋沿岸城市群高端生产性服务业对经济发展贡献从 2005 年 41.31%增加到 2021 年的 49.84%，增幅达到 8.53 个百分点，中低端生产性服务业对经济发展贡献从 2005 年 14.31%减少到 2021 年的 11.77%，降幅为 2.54 个百分点；美国高端与中低端生产性服务业比值从 2005 年 2.15 倍增加到 2021 年的 2.92 倍，东北部大西洋沿岸城市群高端与中低端生产性服务业比值从 2005 年 2.89 倍增加到 2021 年的 4.23 倍。东北部大西洋沿岸城市群的生产性服务业结构更加高级化，相对于中低端生产性服务业，高端生产性服务业在城市群更具有空间集聚优势。

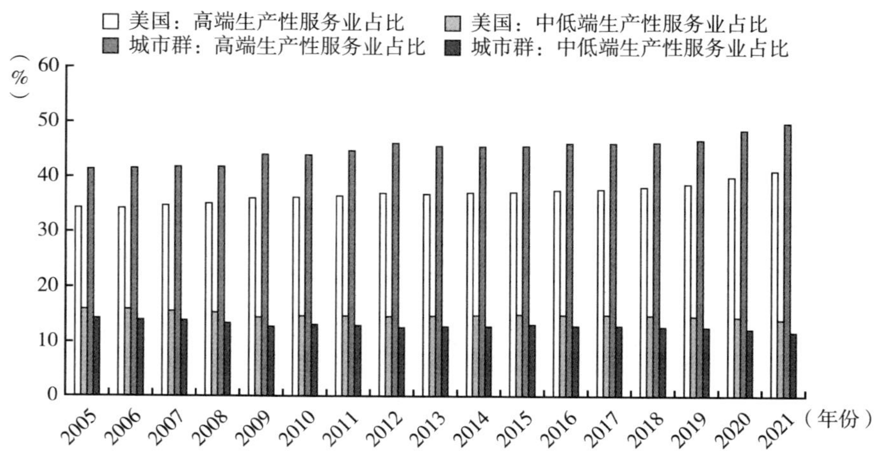

图 2　美国和东北部大西洋沿岸城市群生产性服务业发展结构比较

（三）各州生产性服务业发展情况分析

美国东北部大西洋沿岸城市群由新英格兰地区的 6 个州和中部地区的 6 个州组成。图 3 绘制了美国和东北部大西洋沿岸城市群新英格兰地区 6 个州生产性服务业占其区域 GDP 的比重，比较新英格兰地区 6 个州生产性服务业发展规模。康涅狄格州素有“美国兵工厂”之称，是美国最富有的州之一。以波士顿为首府的马萨诸塞州，拥有众多高等学府，教育资源较为丰富。新罕布什尔州有港口且接近 128 号公路，运输行业发展快速。康涅狄格州、马萨诸塞州和新罕布什尔州生产性服务业占其区域 GDP 的比重高于美国平均水平约 5 个百分点，分别从 2005 年的 53.97%、55.21%、52.51%增加到 2021 年的 61.31%、61.45%、59.75%，具有显著的生产性服务业空间集聚优势。罗得岛州是美国最小的州，医疗和健康服务是最大的服务行业，其生产性服务业占其区域 GDP 的比重接近美国平均水平，从 2005 年 48.64%增加到 2021 年的 54.96%。缅因州地形主体为新英格兰高地，制造业是主要产业。佛蒙特州为“绿岭之州”，主要出口电子仪器设备。缅因州和佛蒙特州生产性服务业占其区域 GDP 的比重要低于美国平均水平 5 个百分点上下，从 2005 年 47.01%、43.47%增加到 2021 年的

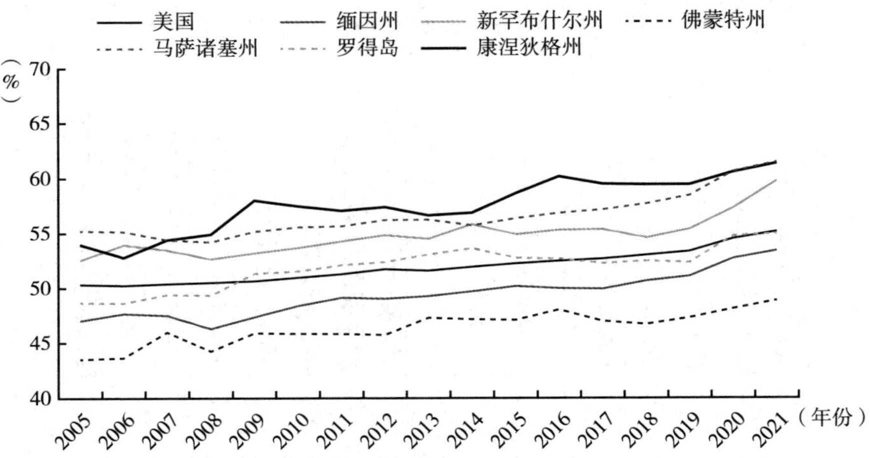

图 3　美国和东北部大西洋沿岸城市群新英格兰地区各州生产性服务业发展规模比较

53.36%、48.85%。

图4绘制了美国和东北部大西洋沿岸城市群中部地区6个州生产性服务业占其区域GDP的比重，比较中部地区6个州生产性服务业发展规模。有美国“第一州”之称的特拉华州，重要产业是金融服务和旅游业。纽约州是美国最发达的州之一，是美国的“神经中枢”和经济中心，金融服务、商务服务和交通运输等均处于领导地位。特拉华州和纽约州生产性服务业占其区域GDP的比重明显高于美国平均水平10个百分点以上，分别从2005年62.80%、61.16%增加到2021年的65.78%、68.43%，是东北部大西洋沿岸城市群中生产性服务业规模最大的两个州，具有最为显著的生产性服务业空间集聚的优势。被称为“花园州”的新泽西州是人口密度最高的州，主要产业为批发贸易、金融保险、专业及技术服务等。新泽西州生产性服务业占其区域GDP的比重高于美国平均水平8个百分点左右，从2005年57.58%增加到2021年的63.21%，也具有较为显著的生产性服务业空间集聚的优势。马里兰州具有良好的投资环境，是全美外国企业密度最高的地区之一；具有“拱顶石州”之称的宾夕法尼亚州是钢铁工业中心，其中费城是美国第四大城市。马里兰州和宾夕法尼亚州生产性服务业占其区域GDP的比重接近美国平均水平，分

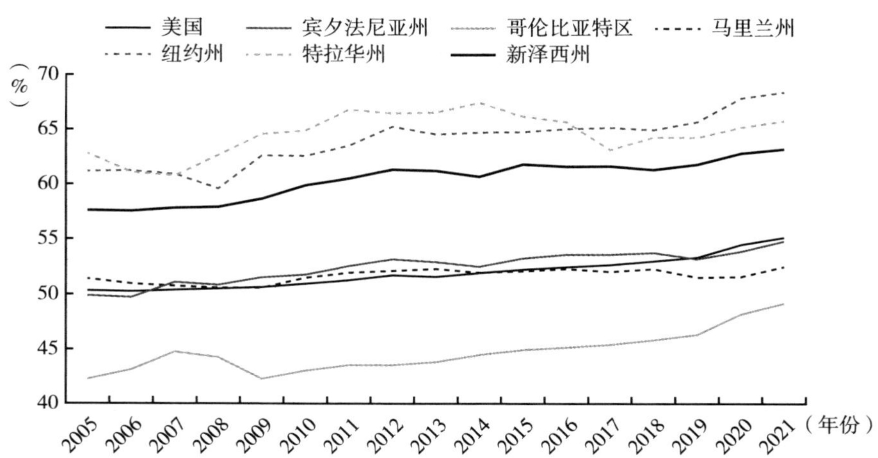

图4　美国和东北部大西洋沿岸城市群中部地区各州生产性服务业发展规模比较

别从 2005 年 51.38%、49.86%增加到 2021 年的 52.47%、54.79%。华盛顿哥伦比亚特区是美国的首都，仅以政府行政职能为主，是全美政治中心，也是仅次于纽约的第二大金融中心。华盛顿哥伦比亚特区生产性服务业占其区域 GDP 的比重要明显低于美国平均水平，从 2005 年 42.25%增加到 2021 年的 49.16%，是生产性服务业规模增幅较大的州之一。

三　美国东北部大西洋沿岸城市群生产性服务业绿色转型发展的主要经验

美国东北部大西洋沿岸城市群已经成为具有世界影响力和经济竞争力的城市群，其发展进入相对成熟的阶段，其生产性服务业绿色转型发展是引导城市群绿色转型发展的重要动力，是城市群缓解资源环境问题的重要途径，是城市群稳增长、扩就业的重要支撑。生产性服务业的绿色转型发展对于城市群绿色转型发展具有重要的战略意义，本报告从区域协调、内生动力、市场环境、财税支持、国际贸易等方面总结东北部大西洋沿岸城市群生产性服务业绿色转型发展的主要经验。

（一）构建“政府—非政府—市场”多主体联动的区域协调机制

美国东北部大西洋沿岸城市群构建了“政府—非政府—市场”多主体联动的区域协调机制，实现政府引导、专业指导和市场竞争驱动。城市群内部各城市之间存在着行政壁垒，涉及城市之间协调发展问题。美国政府制定总体政策，引导地方政府的相互合作。美国贸易促进协调委员会牵头，组织商务部等其他政府部门，促进跨区域、跨行业之间的合作与对接。区域规划协会等地方规划组织制定总体区域规划，提供专业化的指导来解决跨城市交通或环境污染问题。市场竞争和合作机制驱动不同城市发挥各自的比较优势，差别定位，错位发展。在顶层设计方面，城市群内部各城市进行差别化的功能定位，布局各具特色、优势互补、错位发展的多元化产业体系，以纽约为顶层核心城市，以波士顿、华盛顿、费城、巴尔的摩为中间层中心城市，以周边的中小城市为底层，形成较为完善的产业分工格局。在交通规划方面，布局由高速公路为主导，铁路、机场、港口等多种交通方式共同组成的四通八达的交通网络，促进城市群中心区域与郊区和不同城市之间经济联系和要素流动，同时促进航空和港口交通畅通及与世界市场的联系，在更大的范围内促进资源的高效配置。

（二）促进城市群中心城市生产性服务业空间集聚集群发展

在产业布局方面，随着服务经济时代的到来，以纽约、波士顿、华盛顿、费城和巴尔的摩为主的中心城市致力于促进生产性服务业空间集聚集群发展，获取知识和信息的溢出，实现跨地区和跨国别的生产性服务，发挥中心城市的集聚、辐射和带动效应，促进城市群一体化和外向型经济的发展。纽约作为世界金融中心、贸易中心和跨国公司总部集聚地，形成以发达的金融、贸易和研究等高端生产性服务为主的全球服务和管理的控制中心，具有较强的世界影响力。波士顿是高科技和高等教育中心，金融服务、信息技术服务、商务服务等生产性服务业构成其经济基础产业。华盛顿集聚政府机构和国际组织，是美国的政治中心。费城是历史名城，也是以炼油、钢铁制造、海运为主的制造业中心。巴尔的摩是以钢铁、造船和有色冶金为主的工业中心。中心城市的生产性服务业空间集聚集群和快速发展，共享城市基础设施，一定程度上缓解资源环境压力，提升城市群在全球价值链的地位，促进城市群产业结构高级化和绿色化。

（三）激发生产性服务企业绿色转型发展的主动性和积极性

美国主张的是自由竞争，政府不能直接参与微观经济主体的运营，只能进行宏观方面的调控。生产性服务企业绿色转型发展的关键在于激发微观主体的主动性和积极性。首先，东北部大西洋沿岸城市群中心城市加大绿色发展宣传，增强生产性服务企业绿色转型发展的意识。改变传统的绿色转型发展主要在于制造业而非服务业观念，服务业尤其是生产性服务业也存在资源环境问题，需要进行绿色转型发展。通过加大宣传，树立生产性服务企业的绿色服务理念，挖掘市场上的绿色商机，积极开展绿色认证，激发生产性服务企业积极主动进行绿色转型发展。其次，纽约、华盛顿、波士顿等地方政府进行政策引导和扶持，促使生产性服务企业绿色转型发展。不同行业的生产服务不同，其绿色转型发展的方式也不同。比如，批发零售行业可以通过电子商务、引导消费者绿色消费、开辟绿色采购等方式，交通运输行业鼓励新能源汽车和发展公共轨道交通等方式实现绿色生产服务。最后，中心城市对能源技术和环保服务重点领域给予重点支持，加强绿色认证，拓展绿色交易市场。各州政府高度重视发展能源技术和环保服务，设置了专项基金和内部专门机构予以金融支持。

（四）营造良好的生产性服务业绿色转型发展的市场环境

虽然美国东北部大西洋沿岸城市群中心城市生产性服务业发展水平以及生产性服务贸易竞争力均居世界前列，但是各州政府仍然高度重视提升生产性服务部门重点行业的竞争优势，利用产业政策予以大力支持，并利用多种手段为生产性服务业绿色转型发展提供良好的市场环境。第一，规范生产性服务业绿色服务市场发展秩序。生产性服务业涉及多个行业，相应的保护和管制较多。各州政府以立法形式完善生产性服务业绿色发展与贸易的管理体制与法律机制，消除地方保护和管制，防止市场上的恶意垄断和竞争，加快建立信用体系，发挥市场在资源配置中的积极作用，营造良好的制度化的发展空间与环境，为生产性服务业绿色转型发展提供公平竞争的市场环境。第二，积极培育和开拓绿色生产性服务的市场。绿色生产性服务的需求是生产性服务业绿色转型发展的关键。各州政府在金融政策、环境税收、价格政策等方面引导绿色生产性服务，完善绿色生产性服务的认证制度，开拓国内国际的绿色服务市场。比如美国的“绿色标签制度”，实现对绿色生产性服务的认证，有利于生产性服务业绿色转型发展。

（五）健全生产性服务业绿色转型发展的财税支持政策

绿色经济发展具有外部性特征，提升了其社会融资成本，东北部大西洋沿岸城市群逐步健全生产性服务业绿色转型发展的财税支持政策，可以降低生产性服务业绿色转型成本，更有力地促进城市群生产性服务业绿色转型发展。首先，各中心城市加大对生产性服务业绿色转型发展的财政投入，通过补贴、奖励、专项基金等多样化的财政政策引导社会资本的投入，促进生产性服务业绿色转型发展。如 2010 年《44 亿美元能源法案》，资助研发生产电动汽车和天然气车辆，缓解交通运输的环境污染问题。其次，鼓励城市群各州政府采购绿色产品种类，强化绿色采购制度。联邦政府制定并更新政府采购绿色产品清单，要求各州必须优先采购绿色产品。最后，城市群各州逐步将税收手段引进环保领域，为生产性服务业绿色转型发展提供税收减免、投资税收抵免和加速折旧等税收优惠政策，形成较为完善的环境税收制度。1991 年，美国 23 个州对循环利用投资和设备分别给予税收抵免扣除和免征销售税。美国颁布的环境税包括污染税、能源税和交通税等，保护环境的同时也降低了环境污染。

（六）完善生产性服务业绿色转型发展的国际贸易政策

当前美国已经成为全球服务贸易强国，生产性服务贸易逐步由劳动密集型主导转向知识技术密集型主导，东北部大西洋沿岸城市群贸易规模不断增大，贸易结构呈现高级化特征，注重资源集约和环境保护的绿色化转型发展。基于技术创新推动的美国东北部大西洋沿岸城市群生产性服务业和生产性服务贸易的国际化水平和国际竞争力很高，在知识、资本和技术上均具有较大的比较优势。首先，坚持“服务优先”的理念实施出口促进政策。通过多渠道开展服务业市场准入谈判，削减服务贸易壁垒，扩大市场的准入，为生产性服务贸易营造自由的国际竞争环境。美国贸易促进协调委员会（TPCC）积极开拓多元化的服务出口市场。其次，推行“国际买家计划”，重点扶持生产性服务出口部门。通过制定服务贸易协定建立全球服务贸易的准则，促进全球服务贸易自由化。最后，各州政府加强服务贸易出口企业的指导和服务。扶持金融保险、商务服务、通信、运输等重点领域生产性服务业产品的出口，在产业政策方面予以倾斜，培育重点生产性服务行业的国际竞争力。不断更新服务贸易统计方法，提高数据统计质量，服务于精准的生产性服务贸易扶持政策制定。

四 对我国城市群生产性服务业绿色转型发展的启示

城市群已经成为当前城市和区域发展的主流和趋势。中国“十四五”规划提出要发挥中心城市和城市群的带动作用，并确定“5+5+9”城市群的空间结构新格局，将城市群划分为国家级、区域性和地区性城市群三种类型。改革开放以来，中国实现了经济增长奇迹，但也带来较为严重的资源环境问题，迫切需要通过城市和区域生产性服务业的绿色转型发展带动城市群整体的绿色转型发展。虽然美国东北部大西洋沿岸城市群与我国城市群的经济发展背景不尽相同，但其生产性服务业绿色转型发展的经验也可以为我国城市群提供一定的借鉴。

（一）转变城市群经济发展模式，牢固树立绿色服务意识

20 世纪 60 年代以来，美国政府和民众在环境主义运动的影响下开始寻求新的城市发展模式，在关注城市经济发展的同时注重生态环境的保护，即建立生态友好、环境宜居的新型绿色城市。绿色城市标志着人类从工业文明迈向生态文明。绿色城市的根本体现在产业的绿色转型发展，生产性服务业发展和贸易已经成为推动美国东北部大西洋沿岸城市群发展的重要动力，因此美国城市群经济发展中重点关注生产性服务业的绿色转型发展。对于我国城市群绿色转型发展的启示在于：一是转变城市群发展模式，不同类型的城市群由高污染、高消耗、低效率的粗放发展模式转变为低污染、低消耗、高效率的绿色集约发展模式，追求绿色 GDP 和经济发展质量；二是树立绿色服务意识，将绿色发展理念贯穿于生产性服务业的全

产业链，将资源节约、环境保护和经济发展结合起来，在生产性服务中树立绿色服务理念。

（二）加强生产性服务业集聚集群发展，提升全球价值链地位

美国东北部大西洋沿岸城市群的主导产业经历了由劳动密集型的制造业转为资本和技术密集型的服务业，再到知识和技术密集型生产性服务业，其主要特点表现为绿色转型发展、创新驱动、生产性服务业集聚集群发展，其空间结构也从单一中心转为多中心。集聚集群是生产性服务业发展的有效组织形式。美国东北部大西洋沿岸城市群依托其金融服务、信息服务和商务服务等生产性服务业发展优势，占据全球价值链的高端环节，大力发展生产性服务贸易，加强生产性服务业的技术创新和对内对外双向开放，不断优化生产性服务业空间集聚发展的外部环境。我国城市群在发展过程中，一是加强生产性服务业空间集聚集群的发展，通过完善城市内部和城市之间的基础设施，建立良好的制度环境，提供充足的人才支撑促进生产性服务业集聚集群发展；二是根据城市群的特点优化城市群的空间结构，城市群功能定位应该各具特点、错位发展、优势互补，构建多样化的产业体系，这样才能提升城市群整体的国际竞争力，提升"中国服务"在全球价值链的地位。

（三）加强重点行业绿色转型，引领推动城市群整体绿色发展

美国东北部大西洋沿岸城市群在生产性服务业绿色转型发展过程中，重点加强交通运输行业和金融行业的绿色转型发展，起到引导推动整个城市群绿色发展的作用。对于交通运输行业，美国在《国家运输科技发展战略》中提出"建立安全、高效、充足和可靠的运输系统，性质是环境友善的"，运用电子数据交换、绿色包装、配送规划等先进技术促进现代物流行业的绿色转型发展。对于金融行业，联邦政府和各州政府构建绿色金融制度体系，建立专门绿色金融组织，创新绿色金融产品，为生产性服务业绿色转型发展提供资金支持。当前我国经济发展进入新常态，对于我国城市群生产性服务业的绿色转型发展，第一，加强生产性服务业本行业发展的绿色化，需要重

点关注城市群的交通运输行业和金融行业。交通运输行业需要不断优化空间结构、运输结构，推广新能源使用，建设绿色交通基础设施，提升综合运输能效，构建低碳交通运输体系。金融行业大力发展绿色金融，创新不同的绿色金融产品，引导社会资本流向生态保护产业和节约资源技术开发。第二，大力发展服务于绿色生产和发展的生产性服务业，提升区域产业结构的高级化，延伸原有的产业链和价值链，催生专业的节能环保服务，引领并推动城市群整体的绿色发展。

（四）健全绿色转型发展的支持政策，培育发展绿色服务市场

美国政府的引导和相关政策支持是推动城市群生产性服务业绿色转型发展的重要动力。东北部大西洋沿岸城市群在生产性服务业绿色转型发展过程中，健全财政税收支持政策，完善生产性服务业国际贸易政策，营造良好的绿色转型发展市场环境，同时注重激发生产性服务企业绿色转型发展的积极性和主动性，积极开拓和培育绿色服务市场。在我国不同类型城市群生产性服务业绿色转型发展过程中，应根据不同城市群的异质性健全相应的支持政策，培育并发展绿色服务市场。对于国家级城市群，存在跨城市、跨区域、跨国别的生产性服务，需要立足全球，重点完善发展绿色生产性服务业的国际贸易政策，打破服务贸易壁垒，以国际标准为依据制定相关绿色技术法规和标准，完善绿色产品、绿色认证、绿色标志，开拓绿色服务市场，提升国内国际的生产性服务贸易。对于区域和地区性城市群，制定并加强政府绿色采购制度，多样化财政资金使用方式，健全资源税、环境税和污染税等相关税费制度，降低生产性服务业绿色转型成本，发挥生产性服务企业绿色转型发展的主动性和积极性，促进城市群的绿色转型发展。

参考文献

联合国：《21 世纪议程》，里约热内卢：地球问题首脑会议，1992。

联合国：《约翰内斯堡可持续发展宣言》，约翰内斯堡：可持续发展问题首脑会议，2002。

联合国：《变革我们的世界：2030 年可持续发展议程》，纽约：联合国可持续发展峰会，2015。

联合国：《巴黎协定》，巴黎：联合国气候变化大会，2015。

钟炎君：《美国城市群的发展及启示》，《武汉轻工大学学报》2021 年第 2 期。

潘芳、田爽：《美国东北部大西洋沿岸城市群发展的经验与启示》，《前线》2018 年第 2 期。

雷尚君、夏杰长：《以习近平新时代绿色发展思想推动服务业绿色转型》，《黑龙江社会科学》2018 年第 3 期。

阎东彬、范玉凤、陈雪：《美国城市群空间布局优化及对京津冀城市群的借鉴》，《宏观经济研究》2017 年第 6 期。

Gottmann J. , *Megalopolis*: *The Urbanized Northeastern Seaboard of the United States*, New York: Twentieth Century Fund, 1961.

Gottmann J. , *The Present Renewal of Mankind's Habitat*: *An Overview of Present Trends of Urbanization around the World*, *Habitat International*, 1976.

Waiengnier, M. , G. V. Hamme, R. Hendrikse, D. Bassens. , "Metropolitan Geographies of Advanced Producer Services: Centrality and Concentration in Brussels," *Tijdschrift voor Economische en Sociale Geografie*, 2020.

附　　录

Appendix

B.21

中国城市发展大事记

（2021 年 7 月至 2022 年 6 月）

张双悦 *

2021年

2021 年 7 月 1 日　国家发展改革委印发的《"十四五"循环经济发展规划》（发改环资〔2021〕969 号）指出，为大力发展循环经济，推进资源节约集约利用，构建资源循环型产业体系和废旧物资循环利用体系，需要重点构建资源循环型产业体系，提高资源利用效率，构建废旧物资循环利用体系，建设资源循环型社会等。

---

* 执笔人：张双悦，经济学博士，天津商业大学经济学院讲师，主要研究方向为城市与区域发展；武占云，博士，中国社会科学院生态文明研究所国土空间与生态安全室副主任，主要研究方向为城市与区域经济。

2021 年 9 月 1 日　上海市规划和自然资源局出台的《上海市国土空间近期规划（2021—2025 年）》提出，要以推动高质量发展、创造高品质生活、实现高效能治理为目标导向，加快形成国内大循环的中心节点、国内国际双循环的战略链接，加快推进城市治理体系和治理能力现代化，加快建设具有世界影响力的社会主义现代化国际大都市，为全面建设社会主义现代化国家做出新的更大贡献。

2021 年 9 月 6 日　《国务院关于东北全面振兴“十四五”实施方案的批复》（国函〔2021〕88 号）提出，内蒙古自治区、辽宁省、吉林省、黑龙江省人民政府要提高对东北全面振兴重要性、紧迫性的认识，从推动形成优势互补、高质量发展的区域经济布局出发，着力破解体制机制障碍并激发市场主体活力，推动产业结构调整优化，以此推动东北全面振兴实现新突破。

2021 年 9 月 12 日　中共中央办公厅、国务院办公厅印发的《关于深化生态保护补偿制度改革的意见》提出，生态保护补偿制度作为生态文明制度的重要组成部分，是落实生态保护权责、调动各方参与生态保护积极性、推进生态文明建设的重要手段。各地区各部门应从聚焦重要生态环境要素、完善分类补偿制度着手，围绕国家生态安全重点、健全综合补偿制度，发挥市场机制作用、加快推进多元化补偿，完善相关领域配套措施、增强改革协同，树牢生态保护责任意识、强化激励约束等方面，进一步深化生态保护补偿制度改革，加快生态文明制度体系建设。

2021 年 9 月 22 日　《中共中央 国务院关于完整准确全面贯彻新发展理念做好碳达峰碳中和工作的意见》明确要求，要把碳达峰、碳中和纳入经济社会发展全局，以经济社会发展全面绿色转型为引领，以能源绿色低碳发展为关键，加快形成节约资源和保护环境的产业结构、生产方式、生活方式、空间格局，坚定不移走生态优先、绿色低碳的高质量发展道路，确保 2030 年二氧化碳排放量达到峰值并实现稳中有降，2060 年碳中和目标顺利实现，生态文明建设取得丰硕成果，开创人与自然和谐共生新境界。

2021 年 9 月 23 日　国家发展改革委印发的《“十四五”特殊类型地区

振兴发展规划》指出，应以改革创新为根本动力，以满足人们日益增长的美好生活需要为根本目的，统筹发展和安全，健全政策体系和成效机制，支持欠发达地区、革命老区、边境地区、生态退化地区、资源型地区、老工业城市更好地解决自身困难，更好地发挥支撑功能，持续增强内生发展动力，不断增进民生福祉，开拓振兴发展新局面，到2035年，特殊类型地区与全国同步基本实现社会主义现代化。

2021年9月29日 上海市人民政府印发的《上海市建设具有全球影响力的科技创新中心“十四五”规划》提出，上海科技创新中心建设正处于从形成基本框架体系向实现功能全面升级的关键阶段，“十四五”时期应以提升基础研究能力和突破关键核心技术为主攻方向，以自主创新与开放协同为推进路径，以深化科技体制机制改革为根本动力，加快构筑新阶段上海创新发展的战略优势，加快实现具有全球影响力的科技创新中心功能全面升级，为我国进入创新型国家前列提供坚实支撑。

2021年10月21日 中共中央国务院印发的《成渝地区双城经济圈建设规划纲要》明确提出要把成渝地区双城经济圈建设成为具有全国影响力的重要经济中心、科技创新中心、改革开放新高地、高品质生活宜居地，并从构建双城经济圈发展新格局、合力建设现代基础设施网络、协同建设现代产业体系、共建具有全国影响力的科技创新中心、打造富有巴蜀特色的国际消费目的地、共筑长江上游生态屏障、联手打造内陆改革开放高地、共同推动城乡融合发展、强化公共服务共建共享等方面提出了具体目标和任务。

同日 国家发展改革委、国家能源局、财政部、自然资源部、生态环境部、住房和城乡建设部、农业农村部、中国气象局、国家林业和草原局印发的《“十四五”可再生能源发展规划》（发改能源〔2021〕1445号）指出，加快发展可再生能源、实施可再生能源替代行动，是推进能源革命和构建清洁低碳、安全高效能源体系的重大举措。为此，需要大规模开发可再生能源，高比例利用可再生能源，高质量发展可再生能源，做好区域可再生能源供暖与国土空间规划、城市规划等的衔接。

2021年10月24日 国务院关于印发的《2030年前碳达峰行动方案》

（国发〔2021〕23 号）提出，将碳达峰贯穿于经济社会发展全过程和各方面，重点实施能源绿色低碳转型行动、节能降碳增效行动、工业领域碳达峰行动、城乡建设碳达峰行动、交通运输绿色低碳行动、循环经济助力降碳行动、绿色低碳科技创新行动、碳汇能力巩固提升行动、绿色低碳全民行动、各地区梯次有序碳达峰行动等“碳达峰十大行动”，以此顺利实现 2030 年前碳达峰目标。

2021 年 10 月 25 日　国务院办公厅印发的《关于鼓励和支持社会资本参与生态保护修复的意见》（国办发〔2021〕40 号）指出，生态保护修复是守住自然生态安全边界、促进自然生态系统质量整体改善的重要保障。为此需要鼓励和支持社会资本参与生态保护修复项目投资、设计、修复、管护等全过程，围绕生态保护修复开展生态产品开发、产业发展、科技创新、技术服务等活动，对区域生态保护修复进行全生命周期运营管护。

2021 年 10 月 27 日　国务院新闻办公室印发的《中国应对气候变化的政策与行动》指出，中国应对气候变化的新理念包括牢固树立共同体意识、贯彻新发展理念、以人民为中心、大力推进碳达峰碳中和、减污降碳协同增效等，应在以上新理念的指导下，不断加大应对气候变化的力度，坚持走绿色低碳发展道路，目的是建设节能低碳城市和相关基础设施，构建绿色低碳交通体系，持续提升生态碳汇能力，加快形成绿色发展的空间格局。

2021 年 11 月 26 日　国务院印发的《关于支持北京城市副中心高质量发展的意见》（国发〔2021〕15 号）提出，要牢牢抓住疏解北京非首都功能这个“牛鼻子”，有序承接符合城市副中心发展定位的功能疏解和人口转移，提升对首都功能的服务保障能力；同时，积极推进城市生态修复和功能完善，健全生态环境综合治理体系，以进一步加强环境治理，建设国家绿色发展示范区。

2021 年 12 月 6 日　国家发展改革委联合有关部门印发的《黄河流域水资源节约集约利用实施方案》（发改环资〔2021〕1767 号）明确要求，实施黄河流域及引黄调水工程受水区深度节水控水，既要强化水资源刚性约束，贯彻“四水四定”、严格用水指标管理、严格用水过程管理，又要优化流域水资源配置，优化黄河分水方案、强化流域水资源调度、做好地下水采补平衡。到 2025 年，黄河流域水资源消耗总量和强度双控体系基本建立，流域水资源配置进一步优化，重点领域节水取得明显成效，非常规水源利用全面推进。

2021 年 12 月 9 日　《国务院关于印发“十四五”现代综合交通运输体系发展规划的通知》（国发〔2021〕27 号）指出，目前重点城市群、都市圈的城际和市域（郊）铁路存在较明显短板，为此，应建设城市群一体化交通网、构建都市圈通勤交通网、打造城市现代交通系统等，目的是分层分类完善交通网络，加强互联互通和一体衔接，促进城市群、都市圈和城市内交通运输协同运行，推动城市群和都市圈交通运输率先实现现代化。

2021 年 12 月 10 日　《国家发展改革委关于印发〈成渝地区双城经济圈多层次轨道交通规划〉的通知》（发改基础〔2021〕1788 号）指出，要通过四网融合、枢纽衔接、完善快速便利的城际铁路网、构建便捷通勤的市域（郊）铁路网等方式，加快提升成渝地区双城经济圈的发展水平，目的是到 2025 年，初步建成轨道上的成渝地区双城经济圈；到 2035 年，基础设施互联互通基本实现，支撑引领区域一体化发展。

2021 年 12 月 21 日　《国务院办公厅关于印发要素市场化配置综合改革试点总体方案的通知》（国办发〔2021〕51 号）要求围绕推动国家重大战略实施，根据不同改革任务优先考虑选择改革需求迫切、工作基础较好、发展潜力较大的城市群、都市圈或中心城市等，支持开展全域土地综合整治，优化生产、生活、生态空间布局；探索建立沿海、海域、流域协同一体的海洋生态环境综合治理体系，支持试点地区进一步健全碳排放权、排污权、用能权、用水权等交易机制；探索建立碳排放配额、用能权指标有偿取得机制等。

2021 年 12 月 22 日　《国家发展改革委关于印发〈江苏沿海地区发展规划（2021—2025 年）〉的通知》（发改地区〔2021〕1862 号）提出，为推动江苏沿海地区高质量发展，协同建设长三角世界级先进制造业基地和世界级城市群，可进一步培育创建一批在产业、文化、旅游、生态资源等方面具有滨海风情的特色小镇和特色乡村，同时以“生态绿+海洋蓝”为发展模式，加强生态空间管控，严格保护近岸海域海岛，保护生物多样性等。

2021年12月28日 国家发展改革委等《关于印发〈“十四五”公共服务规划〉的通知》（发改社会〔2021〕1946号）明确了以标准化推进基本公共服务均等化的路径，首次将覆盖面更广、服务内容更丰富、需求层次更高的非基本公共服务和能够与公共服务密切配合、有序衔接的高品质多样化生活服务同步纳入规范范围，提出了系统提升公共服务效能的支持政策。规划提出，到2025年，公共服务制度体系更加完善，政府保障基本、社会多元参与、全民共建共享的公共服务供给格局基本形成，民生福祉达到新水平。

2022年

2022年1月30日 《国家发展改革委关于同意长株潭都市圈发展规划的复函》（发改规划〔2022〕199号）要求发挥长沙辐射带动周边城镇发展作用，深入推进长株潭同城化发展，提升对长江中游城市群的支撑能力，更好助推长江经济带和中部地区高质量发展。

2022年2月15日 《国家发展改革委关于印发长江中游城市群发展“十四五”实施方案的通知》（发改规划〔2022〕266号）指出，长江中游城市群是推动长江经济带发展、促进中部地区崛起、巩固“两横三纵”城镇化战略格局的重点区域，需要积极建设重要先进制造业基地、打造具有核心竞争力的科技创新高地、构筑内陆地区改革开放高地、创建绿色发展先行区、培育高品质生活宜居地，目的是在强化都市圈带动作用、优化城市群空间格局的基础上，推动绿色低碳转型、共同筑牢生态安全屏障。

2022年2月22日 国家发展改革委《关于同意西安都市圈发展规划的复函》（发改规划〔2022〕298号）提出，要加快西安—咸阳一体化发展，积极推动基础设施互联互通、产业分工协同协作、公共服务共建共享、生态环境共保共治，建立健全同城化协调发展机制和成本共担利益共享机制，目

的是积极培育现代化的西安都市圈。

同日 《北京市人民政府关于印发〈北京市“十四五”时期重大基础设施发展规划〉的通知》（京政发〔2022〕9号）明确要求，要加快关系全局和长远发展的重大基础设施建设，提升基础设施供给质量和服务品质，构建系统完备、高效实用、智能绿色、安全可靠的现代化城市基础设施体系，为建设国际一流的和谐宜居之都奠定坚实基础，并从加快京津冀基础设施一体化发展、建立更加完善的基础设施体系、强化重点区域基础设施保障、推进基础设施绿色低碳循环发展、着力提升基础设施服务品质等方面提出了具体目标和任务。

2022年2月28日 《国家发展改革委 自然资源部 住房和城乡建设部关于印发成都建设践行新发展理念的公园城市示范区总体方案的通知》（发改规划〔2022〕332号）提出，成都应通过构建公园形态与城市空间融合格局、建立蓝绿交织公园体系、保护修复自然生态系统等方式，加快推动建设城市践行“绿水青山就是金山银山”理念的示范区、城市人民宜居宜业的示范区、城市治理现代化的示范区。

2022年3月9日 《国务院关于北部湾城市群建设“十四五”实施方案的批复》（国函〔2022〕21号）指出，北部湾城市群建设要完整、准确、全面贯彻新发展理念，加快构建新发展格局，全面深化改革开放，坚持创新驱动发展，推动高质量发展等，目的是要在推动城市群高质量发展上闯出新路子，在服务和融入新发展格局上展现新作为，在推动绿色发展上迈出新步伐，在维护边疆海疆安宁上彰显新担当。

2022年3月10日 《国家发展改革委关于印发〈2022年新型城镇化和城乡融合发展重点任务〉的通知》（发改规划〔2022〕371号）从提高农业转移人口市民化质量、持续优化城镇化空间布局和形态、加快推进新型城市建设、提升城市治理水平、促进城乡融合发展等方面部署了多项任务；明确提出要通过健全城市群一体化发展机制、培育发展现代化都市圈、促进超大特大城市优化发展、推进以县城为重要载体的城镇化建设、完善边境地区城镇功能、促进特色小镇规范健康发展等举措，持续优化城镇化空间布局和形态。

2022 年 3 月 14 日 国家发展改革委印发的《河南郑州等地特大暴雨洪涝灾害灾后恢复重建总体规划》从居民住房、基础设施、城市内涝治理、公共服务、产业恢复振兴、生态环境、应急管理等 7 个方面提出了灾后恢复重建任务，明确了重要时间节点和阶段性目标。根据总体规划，经过三年的努力，全面完成灾后恢复重建任务，灾区防灾减灾能力得到显著提升，生产生活条件和经济社会发展水平全面恢复并超过灾前水平。

2022 年 3 月 16 日 《国家发展改革委等部门关于推进共建“一带一路”绿色发展的意见》（发改开放〔2022〕408 号）明确提出，推进共建“一带一路”绿色发展，是践行应对气候变化、维护全球生态安全的重大举措，是推进共建“一带一路”高质量发展、构建人与自然生命共同体的重要载体，并从统筹推进绿色发展重点领域合作、统筹推进境外项目绿色发展、统筹完善绿色发展支撑保障体系等方面提出了推进共建“一带一路”绿色发展的具体任务。

2022 年 3 月 30 日 山西省印发《关于支持和保障山西中部城市群高质量发展的决定》提出，要结合各市区位条件、资源禀赋和产业基础，合理布局生产力，推动建立山西中部城市群一体化的市场体系，以加快构建全省“一群两区三圈”城乡区域发展新布局，推动山西中部城市群高质量发展。

2022 年 3 月 31 日 国家发展改革委、商务部、工业和信息化部《关于加快推进废旧纺织品循环利用的实施意见》（发改环资〔2022〕526 号）提出，要结合废旧物资循环利用体系重点城市建设，支持大中型城市率先建立废旧纺织品循环利用体系，以进一步探索高效循环利用模式，促进产业集聚发展，形成规模效益，并及时总结推广经验做法。

2022 年 4 月 5 日 《上海市人民政府办公厅关于印发〈上海市资源节约和循环经济发展“十四五”规划〉的通知》（沪府办发〔2022〕6 号）指出，应按照节约优先、目标倒逼，循环畅通、高效利用，政府引导、多元共治，共建共享、区域协同等理念，加快提升能源节约利用水平，提高资源综合利用能力，最终建成循环型社会。

2022 年 4 月 7 日　《国务院关于同意长春、长春净月高新技术产业开发区建设国家自主创新示范区的批复》（国函〔2022〕28 号），同意长春、长春净月高新技术产业开发区建设国家自主创新示范区，强调要通过深化简政放权、加强创新资源优化整合等方式，把长春、长春净月高新技术产业开发区建设成为吉林全面振兴全方位振兴创新引擎区、体制机制改革先行区、东北亚开放创新枢纽区、创新创业生态样板区、“数字吉林”建设引领区。

2022 年 4 月 20 日　《国务院办公厅关于进一步释放消费潜力促进消费持续恢复的意见》（国办发〔2022〕9 号）指出，消费是畅通国内大循环的关键环节和重要引擎，应从促进消费有序恢复发展、着力稳住消费基本盘、不断增强消费发展综合能力、进一步夯实消费高质量发展基础等方面进一步释放消费潜力，系统全面地推动消费高质量发展。

2022 年 4 月 27 日　《国家发展改革委关于印发〈支持宁夏建设黄河流域生态保护和高质量发展先行区实施方案〉的通知》（发改地区〔2022〕654 号）指出，宁夏作为唯一一个全境位于黄河流域的省份，需要大力推动水资源节约集约利用、加快构建抵御自然灾害防线、构建黄河上游重要生态安全屏障、大力推动节能减污降碳协同增效等，明确要求到 2025 年，先行区建设取得重要进展，水资源节约集约利用水平明显提升，生态保护修复取得显著成效，经济社会高质量发展取得新成效，形成一批可复制、可推广经验。

2022 年 5 月 6 日　中共中央办公厅、国务院办公厅印发《关于推进以县城为重要载体的城镇化建设的意见》指出，县城是我国城镇体系的重要组成部分，是城乡融合发展的关键支撑，为此，应支持位于城市群和都市圈范围内的县城融入邻近大城市建设发展，主动承接人口、产业、功能特别是一般性制造业、区域性物流基地、专业市场、过度集中的公共服务资源疏解转移，以加快发展大城市周边县城。

2022 年 5 月 9 日　《国务院关于同意哈尔滨、大庆、齐齐哈尔高新技术产业开发区建设国家自主创新示范区的批复》（国函〔2022〕43 号），同意哈尔滨、大庆、齐齐哈尔 3 个高新技术产业开发区建设国家自主创新示范区，为此，需要充分发挥黑龙江省区位优势、资源优势、人才优势和产业技术优势，积极开展创新政策先行先试，不断提高自主创新能力，建设现代化产业体系，努力把哈尔滨、大庆、齐齐哈尔高新技术产业开发区建设成为体制机制改革创新试验区、老工业基地和创新型城市转型示范区、创新创业生态标杆区、对俄及东北亚协同开放先导区。

2022 年 5 月 14 日 《国务院办公厅转发国家发展改革委国家能源局关于促进新时代新能源高质量发展实施方案的通知》（国办函〔2022〕39 号）指出，要加快构建清洁低碳、安全高效的能源体系，以进一步推动科技创新与产业升级，保障产业链供应链安全，严格落实生态环境分区管控要求。

2022 年 5 月 19 日 《国家发展改革委关于印发〈革命老区重点城市对口合作工作方案〉的通知》（发改振兴〔2022〕766 号），要求建立发达省市与革命老区重点城市对口合作机制，深化区域合作协作，推动革命老区振兴发展。支持重点城市推动山水林田湖草沙一体化保护和系统治理，开展生态产品价值实现机制探索；坚持绿色发展，建设绿色农产品供应基地。

2022 年 5 月 30 日 《国务院关于同意在广东省广州市设立华南国家植物园的批复》（国函〔2022〕50 号）明确要求，坚持以华南地区植物迁地保护为重点，体现国家代表性和社会公益性；坚持对植物类群系统收集、完整保存、高水平研究、可持续利用，统筹发挥多种功能作用；坚持将热带亚热带植物知识和岭南园林文化融合展示，提升科普教育功能，讲好中国植物故事，彰显中华文化和生物多样性魅力，强化自主创新，接轨国际标准，推动构建中国特色、世界一流、万物和谐的国家植物园体系。

2022 年 5 月 31 日 《国务院关于“十四五”新型城镇化实施方案的批复》（国函〔2022〕52 号）指出，要以习近平新时代中国特色社会主义思想为指导，全面贯彻党的十九大和十九届历次全会精神，坚持稳中求进工作总基调，完整、准确、全面贯彻新发展理念，加快构建新发展格局，以推动城镇化高质量发展为主题，以转变城市发展方式为主线，以体制机制改革创新为根本动力，以满足人民日益增长的美好生活需要为根本目的，统筹发展

和安全，深入推进以人为核心的新型城镇化战略，持续促进农业转移人口市民化，完善以城市群为主体形态、大中小城市和小城镇协调发展的城镇化格局，推动城市健康宜居安全发展，推进城市治理体系和治理能力现代化，促进城乡融合发展，为全面建设社会主义现代化国家提供强劲动力和坚实支撑。

2022 年 6 月 6 日 《国务院关于印发〈广州南沙深化面向世界的粤港澳全面合作总体方案〉的通知》（国发〔2022〕13 号）指出，为加快推动广州南沙深化粤港澳全面合作，打造成为立足湾区、协同港澳、面向世界的重大战略性平台，需要建设产业合作基地、培育发展高新技术产业，在合作开展珠江口海域海洋环境综合治理、区域大气污染防治等方面建立健全环保协同联动机制。

同日 《国务院关于加强数字政府建设的指导意见》（国发〔2022〕14 号）指出，要将数字技术广泛应用于政府管理服务，充分发挥数字政府建设对数字经济、数字社会、数字生态的引领作用，提升生态环保协同治理能力。建立一体化生态环境智能感知体系，打造生态环境综合管理信息化平台，推进重点流域区域协同治理。

2022 年 6 月 7 日 生态环境部、国家发展改革委、科技部、财政部、自然资源部、住房和城乡建设部、交通运输部、水利部、农业农村部、文化和旅游部、国家卫生健康委、应急部、人民银行、中科院、气象局、能源局、林草局等 17 部门联合印发《国家适应气候变化战略 2035》，对当前至 2035 年适应气候变化工作做出统筹谋划部署，明确当前至 2035 年，适应气候变化应坚持"主动适应、预防为主，科学适应、顺应自然，系统适应、突出重点，协同适应、联动共治"的基本原则，提出"到 2035 年，气候变化监测预警能力达到同期国际先进水平，气候风险管理和防范体系基本成熟，重特大气候相关灾害风险得到有效防控，适应气候变化技术体系和标准体系更加完善，全社会适应气候变化能力显著提升，气候适应型社会基本建成"。

2022 年 6 月 12 日 《上海市人民政府办公厅关于印发〈上海市数字经

济发展“十四五”规划〉的通知》（沪府办发〔2022〕11号），提出数字经济建设的重点任务包括围绕数字新产业、数据新要素、数字新基建、智能新终端等重点领域，加强数据、技术、企业、空间载体等关键要素协同联动，推动智慧商业、智能城市、区块链、元宇宙、智能服务机器人、智能家居设备等领域建设，加快进行数字经济发展布局。

2022年6月15日 生态环境部、国家发展和改革委员会、自然资源部、水利部印发《黄河流域生态环境保护规划》，立足黄河流域须解决的突出问题，提出了推动绿色产业升级、着力解决突出生态环境问题、有效保障生态环境安全和不断提升现代环境治理能力四大类重点任务，提出通过2030年、2035年两个阶段的努力，力争到21世纪中叶，黄河流域生态安全格局全面形成，重现生机盎然、人水和谐的景象，幸福黄河目标全面实现，在我国建设富强民主文明和谐美丽的社会主义现代化强国中发挥重要支撑作用。

Abstract

At present, China has embarked on a new journey to build a modern socialist country in all respects and to realize the Second Centenary Goal. Outline of the 14th Five-Year Plan (2021 - 2025) for National Economic and Social Development and the Long-Range Objectives Through the Year 2035 proposed that we should take promoting high-quality development as the theme to set the stage for building a modern socialist country in all respects. General secretary of the CPC central committee Xi Jinping stressed in the report to the 20th National Congress of the Communist Party of China that, to build a modern socialist country in all respects, we must, first and foremost, pursue high - quality development. Building the modernization of harmonious coexistence between humanity and nature is an important goal of building a modern socialist country in all respects in the new development stage, and promoting the high-quality development of urban agglomeration is an important path to realize it. In the new journey of building a modern socialist country in all respects, it has important theoretical and practical significance to probe into the road of high-quality development of urban agglomerations from the perspective of ecological civilization, and advance the modernization of harmonious coexistence between humanity and nature.

Since the beginning of the 21st century, especially after the proposition of advancing urbanization with urban agglomerations as the main part in the "11th five-year plan", China heralded a new era of urban agglomerations. The Report to the 17th National Congress of the Communist Party of China proposed that urban agglomerations should be formed with mega-cities as the core so that they can boost development in surrounding areas and become new poles of economic growth.

The Report to the 18th National Congress of the Communist Party of China pointed out that we should make scientific plans for the scale and layout of urban agglomerations, and we should make small and medium-sized cities and small towns better able to develop industries, provide public services, create jobs, and attract population. The Report to the 19th National Congress of the Communist Party of China stressed that networks of cities and towns based on urban agglomerations will be created to enable the coordinated development of cities of different sizes and small towns. In fact, after years of rapid development, China has formed a more reasonable urban agglomeration spatial pattern, but also faces a series of problems such as urban construction land expansion, ecological environment imbalance and urban structure disorder.

Annual Report on Urban Development of China No. 15 (hereinafter referred to as the report), themed on "Urban Governance in Big Country—The High-quality Development of Urban Agglomerations", with an important goal of promoting modernization of harmonious coexistence between humanity and nature, focuses on the high-quality development of urban agglomerations from the perspective of ecological civilization. The report consists of 8 chapters, including General Report, Spatial Optimization Chapter, Economic Transformation Chapter, Ecological Protection Chapter, Modern Governance Chapter, Social Culture Chapter, International Experience Chapter and Chronicle of Events Chapter. The report analyzes China's urban agglomerations' development and evolution, presents situation of governance, problems and challenges, system construction and practical work, etc., puts forward the general approaches, optimization path and countermeasures for the high-quality development of urban agglomerations.

According to the report, the high-quality development of urban agglomerations in China has achieved remarkable achievements, and the overall development level has been improved significantly, great achievements have been made in economic development, scientific and technological innovation, coordinated and integrated development, ecological conservation, opening-up development and development for the benefit of all. In terms of economic development, the economic growth rate of urban agglomerations is obvious and the vitality of economic growth is constantly improving. In terms of scientific and technological innovation, the R&D investment of the urban agglomerations is increasing steadily, high-tech enterprises is gathering rapidly, and the ability to commercialize scientific and technological achievements is enhancing. In terms of integration, the transportation network of the urban agglomerations has been improving, the 1-2 hour commuting circle is gradually formed, the transportation is more and more convenient, industries have been phased relocating within urban agglomerations, the digital economy is helping to promote the integration. In the aspect of ecological conservation, the standard of resource utilization and environmental governance in urban agglomerations has been upgraded significantly, green production and lifestyle has become the defining feature of the development of urban agglomerations. In the aspect of opening-up, the strength of institutional opening-up and resource-based opening-up has been leveraged to improve the level of urban agglomeration's opening-up. In regard to the development of the benefit of all, people's living standards in urban agglomerations have been improving constantly, basic public services have been provided to all residents, and great progress has been made in the poverty alleviation work.

The report points out that there are still a number of problems in the construction of urban agglomerations, including economic differentiation of urban agglomerations, low efficiency of innovation output, obvious industrial homogeneity, prominent gap between urban and rural development, huge pressure on ecological carrying capacity, and opening-up environment and equalization of basic public services needed to be improved. Scrutinize the high-quality development experience of urban agglomerations at home and abroad, their successes mainly result from the clear function orientation of the urban agglomeration and the reasonable industry specialization among the large, medium and small cities within the urban agglomerations. Efforts to improve the administrative division and public governance of urban agglomerations should be stressed. The equalization of public services and the accessibility of infrastructure within urban agglomerations should be promoted and the level of spatial governance in urban agglomerations should be strengthened to improve urban agglomeration's sustainability.

Based on the context of China's national conditions and drawing on international experience, the report based on the analysis of the future trend of high-quality development of urban agglomerations, proposed the optimization path to promote high-quality development of urban agglomerations in the new development stage is to adhere to the new development philosophy, cultivate new momentum with scientific and technological innovation, and build a more competitive modern industrial system; create a new pattern with complementary advantages to promote the coordinated development of urban and rural areas; stimulate new vitality by space integration, and significantly improve the resource element allocation capacity of urban agglomeration; create new paths with green and low carbon characteristics to promote harmonious coexistence between humanity and nature; expand new space with high-level openness, and further create new advantages for in-depth participation in international competition and cooperation; work together to create high quality, thus promoting the high-quality development of urban agglomeration and accelerating the modernization of harmonious coexistence between humanity and nature.

Keywords: Urban Agglomeration; New Development Philosophy; Ecological Civilization; High-Quality Development; Modernization of Harmonious Coexistence between Humanity and Nature

Contents

Ⅰ General Reports

Abstract: Building the modernization of harmonious coexistence between humanity and nature is an important goal of building a modern socialist country in all respects in the new development stage, and promoting the high-quality development of urban agglomeration is an important path to realize it. From the perspective of ecological civilization and facing the requirements of the new development stage to promote the modernization of the harmonious coexistence between humanity and nature, this paper first studies and puts forward a theoretical analysis framework of high-quality development of urban agglomerations in line with China's national conditions from the perspective of system concept; second, it deeply analyzes and reveals the achievements and main problems of high-quality development of China's urban agglomeration; Lastly, on the basis of summarizing and drawing on the experience of high-quality development of urban agglomerations at home and abroad, analyzing the trend of high-quality development of urban agglomerations, this paper proposes an optimization path to promote the high-quality development of urban agglomerations in China in the new development stage, that is to cultivate new momentum with scientific and technological innovation, to create a new pattern with complementary advantages, to stimulate new vitality by space integration, to create new paths with green and low carbon characteristics expand new space with high-level openness, and to work together to create high quality, thus promoting the high-quality development of urban agglomeration and accelerating the modernization of harmonious coexistence between humanity and nature.

Keywords: New Development Stage; Urban Agglomerations; High-Quality Development; Ecological Civilization; Modernization of Harmonious Coexistence Between Humanity and Nature

Abstract: With the accelerating evolution of the world's unprecedented changes in a century, the world is facing severe public health challenges.

Promoting the healthy development of cities has become a major issue in China's new journey towards modernization. This report builds a five-dimensional health evaluation model in line with China's national conditions on the basis of analyzing the healthy development process of Chinese cities and the challenges they face, and systematically evaluates the condition of healthy development of Chinese cities. The evaluation results show that the health development status of cities across the country is improving slightly, the differences in regional health development levels are shrinking, the gap between the health economy and health management index has not changed significantly, the gap between healthy society and healthy environment index has narrowed significantly, and the gap in health culture index is still relatively large. The level of healthy development of China's 18 urban agglomerations is characterized by gradient change, and the higher the level of healthy development of urban agglomerations, the more significant the degree of differentiation. In the future, China should continue to give full play to the advantages of national health governance and implement policies that integrate health into all; take healthy poverty governance as the core, comprehensively promote health equity; take the concept of resilient governance as the support, effectively deal with various complex risks; attach great importance to the impact of climate change. Actively participate in global health governance and promote the building of a community of human health.

Keywords: Urban Healthy Development; Healthy City; Health Risk; Health Governance

Ⅱ Space Optimization Chapters

Abstract: The spatial pattern of urban agglomeration is one of the themes of the times. The optimization of the spatial pattern of urban agglomeration is of great significance for high-quality economic development, the construction of a new development pattern and the construction of ecological civilization. Firstly, under the background of ecological civilization, this paper puts forward a theoretical analysis framework of urban agglomeration spatial pattern optimization, which takes the balance and coordination of "living-production-ecological spaces" as the goal and the coupling and interaction of four subsystems. Then, this paper summarizes the experience and practice of urban agglomeration spatial pattern optimization represented by Beijing-Tianjin-Hebei, Yangtze River Delta, Pearl River Delta, Chengdu-Chongqing urban agglomeration, and points out the constraints of urban agglomeration spatial pattern optimization from four subsystems. Finally, this paper puts forward countermeasures and suggestions to optimize the spatial pattern of urban agglomerations, such as promoting the implementation of industrial coordination policies, improving the planning and development policies of urban agglomerations, focusing on improving the quality of urban space, improving ecological compensation and protection policies, and establishing smart urban agglomerations.

Keywords: Ecological Civilization; Urban Agglomeration; Spatial Pattern; Living-Production-Ecological Spaces

Abstract: The construction of the Guangdong-Hong Kong-Macao Greater Bay Area (GBA) is not only a new attempt to promote the formation of a new pattern of comprehensive opening up in the new era, but also a new practice to promote the development of "one country, two systems". Based on the era background of high-quality development, this paper first analyzes the overall construction and development of the GBA from six aspects: economic development, scientific and technological innovation development, opening up to the outside world supported by the "Belt and Road", opening-up policy between the mainland and Hong Kong and Macao, spatial quality improvement, and comparison with the International Bay Area; Then, from the perspective of spatial integration, it empirically analyzes the space-time evolution of high-quality development in the GBA from 2010 to 2020. On this basis, it further analyzes the problems and challenges faced by the high-quality development of GBA from five aspects: economic integration, innovation integration, opening-up integration, digital integration and spatial integration. Finally, policy suggestions are put forward in terms of continuously improving the market system, promoting the free circulation of innovative elements, promoting the formation of a new pattern of comprehensive opening-up, vigorously promoting the digital economy, and building a livable, tourism and business friendly quality life circle.

Keywords: The Guangdong-Hong Kong-Macao Greater Bay Area; Spatial Integration; High-Quality Development

Abstract: With the advancement and development of modernization, the spatial pattern of "living-production-ecological spaces" in the urban agglomerations has changed. This paper takes the middle reaches of Yangtze River urban agglomeration as the research object and conducts a quantitative study on the evolution of the spatial pattern of "living-production-ecological spaces" at macroscopic and microscopic scales from 2000 to 2020 by means of dynamic degree, standard deviation ellipse, landscape pattern analysis and LEI index. The main conclusions are as follows: ① the living space of the middle reaches of Yangtze River urban agglomeration has remained stable over the past 20 years, while the production space has gradually expanded and the ecological space has fluctuated and decreased. ② The area transformation of agricultural production space, woodland ecological space and water ecological space is the largest among the living-production-ecological spaces. ③The long axis of the standard deviation ellipse of all three types of space in 20 years is northwest-southeast direction, and the production and ecological space are opposite to the expansion direction of living space; there are differences in the changes of the closeness of the three types of space; the evolution trends of production and living space in different metropolitan areas are different.

Keywords: Urban Agglomeration in the Middle Reaches of the Yangtze River; Living-Production-Ecological Spaces; Space-Time Pattern

Ⅲ Economic Transformation Chapters

Abstract: From the perspective of ecological civilization, promoting the green and low-carbon transformation of urban agglomeration economy is of great practical significance for achieving the goal of "reaching the peak of carbon dioxide emission before 2030 and striving to achieve carbon neutrality before 2060", as well as the comprehensive green transformation of economic and social development. The report expounds the problems of the economy, industrial structure, waste emissions, innovation ability and carbon emissions of major urban agglomerations in China based on the analysis of the economic development status of major urban agglomerations in China. The report also discusses the opportunities created by the national new urbanization strategy and the overall strategy of regional development, as well as the challenges posed by the volatile world, increasing geopolitical risks, dual carbon target constraints, and COVID-19 pandemic shocks. At last, the report puts forward policy suggestions such as continuously strengthening the top-level design of green planning, creating a new system for the development of core industries, establishing a green technology innovation system and a modern energy system, building a modern economic system for green and low-carbon development, and strengthening the policy guarantee for the green and low-carbon transition of urban agglomeration economy. It provides reference for Chinese urban agglomerations to realize green and low carbon transition.

Keywords: Ecological Civilization; Urban Agglomeration; Green and Low-Carbon Transition

B.7 Impact of Digital Economy on High-Quality Economic Development: an Empirical Analysis Based on Urban Agglomerations in the Yellow River Basin

Wang Han / 177

Abstract: The world today is in a period of great development, great transformation and great adjustment. A new round of scientific and technological revolution and industrial transformation are accelerating their evolution. A new generation of information technologies is accelerating their innovation. Countries are competing to formulate innovative development strategies, digital economy is becoming the key force to promote the high-quality development of our economy. Based on the typical fact that digital economy affects the high quality development of urban economy in China, firstly, based on the five development concepts of innovation, coordination, green, openness and sharing, the theoretical framework of the impact of digital economy on economic growth is constructed, the mechanism of digital economy promoting high-quality economic development is analyzed. Then, based on the sample data of urban agglomerations in the Yellow River basin, the relationship between digital economy and high-quality economic development, innovation development, coordinated development, green development, opening-up development and shared development is analyzed. Finally, the paper analyzes the problems and challenges faced by the development of digital economy in China, and gives some suggestions based on the theoretical analysis and empirical test.

Keywords: Urban Agglomerations; Digital Economy; High-Quality Development; Digital Capital

Abstract: Based on the requirements of the goal of ecological civilization construction in the Yellow River Basin, discussing the wicked problem dilemma of development and emission reduction in the transformation of Yellow River Basin is of great theoretical and empirical significance. Firstly, the "water" element, greenhouse gas pollution emission, air pollutant emission and water pollution emission are included in the SBM directional distance function to measure the green transformation performance of the Yellow River Basin. Second, panel threshold model is established to demonstrate how low-carbon governance and innovation activities drive green transformation. The research shows that: the urban agglomeration in the Yellow River Basin has a distinct trajectory of green transformation, and the green transformation of the Central Plains urban agglomeration, the Guanzhong urban agglomeration and the "Ji" bend Metropolitan area of the Yellow River are relatively faster. Low-carbon governance, innovative human capital, and innovative activities can significantly promote the green transformation of the Yellow River Basin. However, the impacts show obvious differences between urban agglomerations. Based on the heterogeneity of urban development level, it is found that low-carbon governance and innovation activities can promote green transition in areas with high economic level. Finally, the research puts forward policy suggestions for the green transformation in the Yellow River Basin from the aspects of rational use of environmental regulation tools, strengthening of green technology innovation and talent introduction, talent retention and talent utilization.

Keywords: The Yellow River Basin, Green Transformation, Low-Carbon Governance, Innovative Human Capital, Innovative Physical Capital

B.9 The Research of Coordinated Development and Green Transformation of Beijing-Tianjin-Hebei Urban Agglomeration

Shi Ding, Chen Yusi and Zhang Zhuoqun / 208

Abstract: The construction of the Beijing-Tianjin-Hebei urban agglomeration is a major national strategy and an important measure to promote China's economic development, especially to the development level of the Northern region. In the implementation process, coordinated development and green transformation are facilitated relationships, the green transformation is one of the goals of coordinated development, and coordinated development is a strong guarantee for realizing green transformation. This report discussed the special necessity of realizing green transformation in the Beijing-Tianjin-Hebei urban agglomeration, and summarized the results of the coordinated development and green transformation of Beijing-Tianjin-Hebei urban agglomeration and pointed out the problems and challenges of this model, and put forward the countermeasures to realize green transformation in the collaboratire development.

Keywords: Beijing-Tianjin-Hebei Urban Agglomeration; Coordinated Development; Green Transformation

Ⅳ Ecological Protection Chapters

Abstract: Carbon neutral technologies are currently the focus of the world and the new driving force for future economic growth. Building a global carbon neutral science and technology innovation center is of great significance for technological breakthroughs, integrated innovation and all-round leadership in related fields in China. With abundant scientific research resources, the Yangtze River Delta region leads China in R&D and industrial application of carbon neutral technologies, and has built a large number of high-level international platforms for scientific and technological cooperation, laying a sound foundation for building a global carbon neutral science and technology innovation center. To build a global science and technology innovation center, it is necessary to build a number of carbon neutral science and technology innovation platforms at world-leading level, organize major scientific and technological progammes, and build a global carbon neutral science and technology innovation network. Besides, from the level of the country and Yangtze River Delta region, it is necessary to clarify the strategic positioning, development goals, construction contents and cooperation mechanism of the global carbon neutral science and technology innovation center, provide special support for basic research and cutting-edge technology research and development, and give key support to international science and technology cooperation and introduction of foreign high-end talents.

Keywords: Yangtze River Delta Region; Carbon Neutral; Science and Technology Innovation Center

B.11 Climate Livability: Concept, Policy Implications and Evaluation of Major Urban Agglomerations in China

Cong Xiaonan, Xiong Wen and Wan Sainan / 234

Abstract: Climate livability is an important attribute of climate resources and an important embodiment of building a livable city. In view of the fact that urban agglomerations have become an important carrier for China's New Urbanization strategy, it is of great significance to evaluate the climatic livability of each urban agglomeration and analyze its impact on the population's willingness to settle. The climatic livability of cities above the local level in China (4 municipalities and 3 counties directed governed by the provincial government) was calculated, and the impact of climatic livability on the population's willingness to settle was analyzed based on the PSM model. Research shows that climate livability has a significant impact on population migration, and population has higher requirements for climate comfortableness when making settlement choices. The climatic livability of major urban agglomerations in China is roughly at a moderate level in the country, mainly livable in spring and autumn, and few in winter and summer. The latitude is still the most important factor affecting its climatic livability. The construction of a climate-friendly city should be based on creating high-quality space quality, actively respond to climate warming, adopt nature-based solutions, strictly control the boundaries of urban development, and protect various ecological land. It's also important to connect the urban ecological corridors and create good climate livability for the urban agglomerations.

Keywords: Climate; Comfortableness; Livability; Urban Agglomeration

B.12 The Research on the Resilience Development of Urban Agglomerations in the Yellow River Basin under the Background of Climate Change

Abstract: Under the dual influence of climate change and human activities, the risk of climate change in the Yellow River Basin has become increasingly complex and severe. The ecological protection and high-quality development of the Yellow River Basin must pay attention to the response to the risk of climate change. Based on IPCC's climate risk framework of "disaster-exposure-vulnerability" and the resilience theoretical framework of "engineering resilience-ecological resilience-evolutionary resilience", this paper constructs a climate resilience assessment model for urban agglomeration in the Yellow River Basin, and divides sample cities into resilient cities, low-risk cities, vulnerable cities, and high-risk cities. The results show that 80% of the cities in the Yellow River Basin belong to vulnerable and high-risk cities, and the proportion of resilient cities is only 2.5%; the climate resilience level has obvious geographical distribution characteristics, and the upper and middle reaches are dominated by vulnerable cities, and the lower reaches are dominated by vulnerable cities. The proportion of high-risk cities in the region is the highest, and the four city types have undergone obvious transitions and transformations in both time and space dimensions. The article suggests that engineering resilience-economic resilience-social resilience-ecological resilience should be promoted collaboratively, and an integrated river basin risk response mechanism based on evolutionary resilience should be established, in order to improve the climate resilience and sustainable development capabilities of urban agglomerations in the Yellow River Basin.

Keywords: Yellow River Basin; Climate Risk; Urban Resilience

Abstract: In the context of ecological civilization construction, based on multi-source open data, this paper used data envelopment analysis method to evaluate the construction land use efficiency in the Beijing-Tianjin-Hebei region from 2012 to 2020, and to explore the temporal and spatial pattern evolution of the construction land use efficiency. It also explores the ways to improve the efficiency of Beijing-Tianjin-Hebei territorial space utilization under environmental constraints. The results show that: the comprehensive efficiency of construction land use in Beijing-Tianjin-Hebei is low, the scale of land use is insufficient, the difference in land use efficiency shows a trend of expansion, and the central city's role in driving the surrounding radiation is weakened. It is suggested that under the premise of ecological environment protection, strengthen the overall layout of Beijing-Tianjin-Hebei territorial space development and important strategic functional areas, and improve the efficiency of construction land use in Beijing-Tianjin-Hebei.

Keywords: Construction Land Use Efficiency; Beijing-Tianjin-Hebei; Space-Time Pattern; Ecosystem

V Modern Governance Chapters

Abstract: The Yellow River is the mother river of the Chinese nation, which gave birth to the ancient and great Chinese civilization. Protecting the Yellow River is a grand plan for the great rejuvenation of the Chinese nation. The Yellow River Basin has seven major urban agglomerations that China has focused on developing. The improvement of its comprehensive carrying capacity plays an important role in continuously promoting people-centered urbanization and the transition from industrial civilization to ecological civilization. The report reviews the history of ecological protection in the Yellow River Basin since the founding of the People's Republic of China. Based on the perspective of ecological civilization, it evaluates and studies the comprehensive carrying capacity of urban agglomerations in the Yellow River Basin from the two major systems of resource-environment and economy-society, and defines the development advantages and practical shortcomings of each urban agglomeration. On this basis, the paper puts forward countermeasures and suggestions to coordinate the development of resource-environment, economy-society under the guidance of the harmonious coexistence between human and nature, promote the continuous improvement of the comprehensive carrying capacity of urban agglomerations in the Yellow River Basin from the perspective of systematic governance, integrate the forces of Ningxia, Inner Mongolia, Shaanxi and Shanxi to build the "jiziwan" metropolitan area, and constantly create a new situation of ecological protection and high-quality development in the Yellow River Basin.

Keywords: Yellow River Basin; Urban Agglomerations; Ecological Civilization; Comprehensive Carrying Capacity

Abstract: Urban agglomeration is a typical representative of the coupled human and nature systems. The construction of the harmonious relationship between human and nature in urban agglomeration is an important part of understanding the coupling mechanism between human and nature. It is of great significance to reveal the impact of human activities on the ecological environment and to guide urban ecological development. This study takes the seven major urban agglomerations in the Yellow River Basin as the research object, expounds the logic of the high-quality development of urban agglomerations in the Yellow River Basin based on the coupled human and nature systems, and constructs an analysis framework for the coupled human and nature systems. And from the four aspects of water resources development intensity, land development intensity, water resources supply capacity, and environmental pollutant discharge intensity, the characteristics of the coordination degree between people and nature in the seven urban agglomerations in the Yellow River Basin are analyzed. Finally, the high-quality development path selection of the Yellow River Basin urban agglomeration based on he coupled human and nature systems is proposed, which provides a reference and basis for promoting the sustainable development of the Yellow River Basin urban agglomeration.

Keywords: Yellow River Basin; Urban Agglomeration; The Coupled Human and Nature Systems; High-Quality Development

B.16 Integrated Protection and Restoration of Mountains, Rivers, Forests, Farmland, Lakes, Grasslands and Sands in the Songnen Plain-A Case Study of the Western Metropolitan Area of Heilongjiang Province

Chu Chengshan, Wang Xinchun and Su Hang / 327

Abstract: The Songnen Plain is rich in black soil resources, with a wide area of swamps and wetlands, concentrated grasslands, and developed animal husbandry. Qiqihar City and Daqing City, which are located in Heilongjiang Province, are in the western part of Songnen Plain, accounting for 35.79% of the total area of Songnen Plain. There are plenty of ecological and environmental problems in this area, including continuously declining black soil quality, serious soil erosion of cultivated land, unstable water environment quality, and many abandoned mines and the sharp reduction of wetland area are urgently in need of governance.

Through the adoption of seven categories of technical measures, including black land resource protection, forest and grass protection and restoration, water resources protection and comprehensive utilization, water environment management and water ecological restoration projects, mine ecological restoration, biodiversity protection, capacity building and mechanism innovation, construct corresponding engineering projects, and implement integrated protection and restoration of mountains, rivers, forests, farmland, lakes, grasslands and sands in this area, which can provide a model for related ecological protection and restoration work in the Songnen Plain.

Keywords: Sngnen Plain; Ecological Protection; Heilongjiang Province

Ⅵ Social Culture Chapters

Abstract: Common prosperity is the essential requirement of socialism with Chinese characteristics and an important feature of Chinese-style modernization. As the power engine of regional economic development, the main form of new urbanization and an important carrier for expanding the size of the middle-income population, urban agglomerations can play an important role in narrowing the regional gap, urban-rural gap and income gap. In the future, we should speed up solving the prominent bottleneck problems faced by the construction of urban agglomerations, and do a good job in the integrated development of urban agglomerations, optimize the spatial layout of urban agglomerations, improve the quality of urbanization, strengthen the driving force of urban-rural integration development, strengthen pilot demonstrations and urban agglomeration coordination and linkage. Work, take the construction of urban agglomerations as the starting point to effectively coordinate and narrow the three major gaps, and accelerate the realization of the goal of common prosperity.

Keywords: Urban Agglomeration; Common Prosperity; Three Major Gaps

Abstract: The Chengdu-Chongqing Economic Circle is located in the upstream of the Yangtze River Economic Belt in China, with high urbanization development potential and development level, and plays an important role in the green development of the regional economy. The Bashu culture that has always been said taking "Ba" (Chongqing) and "Shu" (Chengdu) as the core has rich ecological resources and cultural background, especially with profound ecological and cultural accumulation, emphasizing the harmonious development of human and nature, and it is an important guarantee for the regional ecological development path. With the formation of a consensus on the idea of ecological civilization in China, the development of ecological civilization construction in Chengdu and Chongqing is obvious to all, once again showing the tacit understanding and consistency of the culture of Chengdu and Chongqing. Chengdu has the practical practice and grand goal of "building the national park city demonstration area", and Chongqing has a strategic concept and important measures for building a "forest Chongqing". In the future, the integrated development of the Chengdu-Chongqing economic circle can use the experience of park city construction to lead the high-quality development of the ecological culture of the Chengdu-Chongqing economic circle, and contribute to the green and high-quality development of the Yangtze River Economic Belt and the "Belt and Road" initiative strength.

Keywords: Chengdu-Chongqing Economic Circle; Park City; Ecological Culture; High-Quality Development

Ⅶ International Experience Chapters

Abstract: With the continuous development of Tokyo circle economy, Japan shares the functions of Tokyo as a big city through the construction of sub-capital center and new capital center, and gradually establishes a decentralized network structure of the capital circle, and forms a functional circle to protect green land, farmland, and native nature. In the process of promoting the integrated development of the capital circle, the policy of green development of the capital circle has been established, which is to repair the natural environment, protect the urban parks and green spaces, and build a green capital circle with harmonious coexistence between man and nature. In terms of urban construction, it has reduced urban carbon emissions by building compact cities, developing low-carbon transportation and promoting new energy, and built a multi-core and multi-circle capital circle that is symbiotic with the environment. The green and low-carbon development of the Japanese capital also has important reference significance for promoting the green development of the Beijing-Tianjin-Hebei agglomeration.

Keywords: Space Creation; Green Space Protection; Natural Environment Regeneration; Low-Carbon City; Tokyo Metropolitan Area

B.20 Experience and Reference of Green Transformation Development of Producer Services in the Atlantic Coastal Urban Agglomeration of the Northeastern United States

Abstract: With the revolution of information technology, the change of modern management mode and the rise of knowledge economy, the United States has gradually shifted from the era of industrial economy to the era of service economy. The Atlantic coastal urban agglomeration in the northeast of the United States, which is dominated by knowledge-intensive and technology-intensive producer services, is at the high end of the global value chain and has become an urban agglomeration with global influence and economic competitiveness. This paper analyzes the development status of producer services in urban agglomerations along the Atlantic coast of the northeastern United States, and comprehensively summarized the main experience of the green transformation and development of producer services from the aspects of regional coordination, endogenous power, market environment, fiscal and tax support, and international trade, providing reference for the green transformation and development of producer services in Urban agglomerations in China during the 14th Five-Year Plan period.

Keywords: The Atlantic Coastal Urban Agglomeration in the Northeast of the United States; Producer Services; Green Transformation and Development

皮 书

智库成果出版与传播平台

✤ 皮书定义 ✤

皮书是对中国与世界发展状况和热点问题进行年度监测，以专业的角度、专家的视野和实证研究方法，针对某一领域或区域现状与发展态势展开分析和预测，具备前沿性、原创性、实证性、连续性、时效性等特点的公开出版物，由一系列权威研究报告组成。

✤ 皮书作者 ✤

皮书系列报告作者以国内外一流研究机构、知名高校等重点智库的研究人员为主，多为相关领域一流专家学者，他们的观点代表了当下学界对中国与世界的现实和未来最高水平的解读与分析。截至 2021 年底，皮书研创机构逾千家，报告作者累计超过 10 万人。

✤ 皮书荣誉 ✤

皮书作为中国社会科学院基础理论研究与应用对策研究融合发展的代表性成果，不仅是哲学社会科学工作者服务中国特色社会主义现代化建设的重要成果，更是助力中国特色新型智库建设、构建中国特色哲学社会科学“三大体系”的重要平台。皮书系列先后被列入“十二五”“十三五”“十四五”时期国家重点出版物出版专项规划项目；2013~2022 年，重点皮书列入中国社会科学院国家哲学社会科学创新工程项目。

皮书网

（网址：www.pishu.cn）

发布皮书研创资讯，传播皮书精彩内容
引领皮书出版潮流，打造皮书服务平台

栏目设置

◆关于皮书

何谓皮书、皮书分类、皮书大事记、皮书荣誉、皮书出版第一人、皮书编辑部

◆最新资讯

通知公告、新闻动态、媒体聚焦、网站专题、视频直播、下载专区

◆皮书研创

皮书规范、皮书选题、皮书出版、皮书研究、研创团队

◆皮书评奖评价

指标体系、皮书评价、皮书评奖

◆皮书研究院理事会

理事会章程、理事单位、个人理事、高级研究员、理事会秘书处、入会指南

所获荣誉

◆2008年、2011年、2014年，皮书网均在全国新闻出版业网站荣誉评选中获得“最具商业价值网站”称号；

◆2012年，获得“出版业网站百强”称号。

网库合一

2014年，皮书网与皮书数据库端口合一，实现资源共享，搭建智库成果融合创新平台。

皮书网

“皮书说”
微信公众号

皮书微博

中国社会发展数据库（下设 12 个专题子库）

紧扣人口、政治、外交、法律、教育、医疗卫生、资源环境等 12 个社会发展领域的前沿和热点，全面整合专业著作、智库报告、学术资讯、调研数据等类型资源，帮助用户追踪中国社会发展动态、研究社会发展战略与政策、了解社会热点问题、分析社会发展趋势。

中国经济发展数据库（下设 12 专题子库）

内容涵盖宏观经济、产业经济、工业经济、农业经济、财政金融、房地产经济、城市经济、商业贸易等12个重点经济领域，为把握经济运行态势、洞察经济发展规律、研判经济发展趋势、进行经济调控决策提供参考和依据。

中国行业发展数据库（下设 17 个专题子库）

以中国国民经济行业分类为依据，覆盖金融业、旅游业、交通运输业、能源矿产业、制造业等 100 多个行业，跟踪分析国民经济相关行业市场运行状况和政策导向，汇集行业发展前沿资讯，为投资、从业及各种经济决策提供理论支撑和实践指导。

中国区域发展数据库（下设 4 个专题子库）

对中国特定区域内的经济、社会、文化等领域现状与发展情况进行深度分析和预测，涉及省级行政区、城市群、城市、农村等不同维度，研究层级至县及县以下行政区，为学者研究地方经济社会宏观态势、经验模式、发展案例提供支撑，为地方政府决策提供参考。

中国文化传媒数据库（下设 18 个专题子库）

内容覆盖文化产业、新闻传播、电影娱乐、文学艺术、群众文化、图书情报等 18 个重点研究领域，聚焦文化传媒领域发展前沿、热点话题、行业实践，服务用户的教学科研、文化投资、企业规划等需要。

世界经济与国际关系数据库（下设 6 个专题子库）

整合世界经济、国际政治、世界文化与科技、全球性问题、国际组织与国际法、区域研究 6 大领域研究成果，对世界经济形势、国际形势进行连续性深度分析，对年度热点问题进行专题解读，为研判全球发展趋势提供事实和数据支持。

法律声明

“皮书系列”（含蓝皮书、绿皮书、黄皮书）之品牌由社会科学文献出版社最早使用并持续至今，现已被中国图书行业所熟知。“皮书系列”的相关商标已在国家商标管理部门商标局注册，包括但不限于LOGO（ ）、皮书、Pishu、经济蓝皮书、社会蓝皮书等。“皮书系列”图书的注册商标专用权及封面设计、版式设计的著作权均为社会科学文献出版社所有。未经社会科学文献出版社书面授权许可，任何使用与“皮书系列”图书注册商标、封面设计、版式设计相同或者近似的文字、图形或其组合的行为均系侵权行为。

经作者授权，本书的专有出版权及信息网络传播权等为社会科学文献出版社享有。未经社会科学文献出版社书面授权许可，任何就本书内容的复制、发行或以数字形式进行网络传播的行为均系侵权行为。

社会科学文献出版社将通过法律途径追究上述侵权行为的法律责任，维护自身合法权益。

欢迎社会各界人士对侵犯社会科学文献出版社上述权利的侵权行为进行举报。电话：010-59367121，电子邮箱：fawubu@ssap.cn。

社会科学文献出版社